组织与人力资源管理系列精品教材
北京理工大学"十四五"规划教材

绩效管理

艾凤义　编著

电子工业出版社·
Publishing House of Electronics Industry
北京·BEIJING

内 容 简 介

本书的读者群体是企事业单位人力资源管理领域的从业者，以及高等教育企业管理方向的本科生和研究生。本书的特色在于易读性、生动性、实用性，包括概述、绩效计划、绩效执行、绩效考核、绩效反馈、目标管理与KPI、绩效奖励、平衡计分卡、OKR、绩效管理的发展模式十章。本书在经典的绩效管理体系（计划、执行、考核、反馈）的基础上，适度拓展并自成体系，介绍了组织基于目标管理理论与KPI工具，形成绩效管理体系的全过程，并对经典的平衡计分卡工具和时下流行的OKR工具进行了分析。

未经许可，不得以任何方式复制或抄袭本书之部分或全部内容。
版权所有，侵权必究。

图书在版编目（CIP）数据

绩效管理 / 艾凤义编著. -- 北京：电子工业出版社, 2024. 12. -- ISBN 978-7-121-49387-4

Ⅰ. F272.5

中国国家版本馆CIP数据核字第20240TW621号

责任编辑：张天运
印　　刷：三河市龙林印务有限公司
装　　订：三河市龙林印务有限公司
出版发行：电子工业出版社
　　　　　北京市海淀区万寿路173信箱　　邮编：100036
开　　本：787×1092　1/16　　印张：16.5　　字数：444千字
版　　次：2024年12月第1版
印　　次：2024年12月第1次印刷
定　　价：59.00元

凡所购买电子工业出版社图书有缺损问题，请向购买书店调换。若书店售缺，请与本社发行部联系，联系及邮购电话：（010）88254888，88258888。
质量投诉请发邮件至zlts@phei.com.cn，盗版侵权举报请发邮件至dbqq@phei.com.cn。
本书咨询联系方式：wangrh@phei.com.cn。

前 言
PREFACE

组织的发展离不开绩效管理。绩效管理不单是人力资源管理的核心内容，它已经成为组织发展的核心驱动力之一。以企业为例，常见的职能如研发、采购、生产、销售等构成了组织日常运转的基础，各种要素在其上流转，构成了企业的日常运营，但这仅是运营的基础。组织要想获得快速和可持续的发展，除生产、资金等资源的投入和外部市场环境的配合外，做好内功、提升管理水平也非常必要。其中，绩效管理是关键的一环，它对组织达成战略目标有着至关重要的作用。

组织管理的核心内容之一是对员工的激励和约束，而激励和约束本身也是绩效管理的抓手。外部与内部的激励和约束，通过制度化、常态化的机制与员工的需求和工作动机发生交互，使员工增加工作投入，从而提高个人绩效。在组织层面，借助目标管理的思想，无论多么庞大的组织，都可以通过绩效管理对组织目标进行分解，形成每一位员工的绩效目标。之后，大量个体看似零散实则有序的努力形成合力，达成了组织的战略目标，这是一种简单实用的管理哲学。这种哲学思想的落地，需要依靠绩效管理。从这个角度来看，绩效管理已经超出了人力资源管理的职能范畴，上升到组织战略的高度。然而，大多数组织对于绩效管理的重视程度远远不够，仅把它当作考核员工、发放奖金的一种手段，出发点错了，自然得不到好的结果，更不要说在术的层面（操作层面）简单粗暴，有其形而无其神，造成员工对绩效考核叫苦不迭，绩效管理流于形式。

回到编写本书的初衷。博士毕业后我在大学任教了20年，其中讲授"绩效与薪酬管理"课程有10年的时间。在教学中我需要为学生们指定教材或参考书，由此接触了大量的教材。这些教材的编写质量都很高，编写者的水平一定远远在我之上，但学生们用起来感觉不是很顺手。我在和学生们的交流中找到了原因，我给这个原因起了一个名字——教材困境。简单解释就是，大家形成了一种思维定式，认为教材就应该是全面的、综合的，应该是理论性强的，应该字字雕琢、工整严谨。于是，教材基本都"长"成了一个样子。

可是换一个角度，我们不是最应该考虑教材的用户——学生或其他读者的需求吗？

举个例子，老师在教学中会按照教材所述给学生一一介绍完成某项任务的N种方法吗？答案很可能是：不会！老师会重点介绍一种最常用的方法。比如，岗位价值评估有多种方法，在实践中普遍采用的是要素计点法，从教学的角度来看只需要介绍这一种方法，对学生的要求也是只需要掌握这一种方法，那还有必要罗列其他方法吗？没有必要，也没有意义。既然没有意义，写在教材里又有什么用呢？就是为了呈现全面性吗？在教学的时候老师还可以告诉学生教材里的哪些内容不需要看，但自学的读者岂不是稀里糊涂全都读下来，既耗费时间又没搞清主次。既然如此，其他方法干脆不写岂不是更好，或者简单几笔带过。

伴随以上感受，我在编写本书的时候尽量避免进行无价值的分类和罗列，从实战出发，用得多、效果好的理论与方法就重点介绍，其他就简单叙述或省略。当然，这种方式牺牲了一定的系统性，只能说有舍有得。

另外，本书不再强调学术性，当学术性和易读性存在矛盾时，坚决选择后者。我希望读者能轻松地阅读，并且很快掌握绩效管理的基本内容。绩效管理本来就是一门应用性学科，学习这门学科应以理解、应用和启发思考为主，因此本书不采用大段学术风格的描述，减少特征、原则、概念、比较等大段内容，更多地是用简短易懂的文字和生动的案例来阐述。现代教育不提倡学生死记硬背，而是鼓励学生融会贯通和主动思考。我希望这本书返璞归真，既能轻松阅读，又能涵盖核心内容。

在文字方面，本书肯定算不上非常严谨，因为有所取舍。市场上不乏高水平的绩效管理教材，文字工整严谨、描述到位，很有高度。可是我在教学中发现一种现象，因为我算专业人士，所以读起这些文字觉得很精妙，耐人寻味，可是对本科生和其他初学者而言，他们在绩效管理上的知识储备和经验大抵是不足的，读这样的文字恐怕就"品尝"不出语言的美感，反而感觉晦涩难懂。好比文言文，有古文学功底的读者读起来拍案叫绝，没有基础的读者读起来磕磕绊绊，大体就是这个道理。严谨、高段位的文字描述成为初学者的绊脚石，这显然不是教材编写者的初衷。本书的读者定位是绩效管理的初学者，编写的目的在于让读者轻松掌握绩效管理的理论和实践精要。我的能力有限，无力做到文字精美和易读易懂兼备，只能选择其一，也就是后者。

当然，也不能纯粹为了易读而走向另一个方向，即成为实战型的图书。市场上有不少实战型的绩效管理图书，可读性和应用性非常强，以大量的应用方法、图表等实战内容为主。例如，针对生产、销售、财务等岗位编写的绩效考核常用指标表，类似工具书。本书不能采用这种风格，因为实战型图书往往在基本的理论体系结构上有所欠缺，而且很多方法的主观随意性较强，作为教材并不合适。教材还是应该以帮助读者建立起基本的绩效管理理论体系为主线，并辅以实践探索和案例分析，和工具书的出发点是不一样的。

综上，本书的编写特色就在于从初学者的需求出发，在保证理论体系完整性的前提下，突出流畅的阅读感，简洁、易读、易懂，重点突出，同时充分结合实际应用，书中绩效管理的应用、案例等大多来自实践。

本书不仅适合本科生、研究生和人力资源从业者阅读，还适合对绩效管理感兴趣的其他读者阅读。

付梓成书汇集了团队的辛苦付出和卓越贡献。本书的大部分章节由我编写，袁嘉明、肖诗琦分别负责编写第三章"绩效执行"和第五章"绩效反馈"的主体内容，刘希军学员为第三章提供了优秀的章末案例，硕士研究生余爱华、白雪兰为全书的格式校对和资料整理做了大量工作，感谢他（她）们的辛苦付出。电子工业出版社的王二华编辑为本书的审校和出版花费了很多心血，北京理工大学管理学院组织与人力资源管理系的同人为本书的出版做了很多的组织和支持工作。感谢所有支持我的朋友！

艾凤义
2024 年于北京理工大学

目 录
CONTENTS

第一章 概述 1
    第一节 绩效管理发展历程 1
    第二节 绩效管理相关概念 7
    第三节 绩效管理与人力资源其他模块的关系 17
    第四节 绩效管理闭环 19
    章末案例——赶走"小白兔" 21

第二章 绩效计划 25
    第一节 绩效计划概述 25
    第二节 绩效指标表的编制 31
    第三节 绩效指标的目标设定和评分方法 38
    第四节 绩效指标的类别 42
    第五节 绩效计划中常遇到的问题 52
    章末案例——A 公司绩效指标设计 54

第三章 绩效执行 57
    第一节 绩效监督 58
    第二节 绩效沟通 64
    第三节 绩效辅导 74
    第四节 绩效信息的收集 77
    第五节 绩效执行中常遇到的问题 80
    章末案例——OK 公司研发团队绩效方案进化之路 81

第四章 绩效考核 86
    第一节 考核过程 86
    第二节 考核方法 94
    第三节 考核结果的应用 95
    第四节 绩效考核中常遇到的问题 108
    章末案例——某公司的绩效考核方案 110

第五章 绩效反馈 125
    第一节 绩效反馈概述 125
    第二节 绩效诊断 128
    第三节 绩效改进 133

第四节　绩效面谈 134

第五节　绩效申诉 141

章末案例——A 公司的绩效管理模式转型 143

第六章　目标管理与 KPI 146

第一节　目标管理 146

第二节　KPI 与目标管理的结合 152

第三节　KPI 的分解 153

第四节　关于 KPI 的进一步思考 157

章末案例——警惕 KPI 160

第七章　绩效奖励 165

第一节　激励理论 165

第二节　绩效奖励计划 167

第三节　个体激励 169

第四节　群体激励 180

第五节　阿米巴经营模式 181

章末案例——永辉超市的合伙人制度 185

第八章　平衡计分卡 188

第一节　平衡计分卡的发展 188

第二节　平衡计分卡的特点和优缺点 191

第三节　平衡计分卡的结构 194

第四节　平衡计分卡的战略实践 204

章末案例——某零售连锁企业的平衡计分卡 209

第九章　OKR 214

第一节　OKR 概述 214

第二节　OKR 的制定 223

第三节　OKR 的实施 228

第四节　OKR 与 KPI 的比较 235

第五节　关于 OKR 的进一步思考 238

章末案例——Mercari 的 OKR 240

第十章　绩效管理的发展模式 243

第一节　绩效管理发展回顾 243

第二节　内在动机理论 245

第三节　对未来绩效管理模式的探讨 250

章末案例——绩效主义毁了索尼 252

参考文献 256

第一章

概述

第一节 绩效管理发展历程

一、中国古代的绩效管理发展

在中国古代璀璨的发展史中，绩效管理理论早已形成体系并对治国发挥了巨大的作用。早在秦汉时期，中央政府就对官员实行一年一考、三年课殿一次的考核制度。年考从秋天开始至次年年初，各级官府首先将考课簿册集中到中央，于次年的正月初，群臣朝会时举行考操大典，然后按分工分别进行考课。

魏晋基本因循此制，但由于战乱频繁，多不能正常实行，于是改由皇帝不定期地下诏考课百司。东晋南朝，考课与任期相结合，以三年为小满、六年为秩满。北魏孝文帝改革后，实行三年一考，三考黜陟（chù zhì）（三年一次，九年三次，按优劣决定升降）。

在历朝历代中，唐朝和明朝的考核制度最有代表性。唐朝建立了"四善""二十七最"两个标准，而明朝建立了较为完善的考核制度体系。

1. 唐

唐朝的文官考核制度比较完善，主要表现是明确了文官考核的两个标准，即品德和业务方面，形成了所谓的"四善""二十七最"两个标准。"四善"主要是关于文官的政治素养和品质方面的要求，包括"德义有闻""清慎明著""公平可称""恪勤匪懈"四个方面。"德义有闻"主要强调文官的品行及其在百姓心中的形象，这是最主要的；"清慎明著"要求文官时刻做到清白正直；"公平可称"要求文官在行政方面做到公平公正、实事求是，不畏惧权贵，不欺凌百姓；"恪勤匪懈"要求文官时刻勤勉，熟悉政务，及时发觉行政过程中所存在的问题。

"二十七最"主要是针对各个方面的官员制定的相应的标准，涉及政治、经济、军事和文化教育等。其中，"献可替否，拾遗补阙，为近侍之最"主要考核中书、门下两省的官员；"铨衡人物，擢尽才良，为选司之最"主要考核吏部和兵部的文官，其中兵部的文官主要负责官员的选拔及相关的文书草拟等工作；"扬清激浊，褒贬必当，为考校之最"主要考核主管考校的官员；"礼制仪式，动合经典，为礼官之最"主要考核太常寺和鸿胪寺的官员；"音律克谐，不失节奏，为乐官之最"主要考核太常寺中掌管乐律的官员；"决断不滞，与夺合理，为判事之最"主要考核五监九寺的官员。

2. 宋

宋元时期是我国古代由分裂走向统一的时期，在经历了唐朝之后的几百年政权分裂之后，元朝又重新统一了全国。宋太祖时期，文官考核制度已经初具规模。宋太宗时期，还承袭五代的旧制，即由吏部南曹将印纸历子发给各州的官员，不再另发公据，再命州郡长官在上面写上其过失和政绩，在官员任满后，送交有关机构以决定其优劣升降。印纸在文官的考核方面起很大的作用。

宋真宗时期，开始由审官院负责考核外任京朝官，再引对磨勘。又命令各部划分三等考核所部官员的能力，上等为公勤廉干、惠及民者，中等为干事而无廉誉、清白而无治声者，下等为畏懦贪猥者。在宋神宗以后，文官考核制度逐渐完备，而且更加严格。宋朝的文官考核基本上是一年一考，三年一大考，京官的考核由审官院负责，地方官的考核由考课院负责，一级一级逐层考核，将最后的结果上报中央，考核的标准为"四善""四最"两个方面。

3. 明

明朝堪称中国历史上吏治最为严明的时期，建立了包括考察制度、考满制度、奖惩制度、考察拾遗制度、辩白申诉制度等较为严格和完备的考核制度体系。

明朝的考察制度分为外察与京察。外察是对地方官的考察，又分为朝觐（jìn）考察和巡察两种形式。朝觐考察是在地方官进京朝觐的同时对其进行考察，一般是三年一次。朝觐考察的程序为：首先由地方官逐级考核上报，"县考于州，州考于府，府考于布政司，各以所临，精其考核，以凭黜陟"；然后由吏部和都察院组成考核班子，采取"过堂"的形式，由朝觐的地方官先进行述职，考核班子再结合地方官上报的考核情况进行询问与核实，确定应予查处和表彰奖励的人员，上报皇帝最终确定。巡察是由监察官吏到地方进行巡视考察。明朝在中央设置了都察院，在中央各部门和省级地方政府都设置了监察御史并直接归属都察院统领，中央和地方的监察御史都可以依据职权开展巡察工作，或者由皇帝委派监察御史担任"巡按"或由非担任监察御史的其他官吏下到地方进行巡察。此外，明朝还在地方省级机关设立了按察司或按察分司，负责地方政府的常态化监督巡察工作。巡察一般通过查阅文件资料、现场实地考察核实、访问地方官吏和百姓等形式进行，巡察完成后需要撰写详尽的考察报告，并要求列出具体实例支持考察结论。监察御史或其他官吏的考察报告，每巡察一次，撰写、上报一次；地方按察司的考察一般按季度进行，年终撰写考察报告上报中央。

京察是对京官的考察，按官吏品级对管理权限做了划分：四品及以上官吏由皇帝亲自对其述职报告进行裁定；五品及以下官吏由吏部会同都察院及各部门共同考察，先由各部门长官对属吏进行考察并将考察评语及相关材料报送吏部和都察院，再由吏部和都察院确定考察结果上报皇帝批准。

明朝除考察制度外还有考满制度。考满制度就是对官吏任期届满进行的考核，在官吏九年任期中，分别在满三年、满六年和满九年进行一次考核。明朝的考满制度实行分类分级管理，首先分为京官、外官、杂职官、教官、武官等类别，然后按照官吏品级划分管理权限，四品及以上官吏由皇帝直接考核，五品及以下官吏由吏部会同都察院及各部门和地方长官共同考核。

明朝实行"三等八法"的考核结果划定方法，在考核结果认定上区分"事简"与"事繁"，并结合"事简"与"事繁"的不同情况对考核结果进行调整。"三等"即称职、平常、不称职三个考核等次，"八法"即贪、酷、浮躁、不及、老、病、罢（罢软）、不谨八种具体情形，其中对考核为后四种情形要进行惩罚的情况，需要具备"误事废政"的原因。

考核结果确定后，要对官吏进行奖励或惩罚。在明朝，对官吏的惩罚法规更为完备，而对官吏进行奖励更多是象征性和导向性的，包括赐宴、赐物、赐敕（授予荣誉称号）等。外官进京朝觐并根据考核等次赐宴，无过称职的赐坐宴，有过称职的赐站宴，有过不称职的不赐宴，并要站在门外等赐宴官吏宴毕方可返回。这种赐宴奖励方式，对于获得赐宴的官吏更多体现的是皇恩和荣誉，而对于未获赐宴的官吏则是一种公开训诫和警示。经考察需要对官吏进行惩罚的法规更为完备，惩罚方式包括责令致仕（退休）、冠带闲住（免去职务保留身份）、罢为民（剥夺官职、爵位及其官吏身份）、降调（降职降级或贬调京外、边远地区）、罚俸、追夺诰封等。

明朝还建立了考察拾遗制度和辩白申诉制度，这也是明朝官吏考核制度完备性的一种重要体现。考察拾遗制度是对在考察中应被查处却被遗漏的官吏，由相关主管部门提出弹劾意见，经吏部上报皇帝裁决。这一制度既是对被考察官吏的全面筛查与监督，也是对整个考察工作和承担考察职责的官吏的复核监督，对考察工作的客观公正性起到了重要作用。辩白申诉制度是授予被考察官吏陈述申辩解释权。

4．清

清朝在遵循明朝官吏考核基本制度框架的前提下，取消了考满制度，将外察改为"大计"，并在考核周期设定、考核标准制定、考核等次划分、官吏奖励或惩罚等方面做了一些调整。在考核周期设定方面，京察和大计都是三年一次。在考核标准制定方面，清朝最初实行"四格八法"，后来改为"四格六法"，都是对明朝"三等八法"的继承和沿用。"四格"指的是才、守、政、年四个方面，才是指才能，守是指道德操守，政是指政绩或工作业绩，年是指年龄状况；"六法"是从"八法"中剔除了贪、酷后剩余的六种情形，对犯有贪、酷的官吏另行做了严格的惩罚规定，即随时革职审查、永不叙用。在考核等次划分方面，清朝仍然划分为三个等次，但改为称职、勤职和供职，并细化了依据考核结果进行奖励或惩罚的具体情形。在官吏奖励或惩罚方面，奖励增加了"议叙"的相关条例，分为记录和加级两个等级，记录分为1~3次，加级分为1~3级；惩罚分为罚俸、降级留任、革职三种，罚俸在一个月到两年之间分为7等，降级留任分为1~3级，若降级留任不能满足惩罚需要，则往往直接革职。

从中国历朝历代的绩效管理发展史中，明显可以看出很多内容和现代绩效管理是相通的。比如，古代和现代一样注重绩效考核，制定了完善和具体的考核制度。唐朝建立的"四善"和现代公务员体系的"德能勤绩廉"类似；"二十七最"则对不同性质的官员制定不同的考核标准，反映出考核工作的细致。考核对象按官员的级别来分，低级别的由直接上级来考核，高级别的由皇帝来考核。考核结果细分为几种情况，并影响职位和薪酬。明朝甚至建立起辩白申诉制度。

现代绩效管理中的很多内容，如年度述职、根据考核结果奖优罚劣、与薪酬挂钩、上级考核下级的考核方法、绩效监督、考核结果的申诉等，都早已在中国古代的官员绩效体系中得以体现。

二、近现代的绩效管理发展

1．科学管理孕育出绩效考核

弗雷德里克·泰勒于1856年出生在美国宾夕法尼亚州的一个律师家庭，是美国著名古典管理学家，被誉为"科学管理之父"。泰勒因为眼疾，不得不中断哈佛大学的学业，之后进入工厂工作。在米德维尔工厂，他从一名学徒工开始，先后被提拔为车间管理员、技师、小组长、工长、设计室主任和总工程师。在这家工厂的经历使他了解工人们普遍怠工的原因，他认识到缺乏有效的管理手段是提高生产率的严重阻碍。为此，泰勒开始探索科学的管理方法和理论。1893年，泰勒以顾问的身份进入伯利恒钢铁公司，之后进行了著名的"铁锹实验"和"搬运生铁块实验"。

（1）铁锹实验。伯利恒钢铁公司需要耗费很多人力用铁锹来搬运铁矿石和煤炭。泰勒发现，优秀的工人不愿使用公司发放的铁锹，而是使用自己的铁锹。泰勒找了几名优秀的工人用大小不同的铁锹来搬运，并记录下数据。他发现，一锹铲取量在21.5磅（1磅=0.4536千克）时，一天搬运的物料数量最多。于是，他建议工厂根据物料准备不同的铁锹，让工人的每铲负荷都达到21.5磅的数值。同时，还设定了一天的标准工作量。对超过标准的工人，给予奖励；对没达到标准的工人，则进行作业分析和指导改进。

（2）搬运生铁块实验。伯利恒钢铁公司雇用了一些工人搬运生铁块，日标准工资是1.15美元，一个人每天搬运生铁块12～13吨。泰勒观察了75名工人，从中选出一名爱财的工人，泰勒要求这个人按照他的要求去工作，每天给1.85美元。泰勒在《科学管理原理》一书中是这样写的："我想看看你是能拿高薪的人，还是和厂里那些家伙一样不行。告诉我，你是想一天挣1.85美元，还是想和那些家伙一样一天挣1.15美元就满足了。""好吧，那你明天从早到晚都要听这个人的安排。他让你搬起生铁块走，你就搬起生铁块走，他让你坐下休息，你就坐下休息。一整天都要完全听他的话。"泰勒已经观察好各种要素对生产效率的影响，如走路的速度、搬运的方式、休息和劳动的结合。这名工人按照他的方法去做，第一天就顺利地搬完了47.5吨，拿走了1.85美元的高工资。其他工人纷纷效仿，使整个工厂的效率大幅提高。

泰勒两个实验的原理是：找出影响员工绩效的关键因素；设定高绩效的标准；对超过标准的员工给予奖励，对没达到标准的员工给予作业指导。用客观的绩效标准奖优罚劣，是现代绩效管理的理念。从这个角度来看，泰勒的两个实验已经具备绩效管理的雏形。

1911年，泰勒出版《科学管理原理》，推动了大工业时代的到来。1913年，福特公司发明了全球第一种流水线作业模式，使组装汽车底盘的效率提高了7倍。企业把工作标准化、细分化，每个人只需要完成简单重复的工作就可以提高效率。同时，企业根据设定的客观标准对员工进行奖罚。

科学管理推动了基于客观标准的绩效考核的发展，时至今日，科学管理思想仍然在发挥作用，尤其适用于一线生产工人。但科学管理的弊端也很明显，它视人为工具，忽视人的社交需求和其他情感需求。员工厌倦每天"拧螺丝"式的重复工作，身心疲惫，劳工矛盾加剧。

案例　　富士康员工系列坠楼事件

当年，富士康发生员工系列坠楼事件后，深圳市相关部门发挥职能作用，以各种方式支持和指导企业应对员工频繁坠楼问题。

加强心理疏导。深圳市卫生部门派出一批心理医生进驻富士康，加大企业对员工的心理辅导和心理咨询力度。深圳市的妇联、共青团及文化体育部门还协助企业在园区内开展多项文化和体育活动，减轻年轻员工的工作压力，缓解其紧张情绪。

加强劳动监察。深圳市劳动保障部门对富士康员工的劳动合同、工资收入、加班时间、劳动强度等情况进行了重点监察。

经深圳市劳动保障部门建议，富士康正式做出决定，把每个月询问是否要加班改成每周询问一次，这一举措将有利于员工更加自由地选择是否加班。此外，针对社会普遍关注的富士康员工劳动强度问题，深圳市劳动保障部门在富士康的生产车间现场测算劳动定额和劳动强度。如果发现富士康的劳动定额和劳动强度过大，则将根据相关法规对企业提出改进建议。

针对社会普遍关注的员工尊严问题，深圳市公安部门派人员规范和培训富士康的保安及门卫管理体系，督促富士康完善企业安全措施，改善基层管理人员对普通工人的管理方式。深圳市总工会也就员工尊严问题提出建议。富士康管理层已做出规定，要求所有保安及基层干部对员工不能简单粗暴。

2. 霍桑实验

霍桑实验是在美国西部电气公司的霍桑工厂进行的，从1924年持续到1932年，整个实验过程包括照明实验、继电器实验、访谈实验、群体实验。实验有几个发现：其一，工人不是只受金钱刺激的"经济人"，而个人的态度在决定其行为方面起重要作用；其二，企业中存在着"非正式组织"；其三，企业中存在着"霍桑效应"，即由于受到额外的关注而引起绩效提升的情况。

霍桑实验对古典管理理论进行了大胆的突破，第一次把管理研究的重点从工作和物的因素上转到人的因素上，开辟了管理研究的新理论，为现代行为科学的发展奠定了基础，对管理实践产生了深远的影响。更多霍桑实验的内容在第九章中有描述。

霍桑实验对绩效管理实践的影响是，强调绩效管理不能只看结果，也要关注过程中员工的心理和态度，积极给员工反馈，让他们感受到被关注，这些都有助于提升绩效。

3. 目标管理

管理学大师彼得·德鲁克在1954年出版了《管理的实践》，书中写道："企业的每一分子都有不同的贡献，但是所有的贡献都必须为了共同的目标。他们的努力必须凝聚到共同的方向上，他们的贡献也必须紧密结合为整体，其中没有裂痕，没有摩擦，也没有不必要的重复努力……因此，企业绩效要求的是每一项工作都必须以达到企业整体目标为目标，尤其是每一位管理者都必须把工作重心放在追求企业整体的成功上。"同时，企业要让员工有充分的自主行事的"自我控制权"。目标管理加上自我控制，是目标管理理论的精髓。

随着知识型员工和管理层人员的兴起，目标管理在全世界得到了迅速应用。时至今日，目标管理仍然是绩效管理理论和实践的核心与基石。

在实践中，目标管理要求明确所有员工的努力都是为了实现组织的整体目标。首先要明确组织的整体目标，然后将其细化到下一层的单位目标，接着继续向下细化。比如，先设定企业目标，再设定部门目标，最后设定岗位目标。每一层目标都承载着上一层目标。

自我控制有两个方面的含义。一是目标制定中的自我控制。德鲁克提倡，管理者应积极参与本单位的目标制定，自主制定目标后由更高层管理者审核或协同更高层管理者共同制定目标。参与本身就是一种激励。二是目标实施中的自我控制。各个部门和员工明确自己的目标后，在实施过程中通过完成情况和目标的比较来调整行为，以更好地持续改善。德鲁克认为自我调整是必要的："企业应该只采用达到关键领域的绩效所必需的报告和程序。试图控制每件事情，就等于控制不了任何事情。"

4. KPI（关键绩效指标）

KPI 的起源不是很清晰。有一种说法是 KPI 起源于英国，在 1998 年发表的《重新思考建筑业》和 2002 年发表的《加速变革》两篇报告中着重强调了工程项目绩效考核与改进的重要性，甚至制定了全行业年平均绩效改进的具体目标。在这样的背景下，英国有关研究机构制定了 KPI 这一项目绩效考核体系，目的在于鼓励业主、承包商、供应商等工程项目参与方准确地评价自己的绩效表现。KPI 的研究从此开始，并在日后被广泛应用到各种领域中。

目标管理与 KPI 是完美组合，KPI 是目标管理的着力点。在实践中，组织目标分解，分解的重点就是 KPI；部门目标分解，分解的重点同样是 KPI。可以说，组织目标层层向下传递的主要链条就是 KPI。KPI 的出现，让目标管理大大提高了可操作性。

各个部门和岗位的绩效考核内容不仅是 KPI，还有其他指标，不过依据二八原则，抓住 KPI 就相当于牵住了组织发展的"牛鼻子"。

5. 平衡计分卡

20 世纪 90 年代，美国的罗伯特·卡普兰和戴维·诺顿对 12 家知名公司进行了名为"未来的组织业绩衡量"的研究。1992 年，卡普兰和诺顿在《哈佛商业评论》上发表了第一篇关于平衡计分卡的文章。平衡计分卡将组织的绩效评级体系分为财务、客户、流程、学习与成长四个维度。随后，两位学者持续研究，陆续出版了多部关于平衡计分卡的著作。平衡计分卡是一种将组织战略目标落地的重要工具，能帮助组织实现健康、均衡、可持续的发展。平衡计分卡和 KPI 理论有着密切的联系，其逻辑仍然是基于目标管理理论，找出 KPI 并作为绩效考核的重点。平衡计分卡丰富了 KPI 理论，提出了一套完整的 KPI 设计的理论和应用工具。

6. OKR（目标与关键结果）

20 世纪 70 年代，英特尔前 CEO 安迪·格鲁夫在英特尔启用了一种目标管理方法——OKR。随后加入英特尔的约翰·杜尔对 OKR 方法非常感兴趣，在 1999 年把它推荐给谷歌。OKR 在谷歌取得了巨大的成功，随后在 Facebook（现 Meta）、LinkedIn 等公司得到广泛应用。2013 年年底，OKR 传入中国。百度、华为、字节跳动等公司都逐渐使用和推广 OKR。

OKR 要求确定组织、团队、个人的"目标"，明确每个目标达成的可衡量的"关键结果"。OKR 在整个组织中是透明可视的，每个人都可以看到任何人的 OKR，这极大地促进了工作的协同。OKR 要求目标具备挑战性。为了鼓励员工敢于提出"有野心"的目标，组织规定 OKR 不与薪酬挂钩。OKR 是由员工自己提出的，增强了员工对组织的承诺感和自我价值感。OKR 注重对工作过程的追踪，甚至每周都对 OKR 的进展进行反馈，有助于组织和员工快速反应。

经常有人将 KPI 和 OKR 进行比较，但 OKR 本质上是一种目标管理工具，不是考核工具，不与薪酬挂钩。从这个角度来看，KPI 和 OKR 是分属两个范畴的工具，KPI 是公认的绩效管理工具，OKR 是目标管理工具。当然，OKR 对组织和个人的绩效都很有帮助，广义上也可以算作一种绩效管理工具。

OKR 与泰勒的科学管理及基于 KPI 的绩效管理相比：后两者注重员工的外部激励，将加薪、晋升等作为激励员工的主要动力，即外在动机；而 OKR 注重员工工作的内在动机，将自我工作设计与挑战自我带来的成就感、对工作价值的认可等作为激励员工的主要动力，这是绩效管理理论和实践发展上的重大变化。

回顾近现代绩效管理的发展历程，首先，从泰勒的科学管理开始，重点是以工具、工作行为的标准化来提高员工的工作绩效。随后，霍桑实验表明人的心理对绩效有影响，人不是纯粹的"工具人"，应该注重对员工的心理引导，从而改变其行为。以上还是以个体为研究对象。目标管理理论和 KPI 工具则使有规模的组织提高绩效有了理论与实践工具，强调包括"白领"和"蓝领"在内的所有员工都应该围绕组织的目标展开工作。平衡计分卡是在目标管理和 KPI 基础上发展出的一种工具，使组织战略目标的落地更有条理化。OKR 的发展是对传统绩效管理的突破，不再看重绩效考核，更关注过程管理和员工自我的发挥。

第二节　绩效管理相关概念

一、绩效的概念

在管理实践中，绩效（Performance）通常是指工作的效果和效率。根据《韦氏词典》，绩效指的是完成、执行的行为，以完成某项任务或者达到某个目标。关于绩效的含义，有绩效产出说、绩效行为说、绩效综合说。这里，我们对于概念的发展不做探讨。本书认为，绩效是指组织或个人对于目标、任务的完成情况。如何评价绩效？可以从以下几个角度展开。

1．结果

通常以结果来判断绩效的高低，这是最为传统和主流的观点。绩效产出说认为，绩效是员工最终行为的结果。伯纳丁认为："绩效应该定义为工作的结果，因为这些工作结果与组织的战略目标、顾客满意度和投入的资金关系最为密切。"

结果指的是哪些工作必须完成或取得哪些成果。结果往往是可以量化的，以某种产出的形式来表现，如产量、销售额。显然，这些结果对组织非常重要，这就是绩效考核非常看重结果的原因。绝大多数企业都将结果作为绩效考核的主要内容。

以结果评价绩效，从员工的角度来看，这种考核不一定会体现公平，因为结果受到客观和主观多种因素的影响。例如，在新冠疫情环境下，企业的收入锐减是大环境导致的，并非员工不努力。从员工的绩效结果来看，他们没有达到预期的绩效目标，影响到他们的绩效工资和奖金，员工会对这种绩效结果有怨言或有意见。但站在企业的角度，无论什么原因，只要企业的经营目标实现情况不理想，那按照绩效制度的规定减少员工的绩效工资和奖金就都是情理之中的事情。皮之不存，毛将焉附？站在企业的角度，结果是第一位的。

2．行为

有几个支持将行为作为绩效考核内容的理由。

其一，当绩效的结果不容易度量，或者不够全面时，需要用行为来表示绩效。特别是一些非业务、偏行政的岗位，它们的产出相对模糊，如办公室岗位，每天会做很多上传下达的工作，不好用某一种或几种固定的结果来评价绩效。当结果不好度量时，将评价行为作为一种替代方法是可行的。

其二，结果受到系统因素的影响，不能反映员工的贡献。员工会提出这类诉求，举个例子，在生产、销售这样的岗位，它们的产出是很具体的，适合用结果来度量绩效，但即便如此，有一项调查得出这样一种结论：除销售额这些结果外，销售人员很愿意让组织根据自身的沟通技巧、产品知识等行为标准对自己进行评价。对销售人员来讲，业绩可能更多地受到分配给他的销售区域的影响，自己的能力和努力可能只是一个不那么重要的影响因素。这种观点的支持者坎贝尔指出:"绩效是行为,应该与结果区分开,因为结果会受到系统因素的影响。"

员工认为,只要自己努力,无论结果如何,都应该得到组织的认可。至于是否将行为作为绩效考核的一部分内容,与组织文化和组织竞争压力等有关。绩效好和管理宽松的企业可能增加行为类绩效指标;而对竞争压力很大的企业来说,对员工的同情和理解与企业生存相比,后者更为重要。

其三,过分关注结果会导致忽视重要的过程和人际关系,可能在工作要求上误导员工。在实践中,为了达成结果而弄虚作假、偏离工作本源的事情经常发生。比如,网站为了增加浏览量,故意把一个页面能展示的内容设成多个页面,这样做看似增加了浏览量,实则降低了用户体验。又如,程序开发员为了完成工作量的考核,故意把程序代码写得低效和拖沓。

3. 素质和能力

还有一种观点认为,绩效在特殊情况下等同于素质和能力。比如,根据学位给员工发放薪酬,博士 30 万元年薪,硕士 20 万元年薪。又如,某汽车修理厂根据修理工能修理的车型和能处理的故障的复杂度来确定绩效工资和奖金。这种绩效考核是根据人的素质和能力来进行的,与结果和行为无关,相对而言在实践中采用得不多。

> **案例**　　只要肯吃苦,多加班,就能在公司中拥有自己的一席之地?

华为在对员工进行绩效考核时,始终坚持责任结果导向,在结果的基础之上结合考核过程。每个岗位所应承担的职责内要求的结果,就是责任结果,最终体现为为客户创造的价值。在华为的评价体系内,员工从不会因为学历、职称、工龄等因素获得任何酬劳,而是以他的贡献和实现贡献的认知能力为依据。

关于华为日常工作量大的传闻,李云(化名)在进入华为之前就有所耳闻。当时,她认为华为的员工都能吃苦,而且"年轻人要艰苦奋斗",于是毅然决然地加入了华为。

刚进公司,对李云来说,加班基本就是"艰苦奋斗"。在很长的一段时间内,她经常加班到深夜,每天只在住处和办公室之间往返,连周末也不休息。在李云看来,自身的能力有待提高,需要增长与工作相关的知识和经验,再加上进入华为之前就受到加班意识的影响,所以她乐意付出更多的时间和精力让自己快速成长、完成交付。过了不久,李云就受到部门主管的认可和赏识,这更加坚定了李云的想法:"只要肯吃苦,多加班,就能在公司中拥有自己的一席之地。"

在李云的努力之下,她成了项目组组长。在第一次参加集体评议时,李云反复强调某同事加班表现突出,希望大家可以结合这位同事的勤奋表现给予他更好的考评结果。话音刚落,李云的主管便说:"在华为,评价一个人要看他为公司和客户带来的价值、最后交付的成果,而不是看他是否经常加班、是否辛苦。"听到这里,李云开始重新思考什么是"艰苦奋斗"。经过后续更加深入的工作和体会,李云意识到艰苦奋斗需要结合绩效来看,而不是只看加不加班。没有实实在在的贡献和成果,再怎么加班加点,也得不到好评。

自此以后,李云依旧忙碌于工作的各项事务中,但对于"加班"这件事本身,她已经不再过分强调和关注了。在完成工作任务的同时,她总会不断追问、提醒自己:"这次的忙碌能为客户创造价值吗?能使个人、团队向业务目标的达成更进一步吗?"

二、绩效的层次

按照被衡量的主体层次的不同,绩效可以分为组织绩效、群体绩效和个人绩效三个层次,如图1-1所示。

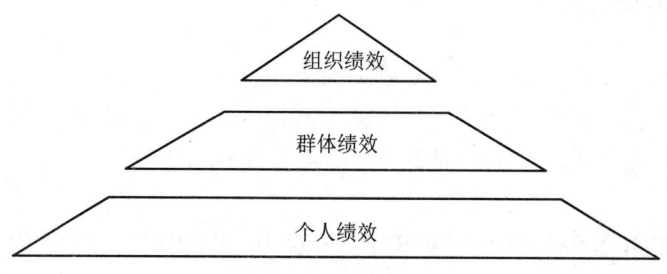

图1-1 绩效的层次

组织绩效在企业层面表现为企业绩效,常用财务指标、市场指标、重要项目的进展等来评价,如企业净利润增长20%、市场占有率提高到10%、新产品打开市场等。在平衡计分卡中,用财务、客户、流程、学习与成长四个维度来评价。组织绩效的概念还可以延伸到非营利性组织绩效、地方政府绩效乃至国家绩效上。本书主要关注企业绩效。

群体绩效包括部门绩效和团队绩效。在企业中,通常不使用"群体绩效"这个词,而是使用部门绩效和团队绩效,如生产部门的绩效、销售部门的绩效、某项目团队的绩效。部门绩效的评价常用KPI,团队绩效则从项目的完成质量、完成进度和成本等方面评价。

个人绩效是组织绩效和群体绩效的基础。个人绩效的合力是组织绩效和群体绩效的保障,组织绩效和群体绩效为个人绩效指明了方向。虽然我们不能否认个体的创造性,但就现阶段而言,保障组织绩效是第一位的。后面会讲到,如何从组织绩效分解到个人绩效。

三、绩效管理的概念

关于绩效管理的概念,有几种不同的观点。有人认为绩效管理是管理组织绩效的系统,也有人认为绩效管理是管理员工绩效的系统,还有人认为绩效管理是管理组织和员工绩效的综合系统。

本书倾向于第三种观点,对绩效管理的定义是:绩效管理是指为了实现组织的战略目标,采取科学化的方式/方法激励员工朝正确的方向努力,形成合力推动组织战略目标实现的体系。

在实现组织战略目标的同时,也让员工的个人绩效目标得以实现,这是一种比较理想的绩效管理。通过激励和约束,员工有足够的工作动力和创造力,在为自己的小目标奋斗的同时,也会推动组织整体目标的实现。

个人绩效好,自然有助于组织绩效的达成。但为了达成组织绩效,压榨员工,或者通过不正当的手段来强制或欺骗员工拼命工作,这种做法显然是错误的。这样做虽然使企业的短期财务指标向好的方向发展,但这不是一种健康的、可持续的发展模式。比如,有些企业急功近利,盘剥员工,利用规则逼迫员工恶性竞争,致使员工持续高强度地工作,长期下去,企业必将自食恶果。

良好的绩效管理模式,不应把员工视为工作机器,而应尊重员工的人格需求,尊重员工对于职业发展、工作价值、行为的主动性和自由度、工作兴趣和乐趣等的追求；良好的绩效管理模式，应该是让员工身心愉悦地工作，而不是让员工身心疲惫地工作。

组织的发展和员工的发展应该是和谐统一的，未来的绩效管理一定是组织绩效和个人绩效的完美结合。

四、绩效管理的落脚点

绩效管理的落脚点或者说抓手，是激励和约束，也有一种说法是正激励和负激励，常形象地比喻为"胡萝卜加大棒"。"胡萝卜加大棒"的说法来自一个故事：为了使主人骑的毛驴前进，就要在它的前面放上胡萝卜，或者在后面用大棒打它的屁股。

案例 Speak softly and carry a big stick, you will go far

美国前总统罗斯福提出实行武力威胁和战争讹诈的外交政策。他曾在一次演说中援引了一句非洲谚语："Speak softly and carry a big stick, you will go far"（手持大棒口如蜜，你会走得更远），被他改编成"温言在口，大棒在手"，成为他的一句名言，并发展成所谓的"胡萝卜加大棒"政策。20世纪初，美国凭借强大的军事经济实力，积极推行向外扩张计划，加强了对拉丁美洲，特别是加勒比海地区的侵略。罗斯福主张以武力为后盾，迫使拉丁美洲国家"循规蹈矩"，听命于美国。

这套思路流传至今，受到很多批评，尤其是来自"新生代"的抗议。比如，今天某位员工违反了公司规则受到了处罚，明天换来的就是他的辞职信。

但应该看到，激励和约束的框架仍是几乎所有组织绩效管理的主旋律。绩效管理中所涉及的绩效考核指标再精妙，绩效考核制度再完善，绩效考核方法再合理，最后落地依旧要落在激励和约束上。

员工工作做得好，就应该获得奖励；反之，犯了错就应该受到惩罚。比如，员工的绩效低于考核目标时，拿不到预期的奖金；员工的绩效远低于考核目标时，就可能被辞退；员工迟到和早退，无故不参加组织的活动，就可能被警告或扣除一部分工资，这些都属于典型的约束。

激励和约束是相对的。完成了目标得到奖励，是激励；完成不了目标没有得到奖励，也可以理解为一种约束。

激励和约束作为绩效管理的落脚点，是组织提高员工工作动力的手段，这点无须争议。如果有争议，则激励和约束的内容及比重更值得探讨。

从激励和约束的内容来看，组织是选择外部工作动机，还是选择内部工作动机，抑或是两者兼备？传统意义上的激励和约束，以外部工作动机为主。比如，加薪和晋升就是典型的外部激励。绩效管理最重要的环节是绩效考核，考核的结果与薪酬、职位挂钩，不能否认，这是绝大多数员工选择工作和工作努力程度的最重要的原因。在 OKR 模式下，以员工的自主性、成就感、融洽关系等内部工作动机为主。有些员工不喜欢"胡萝卜加大棒"的做法，可能是觉得它不够重视和尊重人的内在感知。

从激励和约束的比重来看，组织是选择更多的激励，还是选择更多的约束？根据激励和约束的强度不同，可以把组织中的激励和约束划分为四种组合，分别是强激励+强约束、强激励+弱约束、弱激励+弱约束、弱激励+强约束，如图1-2所示。

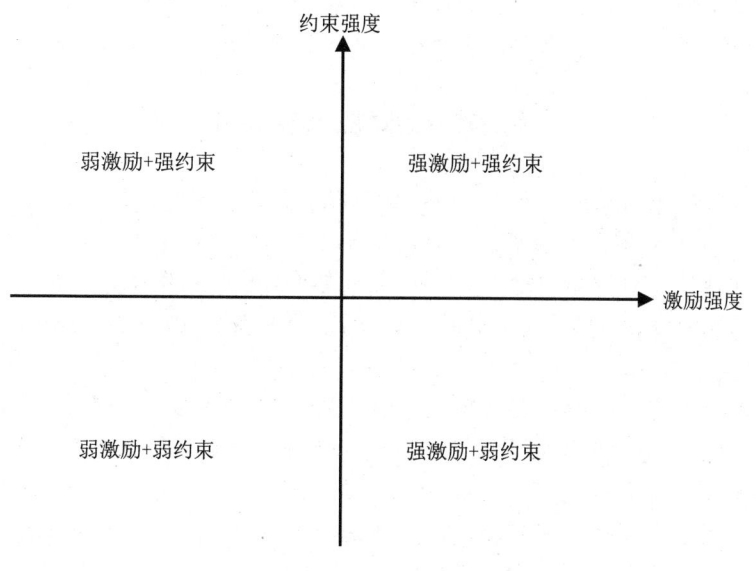

图1-2 激励—约束组合

1. 强激励+强约束

竞争性强的企业常采用强激励+强约束的方式，如保险行业、房地产中介行业的企业。业绩完成好，员工可以获得高额的绩效奖金；业绩完成不好，员工只能拿到较低的绩效奖金，甚至只能拿到基础工资。这类企业常采用较低基础工资和较高提成的薪酬结构，并且实施强制分布，绩效排名在末位的员工有可能被淘汰，如调岗或辞退。

2. 强激励+弱约束

采用强激励+弱约束的组织，多为民营企业。比如，在绩效好时，有些互联网龙头企业能给予优秀员工相当于5~10个月甚至最多30个月工资的年终奖，而表现不佳的员工也会拿到偏低的绩效奖金，但通常不会很低。这类企业一般不采取末位淘汰制。

3. 弱激励+弱约束

典型的组织如一些事业单位，其可变薪酬与绩效的关联程度不高，同时工作比较稳定。

4. 弱激励+强约束

也存在被员工戏称"钱少事多"的企业，本身薪酬福利的竞争力不强，又由于行业特点、企业文化等因素对员工的约束较多。这类企业为了维持员工队伍的稳定，不会采取末位淘汰制，所谓的约束体现在其他方面。比如，岗位纪律要求高，加班成常态，对员工管理比较严格。

这四种组合难言谁优谁劣。从国内的发展来看，从计划体制下的弱激励向强激励转化的态势明显，目前大家都比较认可强激励。民营企业是最初实行强激励的组织之一，随着国企和事业单位的绩效改革，它们也逐渐从弱激励转向强激励。但各方对约束的态度不一致。相当多的企业认为应该减少负激励，以正激励为主，尤其是对于知识型员工。

对于劳动密集型企业，要强化约束，通过实行标准化和现场管理，建立健全的规章制度，实行严格的奖惩制度，既要保证生产安全又要保证生产进度。举个例子，某企业老板在访谈中说:"对这些工人就要管得紧点,你稍微放松一下,他们就可能偷懒。"据称这个老板经常突击检查,而且十分严厉。每当老板出现的时候,所有的员工都非常谨慎,生怕工作出一点差错。就这个例子而言,这个老板说的话虽不能代表普遍现象,但也不会是个例。

> **案例** 从晋商身股制看激励和约束

晋商是明清时期国内最大的商帮,崛起于明朝,在清乾隆、嘉庆、道光时期发展到鼎盛,在流通界活跃了 500 多年,足迹不仅遍布国内各地,还出现在欧洲、日本、朝鲜、东南亚和阿拉伯等国家和地区。从清朝中叶开始,晋商由商业向金融业发展,咸丰年间,山西票号几乎独占全国的汇兑业务,曲殿元在《中国金融与汇兑》中说:"山西票庄执中国金融界之牛耳,百余年。"

晋商的兴盛与其实行的身股制有很大关系。"出资者为银股,出力者为身股。"东家所出的资本称为"银股",每股所投股资为几千两到几万两。一家票号由若干个东家组成,东家决定大掌柜的任用。"身股"是东家允许掌柜及重要伙计以人力而非资本所持的股份。在票号获利分红时,东家按银股分红,掌柜和伙计按身股分红,身股不承担亏赔责任。分配的比例大多按照银股与身股六四分成,也有五五分的。在这种激励机制下,票号中从掌柜到伙计"莫不殚精竭虑,视营业盛衰,为切己之利害"。

先看工资。员工的"辛金"(工资)出徒以后就可以享有,通常从每年 10 两银子开始,最高可以达到 100 两。当员工工作一定年限,辛金达到 70 两银子时就可以开始享有身股,最低从 1 厘开始,最高可以达到 10 厘。员工的待遇是相当好的,所有员工的吃住都在票号内,本地员工节假日可以回家,在票号工作期间,吃、住、用、穿,以及驻外员工的回家旅费都由票号负担,而且吃、穿等标准在当时来看相当高。

再看分红。如果银股与身股按 6∶4 分成,则盈利 100 万两银子时,银股得 60 万两,身股得 40 万两。资料记载,在每个账期(以 4 年计)内,每厘身股高者可以达到 1700 两银子,低者也有 200~300 两银子,正常情况在 1000 两银子左右。大掌柜有 10 厘身股,每 4 年可以分 1 万两银子,各地分号掌柜及中层管理人员的身股为 5~6 厘,可以分 5000~6000 两银子。这种收入水平在当时处于什么地位呢?我们用县官与票号分号掌柜来比较。当时一个县官包括养廉银在内的全部收入为每年 1050 两银子,4 年就是 4200 两,票号分号掌柜的收入中仅分红一项就超过了县官,还不包括每年的免费供给与辛金。

在清朝,山西没有出过一个状元,连进士也远远少于其他省份。这并不是因为山西没人才,而是因为人才几乎都进了票号,不走科举入仕之路。

身股给予伙计丰厚的激励,自然要有不低的进入壁垒。晋商对伙计有非常严格的选拔条件。首先,必须为山西人,且以同县、邻县居多。使用同乡有两个优势:一是方便考察伙计的家庭背景及人品情况,知根知底;二是如果伙计做了违反号规或不道德的事情,在当地的圈子里将成为公共的信息,且一旦被辞退就不会被其他的票号聘用,因而可以更好地约束伙计。其次,要有保荐人推荐,保荐人承担连带责任。学徒入号时就需要由与总号有利害关系的保荐人担保,虽然不需要押金,但是一旦学徒因诚信等个人原因给票号造成了损失,保荐人就要赔偿损失。如果是做分号掌柜,就需要更有资本和影响力的保荐人了。

新招员工需要经过三年学徒期。第一年,为掌柜"提三壶"(茶壶、水壶、尿壶),干杂活,伺候掌柜,不设座位。这一年主要是对其职业与个人道德的考察和培养,如掌柜放点银子在不起眼的地方，看学徒如何处理。再就是观察其工作态度和为人处世之道，做到"重信义，除虚伪；节情欲，敦品行；贵忠诚，鄙利己；奉博爱，薄嫉恨；幸辛苦，戒奢华"。第二年，开始学习业务，包括文化课（四书五经、蒙古语、俄语等）、业务课（珠算、记账、商业信函等）。第三年，在柜台上跟着师傅学习做生意。三年内不得回家，考核期满后正式录用。

除正常的休假外，票号员工不得轻易告假。在票号工作期间的纪律亦相当严格。山西票号流传着"十不准"规矩，即不准携带家属，不准嫖妓宿娼，不准参与赌博，不准吸食鸦片，不准营私舞弊，不准假公济私，不准私营放贷，不准贪污盗窃，不准懈怠号事，不准打架斗殴。一旦有人违反"十不准"规矩，无论是大掌柜还是小伙计，下场都一样，就是"卷铺盖走人"。对于违反号规的员工，开除永不聘用，其他各个分号也不得聘用。

2009年，郭富城、张铁林等主演的电影《白银帝国》就讲述了清末民初山西票号天成元的故事。天成元票号天津分号的大掌柜刘掌柜才干非凡，在所有掌柜里排名第二。但是，由于刘掌柜在外私放高利贷，违反了"不准私营放贷"的规矩，所以被迫自尽。刘掌柜为什么会自尽呢？因为天成元票号将他除名后，其他票号也不会用他，相当于"社会性死亡"。刘掌柜一辈子都在票号干，缺乏其他谋生技能，同时在乡里乡亲面前再也抬不起头，只好寻死。故事归故事，但在历史上也有过类似的事情发生。

中国第一家票号——日升昌，从大清道光初年成立到歇业，历经100多年，汇通天下，分号遍及全国，触角伸到欧美、东南亚等地。当时，日升昌票号天津分号的大掌柜叫冀体谦。冀体谦有一个弟弟叫冀体和，是百川通票号天津分号的二掌柜。他们兄弟两个在天津金融界，算是响当当的风云人物。

有一年，一个与冀体谦有业务往来的富商，为了巴结他，买了一名貌美如花的青楼女子送给他。冀体谦却抱着侥幸的心理，将这名青楼女子收了下来，安置在一个隐秘的场所。冀体和知道这件事后，对哥哥反复劝告，劝他以大局、事业为重，冀体谦却不以为然。他认为就算这件事被发现，以自己在日升昌票号中的"元老"级地位，劳苦功高，东家也不会对自己怎么样。冀体和见自己劝解不了，便告诉家里的父亲。父亲写信来劝阻冀体谦，冀体谦仍置之不理。

过了一段时间，日升昌票号总号派了二掌柜梁怀文来"巡边"。梁怀文做事严谨、为人公正。他奔走于日升昌票号各分号之间，严查号规、号章，逐项检查业务。梁怀文一到天津，很快就发现了冀体谦"金屋藏娇"的事情，向总号做了报告。总号二话不说，立即命令冀体谦"卷铺盖走人"。冀体谦走投无路之下，带着青楼女子回到了老家。他没有想到，父亲竟关门插锁，拒绝他进家，并公开宣布与他断绝父子关系。冀体谦没有办法，租了一处民房。青楼女子过惯了奢侈的生活，吃不惯粗茶淡饭，偷偷跑了。冀体谦鸡飞蛋打，人财两失，永无翻身机会。

五、绩效管理的意义

绩效管理的意义有很多方面，在组织层面、管理者层面、员工层面都有所体现。这里只列出部分意义。

（一）组织层面

1．为组织做出管理决策提供参考

组织在做工资成本控制、薪酬和奖金发放、招聘、培训、晋升、岗位配置等决策时，常要参考团队绩效和员工绩效，绩效管理的一个功能就是辨识绩效。如果组织无法判断个人绩效差异，那将是一场灾难。游手好闲之人充斥于组织中，必然对整体绩效产生负面影响。

案例　　　　　　　　　　　　　**林格尔曼效应**

法国农业工程师迈克西米连·林格尔曼（1861—1931）进行了一次拔河实验，结果如表1-1所示。他发现，当拔河的人从1个人逐渐增加到一群人时，集体的力量并不等于个体力量的总和：当增加到3个人时，力量仅仅相当于大约两个半人（2.5）的总和，也就是说，在集合的过程中损失了半个人的力量；当增加到8个人时，集体的力量竟然已经仅仅相当于大约4个人的总和。

表1-1　拔河数据

拔河双方	实际测得拉力/千克	平均拉力/千克
1对1	63	63
2对2	118	59
3对3	160	53
8对8	256	32

由此得出结论：当人们参加社会集体活动时，他们的个体贡献会因人数的增加而逐渐减少。林格尔曼将这种现象称为"社会惰性"，这个实验的结果就称为"林格尔曼效应"。

林格尔曼效应，类似"三个和尚没水喝"，当组织缺乏个人绩效甄别手段时，个体会偷懒，一个人偷懒会带动十个人偷懒，最终造成整体性低绩效。所以，绩效管理虽然从组织整体绩效出发，但最终落脚点还是要在个人绩效上。通过绩效考核识别出个体的真实绩效差异，有奖有罚，将有效提高个体努力的程度，最终提高组织绩效。

2．有助于组织更为健康和高效地运行

组织绩效表现差一定有原因。除外部不可控因素外，还可能是组织内部的问题，如内部流程运转不流畅，人员能力、素质跟不上，部门之间的协调、部门内部的沟通存在障碍，缺乏过程监督导致员工行为失控做出对组织不利的行为选择等。只有找到问题的源头，才可以有的放矢。绩效管理好似一面镜子，所有的部门和员工都在这面镜子前显露出真实的自我，它是企业进行自我诊断非常重要的方法。

3．是战略目标落地的保障——组织发展的关键因素之一

组织发展和组织运转不是一个概念。一家企业如果长时间业绩停滞，企业的利润没有增长，企业的市场规模没有扩大，就表示组织在正常运转，但没有得到实质性的发展。举个例子，社区附近的小超市生意十年如一日，生存不是问题，但没有得到发展；而物美超市、超市发超市走上连锁经营的道路，规模得到扩大，这就是发展。

这里所说的"组织发展"表示组织在不断突破。外在表现为财务指标的增长、市场规模的

扩大，内在表现为流程的优化、人力资源整体素质的提升等。

组织运转依靠固定的运行模式可以实现，它只是一种简单的、惯性化的状态。而组织发展需要打破这种平静，由内而外焕发活力，需要有破局之法。外在的一些因素可能导致组织突破，如企业所处的行业到了景气期、宏观政策的转向等。

就内在因素而言，组织要想突破，最重要的因素有两点。第一点，要有正确的战略方向。这取决于高层的洞察力。第二点，战略制定之后，要有落地的保障。把方向变成全员工作的目标并且在运营上落实到位，依靠的就是绩效管理。这是目标管理的要求，战略制定只是走出正确的第一步，落地是走向成功的第二步。战略目标落地最有效的、最关键的方法就是绩效管理，否则即使高层制定的战略再正确，执行也会脱节和变形。

组织规模越大、层次越多，在指令和理念自上而下的传递上难度就越大，一个原因是传递中有信号误差，另一个原因是执行中的偏差。绩效管理体系可以有效解决这些问题。绩效管理把组织的战略目标逐层分解成员工的工作目标，用工具/方法尽量保证员工目标和组织目标一致，同时在绩效实施过程中设置监控环节，以便及时发现误差和纠偏。

案例　　　　　　　　　　蛋壳公寓

蛋壳公寓是紫梧桐（北京）资产管理有限公司旗下的高端白领公寓品牌，公司于2015年1月在北京成立，正式进入租房市场。2019年1月，蛋壳公寓管理公寓数量接近40万间。

2020年1月17日，蛋壳公寓成功登陆美国纽约证券交易所，股票代码"DNK"。上市当天市值达27.4亿美元，但到了2020年11月，市值已不到3亿美元。

2020年11月，据中新网消息，因拖欠业主房租与租客退款，蛋壳公寓陷讨债风波。12月25日，蛋壳公寓App中的房源信息已经全部下架。

2021年4月6日，纽约证券交易所宣布，将蛋壳公寓从纽约证券交易所摘牌。

蛋壳公寓"爆雷"的主要原因是过度扩张导致资金链断裂，但也不能忽视它在管理中的问题。

先看一下蛋壳公寓的运营模式。它是一种托管出租模式，先从业主手里拿到房源，承诺支付租金，如果是毛坯房，则由公司来出资装修，再负责出租，无论出租情况如何，都必须按照协议向业主支付租金。

这样的租赁模式，业主很省心：出租合同一签就是三年或五年，每月租金打到自己的账户中，省去了自己出租的麻烦。

租客也很省心：一是可以长租，不用担心自己住着被业主赶走，也不用担心住进去后，业主坐地起价；二是居住条件类似公寓，公司提供服务和管理，负责打扫卫生和维修；三是方便，缴费和维修服务都可以在App上搞定。

蛋壳公寓的宣传口号是"让年轻人在城市中有尊严地生活"，一切看上去都很美好，然而迅速的"爆雷"却让无数业主和租客的梦想破碎。事后分析，蛋壳公寓为了抢夺房源，以高价从业主手里获取房源再低价出租出去，这种模式短期获得了大量房源，高峰时期公司管理着近40万间公寓。但这种烧钱模式注定要大量融资。蛋壳公寓通过在资本市场上的几轮融资，以及"租金贷"的方式将租客从金融机构贷来的款项挪为己用，但由于过度扩张和成本支出巨大，最终导致资金链断裂。

本案例中不谈蛋壳公寓的战略失败，仅仅通过它在运营中的一些现象来看一下它的过程控制问题。蛋壳公寓的几十万间公寓的日常维护和出租是由大量的所谓管家来负责的，这些管家负责公寓房源的寻找、出租等工作。据笔者在市场上了解到的，为了达到公司的出租率目标，很多管家把租客的身份私自改成刚毕业的大学生，因为公司对于刚毕业的大学生在租金上有着优惠政策，管家就利用优惠政策来吸引租客，而公司基本不核实租客的身份。另外，公司对于毛坯房源出资进行装修，这一过程中的漏洞也被一些管家利用，他们故意提高装修成本的报价，从中获取利润。此外，一些管家为了拿到房源，许诺给业主的条件已经不能用"优厚"来形容，而这些明摆着太过离谱的方案居然得到了公司的批准。

因为没有数据，所以无法表明管家的这些不端行为会给公司带来多大的成本损失。但足以看出，公司只注重规模扩大，忽视了过程控制，没有能力和办法监控管家的行为，由此带给蛋壳公寓的潜在损失可能也是其"爆雷"的一个原因。

绩效管理的作用还处于远远被低估的状态。一般来说，绩效管理的工作在人力资源部的范畴内，但由于绩效管理涉及的面非常广，涉及组织内的所有人，除了考核，还有监控、反馈等环节，仅仅依靠人力资源部的人力无法保证绩效管理体系高质量运行。而且从重要性上讲，绩效管理在组织管理中本应该处于核心的战略性位置。前面提到，组织发展等于正确的方向加上完美的执行，执行依靠的就是绩效管理。

所以在绩效管理上，组织应该给予更多的重视，无论是在绩效计划的编制上，还是在关键节点的人员配备上，都应该给予更有深度的支持。绩效管理是组织的战略性问题，是战略目标落地的核心抓手。

4. 有助于组织绩效的提升

从常规意义上讲，绩效管理的根本目标就是提升组织绩效。组织发展和绩效提升有很大关系，组织发展伴随着绩效提升，绩效提升多数情况下也代表着组织发展。

绩效管理体系将组织的目标和员工的工作统一在一起，在激励员工努力工作的同时，带动组织绩效提升。

（二）管理者层面

1. 节约管理成本

绩效管理可以帮助组织建立规范。绩效管理可以把工作任务分解到每个岗位，使员工清楚地理解自己每个季度、每个月乃至每天的工作内容和重点，有助于员工按部就班地工作。管理者只需要通过例会和其他方式来监督员工的工作进展，并给予指导，不需要花时间频繁地分配工作任务，有助于其将精力聚焦到更重要的工作上。同时，通过绩效管理，员工可以掌握自己工作的绩效情况，了解自己需要改进或提高的地方，通过参加组织培训进行自我提升，更有助于自己未来工作的开展。因此，绩效管理会让组织更为有序，节约管理成本。

2. 增加管控手段

有了绩效管理，管理者手中就有了重要的员工管控手段。管理者可以根据员工的绩效表现，用加薪、晋升等手段激励员工，对表现不佳的员工给予罚款、降薪、调岗、辞退的处罚。如果没有绩效管理，责任心不强的员工就可能不服从管理者的工作安排。

3．加强与员工的沟通

绩效管理能让管理者对员工有更深入的了解，包括员工的个性和绩效，有助于管理者与员工之间建立起良好的关系，方便管理者合理地安排工作。管理者根据绩效结果调整员工的岗位配置，调配员工到更适合的岗位上，这些安排合情合理、有理有据，减少了企业内任人唯亲和主观随意的现象，也能加强与员工的沟通。

（三）员工层面

1．提升员工的能力，使其实现自我价值

绩效管理是一种沟通工具，它可以让员工知道自己的长处和不足，为员工提供在哪些领域需要改进的信息，并且让员工明白组织、部门、上级对他们的期望是什么。

组织会根据员工的绩效表现帮助员工提升能力。常见的方式包括在岗培训和脱岗培训、工作轮换等。员工为了追求更高的薪酬、更大的职业发展空间，也会主动选择适合自己的能力提升途径。

员工在组织中借助绩效管理，获得更高的薪酬，晋升到更重要的岗位上，是一种自我价值的实现。员工会感受到自己对组织乃至对社会的贡献，从而产生成就感。当然这里并不是说，只有升职加薪才能实现自我价值，自我价值的实现有很多种方式。

2．提升员工的工作动力和敬业度

通过绩效管理，员工知道自己过去的工作状态，清楚自己的工作绩效和个人所得之间的关联，并且明确知道组织未来需要自己做什么，清楚获得高绩效的路径。在组织提供的加薪、晋升等外在动机和自主、胜任、关系等内在动机的吸引下，员工的工作动力会大大提升，从而增加工作投入。

良好的绩效管理体系能够有效地提升员工的敬业度。敬业度高的员工往往有较高的参与度和承诺度，有更多的工作激情开展创新性活动，做出更多的组织公民行为，支持组织的各项活动。

3．减少员工的不端行为

绩效管理体系能够让员工更好地理解自己工作的内容和标准，同时通过奖罚来减少员工的不端行为，如利用工作时间做私事，利用组织资源谋取私利甚至贪污腐败。绩效管理体系有助于清晰地描述不端行为，在造成不可挽回的损失前就识别出不端行为。

我们要对绩效管理的定位有理性的认识，绩效管理是组织绩效提升的重要因素，但并非唯一因素。比如，一场疫情过去后，组织运营恢复正常，绩效自然提升，这与绩效管理没有多大关系。很多因素都会影响组织的绩效，在一些环境下甚至发挥主导作用。一些企业的绩效年年表现优秀，可能关键是因为资本的推动、行业中的龙头地位、行业的垄断性、经营模式的独特优势等，比较起来，绩效管理体系更类似助推器，有了它，组织绩效提升会更加明显。但如果组织缺乏核心竞争力，那么再好的绩效管理体系也很难改变现有局面。

第三节　绩效管理与人力资源其他模块的关系

绩效管理在人力资源诸模块中处于核心位置，它与其他模块有着相互作用的关系。

一、与工作分析的关系

工作分析也称岗位分析，是指采用专门的方法获取组织内岗位的重要信息，并以特定的格式描述岗位信息的过程。它的产出是岗位说明书。岗位说明书主要分为两部分：一部分是对以岗位职责为主的岗位信息的描述，另一部分是对胜任资格的描述。

绩效管理与工作分析的关系表现为：绩效指标一部分来自岗位职责，即对岗位职责完成情况进行评价；岗位说明书作为一份基础性的文件，为绩效指标的设计提供了帮助。

大多数组织都有岗位说明书，但常常存在岗位说明书落后于组织发展的情况。工作是动态多变的，岗位说明书常常是一次性编写的，久久不更新以后，与实际的岗位情况就不是很吻合了，这一点也要注意。

二、与培训开发的关系

（1）培训开发对员工的绩效有直接的支持作用。培训开发丰富了员工的知识、技能，提升了员工其他方面的能力，包括团队合作能力、学习能力、理解能力、管理能力、沟通能力等，对员工的个人绩效提升有显著帮助。

（2）绩效管理能够帮助确定培训开发的内容、目标和对象。培训开发的内容来自不同的方面，如组织战略发展的需求，绩效管理是培训开发内容的主要来源之一。组织可以根据员工在绩效考核中的表现，制订培训计划，对表现不佳的方面安排培训。有些组织已经能够把这项工作做得非常精细化和模块化。

三、与招聘的关系

（1）原有员工的绩效结果不理想时，可以通过招聘新员工来扩充员工队伍或通过替换原有员工来调整员工队伍结构。新员工有望带来活力，营造团队的竞争氛围，激发团队的工作热情。新员工的成长也是员工队伍结构更迭、组织持续发展的保障。大多数组织都很重视招聘工作，很多知名企业都在用高薪等各种手段争相"抢夺"优秀院校的毕业生。

（2）新员工的绩效结果不理想时，有可能是招聘环节出了问题。招聘环节没有辨别出部门的真实需求，以及招聘渠道的选择、对候选人的甄别有误等都可能影响新员工的绩效表现。对新员工的绩效表现进行原因分析，有助于完善招聘流程。

四、与薪酬管理的关系

绩效管理与薪酬管理的关系十分密切。绩效结果直接影响员工的薪酬和奖金，薪酬和奖金的发放是绩效考核的主要应用之一。

高绩效的员工理应获得更高的薪酬和奖金。如果在一个组织中，绩效较高的员工与绩效较低的员工的薪酬和奖金差异不大，则表明绩效管理存在激励不足的问题。

越来越多的组织愿意向高绩效的员工支付更高的薪酬和奖金，即使产生有失公平的嫌疑。比如，其他员工会认为，虽然高绩效的员工的确工作出色，但过高的薪酬和奖金超出了他们应得的奖励。公平公正的标准很难界定。有些组织倾向于高激励的原因在于，期待高激励能带来鲶鱼效应，激发所有员工的工作热情。

案例 　　　　　　　　　　　　　**人事大动荡**

　　某家公司有一次人事大动荡。那是一个样品开发的高峰期，样品室的员工们卡着时机向老板申请加工资。正好老板出国参展，员工们得不到明确回复，齐刷刷地罢工了。

　　老板回来之后，二话不说就把样品室连锅端了，所有参与罢工的员工都被开除，只留下了一名技术师傅。老板宁愿花高价将产品开发外包也不愿意给自己人加工资，这一举动让所有员工目瞪口呆。

　　许多员工窃窃私语，说老板太冷血、太让人心寒，也有不少人认为老板是意气用事，甚至有人壮着胆子劝老板冷静一下。后来老板说了一句话让所有人都闭嘴了："他们让公司损失了20万元的订单！"

　　样品室有位大姐离开的时候，特地跑到公司来诉苦："我平时经常加班，连孩子发烧都不敢请假，现在只是两天没上班就被开除，太不近人情了！我们就要求加个工资，怎么了呢？同样是闹事，A师傅能留下，我们却要滚蛋，不就是因为他的技术比我们好一点吗？太不公平了！"

　　她的哭诉让员工顿悟：公司认可的从来都不是员工的付出，而是员工的价值。

　　不是老板看不到你的辛苦，而是他觉得你的辛苦对公司没有帮助。

　　不是老板不愿意给你加工资，而是他觉得你不够格加工资。

　　不是留下来的人运气好，而是人家实力更强。

五、与员工关系的关系

　　注重员工关系的组织，容易获得更高的绩效。究其原因，员工在关系融洽的组织中得到了安全感，感知到组织对自己的认可、同事对自己的支持，具有更高的敬业度和忠诚度。

　　反之，漠视员工关系，习惯用单方面的高压迫使员工工作的组织，是无法获得持久的高绩效的。

第四节　绩效管理闭环

　　绩效管理包括四个环节，分别是绩效计划、绩效执行、绩效考核和绩效反馈。这四个环节是先后关系，是一个循环往复的闭环系统。

　　绩效管理的闭环循环借鉴了PDCA循环。PDCA循环是由美国质量管理专家沃特·阿曼德·休哈特首先提出的，被质量管理大师戴明所采纳和宣传，获得普及，所以又称戴明环。全面质量管理的思想基础和方法依据就是PDCA循环。PDCA循环将质量管理分为四个阶段，即Plan（计划）、Do（执行）、Check（检查）和Act（处理）。在质量管理活动中，要求按照做出计划、实施计划、检查实施效果的流程处理各项工作，然后将成功的纳入标准，不成功的留待下一个循环去解决。

一、绩效管理的闭环

1. 绩效计划

绩效计划是指管理者和员工经过沟通，共同确定组织、部门、个人的工作任务，并签订绩效目标协议的过程。

注意，绩效目标协议只是一个书面用语，企业中并不使用这个词，企业在实际工作中会使用绩效指标或绩效目标、任务书之类的说法来表示绩效计划的结果。

常见的绩效目标协议是绩效指标表。在绩效指标表中，常见的指标包括 KPI、态度和能力指标等。绩效指标表主要对应组织、部门、个人在考核周期内的工作重点和工作目标，通过评分的方式核算绩效结果。

2. 绩效执行

绩效执行是指在绩效计划制订以后，组织按照绩效计划引领的方向推进各项工作，在此过程中，管理者需要采取有效的监控方式对组织、部门、个人的绩效进展进行监督，并提供工作指导和支持，目的是确保组织、部门和个人绩效目标的达成。

绩效执行是整个绩效管理周期中用时最长的环节，跨越了大部分绩效管理周期。绩效执行可以用"监督+沟通+辅导"这三个词来涵盖要义。

当管理者发现组织整体的绩效目标没有达到预期时，需要分析是外部环境原因还是内部原因，并及时处理；当管理者发现部门的绩效目标没有达到预期时，需要通过会议等沟通方式分析原因，找出解决办法；当管理者发现员工的绩效目标没有达到预期时，同样需要通过沟通了解原因。如果问题源于绩效目标设置得不合理，则可以适当调整；如果问题源于员工的工作能力、工作态度、工作方式有问题，则需要为员工提供辅导。

在绩效执行的过程中以管理者的推动为主，但员工也应该积极主动地对自己的工作进行回顾，当绩效目标没有达到预期时自我总结原因，寻求管理者的帮助，不要等到出现严重问题后才去处理。管理者通常会很忙，员工应当承担起自我监督的责任，主动寻求沟通。

3. 绩效考核

绩效考核也称绩效评价、绩效评估或绩效考评，是指根据绩效计划环节设定的绩效目标协议，在考核周期结束时，由考核者采取一定的方法，对组织、部门、个人的绩效目标完成情况进行评价的过程。

4. 绩效反馈

绩效反馈是指通过将绩效结果反馈给被考核者，阐明被考核者上一个阶段的工作表现，使其进行总结和反思，制订绩效改进计划，为被考核者指明下一个阶段工作方向的过程。绩效反馈环节可以接着下一个绩效计划环节进行。比如，管理者和员工在完成本期绩效结果的沟通后，马上就商议下一期的绩效目标。

绩效反馈有助于员工加强对自己的认识，了解组织的期望和自己的优势与不足，进而进行自我提升和在组织的帮助下提升。忽视绩效反馈的负面作用很大：员工会对绩效结果的公平性产生猜忌，即使他们有异议，也找不到机会去沟通；员工的负面情绪压抑过久，从个别人扩散到所有员工，大家就会对绩效考核失去信任。这也是绩效考核容易流于形式的一个主要原因。

虽然绩效反馈是一个重要的环节，但在现实中往往被刻意遗漏。很多管理者不愿意为员工提供绩效反馈，尤其当员工的绩效表现不佳时，管理者害怕面对员工的质疑和冲突，往往选择逃避。其实这是没有必要的。一份对中国和其他国家员工的调研显示，当员工获得公正、准确的绩效反馈时，即使其绩效结果比较差，员工对于绩效管理体系的效果仍表现出高度的肯定。

案例	5%的反馈

通用电气公司前 CEO 杰克·韦尔奇非常重视反馈。在一次面对 2000 名高管的演说中，他要求听众回答自己的公司是否做到公正和诚信，约 95%的人举起了手。他又问在场的高管是否为下属提供了真诚和坦率的绩效反馈，这一次只有 5%的人举起了手。

二、绩效考核与绩效管理的区别

在工作中，很多人往往把绩效考核与绩效管理混为一谈，以为绩效考核就是绩效管理，以考核代替管理，这是认识上的错误，绩效考核与绩效管理是有明显区别的。

（1）绩效考核只是绩效管理四个环节中的一个环节。通常，人们认为绩效考核是四个环节中最重要的一环。但现在绩效计划、绩效执行、绩效反馈的价值越来越受到认可，四个环节缺一不可。

（2）绩效考核与绩效管理的出发点是不一样的。只注重绩效考核的组织，偏重考核内容和方法，忽视了过程管理和结果反馈，只是"为了考核而考核"。因为环节的缺失，所以员工会反感考核，他们会认为考核是为了发放工资和奖金，甚至是为了罚款和克扣薪酬，抑或是为了控制自己和找理由裁员。

实施绩效管理全流程的组织，对于绩效目标的实现更有节奏，既有对中间过程的监督和调整，也有考核之后的反馈，是一个体系。在这个过程中，员工可以得到关于绩效执行情况的反馈和来自管理者与同事的辅导，并通过绩效改进计划来提升自己。正是因为看到绩效管理对自己的帮助，员工才会理解、认可和支持绩效管理。

（3）绩效管理处于组织的战略高度，绩效考核属于战术层面。绩效管理的核心任务是带领所有员工齐心协力实现组织的战略目标；绩效考核偏重操作层面，核心任务是评价绩效差异。

章末案例——赶走"小白兔"

"小白兔"最早是由马云提出来的，他曾在多个场合提到，"小白兔"员工迟早是要被淘汰的。所谓"小白兔"员工，是指那些态度很好，待人热情，团队意识也不错，但是能力很差的员工。换言之，就是那种很乖、很努力但出不了结果的人。

20 世纪 90 年代，IBM 亏损严重，郭士纳临危受命，上任后的第一件事就是裁员，一次性辞退了 3.5 万名员工。郭士纳对留下来的员工说："有些人总是抱怨自己在公司做了很多年，没有功劳也有苦劳……你想要升迁得快，就应该多拿出点成绩，多创造点效益。现在连你是否继续留任，都要看你的表现，业绩是你唯一的证明。"

2018年，360公司创始人、董事长兼CEO周鸿祎在微博上发言，提到死海效应："公司部门领导和人力资源部门要定期清理'小白兔'员工，否则就会产生'死海效应'。公司发展到一定阶段，能力强的员工容易离职，因为他们对公司内愚蠢行为的容忍度不高，他们也容易找到好工作；能力差的员工倾向于留着不走，他们也不太好找工作，年头久了，他们就变中高层了。这种现象叫'死海效应'——好员工像死海的水一样蒸发掉，死海的盐度就变得很高，正常生物不容易存活。"

2016年4月15日，巨人网络集团董事长史玉柱在巨人上海松江总部召开年度首次员工大会，宣布将在巨人实行"狼文化"。在讲话中，史玉柱讲述了"狼文化"对互联网公司生存与发展的重要性，并自称将担当"头狼"，赶走对公司实质危害更大的"小白兔"，把高薪、股票分给"新狼"。

随后，史玉柱在其微博号"史玉柱大闲人"上表示："今天巨人网络全体员工大会，我发言：安逸，巨人网络已俨然变成兔子窝。我这次回归，首要任务是把兔子窝改造成狼群。加强每位员工的危机意识、捕捉机会的敏锐性、不屈不挠的进攻性、自觉性和团队精神。将进一步提高员工待遇。广开大门，大量校招。对干部员工，每季度实行10%末位淘汰，直至兔子窝变狼群。别怕被媒体误读为裁员。"

这也是史玉柱正式回归巨人所祭出的"第三板斧"。2015年下半年，退隐江湖多年的史玉柱选择在巨人回归A股上市时重出江湖（注："巨人网络"，002558，A股上市公司），风风火火地推动了一系列改革与调整措施。其中，"第一板斧"挥向公司架构，宣布免掉100多名干部，把公司六层官僚管理层级削为三层，将权力下放，把公司从子公司制变成更适应手游市场的工作室制；"第二板斧"是金斧子，宣布给全体研发一线人员加薪，平均幅度超过50%，并承诺确保做出精品大作的制作人身家过亿。

以下是史玉柱在员工大会上的发言摘要。

一、与马云激辩小白兔与坏人谁对公司的危害更大

我跟马云探讨过几次小白兔与坏人的问题，争论的焦点是：究竟是小白兔对公司的危害更大，还是恶劣的坏人对公司的危害更大？最终，我被马云说服了，小白兔对公司的危害更大。因为坏人有坏人的行为表现，周围的人能察觉，会警惕、提防他。大家有了提防，他就造不成太大危害，或者造成的危害是一时、短暂、一次性的，危害不持久。

为什么小白兔对公司的危害更大？小白兔的人缘好，讨大家喜欢，但不出业绩；小白兔最爱繁殖，比谁都爱繁殖，不停地繁殖，找同类，生出大量小白兔，形成兔子窝，霸占着岗位、资源和机会。如果一家公司大量核心岗位被小白兔霸占，形成了"兔子窝"文化，就失去了战斗力，失去了市场机会。

二、为何要在巨人实行"狼文化"

"狼文化"，在中国企业中最早是由华为提出来的。1989年我在珠海创业阶段，就开始关注华为。我觉得华为能走到今天，有两个核心：一是华为创始人的决策牛，这点我跟任正非有很大的个人差距；二是华为的"狼文化"，这么多年一直坚持下来。

成功的公司，嘴里不一定说，但骨子里多数都是"狼文化"，如三星、阿里巴巴、腾讯都是"狼文化"。它们把对客户的研究了解，结合自身长处，发挥到极致。如果是一帮小白兔做

产品，才不会去想这些呢！

百度近年来也开始呼吁"狼文化"。"兔子窝"文化肯定是要失败的，尤其搞互联网，竞争这么激烈，如果不实行"狼文化"，肯定是死路一条。

"狼文化"具备四大特点。

1．有危机意识

狼都怕饿死，运动量大，消耗高，危机意识特别强。高速发展的公司一定要有危机意识。比尔·盖茨说过："微软离破产永远只有十八个月。"三星也有类似的危机企业文化。

2．鼻子尖，嗅觉灵敏

狼善于寻找、发现市场机会。狼的鼻子迎着风抽动，狼会时刻利用鼻子寻找机会。放到游戏研发工作中，对比我们做游戏，相当于是否找到好的游戏类型，是否找到核心玩法，是否找到玩法中的亮点。我们的日常工作，不能简单靠上级分配、安排，要自己找到工作亮点与突破机会。

3．自发性进攻，不屈不挠

狼群一旦发起进攻，就不用头狼教育，进攻是它们的本能。不怕困难，不达目的不罢休。

4．团队合作

狼靠群体、团队，配合默契。狼群追一头牛，跑得快的负责从前边堵截，靠左边的负责从左边包抄，靠右边的负责从右边包抄。这都不是头狼下令的，狼的本能里就有合作意识。我们在工作中要发扬这种精神，主动配合，不相互推脱。搞一款产品涉及很多部门的配合，只有像狼一样合作才能做成。

二、要把小白兔赶走，把利益分给新狼

1．思想改造

我们不当小白兔，要当头狼。转不过来的小白兔，请你去其他公司的"兔子窝"。我们要多吸收年轻、有创造力的优秀人才，把门开大，招揽"狼性"人才。

去年员工大会我提到过芬兰移动游戏公司 Supercell Oy，才168人，一年12亿美元的利润，这168人都是狼。我也要大量找狼，有多少要多少，小白兔有多少赶走多少。如果我们能找到168头狼，所做出的贡献一定大于1680只小白兔。

2．人才的良性流动

一家公司、一个团队，人不在多在精，人越少越好。上次我们去 Supercell Oy，给我们演示游戏的小伙不到30岁。当时演示的游戏是两个人用两个半月做出来的，现在这款游戏在全球排第一。手游研发要轻，如果团队超过7人，就很难做成。

7人以上的团队效率也低，喜欢相互推诿。我记得《征途》刚成功的时候，人不多；成功之后，各部门都喜欢堆人。老白兔喜欢繁殖小白兔，喜欢养人。

3．把利益与成绩挂钩

团队人少了，就给涨薪留出大量空间。把腾出来的工资，加给留下来和新进来的有"狼性"的人。我也不希望靠节省人力成本来提高公司利润。我要把小白兔赶走，把利益分给新

狼。新狼包括公司中从小白兔变成狼的老人和从外界吸收的新人。小白兔别想在我这混 3 年，那样是拿不到股票的。

做不出贡献的人，给你一股都是浪费，这是我的基本思想。我接下来要做的事情是赶走小白兔，把这部分股票再发到别的狼身上。把"兔子窝"变成"狼群"，核心是把每头狼的利益与公司密切相关，只有这样才能激发"狼性"。

4．末位淘汰制度开始强制执行

每个季度搞一次末位淘汰，直到我们的团队能闻到"狼味"为止。我不怕被媒体误读为裁员。感觉现在闻去，都是"兔子味"。我希望提高团队中狼的比例，对狼的数量没有限制。我的标准是，要狼不要小白兔。

在狼还不够多的时候，小白兔太多不行。所以要加强流动性，把门打开，把有活力的狼引进来，让大量优秀的年轻人进来，优胜劣汰。注意，我们是要淘汰小白兔，不是要淘汰狼。小白兔的人缘好，容易被留下来。我会对每个项目进行测评，确保执行效果。

[思考题]

1．你支持"赶走'小白兔'，培养'狼文化'"的观点吗？"狼文化"的优点是什么？有没有缺点？

2．绩效管理和狼、小白兔有什么关系？

3．怎么能让狼多起来？

4．"赶走'小白兔'，培养'狼文化'"的思路适合所有组织吗？

第二章

绩效计划

第一节 绩效计划概述

绩效计划是绩效管理的第一个环节。它是指管理者和员工经过沟通,共同确定组织、部门、个人的工作任务,并签订绩效目标协议的过程。

一、绩效计划的类型

绩效计划可根据被考核者的性质分为组织绩效计划、部门绩效计划、个人绩效计划。

组织绩效计划是根据组织的战略目标确定的。对企业而言,企业董事会、总经理经过沟通,确定本企业年度(或半年度、季度)的战略目标。部门绩效计划是根据组织绩效计划分解和承接而来的,个人绩效计划则是根据部门绩效计划分解和承接而来的。

三者之间有着明确的自上而下的传导关系,但也并非完全自上而下分解。个人绩效计划除承接部门绩效计划的任务外,也会根据情况补充诸如常规工作职能、工作态度等内容。但总体上,组织—部门—个人这条主线是非常清晰的,它确保了部门和个人的工作围绕组织的整体目标开展。

二、绩效计划的结果

绩效计划常见的结果形式是以绩效指标表为主体的协议(或称任务书、责任书)。绩效指标表是一套指标表格,包括指标名称、指标描述、目标、评分方法等内容。有的绩效指标表内容更为详细,包括指标来源、指标定义等,一页放不下,也可以对每项指标单独设一张表来描述,即所谓指标字典。

此外,还有一种常用的绩效计划结果形式,即 PBC(个人绩效承诺)。2008 年到 2015 年,华为践行了来自 IBM 的 PBC。PBC 注重自上而下分解,注重执行。每个 PBC 类似和企业签订的责任书。PBC 和绩效指标表相比,应用的企业数量还相对较少。这里只对 PBC 做简单阐述。

PBC 可体现为三个方面,分别是结果承诺、执行承诺和团队合作承诺。结果承诺是指员工在考核周期内要达到的目标;执行承诺是指员工为了达到目标,准备采取的措施,表明"如何做";团队合作承诺是指员工在团队中与本部门人员及部门外其他成员的协作、沟通等。A 公司人力资源部门绩效管理岗位 PBC 如表 2-1 所示。

表 2-1 A 公司人力资源部门绩效管理岗位 PBC

承诺类型		内容
结果承诺	季度目标承诺	4 月 20 日前完成绩效考核设计的前期准备,确认负责名单 5 月 10 日前完成 ERP(企业资源计划)等相应系统的流程改造,发放使用手册 5 月 20 日前完成考核细则的设计,并进行相应的公示和宣传 6 月 10 日前完成绩效考核关系的梳理,考核标准、考核对象和考核主体的确立 6 月 20 日前完成各部门的绩效考核培训计划 6 月 30 日前完成年度综合绩效指标的设计,并报上级部门
	服务承诺	设定绩效考核申诉时间,申诉时间为公布绩效结果后的 7 个工作日 控制绩效结果更改时间,更改时间为 3 个工作日 4 月 25 日前完成第一季度绩效结果的总结上报,提出改进意见 4 月 30 日前将第一季度的绩效结果反馈至各部门 控制部门数据与公司系统内部数据的偏差,误差率≤10%
	流程改进承诺	对绩效管理流程进行控制,发现各部门绩效管理存在偏差,及时上报各部门管理层,响应速度≤3 天
执行承诺		1. 梳理不同岗位之间的绩效考核关系 4 月 20 日—4 月 25 日,协助各部门管理层召开绩效考核会议,以确定不同岗位之间的绩效考核关系,并在部门内部和不同部门之间达成共识; 5 月 15 日—6 月 30 日,公示和宣传各部门、各岗位之间的绩效考核关系和绩效考核方式,提高员工接受度; 6 月 30 日前,确定第二季度的绩效结果。 2. 绩效管理制度培训 (1) 5 月 15 日前,和各部门管理层一起,拟定培训内容和培训对象名单; (2) 5 月 16 日—5 月 31 日,确定培训主体、责任对象和承办部门。 人力资源部门: (1) 完成对人力资源部门推行组成员的培训,完成对负责考核的管理层干部的培训; (2) 完成对相应部门核心成员的培训。 IPD-HR 项目组成员: (1) 完成对项目组管理层的培训; (2) 完成对项目组核心员工的培训; (3) 完成对项目组其余员工的培训。 5 月 15 日—6 月 30 日,开展全面培训活动,组织各负责考核的管理层完成对本体系各主管的培训
团队合作承诺		1. 协助团队按时完成不同部门相关培训教材的设计与制定,协助完成培训流程; 2. 协助人力资源部门设计绩效考核方式,并协助完成绩效考核工作

案例　　　　　　　　　　**德邦物流的 PBC 考核**

德邦物流的 PBC 包含三部分内容:第一部分是 KPI,指的是可以直接量化的指标,是与公司的整体战略目标及本部门的重点关注指标紧密联系的考核项目;第二部分是 KPA(关键绩效事件),指的是很难量化的考核项目,如以上级领导的客观评价为考核依据的项目;第三部分是管理目标,指的是上级领导从管理能力提升、员工培养、执行力提升和创新能力突破四个方面进行评价的考核项目。

德邦物流的 PBC 等级主要分为四类。P1 为"优秀",具体表现为取得杰出的成果,业绩明显高于其他(同级别/工作性质)的人,超出或有时远远超出绩效指标,为他人提供极大的支持和帮助,并表现出其职能岗位所需的各项能力与素质,强制分布比例为 0~30%;P2 为"良好",具体表现为工作范围和影响力超越其工作职责,绩效表现超过大多数同事,有发展的眼光及影响力,总是能达到或有时超出绩效指标,为他人提供有力的支持和帮助,并表现出其职能岗位所需的各项典型能力与素质,强制分布比例为 30%~40%;P3 为"能够胜任",

具体表现为始终如一地实现工作职责，具有适当的知识、技能、有效性和积极性水平，能达到或有时超出绩效指标，为他人提供相应的支持和帮助，并表现出其职能岗位所需的各项能力与素质，强制分布比例为30%～40%；P4为"略需改进"，具体表现为与他人相比，不能充分执行所有的工作职责，或者虽执行了职责但水平较低或成果较差，并且不能证明具有一定水平的知识、技能、有效性和积极性，连续的PBC=P4绩效是不可接受的，需要提高，强制分布比例为0～20%。

三、绩效计划的内容

1. 明确组织的顶层设计

这里所说的组织的顶层设计，是指组织的使命、愿景、核心价值观和战略，重点是战略。任何组织都应该有明确的战略，但很多组织并没有建立明确的使命、愿景和核心价值观。这与组织的发展阶段有关。往往只有组织规模较大、成立时间较长的组织才会考虑建立组织的使命、愿景和核心价值观。

战略则不然，无论是三年战略还是五年战略或更久的战略，都代表着组织发展的重要方向。即便初创的企业，也应有自己的战略。实现组织战略目标是组织绩效计划的根本目标。

（1）使命。使命是组织存在的根本原因，表达了组织为人类所做出的贡献和创造的价值。使命可以延续上百年，指引着组织发展的方向。

（2）愿景。愿景是指组织的发展蓝图和希望实现的中长期目标，是人们所渴望的将来，是未来情景的脚本。

吉姆·柯林斯和杰里·波勒斯认为，组织的愿景应该是组织未来10～30年有望实现的、极具想象力的目标。例如，亨利·福特对大众汽车的目标描述是："我们要为人们生产一种汽车。这种汽车的价格很低，不会有人因为薪水不高而无法拥有它……当我们实现这个目标时，每个人都将拥有一辆汽车……"

（3）核心价值观。核心价值观是指组织必须长期坚持的深层的、根本的信仰和价值准则，是组织决策和员工日常行动要坚持的核心原则。组织的核心价值观数量一般是3～6条。核心价值观是促使组织长期发展的根本信条，不能与特定的文化和作业方式混为一谈。

案例　　　　　　　　**国内知名企业的使命、愿景和核心价值观**

1. 华为
使命和愿景：把数字世界带入每个人、每个家庭、每个组织，构建万物互联的智能世界。
2. 海尔
使命：成为生态经济的引领者。
愿景：创建世界一流企业。
3. 万科
使命：为最广大的利益相关方，创造更长远的真实价值。
愿景：以人民的美好生活为己任、以高质量发展领先领跑，做伟大新时代的好企业。
核心价值观：大道当然、合伙奋斗。

4. 阿里巴巴

使命：让天下没有难做的生意。

愿景：追求成为一家活 102 年的好公司。我们的愿景是让客户相会、工作和生活在阿里巴巴。

核心价值观：客户第一，员工第二，股东第三；因为信任，所以简单；唯一不变的是变化；今天最好的表现是明天最低的要求；此时此刻，非我莫属；认真生活，快乐工作。

5. 百度

使命：用科技让复杂的世界更简单。

愿景：成为最懂用户，并能帮助人们成长的全球顶级高科技公司。

核心价值观：简单可信赖。

6. 腾讯

使命和愿景：用户为本，科技向善。一切以用户价值为依归，将社会责任融入产品及服务之中，推动科技创新与文化传承，助力各行各业升级，促进社会的可持续发展。

7. 联想

愿景：智能，为每一个可能。

8. 顺丰

核心价值观：诚信担当、创新包容、成就员工、成就客户、追求卓越。

9. 京东

使命：技术为本，让生活更美好。

愿景：成为全球最值得信赖的企业。

核心价值观：客户为先、创新、拼搏、担当、感恩、诚信。

10. 小米

使命：始终坚持做"感动人心、价格厚道"的好产品，让全球每个人都能享受科技带来的美好生活。

愿景：和用户交朋友，做用户心中最酷的公司。

核心价值观：真诚、热爱。

11. 吉利汽车

使命和愿景：让世界充满吉利。

核心价值观：求真务实、拼搏进取、协作创新。

12. 蒙牛

使命：点滴营养，绽放每个生命。

愿景：草原牛、世界牛，全球至爱，营养二十亿消费者。

核心价值观：消费者第一第一第一；让牛人绽放；异想才能天开；正直立本、诚信立事。

资料来源：主要来自各公司 2024 年官网。

（4）战略。战略是指为了实现组织的目标，事关全局性的竞争谋划。战略决定着组织实现长期目标的路径，即选择什么和放弃什么。

战略规划关系到组织未来 3~10 年的发展。适宜的战略可以充分调动各级管理者、全体员工的积极性和创造性。

企业的战略从上往下具有阶梯性，可分为三个层次。

第一层：企业层战略，即总体战略。它是企业未来 3～10 年的发展方向，主要研究如何集中优势资源谋求未来发展的问题。企业有三种基本选择：增长战略、稳定战略、撤退战略。这是基于企业的进攻和防守而做出的基本决策。

第二层：业务层战略，即竞争战略。它主要研究企业将选择什么竞争战略作为企业生存与发展的基本方略。哈佛商学院迈克尔·波特教授将竞争战略总结为三种，即总成本领先战略、差异化战略、聚焦战略。

总成本领先战略要求企业必须设置高效、规模化的生产设施，全力以赴地降低成本，严格控制管理、研发、服务、推销、广告等方面的成本。为了达到这些目标，企业需要在管理方面对成本给予高度的重视，确保总成本低于竞争对手。举几个例子：戴尔公司采用低成本的贴牌加工和无中间商的直销模式，确保价格的竞争优势；沃尔玛靠大规模采购获得厂家的最低价格优势；小米将重心放在研发上，将硬件生产外包，降低建立工厂生产的成本，销售渠道以线上为主体，降低营销成本。

差异化战略是指通过提供与众不同的产品或服务，满足顾客的特殊需求，从而形成一种独特的优势。差异化战略的核心是取得某种对顾客有价值的独特性。实现差异化战略有许多方式，如设计品牌形象，保持技术性能特点、顾客服务、商业网络及其他方面的独特性等。最理想的状况是企业在几个方面都具有差异化的特点。但这一战略与提高市场份额的目标不可兼顾，在建立企业的差异化战略的活动中总是伴随着较高的成本代价，有时即便全产业范围的顾客都了解企业的独特优点，也并不是所有顾客都愿意或有能力支付企业要求的高价格的。

关于差异化战略可以举海底捞火锅的例子。海底捞为人们所津津乐道的是它的服务，公认它是餐饮界的服务标杆，服务为它建立起独特的竞争优势。但人们不知道的是，在内部管理上，海底捞对人力资源管理的高度重视和巨额投入，使别的餐饮企业很难模仿和复制，这是海底捞人自己认为的真正的竞争优势。

聚焦战略，也叫集中化战略，是指企业把优势资源集中于某一个特定的细分市场，在该特定市场建立起比较竞争优势，比竞争对手更好地服务于这一特定市场的顾客，并以此获取高收益率。例如，长城汽车虽然以轿车起家，但真正的成功来自皮卡和后续的 SUV 车型，长城汽车曾想过重新切入轿车这一庞大的市场，但经过研究认为国内轿车市场竞争过于激烈，因此还是决定聚焦于 SUV。长城的 SUV 系列车型销量长期居于国内 SUV 市场第一阵营的位置，长城的皮卡系列销量更是 20 多年牢牢占领国内第一。

第三层：职能层战略，即部门战略。常见的有营销战略、财务战略、人力资源战略、生产运营战略、研发战略、采购战略等。

2．制订绩效计划

制订绩效计划是绩效计划环节的核心工作。绩效指标表是绩效计划的核心内容。一般情况下，由上级和下级进行沟通，共同商议、确定绩效指标表的内容。

绩效指标表的框架如何设计，绩效指标的类型、来源、提炼、评分方法等的设计都要选择相应的方法或工具，这些内容将在本章重点讲述。

这一步的工作量很大，在首次实施时更是如此，需要多方配合反复尝试，要通过试运行的方式反复修改绩效指标表。试运行结束后，每一个周期制订的绩效计划都要在上一个周期的基础上修改，这样工作量就会减少很多。

在制订绩效计划之前，还需要做一些准备工作，包括以下内容：①组织战略和发展规划；

②年度企业经营计划；③业务单元的工作计划；④团队工作计划，如果有更小的团队设置，如销售部门里分设了销售一组、二组，制订绩效计划时也要参考各组的工作计划；⑤个人的职责描述，参考工作说明书的岗位职责；⑥员工上一个周期的绩效结果。

顶层设计和绩效计划的关系是：顶层设计是绩效计划的前提条件，是基础和方向；使命、愿景和核心价值观是长期的，战略相对较短，使命、愿景和核心价值观为战略的提出把握方向；绩效计划的根本目标是完成战略目标，绩效计划在制订时必须以战略为出发点。

以某企业为例进行简单的情景描述。第一步，该企业要明确未来三年的战略。例如，整体思路是采取快速扩张还是采取稳健经营？在业务层面如何获得和保持竞争优势？是继续降低成本，还是以技术为先，打造技术优势获得高溢价？是加强原有业务的发展，还是促使业务多元化？企业的财务目标和三年战略部署是怎样的？第二步，明确战略后，各个单元、各个部门会初步制订本单元、本部门的下一年工作计划。例如，研发部门确定将A产品的研发和上市作为次年的工作重点，营销部门确定继续维持已有市场，次年要积极开拓东北、华北的新市场。第三步，参考整体战略和部门计划，采取平衡计分卡的方法，找出企业级、部门级、岗位级的绩效指标，设计成绩效指标表。

不能在没有战略的前提下制订绩效计划。反对意见会认为，按照现在的工作设计绩效指标在操作层面完全可以。这种观点混淆了一个问题：绩效计划反映的是"未来我们要什么"，而不是"我们现在正在做什么"。战略对工作是有引导性的。

3．签订绩效目标协议

绩效目标协议是绩效计划的最终表现形式。管理者和员工进行沟通后，双方对于绩效目标协议的核心内容（绩效指标表）达成共识，签订绩效目标协议，标志着绩效计划工作的完成。

四、绩效计划中的沟通

沟通贯穿了绩效管理的全过程。在绩效计划阶段，沟通主要表现在以下方面。

1．在与员工沟通前，管理者需要做的工作

管理者需要准备一些资料，包括组织的年度战略、部门的工作计划（年度/季度工作计划）、部门的绩效指标表，以及员工上一个周期的绩效指标表和绩效结果。

在此基础上，管理者就对员工下一个周期的绩效指标形成了初步的构想。

2．沟通阶段

这个环节最好采取面谈的沟通方式。这一步可以和上一个周期的绩效反馈同步进行，也可以分开进行。管理者需要努力营造良好的沟通氛围，如提前和员工约定时间，尽量不占用非工作时间，沟通中要认真倾听员工的心声，避免使用训斥性的语言。

沟通的内容包括：①回顾上一个周期中员工的表现；②向员工介绍下一个周期的组织战略、部门工作计划，目的在于引导员工，让员工对自己下一个周期在组织中的定位有一个清晰的认识；③讨论下一个周期员工绩效目标协议的具体内容，重点是绩效指标表，包括指标的选择、目标等，与员工讨论达成的可能性，以及需要提供的资源支持。管理者不能把绩效指标强塞给员工，在商议绩效指标时要有理有据，既不能给员工制定过高的、难以触及的目标，也不能迁就员工选择较低的目标。绩效指标表必须得到员工的认可，类似承诺，这样在

后续工作中员工为了兑现承诺就会努力工作。强塞式的绩效指标只会增加员工的反感，当强塞式成为普遍现象时，基本可以判定考核会流于形式。

> **案例** **某集团对子公司的"计划安排"**

某集团总公司下属有七八家子公司，按照惯例，每年年末由集团确定下一年各子公司的业绩，并以此作为次年子公司考核的依据。绩效指标由集团单方面制定，年年都给子公司制定较高的目标，尤其是业绩较好的子公司，更是关注重点。执行几年后，由于绝大多数子公司都无法完成绩效指标，集团也没办法处罚没有完成的单位，否则子公司的意见会很大，绩效指标真成了"目标"。

无论由谁来制定绩效指标（管理者或员工都有可能），最终都一定要得到被考核者的认可。对于员工的绩效指标要得到员工的认可，对于部门的绩效指标要得到部门负责人的认可，对于子/分公司的绩效指标要得到公司领导层的认可。

> **案例** **绩效指标制定**

小李是绩效专员，管理层要求修订各部门经理的绩效指标，要求在3月1日前将绩效指标反馈给总经理，小李将通知发给了各部门经理。到了2月28日，小李在和各部门经理沟通绩效指标修订情况时，发现各部门经理都很忙，还没开始修订绩效指标。为了能及时反馈，小李直接将公司的绩效指标分解到了各部门经理身上，目标值均是在公司目标值的基础上写的，小李觉得个人目标一定要严于公司目标，于是用一天的时间将各部门经理的绩效指标修订完了。一个月后，开始评估月度绩效，各部门经理来找小李，说绩效不合理，很多指标不是自己能控制的，目标定得也不合理。

第二节　绩效指标表的编制

绩效计划的主要结果是绩效目标协议，常见的形式是绩效指标表。绩效指标是用来衡量绩效目标完成情况的标尺，管理者一般通过对绩效指标的衡量来判断员工绩效目标的完成程度。

绩效指标表并没有固定的形式。只要设置若干个指标，给出指标的目标，并且能够采取一定的方法评分，就是一张绩效指标表。只不过为了让绩效指标表中的指标选择更为合理、更有操作性，评分的方法更简便、更客观等，我们从理论和实践的角度给出绩效指标表编制的一些方法和注意事项。

一、绩效指标表样例

绩效指标表样例如表2-2所示。可以看到，该绩效指标表的框架分为几个部分。表的上面是被考核者（或部门）、考核者、考核周期和开始时间，这几项是一般性的描述。往下是主体内容，先分为KPI、重点工作指标、职责履行指标，再往下是全局性的奖励和处罚，最后是合计得分。

在主体内容里，在 KPI 等三大类里列出了具体的指标情况，包括指标、分数、绩效目标、评分标准。一般在考核周期结束后，先由个人自评，再由考核者评分。

表 2-2　绩效指标表样例

被考核部门：烟叶部				考核者：			
考核周期：				开始时间：			
分类	序号	指标	分数/分	绩效目标	评分标准	个人自评	考核者评分
KPI（50分）	1	（年）出口备货量	5	10万担（年度考核）	每低10%，扣5分		
	2	（年）销售费用	10	计划内业务费用不超预算（年度考核）	每低5%，加5分；每超10%，扣5分		
	3	（年）销售利润	20	参考预算（年度考核）	每低10%，扣5分；每超5%，加5分		
	4	（年）烟叶出口数量	10	烟叶2500吨/年；月、季度指标参考装运计划数量	每低10%，扣5分；每超5%，加5分		
	5	收汇金额	5	按照相关规定安全收汇	每低10%，扣5分		
重点工作指标（15分）	6	基地建设	10	顺利完成基地建设	建设计划未完成，扣10分		
	7	上级安排的其他任务	5	完成上级安排或临时交办的任务	未顺利完成一项，扣5分；完成情况很出色，加5分		
职责履行指标（35分）	8	烟叶进出口工作管理	10	严格按照相关规定开展进出口业务、签订合同、履行合同	每出现一次疏漏，扣5分		
	9	采购管理	10	1. 按照规定签订烟叶网上交易合同、采购协议、加工协议；2. 按照规定提报包装材料采购计划，签订采购协议并按照协议规定进行采购活动	每出现一次疏漏，扣5分		
	10	仓储、调运管理	5	1. 签订运输、熏蒸、仓储协议并整理归档；2. 安排验货、调运工作；3. 监督仓库做好仓储工作并定期检查，出具书面检查报告；4. 如期安排熏蒸工作	违反监管程序，扣5分		
	11	商情收集	5	每季出一期市场商情报告	未及时出一期报告，扣5分		
	12	其他职责	5	1. 按照相关规定提供业务报表；2. 应对上级检查与临时任务	违反相关规定，扣5分		
奖励				部门工作完成出色、任务完成良好，酌情给予加分，总加分不超过20分			
处罚				发生违法犯罪案件、重大安全责任事故、严重违反行业规章和纪律的事件，视情节严重给予绩效分扣除或清零			
合计得分：							

二、绩效指标选择的原则

1. 定量为主，定性为辅

量化的绩效指标更为客观、更受人欢迎。在考核时如果评分标准模糊，那绩效结果将难以让人信服。因此，KPI 通常都是量化的绩效指标。

但有的时候一些工作结果并不清晰，难以被量化评估，特别是对工作过程的评估，因此常用定性分析。

2. 少而精

绩效指标的数量应该精简。有些管理者喜欢全面掌控员工的工作，将绩效指标的数量设置得很多，这种情况的效果并不会好，原因主要有两点：其一，太多的指标容易让员工抓不住工作重心，什么都兼顾，就可能什么都无法兼顾；其二，增加了考核的难度和工作量。考核者和被考核者容易陷入考核陷阱，为了考核而考核，耗费过多的精力来做形式上的工作。考核陷阱是考核流于形式的主要原因之一。如果为了追求考核的全面性忙忙碌碌，最终效果不佳，那有可能导致管理者和员工对考核失去信心，使考核变成走形式。反之，精简指标，虽然不能面面俱到，但是重点都能抓住，有助于考核顺利实施、良性循环。操作简化并且综合效果达到理想效果四五成的考核体系，比什么都考核但流于形式的考核体系要强得多。

其实，只要工作内容和产出符合二八法则，即20%的工作得到80%的产出，抓住考核重点，就能事半功倍。对于具体岗位，绩效指标的数量以不超过10项为好。如果一项指标的权重不足5%，就应考虑能否去掉。

3. 易获得

易获得是指获得指标信息的难度较小、成本较低。指标信息能直接从信息系统里抓取，或者有书面的记录，或者做简单的调研即可获得，或者有些指标的判定是很容易和客观的，这就表示指标信息是容易获得的。相反，有些指标虽然看上去应该选择，但是评价它的成本非常高，或者十分麻烦，那么这种指标就需要考虑排除，除非它非常重要。

举个例子，学生在课下花费多少时间来复习所学内容，逻辑上与学生的成绩是高度相关的，"课下复习时间"可以作为评价学生的一项指标。但从易获得的角度来看，该指标几乎无法获得信息来评价，不适合放入绩效指标表中。

4. 独立性

独立性原则强调，指标之间的界限应清晰，不能出现含义上的重复，必要的时候可以进行具体明确的定义，避免指标重复。

5. 有明确的指向

这一条是指标最基本的要求，即指标能够清晰地反映出组织对于被考核者在某一项工作或某一个因素上的表现。管理者希望员工能够完成某项任务，那么对应的指标就应该能够反映出该项任务的完成情况，如完成的质量、时间、成本。即使指标名称规范，也需要进一步思考指标的含义能否达到管理者的预期。

| 案例 | 海底捞在KPI上走过的弯路 |

在有了管理和被管理，有了KPI之后，人的行为会失常。

在KPI这件事上，我们是走过弯路的。

1. KPI并非越细越好

我们曾经尝试把KPI细化。有人说你们火锅店的服务真好，我有一副眼镜，服务员就给我一块眼镜布，我杯子里的水还没喝完，服务员就又给我加满了。

我们就写了一条：杯子里的水不能低于多少，客人戴眼镜一定要给眼镜布，否则扣0.05分。这下完蛋了：

每一个人都送眼镜布；客户说豆浆我不喝了，不用加了，不行，必须给你加上。最好笑的是手机套。有的客人说不用，服务员说我给你套上吧，客人说真不用，结果他趁你不注意的时候，把手机抓过去给你套上。

这是干什么呢？因为不这么干要被扣分啊！

每一个KPI的背后，都有一个"复仇的女神"在某个地方等着你。

2. 考核翻台率的坑

后来我自作聪明地认为，那我就不考核这些具体的事情了，我考核一些间接指标。我不考核你赚多少钱，我就考核你的翻台率是多少。因为翻台率高就证明你的服务满意度高，翻台率高不就意味着赚钱多了嘛！

结果有一天，我在北京一家店的电梯间里，听到一个四川人跟另外几个四川人讲："我要让你们见识一下在北京的四川火锅有多牛，你不订是绝对没位置的！你订了座晚去几分钟，也是没位置的！"

我就纳闷了，怎么晚去几分钟就没位置了？这不是侵犯客户利益了吗？客户已经不满意了，这还怎么做生意啊？后来内部一问才知道，原来问题出在考核指标上。因为预订的客人不一定准点来，但现场还有客人在排队，空台等你的话，翻台率就少了一轮。

这下我就崩溃了，我找不到考核的指标了。

3. 去掉所有KPI，只考核一个柔性指标

但是总得考核啊。后来我发现，一家餐厅好不好，我们其实非常清楚。

我们都吃过饭，都传递过这样的信息：这家餐厅不错。很多人根据这个"不错"去吃了，然后说"确实不错"，这个"不错"就形成了。虽然没有什么指标，但是传递得非常准。

我发现，在餐饮行业里，柔性指标起决定性的作用。顾客满意度可能没办法用指标描述，但是我们可以感知到。包括人的努力程度也是，没办法用指标证明，但是我们的顾客、同事，包括去检查的人，都可以感知到。

所以我就决定，把所谓的KPI全部去掉，就只考核这一个指标。怎么考呢？一个副总组织一堆神秘人去考。后来发现非常准。这样店长也没话说了，你不能把差的说成好的。

我把我所有的店分成A、B、C三级，A级是要表彰的，B级你就在这儿待着，C级需要辅导。但是我不会扣你钱，会给你一段辅导期，超过这个辅导期依然干不好，这个店长就要被淘汰了。

资料来源：根据张勇2017年演讲内容整理。

三、建立绩效指标表的步骤

绩效指标表里的关键是指标。在初始阶段，寻找和挖掘指标是最重要的工作。

（一）确定指标

指标的确定并没有固定的方法，每个组织的指标设置可能都有不同的思路。有些指标来自管理者的经验，有些指标来自员工的岗位职责，有些指标来自自上而下目标的分解。逻辑上，指标不问出处，只要合理、有效，就是好指标。

但这不妨碍我们借助经验总结的方法提高确定指标的效率。可以从两个角度来辅助寻找

指标：一是指标来源，即明确指标从哪些范围内产生；二是确定指标的方法，即用一些方法从指标来源中确定指标。

1．指标来源

常见的指标来源如下。

（1）组织目标的分解。自上而下，从组织的目标分解到部门的目标，从部门的目标分解到岗位的目标。例如，销售部目标中有一项"季度销售额同比增加20%"，对应的指标是"销售额"，各销售岗位需要承接起这项任务。怎么完成任务？开发新客户，同时深挖老客户，对应的岗位指标可能是"新客户增长率"和"既有客户销售额"。

（2）岗位职责。岗位职责反映了一个岗位的基本工作内容，所以也是必须考核的范畴。如果有岗位说明书，则从中可以找到岗位职责，岗位说明书示例如表2-3所示。如果没有，则需要总结出岗位职责。对于岗位职责，最好能从结果中提炼出指标，找不到也可以从过程中提炼。例如，某岗位的一项职责是"负责编写行情报告"，对应的指标可以设为"行情报告编写的及时性和质量"，后续从完成的时间和报告的质量两个角度去评分。

表2-3 综合部副主任岗位说明书

部门名称		综合部		岗位编号	
岗位名称		综合部副主任		岗位类别	管理类
任职条件	学历条件	大专及以上学历			
	工作经验	具有5年以上管理工作经验			
	能力要求	1．正确理解和贯彻执行上级的各项决策部署，具有较强的分析判断和执行能力； 2．具有较强的组织协调和管理能力； 3．具有较强的语言和文字表达能力			
	专业知识	1．熟悉本系统管理机制的运行情况，熟悉纪检监察的业务知识、办案的工作程序； 2．具备人力资源、经济学、管理学等相关知识，熟悉本系统人力资源状况及管理机制的运行情况； 3．掌握相关法律法规，精通授权和激励艺术，知识面广，知识结构合理			
岗位职责	一、纪检监察 1．负责制订年度纪检监察工作计划，并牵头抓好工作落实； 2．制定和完善党风廉政建设制度，落实党风廉政建设责任制； 3．组织和落实党风党纪教育，开展纪检工作方针、政策、法律法规的宣传； 4．构建和实施惩治与预防腐败体系工作，组织开展治理商业贿赂工作； 5．提供纪检监察咨询，负责纪检监察信息的撰写及各类报表的填报工作； 6．负责纪检监察材料和各类公文的起草、收集、整理、归档工作； 7．负责干部廉政档案的登记、管理工作，参与对干部的廉政教育和评议考察活动； 8．组织调查和核实直接管理的党员干部违纪案件，组织初核，立案查处，做出处理决定；负责违法案件的移送和案件查处的协调工作。 二、党务、思想政治宣传 1．组织宣传和执行党的路线、方针、政策，贯彻上级有关思想政治工作的决议、决定和指示； 2．组织开展公司思想政治教育活动和形势任务教育活动； 3．负责公司分党组中心组学习计划的制订、落实，并做好学习记录和材料汇编工作； 4．负责党务建设工作，负责对公司党组织和党员的管理工作。 三、薪酬管理和劳动合同 1．负责组织拟定薪酬分配方案，做好加班费、津贴、福利的发放管理工作； 2．负责组织开展社会保险、企业年金的发放，办理职工退休手续，做好员工劳动保护工作； 3．负责劳动合同管理和劳动争议处理工作。 四、信息化 1．负责组织计算机网络和软硬件平台的管理、运行及维护工作； 2．信息化建设的规划实施。				

续表

岗位职责	五、其他 1. 主持企业文化建设； 2. 开展干部考察、任免、民主评议和后备干部的选拔培养工作 3. 参与公司重大决策、重要干部任免、重大项目安排和大额度资金使用的监督工作	
上下级关系	直接上级：综合部主任	
	直接下级：薪酬社保管理员、政工科技管理员、信息管理员	
联系单位	省局（公司）有关部门；公司各部门	

（3）业务流程。业务流程反映了业务在各个主体之间按照时间顺序流转的过程。通过分析业务流程，最好借助流程图，可以清晰地确定各个环节的负责对象和产出，如图 2-1 所示。当岗位职责不清晰和产出不明确时，梳理业务流程有助于明确问题。此外，流程图可以直观地展示各项工作的先后顺序，比岗位说明书更有逻辑性。组织中常用流程图来对工作进行解释和规范。不过，组织中大大小小的流程数量很多，绘制和修改流程图的工作量很大，所以从指标来源来看，不是主要来源，可作为辅助来源。

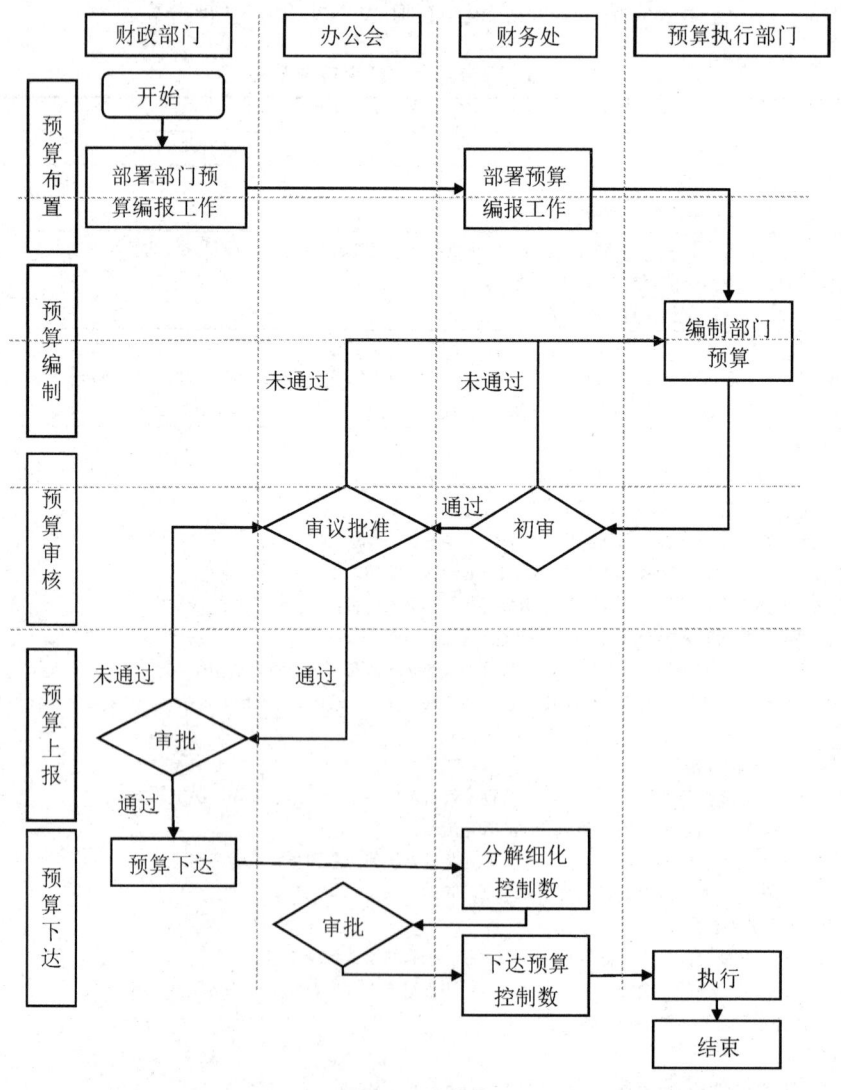

图 2-1　流程图

（4）组织的其他要求。

组织往往有对于培训或其他工作的态度等的要求，如果需要考核，则可以纳入绩效指标表，当然也可以在表外做单项奖罚规定。

2．确定指标的方法

确定指标的方法有直接找寻法、内容分解法、PDCA法、QQTC法、关键事件法等。

（1）直接找寻法。这是最直接的方法，是指根据第一反应察觉衡量指标。比如，公司要加强培训考核，马上就想到人均培训时间的指标；公司要考核降低成本，马上就想到成本降低比率的指标。

（2）内容分解法。内容分解法是指对目标进行分解，示例如表2-4所示。

表2-4　内容分解法示例

内　容	指　标　1	指　标　2	指　标　3	指　标　4
降低成本	生产成本降低率	采购成本降低率	管理费用降低率	维修成本降低率
员工培训	新员工培训计划达成率	销售培训计划达成率	管理技能培训计划达成率	生产技能培训计划达成率
增加销售收入	新产品销售收入增长率	老产品销售收入增长率	新市场销售收入增长率	老市场销售收入增长率

比如，公司要考核员工培训，根据培训对象不同，可知培训分为新员工培训、销售培训、管理技能培训、生产技能培训，故可从这几个方面来设计指标。

（3）PDCA法。这里借助了PDCA的思想来分解指标，示例如表2-5所示。

表2-5　PDCA法示例

内　容	计划（Plan）	执行（Do）	检查（Check）	处理（Act）
预算管理	预算编制	预算执行	预算控制	预算分析
研发活动	研发计划	研发过程	研发成果	研发应用

比如，预算管理可以分为预算编制、预算执行、预算控制、预算分析四个环节，明确环节后，再从这四个环节考虑如何选择指标。

（4）QQTC法。QQTC是数量、质量、时间、成本的简称，是常用的确定指标的方法。Q（Quantity）——数量，通常用个数、时数、次数、人数、项数和额度来表示；Q（Quality）——质量，通常用比率、评估结果、及时性、满意度、达成率、完成情况、合格率和周转次数来表示；T（Time）——时间，通常用开始时间、结束时间来表示；C（Cost）——成本，通常用费用额、预算控制来表示。QQTC法示例如表2-6所示。

表2-6　QQTC法示例

内　容	数　量	质　量	时　间	成　本
新产品设计	新产品数量	新产品合格率	新产品开发按时完成率	新产品开发成本
新客户营销	新客户增加数量	新客户贡献值	新客户推广活动按时完成率	新客户营销费用
生产	生产订单完成率	质量合格率	订单延误情况	单位生产成本
招聘	入岗人数	用人部门满意度	招聘及时完成率	招聘费用

（5）关键事件法。关键事件法是指寻找达成策略性目标需要开展的核心工作事件，并形成绩效指标，示例如表2-7所示。

表 2-7　关键事件法示例

内容	关键事件
加强培训	内部讲师培养
研发	打造核心产品的竞争力
企业文化建设	企业文化制度化，员工对企业文化的认可

比如，某组织要加强对人力资源部培训工作的考核，因为以往人力资源部内部讲师建设工作做得不好，故培训的关键事件之一是内部讲师培养，具体的指标包括内部讲师培养数量、内部讲师制度建立等。

（二）描述指标的基本信息

指标确定后，还需要描述分数、指标定义、绩效目标、指标来源、评分标准等，详细内容可附加指标字典进行描述。所谓指标字典，就是在绩效指标表外单独附表，对每个指标进行详细描述，如表 2-8 所示。

表 2-8　指标字典

指标	每吨化肥耗电量	分数	5 分
指标定义	用车间的季度总电费除以总化肥产量		
绩效目标	不超过 X 度		
指标来源	车间生产报表		
评分标准	超过目标值的 20%（含），扣 5 分； 超过目标值的 10%～20%，扣 3 分		

指标字典的优点是详细地描述了指标的各个属性，缺点是编写稍复杂，占用页面篇幅多。为了方便，在实际应用中往往把指标字典的核心内容直接融入绩效指标表中。为了节省空间，常省去指标定义和指标来源，保留指标、分数、绩效目标、评分标准这四项基本内容。

第三节　绩效指标的目标设定和评分方法

一、绩效指标的目标设定

绩效目标是指绩效指标表里每个指标在考核周期结束时需要达到的目标。

绩效目标的表达具体有三种方式：一是可量化的结果，如"销售额"指标对应的绩效目标是"季度销售额达到 100 万元"；二是不好量化的结果，如"客户关系"指标对应的绩效目标是"维护良好的客户关系"；三是目标偏重关注过程，如"仓储物流完成情况"指标对应的绩效目标是"仓储物流按照要求顺利完成"，它表达的是一项或一组工作或流程的完成情况，这类指标在考核时不是以最终结果来衡量的，而是以过程完成的情况来评价的。

绩效目标在制定时通常应该遵守 SMART 原则。

1. S（Specific）表示绩效目标应该尽可能地细化

绩效目标应该明确清晰地表达出工作的要求和期望。比如，将"客户反馈"指标对应的绩效目标设定为"及时快速地把处理结果告知客户"，就不如将其设定为"在客户提出咨询或投诉后的三天内，把处理结果告知客户。"细化的目标有助于在考核时进行评分，一般可从数量、质量、时间、成本等常用的维度去细化目标。

2. M（Measurable）表示绩效目标是可测量的

从测量的难度来考虑，在考核时获得目标完成情况的信息应该是比较容易的，不需要大费周折，甚至根本无须费力。量化的目标通常容易测量，定性的目标可以通过一些方法来测量。简单来说，M原则追求方便快捷地对目标给出公正合理的评分。比如，对前台的要求之一是及时接听电话，要求在三声铃声内必须接起，但如何测量是否在三声铃声内接起？这个有点困难，除非公司的后台系统可以自动测量，否则不如将该目标转化为"不接电话的投诉次数少于几次"更好测量。

3. A（Attainable）表示绩效目标是可实现的

一般来说，上级愿意给下级提出难度较大的绩效目标。因为如果下级发挥得非常好，得到一个超常的成绩，那是所有人都乐意看到的；如果下级发挥一般，绩效结果也可以达到一个可接受的范围。

这种想法可以理解。但是从被考核者的角度来看，他们会认为设置不切实际的目标是故意刁难。当目标已经超出了他们努力的范畴时，他们有可能自暴自弃，产生一种"反正也完成不了，那就随意干吧"的心态。当越来越多的人产生这种心态时，法不责众的心理会让更多的人跟随进来，最终的绩效完成情况不会乐观。而在考核时考核者面对群体性的压力，有较大可能"放水"，导致考核流于形式。

正常情况下，绩效目标应该是"蹦一蹦就可以摸得到"，要让被考核者看到希望。比如，某销售人员去年第一季度的销售额是500万元，今年同期的销售目标提高到600万元是有可能的，但如果提高到800万~1000万元可能就过分了。

案例　　　　　　　　　　**保险销售人员的故事**

在一堂培训课上，有一位同学举手问老师："老师，我的目标是在一年内赚100万元！请问我应该如何计划我的目标呢？"

老师便问他："你相不相信你能达成？"他说："我相信！"老师又问："那你知不知道要通过哪个行业来达成？"他说："我现在从事保险行业。"老师接着问他："你认为保险行业能不能帮你达成这个目标？"他说："只要我努力，就一定能达成。"

"我们来看看，你要为自己的目标付出多大的努力。根据提成比例，要拿到100万元的佣金，至少要完成300万元的业绩。一年300万元的业绩，折算到每个月是25万元，每天是8300多元。"老师说，"要完成每天8300多元的业绩，大概要拜访多少个客户？"

"大概要50个客户。"同学回答。老师接着分析："那么一天要50个客户，一个月要1500个客户，一年呢？就需要拜访18,000个客户。"

老师又问他："请问你现在有没有18,000个A类客户？"他说："没有。"老师接着问他："如果没有的话，就要靠陌生人拜访。你平均一个人要谈上多长时间呢？"他说："至少20分钟。"

老师说："每个人要谈20分钟，一天要谈50个人，也就是说你每天要花16多个小时在与客户交谈上，还不算路途时间。请问你能不能做到？"

他说："不能。老师，我懂了。目标不是凭空想象的，而是需要凭着一个能达成的计划来实现的。"

4. R（Relevant）表示绩效目标是与组织战略目标和部门工作计划相关联的

个人绩效目标与部门绩效目标是相关联的，个人绩效目标承载着部门绩效目标，部门绩效目标承载着组织绩效目标，组织绩效目标是为了组织战略目标而设定的。

5. T（Time）表示绩效目标的完成有时间限制

考核都有周期，绩效目标是在考核周期结束时绩效指标所应达到的结果。

二、绩效指标的评分方法

绩效指标的评分没有固定的方法，什么方法有效就可以用什么方法，只要能满足操作简便、评价公正的要求即可。公开资料上可见到的评分方法有十几种，包括关键事件法、行为观察量表法等，但实践中普遍使用两三种方法，以下给出常用的两种方法。

1. 扣分法

扣分法是约定俗成的一种名称，在考核中运用的情况是最多的。扣分法可以从指标完成的数量、质量、时间、成本等维度去打分。举个例子，"销售成本"指标对应的绩效目标是"销售成本不超过100万元"，对应的评分标准是"每超过5%，扣5分"，假设指标分数为10分，如果成本超过目标值上限10%，该项指标得分清零。

对于过程类指标，扣分法也是适用的。可以参考过程中几个关键的节点，针对这些节点的完成情况设置扣分项。比如，过程中要完成环节1、环节2、环节3，扣分法就可以这样设计："环节1的扣分、环节2的扣分、环节3的扣分"。但如果过程复杂，节点太多，扣分法也可以笼统地设计成："全过程中每出现一次未按程序操作的情形，扣5分；出现严重失误，扣10分"。这种评分标准貌似粗糙，实则简便可行，虽然未说明依据什么程序，什么算严重失误，但根据工作经验和工作中的规定基本可以做到合理判断。

综上，对于可量化的指标，扣分法的常见形式是"每发生一次……，扣几分""每低于或超过$X\%$，扣几分"，也可以是分段式的扣分，"实际值在A区间，扣几分；在B区间，扣几分"。举个例子，销售额要求达到100万元，对应的评分标准可以为："销售额为90万～100万元，扣5分；低于90万元，扣10分"。对于不好量化的指标，扣分法的常见形式是"每发生一次失误，扣几分""每发生一次严重失误，扣几分"，对于失误和严重失误的界定可以做补充，如"造成10,000元以上的经济损失，或者带来较大的难以弥补的负面影响"为严重失误。

常见情况下指标都是扣分，但也可设加分项。当某项指标超额完成时，可以考虑加分，如指标对应的绩效目标是销售额达到1000万元，达到1000万元可以拿到指标的满分10分，如果超额完成，达到1200万元，就可以在满分的基础上加3分得到13分。绩效指标表的总分一般是100分，在考虑加分项的时候可以允许总分突破100分，但也会设一个上限，如不超过120分。

2. 锚定法

锚定法是指将目标分为若干个等级，每个等级用一句话或一段话来描述所需达到的标准。锚定法常常用于行为类指标，也可用于结果类指标。

例如，阿里巴巴的价值观评估里曾有一项指标是"拥抱变化"，它被分为5个等级，等级1～等级5是由低到高的过程，如表2-9所示。每位员工只能被评价为其中的某一个等级。

表 2-9 "拥抱变化"指标

等级 1	适应公司的日常变化,不抱怨
等级 2	面对变化,理性对待,充分沟通,诚意配合
等级 3	对变化产生的困难和挫折,能自我调整,并正面影响和带动同事
等级 4	在工作中有前瞻意识,建立新方法、新思路
等级 5	创造变化,并带来绩效突破性的提高

结合分数,就可以变成类似绩效指标表的样式,如表 2-10 所示。

表 2-10 结合分数的"拥抱变化"指标

指 标	分 数	评分标准
拥抱变化	5 分	适应公司的日常变化,不抱怨(1 分); 面对变化,理性对待,充分沟通,诚意配合(2 分); 对变化产生的困难和挫折,能自我调整,并正面影响和带动同事(3 分); 在工作中有前瞻意识,建立新方法、新思路(4 分); 创造变化,并带来绩效突破性的提高(5 分)

锚定法的设计可分为两步:第一步,确定目标的关键衡量要素;第二步,建立评价等级。根据最优和最差行为的描述,将关键事件划分为若干个等级,常见的等级分为 5 个,一般不会超过 8 个。

再举一例,某公司为营销部的策划文案岗位设计的绩效指标表如表 2-11 所示。

表 2-11 策划文案岗位的绩效指标表

指 标	分数/分	等 级	评分标准	对应得分/分
方案可行性	40	5	方案设计很合理,成本可控,操作性强	40
		4	方案设计合理,成本没有超上限,有操作性	30
		3	方案设计合理,成本超上限概率大,操作性一般	20
		2	方案设计还可以,成本控制不佳,操作性一般	15
		1	方案设计糟糕,没有操作性	10
方案创新性	40	7	方案形式美观新颖,极具创新性,从没见过同类方案	40
		6	方案内容和形式有非常大的创新,至少 80%的体量是创新的	35
		5	方案内容和形式有相当大的创新,至少 60%的体量是创新的	30
		4	方案内容和形式有较好的创新,至少 40%的体量是创新的	25
		3	方案内容和形式有一定创新,至少 20%的体量是创新的	20
		2	方案内容和形式有一点创新,其他与同类方案差不多	15
		1	方案内容和形式与同类方案雷同,毫无新意	10
方案结构性	20	5	方案整体结构非常清晰,层次分明,重点突出	20
		4	方案整体结构明了,层次分明,重点基本突出	16
		3	方案整体结构基本明了,层次分明,重点不突出	12
		2	方案有整体结构	8
		1	方案杂乱无章	5

锚定法也适用于结果类指标,示例如表 2-12 所示。

表 2-12 销售额增长率的分级描述

指 标	分 数	评分标准
销售额增长率	5 分	增长率>20%(5 分); 15%<增长率≤20%(4 分); 10%<增长率≤15%(3 分); 0<增长率≤10%(2 分); 增长率≤0(1 分)

除以上两种评分方法外,还有一种利克特量表风格的评分方法,如表 2-13 所示。这种评分方法一般不推荐,因为对分级没有具体描述,不过对于态度、行为等的简单评分也是偶尔可以参考使用的。它的优点是非常快捷,适合做综合性的判断。比如,请就餐顾客对餐厅进行评分,1~5 分(1 分表示很差,5 分表示很好)直接评分就很容易、很实用。

表 2-13 利克特量表评分

评价项	得分/分				
服务态度	1	2	3	4	5
菜品质量	1	2	3	4	5
就餐环境	1	2	3	4	5

第四节 绩效指标的类别

在设计绩效指标表时,可以考虑先将指标分为若干个大类,再把具体的指标归到这些类别中去。

绩效指标的大类并非一定需要。组织需要的是最终的绩效指标,但是将绩效指标分为大类,有助于识别绩效指标,将诸多绩效指标归类,使其更有秩序感。

在公务员和一些事业单位的绩效考核中,将绩效指标分为德、能、勤、绩、廉这五大类,在企业里也有类似的分类方法。下面介绍实践中常用的几种绩效指标类别,包括综合类型、结果+过程类型、平衡计分卡类型。

一、综合类型

所谓综合类型,是本书给出的名称,实践中经常使用这种方法,它将绩效指标分为几大类,常用的有业绩类指标、职责类指标、态度类指标、能力类指标和价值观指标,还有其他使用频率不高的种类,这里不再赘述。

1. 业绩类指标

这里所说的业绩类指标即 KPI。它是衡量被考核者工作的最重要的指标,基本都是评价工作结果的、可以量化的指标。

KPI 的数量不会很多,一般不超过五项。KPI 的权重一般很高,尤其是针对业务部门和业务型岗位,如销售、生产等,权重占比往往很高。管理型岗位也有 KPI,如办公室员工考核"办公成本"指标。

KPI 是最重要的一种类型。它起到了承上启下的作用,后面讲到组织绩效分解时,主要的抓手就是 KPI。

2. 职责类指标

每个部门和岗位都有基本职责。职责类指标评估的是职责的完成情况。以具体岗位而言,有的岗位职责很多,有的岗位职责较少。并非所有的职责都需要进行考核,根据指标选取少而精的原则,一般只将比较重要的职责提炼成指标。职责类指标的主要来源是工作说明书。工作说明书分为两部分:一是任职资格,二是工作描述。工作描述的主要内容就是岗位职责。当然,有些组织没有工作说明书,或者即使有,也不符合实际情况,这就需要采取访谈法和问卷法对被考核者的真实工作职责进行调研。某办公室绩效指标表（部分）如表2-14所示。

表2-14 某办公室绩效指标表（部分）

分类	序号	指标	分数/分	绩效目标	评分标准	个人自评	考核者评分
业绩类指标（10分）	1	（年）部门总体费用	10	参考财务全年预算（追加须经批准）	每超5%，扣5分		
职责类指标（30分）	2	文秘、文书工作的及时性、准确性	10	无延误，无差错	每延误一次，扣2分；每不准确一次，扣2分		
	3	资产管理的规范性	5	无违规操作现象	每违规操作一次，扣2分；出现资产管理一般事故，扣5分		
	4	安全保卫	5	无漏洞，达标准	出现有较大影响的安全保卫事故，扣5分；出现重大安全保卫事故，绩效分清零		
	5	整顿办工作	5	按规定执行	每未按规定执行一次，扣2分		
	6	信访工作	5	无违反信访政策现象	出现群体信访或影响较大的信访，扣5分		

有一种情况：如果某项职责包括的环节很多，很难用一项指标来量化结果，如何设置指标和绩效目标呢？

不能把每个环节分开单设指标，否则指标数量过多，且每项指标的权重过低，这不符合指标设置的原则。在设置指标时，一般建议指标数量不要过多，同时单个指标的分数不能低于5分。我们可以采取以下方法：对于仓储调运的职责，设置一项指标"仓储、调运管理"，分数为5分，将绩效目标设置为"签订运输、熏蒸、仓储协议并整理归档；安排验货、调运工作；监督仓库做好仓储工作并定期检查，出具书面检查报告；如期安排熏蒸工作"，评分标准是"违反监管程序，扣5分"。这项指标要考核的工作内容很多，任何一个环节的工作都有可能出现问题，这种评分标准就涵盖了整个内容。这是一种指标设计的技巧，特别适合考核内容多、不适用单一结果来评价的情况。

案例　　　　　　　　**增加指标**

小李是一名工作5年的销售人员，他们小队中共有6个人，其他人都是小李一手带出来的，一般促销、疑难客户都是小李处理的，但是他的月度绩效结果与其他人很接近，小李感觉自己在工作中付出了很多，这种结果让他失去了工作的动力。他向主管提出：他的绩效指标表中应该加入"培养下属"指标和"处理疑难客户"指标。你认为他的主张合理吗？

在操作中，设计者在提炼职责类指标时发现它和KPI有混淆。有些重要职责的结果已经设置为KPI，自然不能再在职责类指标中出现；KPI通常对应着某些职责的结果，这都是非常正常的。这里所列的职责类指标是没有在KPI中体现的，并且需要考核职责所对应的指标。

3．态度类指标

工作态度是对工作所持有的评价与行为倾向，包括工作的认真度、责任心、努力程度等。由于这些因素较为抽象，因此通常只能通过主观性评价来考评。表2-15给出一个示例，思路是"工作态度=责任心+敬业精神+严格自律"，对每一项指标都用描述性语言给出四个等级的考核标准。这属于一种通用性的态度类指标，组织内的员工都可以采用。

表2-15 态度类指标示例

指标	分数/分	考核标准与考核等级			
		优	良	及格	不及格
责任心	35	1. 在工作中积极思考，经常主动与领导沟通，出现问题时主动、及时向领导汇报； 2. 当工作出现失误时，首先从自身找原因，不以客观原因推卸责任	1. 在工作中有时主动与领导沟通，出现问题时主动向领导汇报； 2. 当工作出现失误时，强调客观原因，但能主动承认自身错误，承担责任	1. 在工作中不主动与领导沟通，出现问题时能向领导汇报； 2. 当工作出现失误时，强调客观原因，不主动承认自身错误，但最后能认识到自身的问题	1. 在工作中不主动与领导沟通，出现问题时也不主动向领导汇报； 2. 当工作出现失误时，极力以客观原因推卸责任
敬业精神	35	1. 在工作的关键时刻能以工作为重，主动牺牲个人利益； 2. 在工作上遭受挫折后，仍能一如既往地努力工作； 3. 对加班毫无怨言	1. 在工作的关键时刻，缺乏主动的牺牲精神，但领导将工作安排后也能顾全大局，牺牲个人利益； 2. 在工作上遭受挫折后工作热情下降，但仍能保持一定的主动性； 3. 对加班基本没有意见	1. 在工作的关键时刻，缺乏主动的牺牲精神，虽服从领导的安排，但对个人利益的牺牲不太情愿； 2. 在工作上遭受挫折后工作热情下降，缺乏主动性，但分内的工作能照常完成； 3. 对加班有抵触情绪，谈条件	1. 在工作的关键时刻需要牺牲一定的个人利益时，寻找各种借口逃避工作； 2. 在工作上遭受挫折后工作热情下降，工作态度消极，工作敷衍了事； 3. 从不愿意加班
严格自律	30	对本职工作严格要求自己，出勤良好，对公司安排的其他活动（如会议、培训）均能按时参加，而且即使无人监督也能严格遵守制度	对本职工作基本能严格要求自己，出勤良好，对公司安排的其他活动大多数都能按时参加，而且在无人监督的情况下基本能遵守制度	对本职工作还算能自律，出勤一般，对公司安排的其他活动部分参加，但在无人监督的情况下不遵守制度	出勤率低，仅参加小部分公司安排的活动，经常不遵守制度

以上态度类指标只是示例，如果觉得烦琐，则组织可根据自身情况修改内容，简化使用。

态度类指标不是必选项。有的组织认为只要结果达成，就可以不在意态度；有的组织则认为员工的工作态度很重要，导致结果不佳的因素有很多，但态度必须端正。

具体要考核哪些工作态度，由组织自行决定。可以参考表2-15中的综合性评价，也可以只设几个单项。比如，注重培训，可以设一项"参加培训情况"指标；注重敬业度，可以设一项"敬业度"指标；注重协作性，可以设一项"协作性"或"团队协作"指标；注重服务意识，可以设一项"服务态度"指标；注重自我学习的态度，可以设一项"主动学习"指标。

此外，还有一些基础性的体现工作态度的指标，包括迟到、早退、办公环境的清洁和设施的维护等，这么多内容不能都写到绩效指标表里，否则就显得绩效指标表轻重不分。一般来说，组织会在绩效指标表外单独制定奖励和处罚制度。

4．能力类指标

有的组织会考核能力类指标，将其放到绩效指标表中。能力包括很多种，如管理能力、学习能力、沟通能力、业务能力等，每种能力同样可以用描述性方法给出评分标准。

从当前绩效考核注重结果的角度来看，员工的能力再强，但如果没有产出业绩，也不能认为员工的绩效水平高。反之，如果员工的能力不强但勤能补拙，能产出好的业绩，也能认为员工的绩效水平较高。所以，对于能力类指标，多数组织倾向于不放到绩效指标表中。

5．价值观指标

企业价值观是指企业在追求经营成功的过程中所推崇的基本信念和奉行的目标。企业文化是以价值观为核心的，价值观是把所有员工联系到一起的精神纽带，是企业日常经营和管理行为的基础。美国管理学家吉姆·柯林斯和杰里·波勒斯在《基业长青》中说："真正让企业长盛不衰的，是深深根植于企业员工心中的核心价值观。"

明代学者王守仁提出"知行合一"。知是指人的道德意识和思想意念。知中有行，行中有知。企业员工也是如此，不能只喊口号，不落实到行动上。例如，企业说"以客户为中心"，但请问销售人员是否了解客户习惯？是否认真做好售后服务？企业价值观需要扎根下去，需要被员工理解和认可。对于任何一家企业而言，只有当企业内绝大部分员工的个人价值观趋同时，整个企业的价值观才可能形成。

稻盛和夫说："在京瓷公司的恳亲酒会上，对新入职的员工阐述利他精神时，一定会有几个人反驳'把经营者的思维方式强加给员工是不对的'。我会反复地解释说明。但如果有人说还是无法接受的话，我就明确表示：'我今后还会继续阐述同样的理念，如果无法理解的话，请你明天就辞职，这样最好。'""无论他多么优秀，但不能认同公司哲学、公司价值观的话，我们不需要勉强留在公司，当事人自己也不会感到幸福。"马云说，"严把招聘关，要吸引那些和阿里的味道一样的人。"这个"味道"，其实就是指价值观。

一些优秀的组织为了强化价值观的理念，会定期进行价值观评估，并将它作为绩效考核的一部分。

> **案例**　　　　　　　　　**阿里巴巴的价值观评估**
>
> 2001年，阿里巴巴成立两年，推出了公司价值观的第一个版本，也就是"独孤九剑"。这套价值观体系从2001年沿用到2004年。此后，随着阿里巴巴规模的快速扩张，以及淘宝的诞生和业务多元化，"独孤九剑"价值观显得过于复杂，不易理解和落地。于是，阿里巴巴在2004年对"独孤九剑"价值观进行了升级，提出了"六脉神剑"价值观。"六脉"分别是"客户第一、团队合作、拥抱变化、诚信、激情、敬业"。2019年，阿里巴巴在原"六脉神剑"的基础上提出了"新六脉神剑"，分别是：客户第一，员工第二，股东第三；因为信任，所以简单；唯一不变的是变化；今天最好的表现是明天最低的要求；此时此刻，非我莫属；认真生活，快乐工作。

小企业对价值观的感受往往不深，而是更为看重员工的能力，毕竟小企业的生存压力很大，对于企业文化包括价值观的认知肯定不如大企业。

实力强的大企业不愁人手，对人才的要求更上一个台阶，除了要求能力，还要求员工认同组织的价值观。价值观会影响士气，影响团队，影响客户的看法，影响组织形象，影响持续发展。队伍大了，需要统一思想，企业不能接受恃才傲物的害群之马，也不能接受平庸混日子的好好先生。

案例 阿里巴巴的人才评估矩阵

阿里巴巴提出的人才评估矩阵由两个维度组成：个人能力（业绩）及对公司目标和价值观的认同度（价值观），如图 2-2 所示。

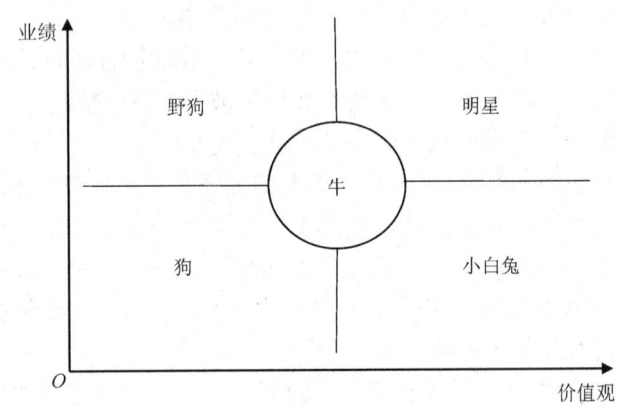

图 2-2 阿里巴巴的人才评估矩阵

明星：个人能力强，业绩突出，对公司目标和价值观认同度高的员工。对于"明星"员工，人事工作的核心就是"捧"，不仅要为他们在工作上倾斜资源，提供支持，在物质上慷慨分享，提供优厚待遇，在精神上予以表彰，及时晋升，还要将他们树立为典型，鼓励在明处。

狗：个人能力差，业绩萎靡，对公司目标和价值观认同度低的员工。对于此类员工，要采取的方针是"杀"。

野狗：个人能力强，业绩不错，但对公司目标和价值观认同度低的员工。这种员工的特点源于其性格中恃才傲物的本质。对于有这样苗头的员工，如果不能使其迅速提高对公司目标和价值观的认同度，成为"明星"，则会起到强大的反作用。在业绩数据的掩盖下，他们会长期给团队带来负能量，削弱管理和制度的威望，制造不可估量的后患。对其个人而言，很可能走上违规甚至违法操作业务的道路，从而走上歧途。因此，今日资本的徐新说："对于那些业绩很好、价值观不好、吃里爬外、吃回扣的人，你一定要把他高调地'干掉'，杀鸡给猴看。"

举个例子，某君担任一家公司的市场部经理一职，在客户谈判方面有自己独特的撒手锏，可以快速成交大客户，但就是太在乎个人的得失，团队的人对他多多少少都有点意见。公司好几个高管都跟老板提醒过，此人一定要慎用，不然可能酿成大祸。但是老板看在他可以一直为公司产出业绩的面子上，从来没有放在心上。老板的观念是，只要能赚钱的员工就是好员工，不管黑猫白猫，只要能抓住老鼠就是好猫。好景不长，某君没过多久，就不断向公司提各种涨薪的要求，刚开始还涨了两三次，后来老板发现已经不能满足他的胃口了。这下某君就不乐意了，背着公司自己另立了山头，而且带走了全部的客户资源。公司损失惨重，好不容易积累起来的客户，一下子全部没了。

牛：其最大的特点是"随风倒"。当一个团队中由"明星"组成主导势力时，"明星"就会成为其成长方向；当一个团队中的"野狗"成风时，他们就会将"野狗"作为自己的工作榜样。这种员工是大多数团队中最普遍的存在。

小白兔：个人能力弱，业绩长期萎靡，但对公司（或只是对老板）目标和价值观的认同度高，工作态度好的员工。徐新说："小白兔是最难的，跟着你很多年，兢兢业业、勤勤恳恳，就是没有业绩。'干掉'它,你好像有点心软,做不到。但是我告诉你,如果你不'干掉'小白兔,那它对你的伤害是非常大的。"正是因为很多团队对"小白兔"问题没有给予足够的重视,才导致"牛"纷纷加入"小白兔"的行列。逆流而上很难,但随波逐流很容易。员工就是这样,变好往往意味着挑战自己的惰性,过程是痛苦的,而堕落的过程是愉悦的。所以,成为"小白兔"的门槛比较低,同时其隐蔽、温和、安全,甚至容易得到高层的关照。与"狗"相比,"小白兔"对"明星"具有更强的挑战性和抗衡能力,不仅会导致"牛"被不断同化,也会使本来具有"明星"特质的员工对公司目标和价值观产生动摇,从而成为"野狗"。

二、结果+过程类型

绩效指标还有一种类型,更为粗犷,分为结果和过程两大类。这种绩效指标类别设计的逻辑简单明了,即绩效表现无外乎是工作结果和对过程的反馈。工作结果类似 KPI,但它没有设置职责类指标,而是用过程类指标来涵盖非结果的指标。

案例 是结果还是过程?

有一家消费品企业,近两年其销售人员队伍人均效能不断下滑,人均销售额从最初的 50 万元跌至 30 万元。为了激发销售团队的活力,老板决定重新设置绩效指标,加强绩效考核。但是分管销售的两位领导给出了截然不同的建议。有民营企业工作经历的销售副总张总建议:"我们应该加大对销售人员的管理力度,定下硬性的结果类指标,对完成指标的人员要加大奖励力度,对完成不了的人员要公示、处罚甚至解雇。"而有跨国公司背景的销售副总何总给出的建议则完全相反:"我们不应该只关注结果。我们原来管理的就是结果,但是现在销售业绩下滑大家都看到了。我们应该管理的是销售人员每天的行为、每天的活动细节。例如,他拜访客户的数量,与客户有效交流的时长,以及是否在与重要的客户对话等。只要过程管控得当,我们所希望的结果自然会得到。"两位副总各有道理,究竟是选择结果类指标,还是选择过程类指标?

结果是我们所有工作的最终目标,但是一味追求结果,忽略实现目标的过程,容易适得其反。如果销售部门长期实行单一的唯结果论,虽然短期激励作用很大,但销售人员为了完成个人的绩效指标有可能抛弃职业操守,做出损害企业口碑的欺骗客户、乱承诺等行为,导致企业长期利益受损。如果增加过程类指标,如客户拜访量、客户满意度、客户投诉率等,对过程进行把控,就能很好地减少唯结果论的负面问题。

"结果+过程"的指标设计是比较理想的设计思路,追求动态的平衡。这种方法的优点有以下三点。

1. 弥补结果类指标的不足:滞后性和偏重短期

结果类指标显然是必要的,但结果类指标的缺点在于,它往往是滞后的和偏重短期的。好比患严重疾病的病人身体早就有各种征兆,如不及时治疗,等到病症暴发时,治疗难度将显著加大,因此人们定期体检的意义就在于,通过一些过程类指标及时发现问题。结果类指标的短期性体现为,健康的过程是持续获得结果的根本,忽视过程有可能导致揠苗助长的短视和欺诈行为。

2. 发挥过程类指标的优势

关注过程类指标有助于减少员工的道德风险，改善工作方法，提早发现隐患，以提高绩效指标完成的概率。

关于道德风险前面已经举例说明，员工在收益大于风险时容易做出不道德行为，尤其当没有监管时。

如果企业不关注过程，只关注结果，则很容易掩盖过程中出现的问题。举个实例，某医疗器械销售公司的销售业绩平平淡淡，公司认为是薪酬激励不够。为了调动销售人员的积极性，公司大幅提高了奖金提成的比例，但实施一段时间后发现总体销售额仍然没有变化。公司总经理非常奇怪：难道给钱都不能调动积极性了？后来他通过调研找到了原因：不是销售人员对钱没兴趣，而是他们不知道怎样提高业绩。该公司的销售人员平时都在外面跑市场，划好客户区域后单兵作战，开展业务时很少联络；此外，销售人员彼此之间有戒备心理，很少交流销售经验；公司采取"放羊"思路，缺乏销售过程中的指导和对销售队伍的培训，最终因销售人员的销售能力不足产生了业绩瓶颈。

作为管理者，可以对员工采取高度授权的管理方式，但这绝不等同于对过程的放松。鼓励员工有更高的工作自由度，和对过程保持足够强的监控并不矛盾。对过程的监控非常有必要。通过对一些关键节点的监控（往往以过程类指标的形式体现），有助于准确把握工作进度，提早发现隐患，及时干预，优化工作安排。

3. 有些指标本身不适合考核结果，只能考核过程

有些工作找不到清晰的、固定的量化结果可以衡量，如一些行政工作和管理行为，只能用过程类指标来衡量。比如，对于公司的企业文化工作，从结果的角度很难判断文化是否提升及提升多少，但如果从开展文化活动的次数、参与人数等角度就较容易评价。

一般来说，组织在发展初期偏重结果类指标，在发展稳健阶段开始重视过程类指标。过程类指标和结果类指标之间有着因果关系，良好的绩效指标体系应当寻求两种指标之间的平衡。从员工的层次来看，高层绩效指标中结果类指标的占比较高，基层绩效指标中结果类指标的占比相对要低。

案例　　　　　　　　　　**平安保险的绩效管理**

中国平安保险（集团）股份有限公司（以下简称"平安保险"）从1999年开始就推行了KPI，成为行业的先行者。2003年，时任平安保险副总经理兼首席人力资源官的顾敏慎说："如今平安推行的KPI确实已经到了一个全新的境界，成为绩效管理的关键环节。"

平安保险在制定KPI时，遵循"自上而下，层层分解，环环相扣"的原则。首先企划部根据公司目标确定各个部门的目标，然后下级部门以上级计划内容为依据制订本部门计划，最后分解到个人，所有员工的年度KPI与关键工作计划的总和应大于或等于上级的内容。只有这样，才能保证整体目标的实现，并和集团战略保持一致。

经过深入分析，平安保险将KPI分为生命指标、核心指标和监控指标。前两者是考核内容，也叫结果类指标，是真正的重心；而后者只是过程类指标，以确保执行过程的质量。有了这样的分类，就容易分清哪些才是真正的KPI了。

通常来说，业务部门的目标比较好制定，但非业务部门（后线支持部门）如何来确定 KPI 呢？经过充分的沟通，公司管理层发现可以用一些数据来表示工作成果，再加上关键工作计划，这些就成为考核的 KPI。比如，集团办公室就是典型的后线支持部门。通过对其功能的分析，发现文件上传下达是一项核心工作，可以将文件流转速度作为一个 KPI。另外，用印审批也是其重要职责，可以将用印审批的准确率作为另一个 KPI。对于一些工作指标确实难以衡量的部门，如仓库管理部门，就以项目性工作来衡量，而不是以工作量和时效性来衡量。

三、平衡计分卡类型

平衡计分卡是一种目标管理思想下的绩效工具，有着缜密的设计逻辑。本书第八章专门介绍平衡计分卡。这里所说的平衡计分卡绩效指标分类，是指有些组织借鉴平衡计分卡的思想，对组织或某个部门的绩效指标按照平衡计分卡的四个维度来设计大类，这样也是可以的。平衡计分卡的四个维度分别是财务、客户、流程、学习与成长。表 2-16 所示为某公司营销中心采用平衡计分卡框架所做的绩效指标示例。

表 2-16 某公司营销中心的绩效指标示例

指标层面	KPI
财务类	费用预算执行率 总体费用控制达成率 总体费用降低额 销售目标达成率 营销收入额 单位销售收入增加额 销售毛利率 市场占有率 当期销售排名
客户类	部门协作满意度 计划外需求及时处理率 客户服务满意度 业务提升/改进管理满意度 电话接听时间 销售现场检查 问题及时处理率 事后处理问题与总问题的比率 应收账款回收率 销售人员上岗培训率 媒体曝光数
流程类	市场数据收集及时准确率 营销统计报表出错率 本部门负责预算制定调整质量 本部门员工绩效考核数据准确率 本部门员工绩效考核按时完成率
学习与成长类	员工培训计划完成率 员工离职率 员工满意度 员工平均受培训时间 员工素质结构比例 执行基于风险的薪酬计划的员工比例

四、设置单项奖励和处罚制度作为绩效指标表的补充

前面提到过，不能把所有的奖励和处罚项目都写在绩效指标表里，绩效指标表应该是简洁的、重点突出的。组织对于部门与员工的奖励和处罚项目很多，比较零散，最好设置单项奖励和处罚制度。单项奖励和处罚制度主要包括以下两项内容，它和常规的绩效考核是两种体系。

（1）工作态度类的单项。比如，关于考勤的规定。迟到早退：以指纹打卡记录为准，每月每人有三次机会（包括忘记打卡或因天气等突发原因迟到早退）。超过三次，每出现一次迟到早退现象罚半日工资（从工资中直接扣除）。关于培训的规定：员工未请假且无故不参加培训的视为当日考勤旷工，其考勤记录由行政部备案。工作态度类的单项还包括日常鼓励或要求员工参与的竞赛、加班、文化活动等。

（2）科技发明、管理创新、技术创新、获得奖项、论文发表、技能竞赛、项目管理专项奖、建议采纳等团队和个人单项奖励。

单项奖励的特点有：设置灵活，容易增加和撤回；主要奖励的是团队和个人在工作基本职责要求之外的贡献；除精神奖励外，常搭配现金奖励并及时发放，通过组织宣传产生示范效应。

案例　　　　　　　　　　**XX 公司各类单项奖励管理办法**

第一章　总则

第一条　为了进一步规范公司的表彰奖励活动，充分发挥单项奖励的激励和引导作用，促进公司经济效益和员工素质的提高，形成"争先创优"的企业文化，结合公司实际，特制定本办法。

第二条　本办法的奖励对象为在生产经营、管理、技术和企业文化建设等方面为公司创造了效益及争得了荣誉的单位和个人。

第三条　本办法遵循以下原则。

（一）物质奖励和精神奖励相结合。

（二）谁受益、谁给奖。

（三）突出奖励重点，向贡献大的人员倾斜。

（四）就高不就低，不重复奖励。

第二章　奖励项目和奖励标准

第四条　奖励项目和奖励标准参考以下内容。

（一）科技发明类

1. 工法和技术标准奖

对在开发编写、推广应用工法和技术标准中有突出贡献的个人，根据国家对编写的工法和技术标准审定的等级给予奖励。

① 国家一级工法：独立完成的，5 万元/项；联合完成的，第一完成单位 3.5 万元/项，第二完成单位 2.5 万元/项。

② 国家二级工法：独立完成的，4.5 万元/项；联合完成的，第一完成单位 3.0 万元/项，第二完成单位 2.0 万元/项。

③ 省部级工法：独立完成的，1.5 万元/项；联合完成的，第一完成单位 1.0 万元/项，第二完成单位 6000 元/项。

2. 发明专利奖

对职务发明创造获得国家授权发明专利的发明人或设计人，按不低于 6 万元/项给予奖励。

对职务发明创造获得国家授权实用新型专利的发明人或设计人，按 2 万元/项给予奖励。

（二）管理创新类

对获得国家级企业管理现代化创新成果的成果创造人，按一等奖 10 万元/项、二等奖 6 万元/项给予奖励。

对获得省和行业级企业管理现代化创新成果的成果创造人，按一等奖 5 万元/项、二等奖 4 万元/项、三等奖 3 万元/项给予奖励。

（三）工程评优类

对获得中国建设工程鲁班奖、国家优质工程奖、中国土木工程詹天佑奖、省级优质工程奖等奖项的项目部给予奖励，其中 20%奖励项目经理，80%由项目经理奖励项目部有关人员。

（四）专业技术、技能人员评优类

中华技能大奖获得者，奖励 3 万元；全国技术能手，奖励 2.5 万元；中央企业技术能手和省部级技术能手，奖励 1.5 万元。

国家一类职业技能竞赛一等奖、二等奖、三等奖获得者，分别奖励 2.5 万元、2 万元、1 万元。

国家二类职业技能竞赛及省级一类职业技能竞赛一等奖、二等奖、三等奖获得者，分别奖励 2 万元、1 万元、8000 元。

（五）对单位和个人取得除上述荣誉外的其他表彰，视情况给予 3000~5000 元奖励。

第五条 根据生产经营发展需要，公司设置以下奖励项目。

（一）科技进步奖、技术发明奖

根据获奖科技成果和技术发明的技术创新性、经济效益或社会效益，科技进步奖设置特等奖、一等奖、二等奖和三等奖四个级别，技术发明奖设置特等奖、一等奖和二等奖三个级别，其中：

特等奖奖励 8 万元，一等奖奖励 5 万元，二等奖奖励 2.5 万元，三等奖奖励 1.5 万元。

（二）项目管理金奖

项目管理金奖根据工程合同的最终结算金额，设置甲、乙两个类别，其中：

甲类工程获奖项目奖励 10 万元，乙类工程获奖项目奖励 6 万元。

（三）文明建设奖

文明建设奖设置公司最佳文明职工、文明职工、最佳文明班组三个奖项，其中：

公司最佳文明职工按 5000 元/人给予奖励，文明职工按 1000 元/人给予奖励，最佳文明班组按 3000 元/个给予奖励。

（四）群团竞赛奖

群团竞赛奖由公司工会和团委在年初提出奖励计划（包括奖励项目、奖励规模、奖励标准），公司人力资源部提出审核意见后报公司领导审批，具体使用时实行总额控制、逐项审核。

（五）职工技能大赛奖

公司职工技能大赛奖每个工种设置一等奖、二等奖和三等奖三个级别，分别按照1万元/人、8000元/人、5000元/人给予奖励。

（六）公司总经理办公会、董事长、总经理批准的其他奖励项目。

第六条　公司各职能部门系统每两年进行一次工作表彰。

第三章　奖励经费开支渠道

第七条　对获得本办法第四条所列国家级奖励项目与第五条公司所设奖励项目的单位和个人，由公司给予物质奖励。

第八条　对获得本办法第四条所列省部级及以下级别奖励项目的单位和个人以及第五条以子公司名义申报的奖励，由所在单位给予物质奖励。

第四章　审批程序

第九条　本办法中由公司出资奖励的，按以下程序办理：

获奖单位和个人提出奖励申请（附奖励文件、证书等），公司人力资源部提出审核意见，并报分管领导签署意见、公司总经理批准后，开具单项奖励拨付审批单，公司财务部监督支付。

第五节　绩效计划中常遇到的问题

在绩效计划环节，常遇到的问题如下。

（1）高层的关注度不够。有些组织的高层只在设定组织的发展战略方面发挥作用，后续绩效计划的分解全部由人力资源部组织推动各个部门完成，一旦出现问题就可能影响全局。因此，高层应该关注绩效计划的分解过程，至少关注到部门绩效指标的设置。

（2）单方面强塞。制订绩效计划的过程成为组织高层和中层的工作，不允许员工参与，设置的绩效指标单方面强塞给员工，造成了员工对于绩效计划的工作不理解，增强了员工对于绩效管理的排斥心理，加深了员工和管理者之间的矛盾。

（3）绩效指标设计模糊，缺乏标准。采用较多的定性指标，绩效目标和评分标准不够清晰，绩效考核的打分主要依据主观判断，考核流于形式。

（4）没有因岗设置绩效指标。这个问题容易被忽视，一些组织为了省事，用一套通用指标来适用于所有的员工。比如，一些事业单位用"德、能、勤、绩、廉"的指标框架套用给所有的员工，每项指标的评分标准也都是模块化的。这种情况并不合理，通用的指标框架必然会导致评价以定性判断为主，无法真实反映员工的业绩。举个例子，表2-17是某市粮食局曾使用的绩效指标表，该表适用于局里所有的员工，其实际的绩效考核效果可想而知不会多好。组织应该因岗设置差异化的绩效指标，当然，相同的岗位性质可以用一套指标，如销售部的初级销售人员可以使用相同的绩效指标表。

表2-17　某市粮食局的绩效指标表

内　　容	考核要素	分值等级	评　价
综合素质（30分）	政策水平（6分）	优（6分）	
		良（5分）	
		中（4分）	
		差（3分及以下）	

续表

内　　容	考核要素	分值等级	评　价
综合素质（30分）	执行能力（6分）	优（6分）	
		良（5分）	
		中（4分）	
		差（3分及以下）	
	业务能力（6分）	优（6分）	
		良（5分）	
		中（4分）	
		差（3分及以下）	
	学习与调查研究能力（6分）	优（6分）	
		良（5分）	
		中（4分）	
		差（3分及以下）	
	沟通协作能力（6分）	优（6分）	
		良（5分）	
		中（4分）	
		差（3分及以下）	
完成阶段目标任务（20分）	完成任务数量（10分）	优（9~10分）	
		良（7~8分）	
		中（6分）	
		差（5分及以下）	
	完成任务时限（10分）	优（9~10分）	
		良（7~8分）	
		中（6分）	
		差（5分及以下）	
工作质量（30分）	履职成效（15分）	优（14~15分）	
		良（12~13分）	
		中（9~11分）	
		差（8分及以下）	
	工作效率（15分）	优（14~15分）	
		良（12~13分）	
		中（9~11分）	
		差（8分及以下）	
出勤（20分）	工作积极性、认真性（10分）	优（9~10分）	
		良（7~8分）	
		中（6分）	
		差（5分及以下）	
	出勤情况（10分）	优（9~10分）	
		良（7~8分）	
		中（6分）	
		差（5分及以下）	

（5）绩效指标与组织战略缺乏关联度。有一种常见的情况，即不考虑组织战略，各个部门直接根据本部门的日常工作设置绩效指标。有的组织借助平衡计分卡的思路从四个维度来设置绩效指标，看上去像模像样，但这些指标只是现实工作的映射罢了，对组织战略的支撑不足，没有体现战略引导作用。有的组织虽然设置了组织战略，并参考它设计出部门绩效指标，但指标是拍脑袋想出来的，逻辑性不强。这里建议管理者采用鱼骨图或战略地图的方式，利用图形化工具思考绩效指标与组织战略的关系，确保绩效指标对组织战略有强支撑作用。

| 案例 | Z 期货公司 |

Z期货公司是一家具有证券公司控股背景的大型期货公司，注册资本为10亿元，员工有700余人。公司现有20多家事业部。在对事业部高管进行访谈时发现，大部分被访谈者对公司目标及战略发展思路了解得较少或不全面，很少有人能说出公司战略对于各自所在经营主体或自身业务开展的引导作用，并且所在经营主体的发展策略、业务开展方向未考虑公司整体战略及规划，而是按照自身业务开发的经验和意愿进行规划。

（6）绩效指标里全是扣分项。指标的评分全是扣分，势必让员工产生抵触情绪和误解，误认为考核就是为了扣工资、扣奖金。绩效指标体系外单设的奖励和处罚制度也基本都是处罚，这个扣100元，那个扣200元，员工是非常反感这种方式的。建议绩效指标里要有加分项，鼓励员工超常表现。同时，单设的奖励和处罚制度要以奖励为主，补充更多种类的奖励项目。

章末案例——A公司绩效指标设计

A公司是中国烟草某省的下属企业，根据国家烟草专卖局深化烟草行业收入分配制度改革的"分类管理、科学设岗、明确职责、严格考核、落实报酬"的总体要求，借助省公司"用工分配制度改革"的契机，A公司进行了绩效管理的优化工作。

A公司设有卷烟部、烟机物资部、烟叶部、综合部、办公室、财务部等部门，共有员工100多人。A公司面临的一些困境为：公司绩效良好，但人员冗余，需要通过绩效考核进行分流；员工干多干少在薪酬和奖金上差异不大，导致优秀的员工没有工作动力，整体工作风气欠佳；公司和各个部门有KPI，但没有落实到个人，个人的绩效考核没有具体指标，绩效结果以主管主观评判为主；部门和部门之间的工作差异没有体现在薪酬上，导致部门之间互有怨言。公司在战略设定上没有遇到大的困难，行业特点决定了公司服从省公司的安排，每年的工作目标和工作重点遵照省公司的安排即可。

为了摆脱以上困境，A公司借助外力，聘请第三方的管理咨询公司设计方案。通过工作分析梳理了岗位职责，使用要素计点法对所有岗位进行了岗位价值评估，为薪酬体系的优化做好了准备。

在绩效指标体系的优化上，A公司采取自上而下的方式，对各个部门的所有岗位设计绩效指标，拟定了考核方案初稿，以下列出初稿中几个岗位的绩效指标表，如表2-18~表2-20所示。

表2-18　卷烟部部门经理绩效指标表

被考核者：					考核者：		所在部门：卷烟部		
岗位：卷烟部部门经理					考核周期：季度		开始时间：		
分类	序号	指标	分数/分	绩效目标	评分标准			个人自评	考核者评分
KPI（40分）	1	卷烟出口数量	15	10,000件	9000~9999件，扣5分；7000~8999件，扣10分；少于7000件，扣15分。实现自有牌号卷烟出口，加5分				
	2	销售费用	10	参考预算	每低10%，加5分；每超10%，扣5分				
	3	利润	15	500万元	400万元以下，扣15分；400万~550万元（不含），扣5分；550万~650万元，加5分；650万元以上，加10分				

续表

分类	序号	指标	分数/分	绩效目标	评分标准	个人自评	考核者评分
重点工作指标（15分）	4	上级安排的其他任务	15	完成上级安排或临时交办的任务	每未顺利完成一项，扣5分；完成情况很出色，加5分		
职责履行指标（40分）	5	海外市场开拓	20	按公司海外市场开拓计划正常推进	正常推进得满分。签订有效合同，加5分		
	6	出口计划申报	5	组织人员按时准确申报	每迟报一次，扣5分		
	7	合同执行情况	10	及时签章执行	每未执行一次，扣5分		
	8	商情收集	5	每季出两期市场商情报告	每少一期市场商情报告，扣2分		
部门协作指标（5分）	9	部门满意度	5	其他有业务合作的部门对本部门合作很满意	参照满意度评价表		
奖励				部门工作完成出色、任务完成良好，酌情给予加分，总加分不超过20分			
处罚				发生违法犯罪案件、重大安全责任事故、严重违反行业规章和纪律的事件，视情节严重给予绩效分扣除或清零			
合计得分：							

表2-19 烟叶部部门经理绩效指标表

被考核者：					考核者：	所在部门：烟叶部		
岗位：烟叶部部门经理					考核周期：季度	开始时间：		
分类	序号	指标	分数/分	绩效目标	评分标准		个人自评	考核者评分
KPI（40分）	1	出口备货量	5	3万担	每低10%，扣5分			
	2	销售费用	10	参考预算	每低5%，加5分；每超10%，扣5分			
	3	销售利润	10	参考预算	每低10%，扣5分；每超5%，加5分			
	4	烟叶出口数量	10	烟叶500吨	每低10%，扣5分；每超5%，加5分			
	5	收汇金额	5	按照相关规定安全收汇	每低10%，扣5分			
重点工作指标（15分）	6	基地建设	10	顺利完成基地建设	建设计划未完成，扣10分			
	7	上级安排的其他任务	5	完成上级安排或临时交办的任务	未顺利完成一项，扣5分；完成情况很出色，加5分			
职责履行指标（40分）	8	烟叶进出口工作管理	10	严格按相关规定开展进出口业务、签订合同、履行合同	每出现一次疏漏，扣5分			
	9	采购管理	10	1. 按照规定签订烟叶网上交易合同、采购协议、加工协议；2. 按照规定提报包装材料采购计划，签订采购协议并按照协议规定进行采购活动	每出现一次疏漏，扣5分			
	10	仓储、调运管理	5	1. 签订运输、熏蒸、仓储协议并整理归档；2. 安排验货、调运工作；3. 监督仓库做好仓储工作并定期检查，出具书面检查报告；4. 如期安排熏蒸工作	违反监管程序，扣5分			

续表

分类	序号	指标	分数/分	绩效目标	评分标准	个人自评	考核者评分
职责履行指标（40分）	11	商情收集	5	每季出一期市场商情报告	未及时出一期报告，扣5分		
	12	其他职责	10	1. 按照相关规定提供业务报表； 2. 应对上级检查与临时任务	每出现一次疏漏，扣5分		
部门协作指标（5分）	13	部门满意度	5	其他有业务合作的部门对本部门合作很满意	参照满意度评价表		
奖励				部门工作完成出色、任务完成良好，酌情给予加分，总加分不超过20分			
处罚				发生违法犯罪案件、重大安全责任事故、严重违反行业规章和纪律的事件，视情节严重给予绩效分扣除或清零			
合计得分：							

表2-20 办公室主任绩效指标表

被考核者：				考核者：	所在部门：办公室		
岗位：办公室主任				考核周期：季度	开始时间：		
分类	序号	指标	分数/分	绩效目标	评分标准	个人自评	考核者评分
KPI（10分）	1	部门总体费用	10	参考预算	每超5%，扣5分		
重点工作指标（35分）	2	上级安排的其他任务	35	完成上级安排或临时交办的任务	每未顺利完成一项，扣5分；完成情况很出色，加5分		
职责履行指标（30分）	3	文秘、文书工作的及时性、准确性	10	无延误，无差错	每延误一次，扣2分；每不准确一次，扣2分		
	4	资产管理的规范性	5	无违规操作现象	每违规操作一次，扣2分；出现资产管理一般事故，扣5分		
	5	安全保卫	5	无漏洞，达标准	出现有较大影响的安全保卫事故，扣5分；出现重大安全保卫事故，绩效分清零		
	6	整顿办工作	5	按规定执行	每未按规定执行一次，扣2分		
	7	信访工作	5	无违反信访政策现象	出现群体信访或影响较大的信访，扣5分		
部门协作指标（10分）	8	部门满意度	10	其他有业务合作的部门对本部门合作很满意	参照满意度评价表		
上级检查指标（15分）	9	上级检查情况	15	顺利完成上级检查的各项工作	每发生一次明显疏漏，扣5分；发生严重失误，扣10～15分		
奖励				部门工作完成出色、任务完成良好，酌情给予加分，总加分不超过20分			
处罚				发生违法犯罪案件、重大安全责任事故、严重违反行业规章和纪律的事件，视情节严重给予绩效分扣除或清零			
合计得分：							

[思考题]

1. 案例中，A公司重新设计绩效指标的原因有哪些？从绩效计划入手，优化绩效管理能否解决这些问题？

2. 案例中，绩效指标采取的框架结构是怎样的？说说它的优劣势。

3. 针对案例中的几张绩效指标表提一些改进意见。

第三章

绩效执行

绩效执行是绩效计划和绩效考核的中间环节。在这个过程中,管理者需要尽可能全面地了解员工的绩效情况,适时进行绩效辅导,同时收集必要的绩效信息,为最终的绩效考核做准备。

绩效执行是指在绩效计划制订以后,组织按照绩效计划引领的方向推进各项工作,在此过程中,管理者需要采取有效的监控方式对组织、部门、个人的绩效进展进行监督,并提供工作指导和支持,目的是确保组织、部门和个人绩效目标的达成。

绩效执行是绩效管理的过程管理,过程和结果都是很重要的。美国学者费迪南德·佛尼斯对世界各地的两万名经理人开展调研,结果显示,员工无法按要求完成任务的原因,排在前八位的是:①员工不知道该做什么;②员工不知道怎么做;③员工不知道为什么必须这样做;④员工以为自己正在做;⑤员工遇到了自己无法控制的障碍;⑥员工认为管理者的方法不会成功;⑦员工认为自己的方法更好;⑧员工认为有更重要的事情要做。其中,前两个是最主要的原因。

绩效执行可以总结为绩效监督、绩效沟通和绩效辅导三个环节。

绩效执行作为连接绩效计划和绩效考核的中间环节,是一个持续的沟通过程。在这个环节,管理者需要对绩效计划的执行情况进行实时监督,与员工进行充分的沟通,发现问题,针对问题提供辅导,并对沟通和辅导过程中收集的绩效信息进行汇总,为绩效考核提供准确有效的绩效信息。绩效执行的过程如图3-1所示。

图 3-1 绩效执行的过程

第一步,确定监督内容。监督内容主要是部门和个人的绩效进展。需要注意的是,部门和个人的绩效目标对应的是考核周期结束时的目标,并没有设置中间的目标。比如,某岗位季度销售额指标的绩效目标定为 1000 万元,至于首月完成多少销售额、次月完成多少销售额,在绩效指标表里不会有描述。正常运营中可能首月完成 300 万元,次月完成 400 万元,第三个月完成 300 万元,也有可能绩效在后期爆发,首月完成 100 万元,次月完成 200 万元,第三个月完成 700 万元。考核周期是季度,监督的频率可能是月,甚至是周,对于过程中间进度目标的参考,要根据部门和个人的工作计划来界定。

第二步,收集绩效信息。根据所要监督的目标,采用现场观察、信息系统、工作书面汇报、会议等方式收集绩效目标的进展信息。

第三步，形成绩效进展报告。对于部门、岗位各项指标的完成情况，用文字或图表的方式展示出来。不一定要采用书面规范的方式来撰写报告，要结合实际情况。例如，如果是部门负责人撰写本部门的绩效进展报告用于向高层汇报，则需要规范全面；如果是岗位的绩效进展报告，则以员工自行撰写为主，可以不讲究规范全面，以务实为主，甚至在周会上用口头汇报也可以。

绩效进展报告一般由被考核的部门和员工自行撰写，有条件的组织也可以从数据系统中直接获取关键数据。

第四步，分析绩效进展。组织高层和各个部门负责人一起分析各个部门的绩效进展，各个部门负责人和下属一起分析本部门和个人的绩效进展。将绩效数据与预期计划进行比较，分析偏差并找出规律，对做得好的方面总结经验，对做得不好的方面找出原因。

第五步，实施绩效辅导。如果员工的绩效表现不佳，则要根据原因进行辅导。能力问题可以通过培训来提升，方法问题可以通过管理者或有经验的员工来提供指导，态度问题可以通过心理疏导、提醒、警告来改进。这些常规的绩效辅导工作主要针对员工自身原因导致的绩效不理想的情况，绩效不达预期也有其他的可能，如绩效目标设置不合理，市场环境发生变化等，具体原因具体分析。如果是绩效目标设置不合理，则可以根据人力资源部给出的绩效目标的调整流程来调整。

在绩效执行的过程中可能出现许多问题，管理者一般通过抓住关键问题、主要问题来提升监督的效率和改善监督的效果，但要注意以下几点。

（1）为了及时发现绩效执行过程中的问题，要围绕组织战略目标和绩效目标的实现情况进行持续有效的沟通。

（2）针对发现的问题，进行及时的绩效辅导，为员工实现绩效提升提供支持，并缩小工作任务实际完成情况与目标之间的偏差，提出可行的、有针对性的解决方案。

（3）正确理解绩效沟通和绩效辅导的关系。绩效沟通和绩效辅导的目的都是帮助员工实现绩效目标，但绩效沟通是贯穿整个监督过程的双向交流，绩效辅导是在出现问题后提供的支持，并且是管理者通过沟通的形式帮助员工实现绩效目标的行为。

（4）收集绩效信息，特别是员工工作过程中的关键事件或绩效数据，为绩效考核提供可靠信息。

第一节　绩效监督

一、绩效监督的内涵

绩效监督有广义和狭义两种内涵。

广义的绩效监督是指对整个组织的运营过程进行全方位的监控，重点是对影响组织战略目标实现的关键流程、关键环节、核心项目进展、部门绩效等进行监督。广义的绩效监督从组织的整体表现出发，切入组织运营的各个环节，监督内容多样化。

狭义的绩效监督则侧重于对部门和个人的绩效进行监督，即通过掌握部门和个人的绩效进展来与绩效目标进行比较，如果进度不佳或方向偏离，则需要通过绩效辅导等方式加以干预。

本书主要讨论狭义的绩效监督。

二、绩效监督的方法

只有在恰当的时候选择适宜的方法进行监督,才能确保组织战略目标的顺利实现。作为管理者,需要了解每种绩效监督方法的优缺点,并根据具体情况选择一种或多种方法,以确保各层次绩效目标和组织战略目标的顺利实现。目前,常用的绩效监督方法有书面报告、绩效会议和走动式管理三种。

1. 书面报告

书面报告是绩效监督中最常用的一种方法,主要指下级以文字或图表的方式向上级报告工作进展情况。书面报告可以分为两种类型:一类是定期的书面报告(如工作日志、周报、月报、季报、年报等);另一类是不定期的书面报告,主要是针对在绩效管理实践中,对绩效影响重大的工作所做的各种专项报告,可以根据工作进展情况做具体的安排。

书面报告能提供大量、全面的绩效信息,也可以使管理者在无法与员工面对面沟通的时候进行及时的监督。在具体使用该方法的时候,需要注意以下三点。

(1)汇报内容要重点突出、条理清晰。
(2)尽量做到绩效信息的共享。
(3)与其他方法组合使用,确保信息的双向沟通,避免汇报内容形式化。

2. 绩效会议

绩效会议是指管理者和员工就重要的绩效问题通过会议的方式进行正式沟通的绩效监督方法。为了使绩效会议能达到预期目的,管理者需要注意召开绩效会议的目的、过程。

召开绩效会议的目的主要包括:对绩效进展情况进行例行检查;对工作中暴露的问题和障碍进行分析与讨论,并提出必要的措施;对重大的变化进行协调或通报;临时布置新任务。

召开绩效会议的过程有所差别,但是一般都包含如下几个基本步骤:会议准备、确定议程、进行会议沟通、达成共识、制定行动方案等。通常需要做好会议记录,并将会议记录及时反馈给所有与会者。

此外,管理者在召开绩效会议时还要注意以下几点:营造平等、和谐的氛围;给予员工充分表达的机会,充分调动员工的积极性;会议目的具体、明确,不开无谓和冗长的会议等。

> **案例**　　　　　　　　　　　　**日会**
>
> Lucy是一家互联网公司中负责招聘的HR经理,带领着一个5人的小团队。为了掌握团队的招聘进度,Lucy要求每天下班前召开今日工作总结会。总结会要求每位员工汇报每天推荐的简历数量,每位员工手里不同岗位候选人的面试进展(面试人数和入职人数)。假设你是Lucy团队里的员工,你如何看待"日会"?假设你是其他部门的经理(产品运营、市场营销、后端开发等),你认为有必要开"日会"吗?

3. 走动式管理

对远离一线的管理者来说,仅通过员工的汇报,往往不能准确掌握绩效进展,还需要进行实地调研,与绩效执行者进行面对面的沟通。走动式管理是管理者进行绩效监督的有效方法之一。

走动式管理是指管理者为了实现卓越绩效,利用空余时间前往办公室走动,以获得更丰富、更直接的员工工作问题,并及时了解员工工作困境的一种策略。走动式管理不是管理者随意到各个部门走动,而是通过非正式的沟通和实地观察,收集第一手的绩效信息,发现问题并结合情境做出最佳判断。同时,走动式管理也是对员工汇报的绩效信息的再核查过程,是带着问题到工作实践中去分析原因和消除障碍的有效手段。

应用走动式管理进行绩效监督,管理者需要注意以下几点。

(1) 需要走进基层和一线,接触实际工作,通过现场的观察和沟通来了解员工的工作进度、实际困难和潜在能力,并获得他们的信任与尊重;需要通过对员工工作的观察和沟通,敏锐捕捉重要的绩效信息。

(2) 每次走动不一定都能获得重要的信息,但经常走动对重大绩效事故的防范有很大的帮助。

(3) 走动式管理不仅是一种有效的绩效监督方法,还是一种情感管理方法、现场管理方法。在应用走动式管理的时候,需要思考如何实现管理方法和领导艺术的有效融合,有效提升组织绩效,从而使组织获得持续的竞争优势。

三、绩效监督的内容

绩效监督的内容主要包括对组织系统协同的监督、对关键业务流程的监督、对重点项目和重点行动的监督、对部门和个人绩效的监督。

1. 对组织系统协同的监督

协同是一项系统性工作,是组织获得高绩效的重要条件,其目的在于创造"1+1>2"的综合效应。管理者对组织系统协同监督的目的,是确保所有人的工作行为和工作产出都能为实现组织战略目标而服务。

协同的范围包括部门内员工之间的协同、跨部门的协同、更大范围的跨单元的协同。协同应该围绕企业的战略展开。

协同的必要性体现在三个方面。其一,各个单元、部门实现自身绩效目标需要协同。举例来说,销售部的目标之一是增加销售额,而销售额的增加离不开研发部推出新产品和生产部及时完成生产订单。集团下的子/分公司、企业内的各个部门都会非常看重自己的绩效目标完成情况,但这并不意味着各做各事互不往来。从长远发展的角度来看,协同有助于各个单元、部门的本体利益。

其二,组织实现战略目标需要协同。组织实现战略目标需要各个单元、部门通力合作,除常规的业务配合外,有时还需要各个单元、部门合作打造重磅级的产品。组织战略目标的实现,往往意味着部门间的利益协商,有的部门获利更多,有的部门则需要做出让步,一切都是为了组织。

其三,客户价值主张需要协同。常见的客户价值主张包括总成本最低战略、产品领先战略、全面客户解决方案、系统锁定战略等,它反映了组织的基本经营理念。各个单元、部门都应该秉承此理念,使其成为组织拼图中不可缺少的一环。比如,企业追求总成本最低的客户价值主张,以价格来获取竞争优势,势必就要求生产部门降低生产成本、研发部门降低研发成本、营销部门降低渠道成本。

当企业把各个分散经营的业务单元和职能单元的不同工作协同在一起时，将产生一种额外的价值，即企业衍生价值。这个流程通常包括四个步骤：第一，实现企业总部与业务单元的协同；第二，整合内部支持和服务部门；第三，实现组织与外部组织的协同；第四，协同全体员工。创造组织协同效应是一个持续的管理过程，并且随着组织战略目标的调整，需要由企业高层领导做出及时的反应和明确的工作安排。

案例　　　　　　　　　　　　　Teamwork

某公司使用一个名为"Teamwork"的在线协作平台来管理团队的任务和项目。IT 部门想要监控平台的使用情况，以确保它能够满足团队的需求，同时保证安全和稳定。

为了实现这个目标，IT 部门使用平台提供的监控工具来跟踪各种指标。

活跃用户数：监控每天有多少用户登录和使用平台。

任务和项目完成率：监控团队完成任务和项目的速度与效率。

数据安全：监控平台上存储的数据是否受到恶意攻击或未经授权的访问。

平台稳定性：监控平台是否经常出现故障或停机，以确保团队能够及时访问和使用平台。

用户满意度：监控用户反馈，以便及时处理问题并改进平台的功能和性能。

通过对这些指标的监控，IT 部门可以及时识别和解决可能影响团队协作与生产力提升的问题。此外，监控平台的使用情况还可以帮助 IT 部门预测未来需求，以便及时采取措施应对需求的增长或变化。

2. 对关键业务流程的监督

关键业务流程是指构筑企业竞争优势的战略性流程。对关键业务流程进行全面、系统、动态的监控和改进，有利于弥补运营短板，提升资源配置效果，持续提升组织绩效，最终实现组织战略目标。关键业务流程受企业客户价值主张的影响。例如，总成本最低战略聚焦于降低成本、提高质量，以及缩短供应、生产、分销和服务交付周期；产品领先战略注重发掘创新机会，提高产品研发部门的技术和管理能力，对上市时机准确把握；系统锁定战略则致力于提高产品和服务平台的标准化等级，与辅助厂商开展良好的合作。

总体而言，企业应该根据客户价值主张，厘清价值创造的流程，识别能够产生战略差异化的关键业务流程，并对阻碍绩效持续提升的流程设计进行改善，即流程优化。

所谓流程优化，是指以提升企业绩效为目标，对现有的业务流程进行分析、梳理，对其中存在的问题进行完善、改进的过程。

流程优化可根据改变的程度分为流程调整、流程再造。流程调整是指流程的局部或循序渐进的改变。流程再造是由迈克尔·哈默提出的，倡导的是根本的、彻底的变革，它涉及企业组织、职责和绩效等方面的巨大变化。

在流程优化的过程中运用的方法主要有：①清除，找出并清除非增值的活动；②增加，根据客户/流程质量要求增加创造价值的活动；③重新排序，对流程运行过程和顺序进行调整，使流程运行更具逻辑性；④简化，简化过于复杂的活动；⑤整合，将多个环节合并到一起；⑥信息化，利用信息化技术，加快流程运行速度。

> **案例** 对在线支付流程的监督

假设一家公司提供在线支付服务,这是其主要的收入来源之一。为了确保业务流程的稳定性和可靠性,该公司需要对其关键业务流程进行监督。这个流程包括以下几个步骤。

(1)用户在网站上选择商品并提交订单。
(2)用户选择支付方式并输入支付信息。
(3)系统发送请求到支付网关进行支付处理。
(4)支付网关返回支付结果。
(5)系统将支付结果返回给用户。

为了监督这个流程,公司采取以下步骤。

(1)使用监督工具对用户提交订单的网站进行监督,以确保该网站在任何时间都可以访问。
(2)对支付信息进行安全监督,以确保用户输入的信息是准确、完整和安全的。
(3)对支付网关进行监督,以确保它能够及时处理支付请求,并返回正确的结果。
(4)对支付结果进行监督,以确保它能够及时返回给用户。

为了实现这些监督步骤,公司可以使用各种工具和技术,如网络监督软件、安全审计软件、系统监督工具和日志分析软件。发现异常情况,公司可以及时采取措施,避免影响服务质量,从而保证业务流程的稳定性和可靠性。

3. 对重点项目和重点行动的监督

对于重点项目,如某款新产品的研发和生产,以及组织认定的重点行动,如新市场的开发等,需要投入足够的关注。

这些事项往往需要多部门的合作,并且有着清晰的目标与结果,是组织战略的重要执行内容。

4. 对部门和个人绩效的监督

绩效监督体系的重点是对部门和个人绩效的监督,组织绩效由部门绩效支撑,部门绩效由个人绩效支撑。实际上,对组织系统协同、关键业务流程、重点项目和重点行动的监督,很大程度上是与对部门和个人绩效的监督一并实现的。对部门和个人绩效的管理已经做到常态化,无论是监督流程还是监督制度都比较完善,最简单的周会、月会制度就基本可以监督到位。并且监督内容也很明确,对绩效指标的完成情况或工作计划的进展进行监督,相比对组织系统协同的这种偏抽象的监督,要容易实施很多。

在以上绩效监督的内容中,对部门和个人绩效的监督最为直接,也是其他监督的支撑。但这并不意味着只监督部门和个人绩效就够了。对组织系统协同和关键业务流程等的监督也很重要,但因为组织中通常没有为这些监督安排专门的管理者和制度流程,这些也不是常规化工作,所以直接监督有难度,需要高层处理,并且与对部门和个人绩效的监督结合在一起。

四、绩效监督中经常遇到的问题

现阶段，许多实施绩效管理的企业仅仅做一些绩效计划，准备不足，导致在绩效执行的过程中出现急功近利、缺乏记录、沟通不足等问题。以下是绩效监督中经常遇到的问题，管理者需要注意。

1. 过于强调近期绩效，缺少清晰的绩效记录资料

如果不收集整个考核周期的资料，那管理者和员工自身可能发生一定程度的遗忘，这样，测评的重心通常会向员工的近期绩效表现上倾斜。毫无疑问，这种倾斜会导致评估不准确。

2. 凭借自我感觉，感情用事

一般情况下，管理者对员工的能力如何、工作努力程度如何会有整体的感觉，但只凭感觉就对员工的绩效进行评估是不严谨的。即使确定员工的表现优良或不佳，管理者也必须有足够的证据来支持，否则员工将对管理者做出的结论产生怀疑。

3. 授权就不能监督

充分授权被认为是能有效释放员工的主动性和创造力的方法，但要处理好监督与授权的关系。给予员工充分授权不代表无须加强监督，加强监督也并非意味着约束员工。在监督的过程中，只要员工的业绩正常，管理者一般不会干预。

4. 监督是故意安排的，是对员工的不信任、怀疑

无论是管理者还是监督专员抑或是员工，都应该理解监督只是正常的工作，监督和对员工的信任没有关系，监督者绝对不能摆出盛气凌人的样子，质疑员工的表现。监督者没有特权，监督是对工作进度的关注，对事不对人。

> **案例**　　　　　　　　　　**A 公司的绩效监督**

A 公司通过绩效监督来评估销售团队的绩效，并根据绩效监督的结果制定销售策略和奖励计划。下面是 A 公司的绩效监督情况。

销售额目标：A 公司的年度销售额目标是 1000 万元。销售团队的目标是完成 50% 的销售额，即 500 万元。该目标已在每个销售人员的绩效考核表中列出。

销售额表现：A 公司通过销售额来评估销售团队的表现。销售人员每个月必须提交销售报告，其中包含销售额、销售量、客户反馈等信息。销售额将被用来计算销售团队的月度和年度绩效得分。

绩效得分：A 公司为销售团队设计了一张绩效考核表，其中包含销售额、销售量、客户满意度等指标。销售人员每个月会收到一个绩效得分，该得分基于他们的销售表现和其他绩效指标得出。

奖励计划：A 公司设定了一份奖励计划，以激励销售团队实现销售额目标。如果销售团队成功完成年度销售额目标，则每个销售人员将获得一定比例的销售佣金。此外，销售团队中表现最好的销售人员还将获得额外的奖励。

月度和季度评估：A 公司每个月和每个季度都会评估销售团队的表现。这些评估可以帮助公司发现销售团队存在的问题，并采取措施加以解决。

第二节　绩效沟通

一、绩效沟通的内涵

绩效沟通是指管理者和员工为了实现绩效目标，在绩效管理全过程中进行的信息分享和思想交流。绩效沟通中的信息包括有关工作进展情况的信息、员工在工作中的潜在障碍和问题、各种可能的解决措施等。对于绩效执行过程中的绩效沟通内涵的理解，需要特别注意以下三个方面。

（1）绩效沟通的目的是实现绩效目标，也就是解决问题，所以绩效沟通应该在不损害人际关系的前提下进行。所有沟通都应该围绕实现组织的战略目标展开，同时应该尽量避免不好的情绪、不当的方法和无关的内容。

（2）绩效沟通是一种平等的沟通。沟通的本质目的是传递思想，为了让对方准确了解自己的想法，信息发出者应该通过了解对方的需要和可能的反应，决定自己要使用的沟通手段和方式，坚持换位思考，站在对方的立场思考问题，"己所不欲，勿施于人"。只有在平等的主体间传递信息，才有利于形成沟通的闭环。相反，管理者高高在上，信息传递通常会不顺畅，即使有信息传递，信息本身的准确性和及时性也会受到影响。

（3）绩效沟通是持续的沟通。绩效沟通贯穿于整个绩效管理的全部环节，在绩效执行中持续的时间最长，但也最容易被忽视。绩效沟通的中断会导致管理者与员工之间产生各种各样的摩擦，使绩效管理成为管理者与员工之间不断争执和冲突的重要原因。因此，充分了解绩效沟通，掌握绩效沟通的技巧，成为管理者必备的管理技能之一。

鉴于绩效沟通如此重要，管理者和员工都应该根据绩效沟通的目的，事先准备沟通的内容。对管理者而言，应该有意地收集一些绩效考核和绩效反馈中需要的信息，这些信息将帮助管理者更好地履行他们在绩效考核中担负的责任。通常，管理者需要关注以下两个问题。

（1）需要从员工那里得到哪些信息，以帮助员工更好地协调工作，并在必要的时候向上级汇报？

（2）应该提供给员工哪些信息或资源，以帮助员工完成工作？

员工通过与管理者之间的绩效沟通，可以了解自己的表现获得了怎样的评价，以便保持工作积极性，并且更好地改进工作。员工还需要通过这种沟通了解管理者是否知道自己在工作中遇到的各种问题，并从中获得有关解决问题的信息。因此，员工通常关注以下两个问题。

（1）应该从管理者那里得到什么样的信息或资源？

（2）应该向管理者提供哪些信息，以保证自己更好地完成工作？

通过对以上问题的回答，管理者和员工能够更好地明确绩效沟通的内容。通过绩效沟通，管理者和员工应该能够回答以下四个问题。

（1）工作进展情况如何？

（2）绩效目标和计划是否需要修正？如果需要，则如何进行修正？

（3）工作中有哪些方面进展顺利，为什么？

（4）工作中出现了哪些问题，为什么？应该如何解决这些问题？

二、绩效沟通的原则

要想实现高效的绩效沟通,管理者和员工需要为绩效沟通做充分的准备,既要掌握基本的绩效沟通技巧,又要遵循基本的绩效沟通原则。以下三项基本的绩效沟通原则对规范沟通行为、提升沟通效果有重要作用。

1. 对事不对人

人们在沟通中存在两种导向:问题导向(更多地关注问题本身,注重寻找解决问题的方法)和人身导向(更多地关注出现问题的人,而不是问题本身)。绩效沟通的对事不对人原则要求沟通双方针对问题本身提出看法,充分维护对方的自尊,不要轻易对人下结论,从解决问题的角度出发进行沟通。

人身导向的沟通往往会带来很多负面的影响。在遇到问题时,人们往往倾向于将问题归咎于他人,甚至常常带有一定程度的人身攻击。比如,"你的工作绩效怎么回事?别人都很好,就你的业绩差。"因此,人身导向的沟通往往不能为解决问题提供任何积极可行的措施。另外,将问题归咎于他人,往往会引起对方的反感和防卫心理。在这种情况下,沟通不但不能解决问题,还会对双方的关系产生破坏性影响。人身导向的沟通既不适用于批评,也不适用于表扬。时常被人们忽视的是,即使告诉对方"你做得很优秀",如果没有与任何具体的行为或结果相联系,也可能被认为是忽悠而引起对方的反感。

2. 责任导向

所谓责任导向,就是在绩效沟通中引导对方承担责任。与责任导向相关的沟通方式有两种——自我显性的沟通与自我隐性的沟通。典型的自我显性的沟通使用第一人称的表达方式,而自我隐性的沟通则使用第三人称或第一人称复数的表达方式,如"他们说""我们都认为"等。自我隐性的沟通通过将第三者或群体作为主体,避免对信息承担责任,从而逃避就其自身的态度进行真正的交流。管理者和员工在沟通工作进展时,尽量采取自我显性的沟通方式,避免采取"有同事反映你的工作态度……"这样的自我隐性的沟通方式。

遵循责任导向原则,人们通过自我显性的沟通方式,能够更好地与对方建立联系,表达合作与协助的意愿。"我想这项工作可以这样……""在我看来,你的问题在于……"等说法能够给人带来较好的感受。与此相对应的是,人们往往通过自我隐性的沟通方式逃避责任,这会给人带来一种不合作、不友好的感受。在建设性沟通中,当员工使用自我隐性的沟通方式时,比如,"我们都认为这项工作难以在月底按照进度完成",管理者应该在给员工说话的权利的同时,使用要求对方举例的方式引导员工采取自我显性的沟通方式,使员工从旁观者的立场转变为主人翁的立场,自然而然地对自己的行为承担责任。

3. 事实导向

遵循事实导向原则,能够帮助管理者更好地克服"轻易对人下结论"的倾向。事实导向原则在沟通中表现为以描述事实为主要内容的沟通方式,从而避免对双方的关系产生破坏性影响。特别是在管理者向员工指出其缺点和错误的时候,更应该恪守这一原则。在这种情况下,管理者可以遵循三个步骤进行描述性沟通,如图 3-2 所示。

但在现实中,并非所有情况下都应该遵循这三个步骤,上面的例子是针对员工在工作中的问题而言的。总而言之,在可能的情况下用事实根据来代替主观判断,能够最大限度地消除对方的不信任感和抵御心理。事实导向原则能够帮助管理者更加顺利地进行建设性沟通。

```
┌─────────────────────────────────────────────────────────────────┐
│ 描述需要修正的情况（应基于事实或某个特定的、公认的标准）："你在这个季度的销售额排名中处于 │
│ 部门最后一名""这个月有三次对你服务质量的投诉"等。                              │
└─────────────────────────────────────────────────────────────────┘
                                    │
                                    ▼
┌─────────────────────────────────────────────────────────────────┐
│ 对这种行为可能产生的后果进行一定的描述（注意不要使用过于严厉的责备口吻，否则员工会将精力集 │
│ 中在如何抵御攻击，而不是如何解决问题上）："你的工作业绩出乎我的意料，这将对我们整个部门的销售 │
│ 业绩产生不良的影响""顾客表示无法接受这样的服务水平，他们宁可放弃我们的产品"等。         │
└─────────────────────────────────────────────────────────────────┘
                                    │
                                    ▼
┌─────────────────────────────────────────────────────────────────┐
│ 提出具体的解决方案或引导员工主动寻找可行的解决方案。                              │
└─────────────────────────────────────────────────────────────────┘
```

图 3-2　描述性沟通

三、绩效沟通的内容

绩效沟通贯穿于绩效管理的各个环节，主要包括以下内容。

（1）绩效计划中的沟通。即在绩效管理初期，管理者与员工就绩效计划的目标和内容，以及实现目标的措施、步骤和方法所进行的沟通交流，以达到在双方达成共识的基础上顺利、高效地开展工作的目的。

（2）绩效执行中的沟通。即在绩效管理活动的过程中，根据员工在工作中的实际表现，管理者与员工围绕员工工作态度、流程与标准、工作方法等方面所进行的沟通指导，以达到及时肯定或及时纠正、引导的目的。

（3）绩效考核中的沟通。即对员工在考核周期内的综合工作表现和工作业绩等方面所进行的全面回顾、总结和评估的沟通反馈，以将绩效结果及相关信息反馈给员工本人；通常以绩效面谈的形式进行。沟通要在绩效结果公布后尽快进行，如某外资企业董事长的习惯性做法是在绩效结果公布后，亲自邀请考评成绩靠后的 20 名员工共进晚餐，大家共同开展绩效沟通。

（4）绩效反馈中的沟通。通常由管理者针对员工在考核周期内存在的不足提出改进建议，并随时对改进情况进行评价、辅导。此沟通可以在绩效管理过程中随时进行，也可以在绩效考核结束后进行。

以上四个环节进行持续的绩效沟通对于绩效目标实现、过程指导、客观评价和绩效改进具有重要的意义，是绩效管理能够有效落地和执行的有力保障。

四、绩效沟通的方式

总体来说，绩效沟通可以分为正式的绩效沟通和非正式的绩效沟通两大类。正式的绩效沟通是组织管理制度规定的各种定期进行的沟通；非正式的绩效沟通则是管理者和员工在正式规章制度和正式组织程序外所进行的有关绩效信息的沟通。

（一）正式的绩效沟通

正式的绩效沟通主要包括正式的书面报告和管理者与员工之间的定期会面两种方式。其中，管理者与员工之间的定期会面又包括一对一会谈和团队会议两种方式。

1. 正式的书面报告

很多管理者都要求员工定期提交工作汇报,以了解员工的工作情况和遇到的各种问题,并要求员工提出建设性意见。其形式主要有周报、月报、季报和年报等。

正式的书面报告有很多优点,主要包括:简单易行,而且能够提供文字记录,避免进行额外的文字工作;比较严谨,便于长期保存与核查;可以培养员工系统、理性思考问题的能力,提高员工的逻辑思维和书面表达能力;适用于不在同一地点办公的管理者和员工,使沟通突破时间和空间的限制。

正式的书面报告也有一些缺点,主要包括:这是一种单向的信息流动,缺乏双向的信息交流;在很大程度上取决于员工的文化水平,容易引起员工的抵触,使员工应付了事,导致沟通流于形式;信息不能在团队中实现共享。

为了使员工更好地完成书面报告,管理者应该让员工有机会决定他们能够在报告中写些什么,而不应由管理者单方面决定。双方就这个问题达成一致意见后,管理者可以设计出一张统一的样表,以方便员工填写。这种表格的形式有很多,通常需要包括工作的进展情况、工作中遇到的问题、建议和意见等项目。

2. 管理者与员工之间的定期会面

正式的书面报告不能代替管理者与员工之间面对面的会谈,管理者与员工之间的定期会面是非常必要的。这种面对面的会谈不仅是交流信息的最佳机会,而且有助于在管理者与员工之间建立亲近感,培育团队精神、鼓励团队合作。

(1) 一对一会谈。定期会面最常见的方式是管理者与员工之间的一对一会谈。在会谈开始时,管理者应该让员工了解这次会谈的目的和重点。例如,管理者可以这样开场:"今天我想和你谈一谈你的工作进展情况。上次会谈中谈到的问题是否得到了解决,是否又有什么新的问题……"由于是一对一会谈,因此管理者应该将会谈集中在解决员工个人面临的问题上,以使会谈更具实效。例如,让员工了解企业整体经营方向的变化是必要的,但更关键的是要让他们明白各种变化对他们个人的工作产生了什么影响。

一对一会谈的优点是:提供了面对面讨论和解决问题的机会,可以进行比较深入的沟通;可以讨论某些敏感或不便公开讨论的问题;使员工有被尊重的感觉,有利于建立管理者与员工之间的融洽关系。

一对一会谈的缺点是:容易带有个人感情色彩;团队运作模式下的沟通效率较低。

为了提高一对一会谈的效果,管理者应该学会倾听,更多地鼓励员工进行自我评价并尝试自己找出解决问题的方法,再由管理者进行评论或提出问题。另外,管理者应该在会谈的最后留出足够的时间让员工有机会说说他们想说的问题。在会谈中,管理者还应该注意记录一些重要的信息,特别是在会谈中涉及一些计划性的事务时。例如,对于工作计划的变更、答应为员工提供某种培训等,都应该留有记录,以防过后遗忘。

> **案例**　　　　　　　　　　**绩效沟通**
>
> 李总是某家医疗器械销售公司的区域经理,今天和往常一样,他要与员工进行一对一的绩效沟通。员工小张是部门内的一位销售代表,他在以往的工作中表现很出色,客户反馈也很好。但这个季度的第一个月,他的一些工作完成得不够理想,照此下去,到本季度结束时

他的绩效目标恐怕难以完成。

在沟通前，李总已经看过所有员工的业绩统计，对小张的工作情况有了基本的了解。

在李总办公室里，小张有点紧张，因为家里有一些紧急事情需要处理，他上个月请了多次假，但时间还不够，小张只好以见客户的名义偷偷去处理私事。他知道自己上个月的工作完成得很不好。

李总先和小张寒暄了几句，出乎小张的意料，李总表扬了小张："小张，今年你前两个季度表现得都很好。你也是老员工了，这些年一直兢兢业业，我都看在眼里。"

小张有点坐不住了，他不想等李总提起自己的不足，于是主动发言："李总，谢谢您！我主动承认错误，上个月其实家里有些事情着急处理，耽误了很多时间，我知道我的业绩不达预期。您放心，家里的事情已经处理完了，我后面一定好好工作把业绩补回来。"

李总安慰道："小张，没事，我这次不是批评你，就是了解一下原因，现在我知道了。你是老员工，肯定有分寸。对了，华东区域的销售局面有点困难，你有什么建议？"

小张已经不紧张了，谈到业务心里不再发虚，正好自己对这个问题也有所思考。小张把自己的想法向李总做了汇报，李总觉得小张考虑得很细致，于是计划让小张参与华东区域的销售，支持一下那边队伍的工作。

很快，15分钟过去了，沟通结束，小张离开了办公室，如释重负。

（2）团队会议。正式的书面报告和一对一会谈的一个共同缺点是，涉及的信息只在两个人之间共享，但实际上很多工作都是以团队为基础开展的，这两种方式都不能很好地实现沟通的目的。在这种情况下，有管理者参加的团队会议是更为高效的绩效沟通方式。在召开团队会议前，应该精心设计交流内容，避免不恰当的内容造成无效沟通而浪费时间，或者在团队成员之间造成不必要的摩擦或矛盾。

团队会议的优点有：管理者和员工可以直接讨论绩效问题及其解决方案，缩短信息传递的时间；团队成员可以共享相关信息，相互交流，提供绩效提升的建议；管理者可以利用团队会议传递企业的战略、总体工作部署等重要信息。

团队会议也有一些缺点，主要包括：规模较大的会议组织起来耗时耗力；对于管理者的绩效沟通技巧要求比较高；有些问题不便在团队中公开讨论；会议的时间和频率不易安排，可能影响员工的正常工作。

与一对一会谈相同的是，团队会议也应该做好书面的会议记录。参会人员可以轮流做这项工作，并及时向其他参会人员反馈书面记录的整理材料。

在团队会议中，应该采取有效的绩效沟通技巧，如下。

① 有效倾听：倾听并理解团队成员的观点和反馈。
② 提出问题：通过提问激发团队成员思考和讨论，以确保每个人都有机会参与会议。
③ 鼓励开放性讨论：鼓励团队成员分享想法和意见，营造一种开放的工作氛围。
④ 提供支持：在沟通中提供支持和鼓励，帮助团队成员克服困难。
⑤ 确定目标：确保在会议结束前，团队成员知道下一步应该采取的行动和目标。

（二）非正式的绩效沟通

管理者与员工之间的绩效沟通并不局限于采取正式会面或书面的形式。事实上，管理者和员工在工作过程中或工作之余的各种非正式会面也为他们提供了非常好的沟通机会。

非正式的绩效沟通包括以下几种方式。

（1）走动式。管理者在工作中不时到员工的工作区走动，与员工交流，解决员工提出的问题。这是一种常用且有效的方式。但管理者切记不要指手画脚，让员工有突击检查的心理负担。

（2）开放式。管理者的办公室随时向员工开放，员工可以根据自己的意愿随时与管理者沟通。

（3）工作间隙的沟通。管理者可以与员工在共进午（晚）餐、喝咖啡时聊天。

（4）非正式会议。比如，联欢会、员工生日会等团队活动，管理者可以在轻松的氛围中了解员工的工作情况。

非正式的绩效沟通的最大优点在于及时性。当员工在工作中发生问题时，管理者可以与其进行简短的交谈，从而促使问题得到及时解决。另外，非正式的绩效沟通没有固定的模式，不受时间和空间的限制，在问题发生时可以马上沟通，及时解决。非正式的绩效沟通可以营造一种相对轻松的沟通氛围，更容易让员工开放地表达自己的想法，拉近管理者与员工之间的距离。但是，非正式的绩效沟通也有一些缺点，与正式的绩效沟通相比，非正式的绩效沟通缺乏严肃性，而且并非所有的情况都适合开展非正式的绩效沟通。

随着通信与网络技术的发展，人们的沟通更加便捷，受地域的限制越来越小，这为管理者和员工进行深入的绩效沟通提供了条件。在这种情况下，非正式的绩效沟通也可以是书面形式的（通过网络），管理者可以更快捷地给予反馈信息，从而通过网络达到管理者与员工之间"面对面"交流的效果。

案例　　　　　　　　　　非正式的绩效沟通

在一家大型制造公司中，李主任负责一条生产线的管理工作。他的下属小王是一名年轻的技术工人，主要负责该生产线的设备维护和保养工作。

在过去的几个月里，小王在维护设备时表现出色，在他的努力下，设备的故障率得到了很好的控制。然而，小王是一名新手，有时会在操作中犯一些小错误，导致生产线的停机时间稍微延长了一些。

李主任知道小王的工作表现非常优秀，但也意识到小王有一些需要改进的地方。为了与小王沟通这些问题，他邀请小王共进晚餐。

小王既有点兴奋，又有点担心，因为以前和上级聚餐都是在部门的聚会上，从没有过单独的聚餐。回顾一下工作，小王觉得自己虽然工作时间不长，但表现还是不错的，李主任单独请自己吃饭应该是对自己的一种认可，但心里还是有点忐忑。

聚餐过程打消了小王的担心。李主任先和他聊了聊家常，了解到李主任和自己还是同乡，小王轻松了许多，不再那么拘谨。

工作肯定是谈话的重点。李主任告诉小王，他非常欣赏小王在设备维护和保养方面的表现，并希望他能继续保持好的工作状态。小王有些感慨，作为年轻员工，谁不想得到上级的认可呢？李主任还问了小王对工作的看法和建议，并且针对小王的回答频频点头。

之后，李主任提醒小王注意一些细节问题，以确保设备运行得更加顺畅和稳定。他告诉小王，如果有困难就来找他，他会尽力帮助。在沟通中，小王意识到以前自己没注意到的几个问题，确实是自己经验不足。小王觉得李主任提醒得很到位，这些问题现在只是偶尔出现，还没有带来大的危害，但如果积少成多或疏忽大意，还真有可能给车间造成较大的损失。想到这里，小王心怀感激，他向李主任承诺，以后一定会注意这些问题。

五、绩效沟通的技巧

绩效沟通是对技术要求相对较高的一种沟通，在具体的实践中，管理者需要运用各种各样的绩效沟通技巧。

（一）有效沟通的技巧

1. 利用反馈

一个完整的沟通过程必须包括信息接收者对信息所做出的反应，当能够确认信息接收者接收并理解了信息发出者所发送的信息时，才意味着沟通过程完成。及时反馈是促进有效沟通的重要手段，组织沟通中的许多误解或不准确都可以通过反馈来减少或避免。反馈既包括语言的反馈，又包括非语言的反馈。管理者可以通过向员工提问或要求员工复述所传递的信息，提高员工对信息的理解程度。同时，管理者还需要鼓励开放性的反馈。当员工不愿意给予和接受反馈时，管理者需要起带头作用，公开和诚实地接受反馈，营造开放的沟通氛围，使级别较低的员工也可以畅所欲言。

员工汇报绩效进展本身就是一种重要的反馈，管理者在工作会议上提出下一步的工作计划，员工对计划的接受和建议是一种反馈，员工之间关于协同合作的建议也是一种反馈。

2. 简化语言

语言作为沟通的载体之一，既能有效地传递信息，有时也容易成为沟通的障碍。每个领域都有其专业术语，与不熟悉专业术语的人沟通必然容易造成沟通不畅。为了确保信息被正确理解，管理者在传递信息时，要言简意赅地表达出想要告知的信息，使用的语言要简洁明确，叙事要言之有据、条理清楚、富有逻辑；措辞得当，通俗易懂，不要讲空话、套话。还可以借助肢体语言和表情生动形象地传递信息，提高员工的理解程度。

3. 积极倾听

积极倾听通常能够帮助管理者更好地获取信息、理解并解决问题。

积极倾听的常用技巧包括：①倾听者要学会用自己的词汇解释讲话者所讲的内容，从而检验自己是否完全理解了对方的想法；②通过赞同性的点头和恰当的面部表情向对方表达认同，简要概括对方表达的内容，以帮助对方进一步表明他的想法；③站在对方的立场进行大胆的设想；④避免做一些让人分心的动作或手势；⑤通过眼神接触表示自己对该话题感兴趣。

管理者在沟通中要耐心听取员工关于绩效进展的解释，即便是绩效不达预期所找的借口，也应该认真听取，不宜生硬地打断对方。

4. 设身处地

有效的绩效沟通要求管理者必须具有同理心，能够感同身受、换位思考，站在员工的立场，以员工的观点和视野来考虑问题。若员工拒绝其观点和意见，那么管理者必须耐心、持续地做工作来改变员工的想法。管理者有时还有必要考虑自己所要表达的观点是否正确。

管理者是站在所处单元、部门的角度来考虑绩效问题的,不可能要求他站在所有员工的立场思考,这也是不合理、不切实际的,但是当管理者和员工在绩效沟通中出现矛盾时,不妨换位思考。例如,在绩效会议上,发现某个绩效问题是由员工甲工作不到位所导致的,但甲辩解说,这不是他的工作职责,从来没有人告诉过他这项工作是由他来负责的,也没有人指导过他,他只是帮忙而已。管理者这时候翻旧账的意义不大,不妨站在甲的角度,看一下工作是怎么分配给他的,流程中有哪些漏洞,以及这项工作的职责归属。

5. 言行一致

行动胜于雄辩。沟通往往受到说一套做一套的束缚,用语言说明意图仅仅是沟通的开始。只有将语言转化为行动,才能真正提升沟通的效果,达到沟通的目的。管理者最好先确定自己能否身体力行,只有这样才能营造一种相互信任的良好氛围,提升组织沟通的效果。

6. 控制情绪

管理者的情绪也会影响沟通的实际效果,要始终以一种理性的方式进行沟通并非易事。当管理者对某事感到失望时,很可能误解了收到的信息,并无法准确、清晰地传达自己的意思。因此,管理者有必要在沟通之前冷静下来,控制自己的情绪,尽量减少情绪对沟通的妨碍和扭曲。

当员工的绩效不达预期时,管理者难免会有情绪的波动,如愤怒、失望、迷惑等,但在沟通中要尽量隐藏负面的情绪,因为负面的情绪只会加重冲突,解决不了问题。当然,这不是绝对的,个别情况下适度展现出情绪能对员工形成激励效果,但注意不要涉及人格侮辱。

(二)非语言沟通的技巧

沟通并不是一个简单的语言传递的过程。在沟通的过程中,沟通双方也可以通过非语言的信息传递各自的想法。沟通双方能否很好地运用肢体语言沟通的技巧,是影响建设性沟通成败的一个重要因素。需要注意的是,当肢体语言脱离了具体的沟通环境时,它们往往是空洞、没有意义的。为了真正理解肢体语言所表达的内容,必须结合沟通发生的环境、双方的关系和沟通的内容等进行综合判断。了解常见肢体语言的基本含义能够帮助管理者更敏锐地察觉和理解员工的想法,并且控制自己的行为,从好的方向影响沟通的进程。

下面是一些常见肢体语言的基本含义。
(1)说话时捂嘴:说话没有把握或撒谎。
(2)摇晃一只脚:厌烦。
(3)转笔:思考、需要更多的信息、焦虑。
(4)没有眼神的沟通:试图隐瞒什么。
(5)将脚置于朝门的方向:准备离开。
(6)摸鼻子:反对别人所说的话。
(7)揉眼睛或捏耳朵:疑虑。
(8)触摸耳朵:准备打断别人。
(9)触摸喉部:需要加以重申。
(10)紧握双手:焦虑、意志坚决、愤怒。
(11)用手指指着别人:谴责、惩戒。
(12)坐在椅子的边侧:随时准备行动。

（13）坐在椅子上往前移：赞同。
（14）双臂交叉置于胸前：不乐意。
（15）解开衬衫纽扣，手臂和小腿均不交叉：开放。
（16）小腿在椅子上晃动：不在乎。
（17）背着身坐在椅子上：支配性。
（18）背着双手：优越感。
（19）搓手：有所期待。
（20）手指叩击皮带或裤子：胜券在握。
（21）无意识地清嗓子：担心、忧虑。
（22）有意识地清嗓子：指责、训诫。
（23）双手紧握指向天花板：充满信心和骄傲。
（24）一只手在上，一只手在下，置于大腿前部：十分自信。
（25）跷二郎腿：舒适、自信，但容易被感知为不礼貌。

一个人有太多以下肢体语言时，会被感知为可能在撒谎：眨眼过于频繁，说话时捂嘴，用舌头舔嘴唇，清嗓子，不停地做吞咽动作，冒虚汗和频繁地耸肩。

上面这些肢体语言往往是人们在沟通过程中无意识地表现出来的。学习常见肢体语言的基本含义能够帮助管理者在沟通中对这些无意识的反应进行有意识的认知，从而更好地把握员工的真正意图。

案例　　沟通十忌

一忌面无表情。作为一位有效的倾听者，管理者应通过自己的肢体语言表明对员工谈话内容的兴趣。肯定性的点头、适宜的表情并辅之以恰当的目光接触，显示自己正在用心倾听。

二忌不耐烦的动作。看手表、翻报纸、玩钢笔等动作会表明管理者很厌倦，对交谈不感兴趣。

三忌盛气凌人。可以通过面部表情和身体姿势表现出开放的交流姿态，不宜交叉胳膊和腿，必要时上身前倾，面对对方，去掉双方之间的阻隔物。

四忌随意打断对方。在对方说完之前，尽量不要做出反应。在对方思考时，先不要臆测。仔细倾听，让对方说完，自己再发言。

五忌少问多讲。发号施令的管理者很难实现从上司到"帮助者""伙伴"的角色转换。建议管理者在与员工进行绩效沟通时遵循二八法则：80%的时间留给员工，20%的时间留给自己，引导员工自己思考和解决问题，自己评价工作进展，而不是发号施令，居高临下地告诉员工应该如何做。

六忌用"你"沟通。在绩效沟通中，多使用"我"，少使用"你"。比如，"我如何才能帮助您""我的建议是……"。

七忌笼统反馈。管理者应针对员工的具体行为或事实进行反馈，避免空泛陈述。比如，"你的工作态度很不好""你的出色工作给大家留下了深刻印象"。这种模棱两可的反馈不仅起不到抑制或激励的作用，反而易使员工产生不确定感。

八忌对人不对事。当员工做出不恰当的事情时，应避免用评价性标签，如"没能力""失信"等，而应当客观陈述发生的事实及自己对该事实的感受。

九忌指手画脚地训导。当员工的绩效表现不佳时，应避免说"你应该……，而不应该……"，这样会让员工感觉受到不平等的对待，可以换成"我当时是这样做的""这样做是不是好一些"。

十忌"泼冷水"。在员工犯了错后，最好等其冷静后再做反馈，避免"趁火打劫"或"泼冷水"。如果员工做了一件好事，则应及时表扬和激励。

（三）绩效沟通中组织信息的技巧

在沟通的过程中，由于沟通双方的生活背景、经历、地位和个人观点不同，沟通双方会对相同的信息符号产生不同的理解。因此，如何组织信息，便于沟通双方准确理解，就成了保障沟通质量的重要因素。在组织信息的过程中，管理者和员工必须保证信息的完整性与准确性。

1. 信息的完整性

为了保证信息的完整性，管理者和员工需要在沟通中尽量提供完整及全面的信息，具体包括：提供全部的必要信息；讲话者根据倾听者的反馈回答全部问题；为了实现沟通的目的提供必要的额外信息等。

在绩效沟通中，信息不完整的情况十分常见。比如，管理者和员工在就日常工作进行沟通时，员工可能只提供部分绩效信息，以为管理者对很多信息都是清楚的；管理者在进行绩效辅导时，也常常会忽略一些他认为员工应该知道，但实际上员工不知道的工作方法和其他信息。虽然在信息沟通中不可能做到面面俱到，但是必须做到不遗漏关键信息，只有这样才能保证绩效沟通的有效性。

2. 信息的准确性

信息的准确性是指提供的信息对沟通双方来说应该是准确、对称的。为了帮助对方精确领会全部的信息，准确性要求根据环境和对象的不同，采取相应的表达方式。为了保证信息的准确性，应注意以下两个方面。

（1）信息来源对沟通双方来说都应该是准确和可靠的，这是信息准确性的基本要求。在沟通的过程中，出现信息不准确现象的一个重要原因就是，原始数据的可靠性不符合沟通的需要。特别是管理者在对员工的工作失误提出意见时，必须使用双方都能够认同的信息来源所提供的信息。例如，甲和乙之间有一些矛盾，如果管理者以甲提供的信息为依据对乙的怠工行为提出批评，就容易遭到乙的排斥。即使这种情况是客观发生的，这样的沟通也无法达到应有的效果，因为信息接收者不会认同沟通信息的可靠性。

（2）合适的信息传递方式有助于沟通双方准确理解信息。在沟通的过程中，应该使用沟通双方都能够理解的媒介和恰当的语言表达方式。

第一，选择合适的媒介。目前主要的媒介包括会谈、书面报告、信息系统等各种各样的形式。在选择媒介时，不能仅凭信息发出者的意愿，而要根据沟通对象的特征、沟通的目的和各方面的环境因素等进行综合考虑。例如，管理者要针对某个员工在工作中的问题进行辅导，通常应该采用一对一会谈的形式；而对于团队工作中的问题，可以采用团队会议的形式进行沟通。

第二，选择恰当的语言表达方式。有些沟通双方在文化和语言上可能存在差异，导致对相同词汇有不同理解。有一个流传很广的案例：一个美国商务代表团到日本参加谈判，直到他们要打道回府时才发现双方离达成共识还有很远的距离。因为在谈判中，每当日方对于价格等问题提出异议时，只要美方在其他方面略做让步，日方代表就会回答"哈伊"。之后，美方就将谈判引入下一个议题。实际上，日本人说"哈伊"（日语中的"是"）只是意味着理解了对方的意思，并不代表对对方意思的认同。关于语言风格的选择，沟通双方可以根据不同的沟通主题，决定选择正式语言或非正式语言。在管理者与员工之间进行的非正式的绩效沟通中，更多地使用非正式语言进行交流；但是在正式的书面报告（如定期的工作报告）中，倾向于使用正式语言精确地表达信息。

管理者在与员工进行沟通后，对规范要求强的组织会要求填写绩效沟通记录表，如表 3-1 所示。

表 3-1　绩效沟通记录表

谈话日期：　　　年　　　月　　　日

员工姓名：	职位：
管理者姓名：	职位：
确认工作目标和任务（讨论目标的完成情况及效果，目标实现与否；双方阐述部门目标与个人目标，并使两者保持一致，提出工作建议或意见）：	
工作评估（对工作进展情况、工作态度、工作方法提出评价，什么做得好，什么尚需改进；讨论工作现状及存在的问题）：	
改进措施（讨论工作优缺点，在此基础上提出改进措施、解决办法及个人发展建议）：	
补充内容：	
管理者签名：	员工签名：

第三节　绩效辅导

绩效管理的目的不是对员工进行控制，而是实现各层次绩效的全面提升。在绩效管理的过程中，绩效辅导扮演着绩效持续提升助推器的角色。

一、绩效辅导的内涵

绩效辅导是指管理者根据员工的绩效计划完成情况和工作中的其他表现，和员工进行沟通，帮助员工总结成功经验，对其不足提出改进建议的过程。在这个过程中，管理者不仅需要对员工提出的各种要求做出积极回应，还需要能够前瞻性地发现潜在危机并在问题出现之前予以消灭。深刻理解绩效辅导需要注意以下几点。

（1）绩效辅导的目的是促进绩效的持续提升，而管理者提供及时有效的帮助是绩效辅导的关键。员工在绩效执行的过程中遇到困难或障碍而需要帮助时,管理者需要及时提供各种必要的帮助和支持;在必要的时候,还应该为员工提供培训的机会,使其具备完成绩效计划必备的知识和技能。

(2)激励员工是绩效辅导的重要途径。绩效辅导不是管理者越俎代庖,绩效改进的主要责任者还是员工本人,关键在于激发员工的潜能及其对绩效的责任感。

(3)及时沟通是绩效辅导成功的基本保障。这就要求管理者根据绩效执行的情况,全面收集绩效执行的各种信息,及时做出正确的辅导决策。

二、绩效辅导的实施

就具体工作而言,管理者并不一定比员工有更深入、更全面的了解,但是管理者仍然可以成为合格的辅导者。在绩效辅导的实施过程中,关键是建立一种绩效辅导机制,确保管理者能全面监控绩效执行的情况,及时发现员工的问题和困难,并提供必要的帮助。

1. 绩效辅导的基本流程

绩效辅导的基本流程通常包括以下几个步骤,如图 3-3 所示。

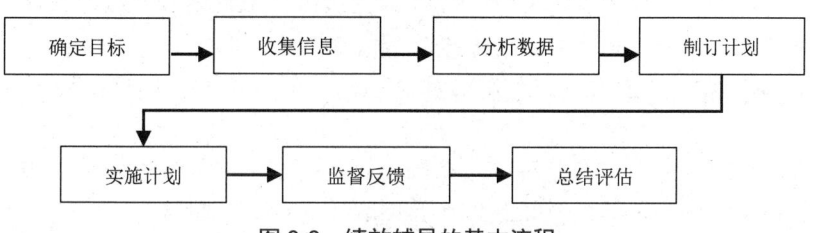

图 3-3 绩效辅导的基本流程

(1)确定目标:首先需要明确绩效辅导的目标和范围,确定要辅导的员工和相关的绩效目标。同时,也需要了解员工的职业发展目标和个人意愿,以此制定合适的辅导方案。

(2)收集信息:通过面谈、问卷、记录等方式收集员工的绩效信息,包括工作表现、成就、困难、需求和目标等,对员工的绩效状况进行了解和分析。

(3)分析数据:对收集到的绩效信息进行分析,发现员工的优点和不足,找出问题的原因,确定需要改进的方向和目标。

(4)制订计划:根据分析的结果,制订个性化的辅导计划,包括目标、行动步骤和时间表等。同时,也需要和员工共同商讨和确定计划,以确保计划的可行性和实际效果。

(5)实施计划:按照制订的计划进行辅导,包括提供必要的培训、指导、建议和支持等,以帮助员工实现绩效目标。

(6)监督反馈:定期跟进员工的绩效表现,检查计划的进展和效果,对员工的表现给予积极的反馈,及时纠正错误,进一步推动员工的职业发展。

(7)总结评估:辅导计划结束后,对辅导计划的效果和过程进行总结与评估,分析取得的成果和不足,为下一步的辅导工作提供参考。

与绩效沟通一样,绩效辅导也贯穿于绩效管理的全过程。在流程设计上,管理者明确提供辅导和帮助的有两种情况:一种情况是管理者只需要直接提供辅导和帮助就能解决问题;另一种情况是管理者不提供直接的辅导和帮助,只需要为员工提供培训机会,以帮助其实现绩效目标。另外,解决问题的过程也是收集绩效信息的过程,应该在绩效辅导的过程中,全面收集并记录相关绩效信息。

在绩效执行的过程中,对顺利达成或超额完成绩效目标的员工,管理者需要及时给予表扬与肯定,对其进行激励,并对其内在潜力进行持续开发,帮助其为承担更重要的任务做好准备。此外,绩效辅导时机和方式的选择十分重要,管理者也需要特别关注。优秀的管理者在绩效辅导的过程中,应该在以下三个方面发挥作用。

(1)与员工建立一对一的密切联系,为员工提供反馈,帮助员工制定能拓展其目标的任务,并在员工遇到困难时提供支持。

(2)营造一种鼓励员工承担风险、勇于创新的氛围,使员工能够积极主动地从过去的工作中学习与总结经验。

(3)为员工搭建交流平台,使员工有机会与不同的人一起工作,从而帮助员工开阔视野、拓展人脉,为员工提供新的有挑战性的工作。

2. 什么情况下需要进行绩效辅导

管理者实施绩效辅导的目的主要有两个:一是对员工进行有效的指导,帮助员工发现问题、解决问题,以便更好地实现绩效目标;二是在对员工进行指导时,收集关于员工绩效的信息,以便提升绩效辅导的有效性和针对性。管理者应该根据掌握的绩效信息,有效把握绩效辅导的最佳时机,以确保绩效辅导取得良好的效果。

绩效辅导发生的时间不应仅限于绩效计划和绩效考核之间,还可以发生在以下几种情况下。

(1)制订绩效计划时。绩效辅导可以帮助员工和管理者共同制定明确的绩效目标与评估标准,以确保员工明确自己的角色和职责,并理解如何实现预期的工作目标。

(2)绩效评估前。绩效辅导可以帮助员工准备评估材料,如自我评估表、绩效记录和工作例证,以便在评估中展示自己的工作成果和成就。

(3)需要提高工作绩效时。绩效辅导可以帮助员工识别自己在工作上的弱点和瓶颈,从而制订计划来改进工作表现,也可以帮助员工利用自己的优势和技能来实现更佳的工作表现。

(4)个人发展需要时。绩效辅导可以帮助员工识别自己的职业目标和发展需求,制订个人发展计划,并为员工实现这些目标提供指导和支持。

(5)其他任何时候。绩效辅导也可以在其他任何时候为员工提供指导和支持,以帮助他们实现更高的工作绩效和更好的个人发展。

3. 绩效辅导的方式

以下列举了一些常见的绩效辅导方式及它们的优缺点。

(1)单向反馈。这种方式是管理者为员工提供关于其绩效的反馈和建议,员工没有机会提出自己的想法或反馈。优点是快速和直接,缺点是可能导致员工感到被动,进而不合作。

(2)双向反馈。这种方式是管理者与员工进行对话和反馈,双方可以分享彼此的看法和建议。优点是双方可建立更紧密的关系,有助于提高员工的参与感和自我意识,缺点是需要更多的时间和资源。

(3)目标设定。这种方式是管理者设定员工的目标,并提供反馈以帮助他们实现这些目标。优点是可以为员工提供明确的方向和目标,缺点是可能导致员工过于注重目标而忽视了其他方面的绩效。

(4)角色扮演。这种方式是管理者模拟实际情况,让员工在特定的场景下进行绩效表现,然后提供反馈和建议。优点是可以让员工在真实的情况下练习和改进，缺点是需要较高的准备和执行成本。

总体来说，绩效辅导应该根据具体情况选择不同的方式，以最大限度地提高员工的绩效和参与感。

案例　　　　　　　　　　　　　绩效辅导

某公司的销售团队一直没有达到预期的业绩目标，因此公司决定聘请一位绩效辅导导师来提高销售团队的业绩水平。绩效辅导导师事先了解了销售团队的情况，发现销售团队中存在以下问题。

（1）销售人员的销售技巧和知识不足，缺乏销售经验。

（2）销售人员缺乏积极主动的沟通和销售态度，不善于与客户建立联系和维护客户关系。

（3）销售团队中存在相互竞争和不合作的情况，导致资源浪费和销售效率低下。

绩效辅导导师根据上述问题，制定了以下方案。

（1）为销售人员提供针对性的销售技巧和知识培训，包括产品知识、销售流程、沟通技巧等。

（2）通过模拟销售场景和角色扮演等方式，提高销售人员的销售技巧和沟通能力，鼓励他们积极主动地与客户建立联系和维护客户关系。

（3）促进销售团队内部的合作，建立销售目标共同体，鼓励销售人员相互支持、相互学习、共同成长。

在实施了上述方案后，销售团队的业绩得到了明显提升，销售人员的销售技巧和沟通能力也得到了提高，客户满意度有了明显提升。同时，销售团队内部的合作情况得到了改善，资源利用率有所提高。

第四节　绩效信息的收集

一、绩效信息收集的重要性

全面准确和客观公正的绩效信息是做出绩效管理相关决策的基础，绩效信息的质量高低在一定程度上决定了绩效管理的成败。作为长期、持续的基础性工作，绩效信息收集的重要性主要体现在以下几个方面。

（1）绩效信息是做出绩效执行决策的基础。通过对各种绩效信息的收集和分析，管理者可以在重大绩效事故出现之前做出正确的预判，避免重大绩效事故的发生，也可以发现绩效执行中存在的问题并制定对策或措施。

（2）绩效信息是做出绩效考核决策的依据。一方面，绩效考核需要建立在准确的绩效信息的基础上，同时避免评价的主观随意性或根据回忆进行评价。因此，在绩效执行的过程中收集绩效信息，为绩效考核环节提供全面的信息基础，具有重要的意义和价值。另一方面，收集了绩效信息后，可以对绩效优秀者和绩效低下者进行全面的对比研究，特别是对绩效优秀的关键事件和绩效低下的关键事件进行对比分析，挖掘其深层次的原因，对成功经验及时推广，为绩效低下者提供培训，对系统性的问题及时整改，以达到持续提升绩效的目的。

（3）绩效信息是解决劳动争议的重要依据。员工的绩效表现记录在发生劳动争议时能为组织提供足够的事实依据，使组织和当事员工的利益同时得到保护。

二、绩效信息收集的内容

绩效信息的收集可以帮助组织更好地理解员工的表现，以便协同员工制订更有效的个人发展计划。绩效信息收集的内容通常包括以下几个方面。

（1）目标设定和进展情况：包括员工、部门或组织的目标，以及有关目标进展情况的数据。这涉及定期的目标评估和更新，以确保目标始终与组织的战略方向保持一致。

（2）工作质量和量化指标：涉及评估员工完成任务的质量和数量，并确保这些工作与组织的战略方向保持一致。可以通过定期的业绩检查和性能评估来完成。

（3）技能和能力：包括员工所需的技能和能力，以及他们在工作中表现出来的能力。可以通过定期的培训和发展计划来提高。

（4）职业发展：包括员工的长期职业规划和短期职业目标。可以通过定期的职业发展计划和评估来实现。

（5）个人行为和态度：包括员工在工作中表现的态度和工作伦理，以及他们与同事和客户的互动。可以通过定期的360度评价和行为评估来收集。

三、绩效信息收集的来源

绩效信息的收集应该实现制度化，对信息来源、信息汇总部门、信息使用和反馈部门等做出明确的规定。通过从多个来源收集绩效信息，组织可以获得更全面和更客观的绩效评估，从而更好地理解员工的表现，并帮助员工制订更有效的个人发展计划。

以下是一些常见的绩效信息收集来源。

（1）直接上级。员工的直接上级通常是最重要的收集来源，因为他们了解组织的战略目标，清楚组织的绩效要求，并且负责管理员工绩效。直接上级通过对员工的日常工作表现进行观察和反馈，可以收集关于员工绩效的各种信息。此外，直接上级还可以提供指导和反馈，帮助员工改进工作表现。

（2）同级。同级可以提供有关员工与他们合作和互动方式的反馈。同级评价会存在两个问题：一是当员工认为和同级有矛盾时，同级给出的评价结果不容易被员工接受；二是同级评价往往在所有指标的评分上保持高度的一致性。简单来说，都是高分，或者都是中等分数，这是一种晕轮效应。

（3）直接下级。对管理者的绩效进行评价时，直接下级是很好的收集来源。直接下级非常适合对管理者的领导能力，包括组织能力、沟通能力、授权能力、辅导能力等做出评价。在戴尔公司，所有员工每隔半年都要通过一项名为"告诉戴尔公司"的调查来对上级进行评价，公司CEO也不例外。

（4）自评。员工可以通过填写自评表格或参加评估会议来评估自己的绩效。自评即员工对自己的表现进行评价，这样他们更容易接受最终的评价结果，在绩效面谈时也不会有太大的抵触情绪。相比其他收集来源，自评通常评分偏向宽松且误差更大，因此组织一般还会采用除自评外的多种收集来源。

（5）客户和利益相关方。客户和利益相关方可以提供有关员工与客户互动及表现的反馈，这可以帮助组织更好地理解员工在服务客户方面的表现。但从客户那里收集信息可能是一个成本高并且费时费力的过程。

（6）电子数据。电子数据可以提供员工绩效的量化信息，包括员工的工作产量、工作质量、错误率和时效性等。对于以往的数据只是录入平台后进行简单的汇总，但随着信息技术的发展，绩效数据可以得到更复杂的分析。

电子绩效监控可以产生有用的数据，如监督员工在上班时间是否做与工作无关的事，出租车司机是否绕路和对乘客不礼貌等。大数据的应用更是绩效数据的一大发展。早在 2019 年，亚马逊就在内部构建了一套 AI 系统，它可以追踪每一位物流仓储部门员工的工作效率，统计他们的"摸鱼"时间。外卖服务平台通过手机蓝牙、GPS 和传感器数据，获取骑手的上下楼时间、到店时间、取货时间、骑行时间、步行时间、停留时间等数据，这些数据除了能帮助系统优化配送算法，也可以用来监督和评价骑手的绩效。

电子绩效监控也面临着挑战——员工感受到隐私被侵犯。因此，可能遭到员工的抵触，甚至导致员工做出刻意的反生产工作行为。

四、绩效信息收集的方法

采用科学的收集方法，获取准确、有效和全面的绩效信息，是做出科学的绩效管理决策的基础。不同的绩效信息需要通过合适的方法收集，管理者在设计信息收集渠道的时候需要选择最优的方法，以保证信息收集工作的质量。目前主要的绩效信息收集方法有如下几种。

（1）观察法。观察法是指管理者直接观察并记录员工的工作表现的方法。在各种方法中，观察法一般是最可靠的。管理者常采用走动式管理，通过现场观察获取第一手绩效信息。

（2）工作记录法。工作记录法是指通过对财务、生产、销售、服务等有关方面的数量、质量、时限等指标进行全面记录，以收集绩效信息的方法。这种方法在生产服务型组织中最常用，规定相关人员必须填写原始记录单，并定期进行统计和汇总。

（3）抽查或检查法。这种方法常常与工作记录法配合使用，是为了核对相关绩效信息的真实性而采用的一种收集方法。管理者或专门的部门可以对绩效信息进行抽查或检查，确保原始信息的真实性。

（4）第三方反馈法。第三方反馈法是指通过工作承担者本人之外的渠道收集信息的方法。通常在服务型岗位或营销岗位上的人员，需要直接面对客户做出及时回应，管理者很难随时监控，但其工作能力和态度会被客户直接感知。对于这类人员的绩效信息，采取第三方反馈的途径收集是非常有效的。

（5）关键事件法。这种方法要求在绩效实施过程中，对突出或异常失误的关键事件进行全面记录，以便管理者对突出业绩进行及时奖励和对重大问题进行及时辅导或采取补救措施，并为绩效考核和绩效改进提供基础信息。

> **案例**　**A 公司采用多种方法收集绩效信息**

A 公司是一家中型企业，拥有超过 200 名员工。为了确保员工的绩效得到全面评估，A 公司采用了多种方法收集绩效信息。

（1）直接观察。直接观察员工在工作中的表现是一种重要的绩效评估方法。A 公司的经理会在日常工作中密切观察员工的表现，包括工作效率、工作质量和团队合作等方面，并对员工进行记录。

（2）反馈会议。A公司的经理和员工会定期进行一对一的绩效反馈会议，讨论员工的工作表现和成果。这是一种非常重要的绩效评估方法，可以帮助员工了解自己的优点和不足之处，并提供改进建议。

（3）绩效评估表。A公司的经理会定期使用绩效评估表对员工进行评估，包括工作完成情况、工作效率、工作质量、团队合作等方面。绩效评估表可以为经理提供有关员工绩效的详细信息。

（4）360度评价。A公司还会使用360度评价来评估员工的绩效，包括员工的同级、下级、上级和客户对员工的评估，能够提供更全面的员工工作表现信息。

（5）数据分析。A公司会收集和分析员工的工作数据，包括工作完成时间、错误率、客户反馈等。这些数据可以为经理提供有关员工工作表现的详细信息，以便更好地评估员工的绩效。

通过以上多种方法，A公司做到了全面收集员工的绩效信息，并根据这些信息对员工的工作表现进行评估和反馈。

第五节　绩效执行中常遇到的问题

1. 更关注工作计划，工作计划可能与绩效计划有偏差

日常的工作安排是以工作计划为依据的，而不是根据绩效计划来展开的。这本身是由绩效计划的特点和局限性导致的。

绩效计划的成果主要是绩效指标表，它设置了阶段性的目标，如考核周期为季度，则会给出季度目标，但没有给出月度目标，也没有给出月度工作计划。

日常的工作需要的是短期的工作安排，既要有短期目标，又要有如何来做的计划。显然，绩效指标表是提供不了这些的。所以，通常由管理者和员工自行制订工作计划，并且在日常的监督、沟通和辅导中也基本以工作计划的进展为依据。

回顾一下公司里月度工作会议的场景，各部门将月度工作计划的完成情况作为总览，员工则根据个人工作任务的进展做汇报并听取管理者的指导和建议。焦点不是季度目标的进展，而是短期工作计划。

理论上，工作计划与绩效计划的方向是一致的，如每个月的工作安排最终是为了达到季度目标。但两者又有可能有偏差。绩效指标的缺点在于，一旦设定，就不容易更改，即便环境变化，当前周期里的指标也不能随之变化，要等到下个周期去修正。而日常工作计划是务实的，是灵活的，因此工作计划与绩效计划有可能有偏差，考核周期越长，偏差可能就越大。

2. 偏重整体工作计划的进展，容易忽视对个人的绩效辅导

组织通常只关注组织的整体绩效，不怎么关注个人绩效。比如，在部门的月度工作会议上，管理者肯定重点关注部门的工作计划完成情况，个人绩效只被看作部门绩效的支撑。现实中很难出现这样的场景：每个月，部门负责人都会和每一位员工对照着该员工的绩效指标表复盘其在该月的表现。管理者即便关注，也只关注员工的工作计划完成情况。

这会造成两个结果：一是对个人的绩效辅导不足，二是员工只能自行兼顾工作计划和绩效计划的平衡。

3. 绩效信息收集困难

日常的绩效信息收集难在没有专人、专门的流程来保证。员工的直接上级通常是最重要的收集来源之一。但管理者通常很忙，没有时间和习惯记录员工的绩效信息。

因此，绩效信息最好从信息系统中获取，如办公系统、生产运营系统。大多数绩效信息都是客观数据，获取并不难。对于部分系统中没有，需要人工记录的数据，视情况而定，可以由员工自己记录，管理者行审查之责，也可以由管理者记录。

有的时候一些数据不是很重要，但又是绩效考核应参考的数据，并且只能人工记录，确实是一个不大不小的问题。要在增加工作量、管理复杂度和提升绩效信息的可靠性之间寻求某种平衡。

4. 绩效辅导在形式和便捷之间的矛盾

当管理者对员工进行绩效辅导时，如果组织要求填写绩效辅导表格，还要求后续填写辅导效果反馈的相关表格，管理者和员工可能都会觉得麻烦，这会导致双方有辅导的事实但没有填写表格，或者管理者干脆逃避辅导工作。

形式和便捷是一对矛盾。没有形式要求，可能出现管理者忽视辅导或辅导效果不理想的情况；有了形式要求，可能导致双方对辅导从主动行为变成被动行为的反感，乃至填表凑数。形式和便捷之间，还是应以提升绩效为目标。

5. 认为绩效沟通和绩效辅导是管理者自己的事

组织错误地认为，管理者如何和员工进行绩效沟通，如何为员工提供绩效辅导，这是管理者自己的事，不应该"干涉"。的确，绩效沟通和绩效辅导的方式因人而异，管理者的领导风格深刻影响了绩效沟通和绩效辅导的方式与内容，但这并不意味着任由其发挥。组织应该通过培训让管理者学习绩效沟通和绩效辅导的方法、技巧、流程。绩效沟通和绩效辅导是有经验及知识体系的，可以通过培训让管理者掌握，再结合自身的特点选择合适的方式。

事实上，很多经验不足的管理者缺乏相关知识，他们的错误做法起到不良作用后，很可能选择干脆放弃绩效沟通和绩效辅导。

章末案例——OK 公司研发团队绩效方案进化之路

2020年1月25日，大年初一，本应是欢庆的日子，OK公司（OK智慧教育）联合创始人刘总的心情却极其沉重。刚刚结束与新东方集团董事长俞敏洪的电话会议，俞老师的电话带来了春节问候，也带来了紧急任务。面对突如其来的新冠疫情，武汉已经封闭。俞老师说，新东方集团已经紧急行动，需要OK公司提供技术支持和系统支持，把"停课不停学"的概念落实成具体的产品方案，用OK公司研发的面向公办学校的一整套"系统+硬件+解决方案"，在帮助各地公办学校的同时，也帮助各地新东方分校开展业务。

而此时，即使连春节放假的这几天都算在内，刘总深入接触OK公司研发团队的时间，还不到一个星期。实际上仅仅6天前，刘总与公司研发团队各个板块的几名负责人一起，才刚刚进行了两轮座谈，除此之外，没有任何信任基础。

而这个研发团队，不到一年前，前任CTO（首席技术官）被董事会开除，现任CTO带领团队做了一个超过10个月时间的超大项目，面临无法上线交付的困境，团队士气已经跌到谷底，现任 CTO 也已被降职。

实现"停课不停学"，帮助各地因新冠疫情无法回到校园的师生们正常上课，是摆在 OK 公司和刘总面前的现实问题。如何调度整个研发团队，支持公司的业务模式调整，提高研发团队的整体绩效，是更深层次的难题。

一、背景

OK 公司从 2014 年以来，主要面向全日制的公办学校推广智慧课堂业务，利用自研的学习机硬件、学习软件和云能力，形成了一套软硬一体的智慧课堂解决方案，主要应用场景是课堂教学。经过连续几年规模达到几亿元的研发投入，产品和业务都已经初步成型，准备开展全面的推广。

由于管理上存在一些分歧，以及初期只见投入，产出规模却远远赶不上投入规模。因此，公司已经多年未进行过成规模的薪资调整，原定的绩效方案也未达成，未发季度奖和年终奖，团队成员因为薪资原因离职的比例逐年提高。

二、绩效管理的演进

形势紧急，任务难度极大，团队人心不稳，刘总立即着手安排产品设计和研发事项。初步分配任务之后，并没有觉得轻松，相反，刘总很清楚，任务是分配了，但今后这支队伍如何发展，一切都还是未知数。从团队绩效方案入手，还来得及。

1. 绩效 1.0 时代

回想起 2014 年年初，公司刚刚从某集团脱离出来独立运营时，公司 CEO 说："以往大家作为大集团的员工，职能体系各个方面都是极其完善的，现在我们要开始自主创业了，各项制度和保障没办法维持原来的水平，我们先保障大家的基本工资，等公司做好了大家都是元老，亏待不了各位。"于是，总计 20 多名员工，就这样怀揣梦想和期待开始了创业之旅。

这个时候，实际上并没有绩效方案，只是沿用了之前的基本薪资，没有日常考核。初创阶段，靠着团队成员的热情，以一种无差别的平均心态，OK 公司就这样平稳地走完了公司成立初期，这套方案维持了两年多的时间。

2. 绩效 2.0 时代

2016 年秋天，在公司获得了总估值为 5 亿元的 Pre-A 轮融资之后，公司 CEO 召集核心管理者与职能体系的各个负责人封闭办公，集中解决发展战略与绩效方案问题。

当时任公司整体运营负责人的刘总带着人力资源经理小李，着手准备新的绩效方案。

首先是梳理岗位说明书，此时除了公司成立最初的 20 多人，又新增了 120 多名员工。梳理下来之后，有一个令人瞠目结舌的结论，150 余人的公司，岗位竟然将近 70 个！不过稍加思考大家就明白了，公司涉及的领域、战线实在太多，行业里没有哪家创业公司做到了同样的复杂度。公司大的板块除了有一般的互联网软件公司的产品设计、研发、测试、运维等类别，还有操作系统层面的 ROM（只读存储器）产品设计、ROM 研发、ROM 测试等，以及硬件设计和生产的一系列岗位，如工业设计、电路设计、方案设计、供应链管理、库存零配件管理、成品库房管理、流程管理、品控等。简单来说，OK 公司做了互联网软件、操作系统、硬件三个大的方面。在行业内，任何一个方面都足以支撑起一家体量不小的公司，OK 公司一下子做了三个主要方面的工作。另外，还有支持产品运营的运营团队、教研团队，以及人力、财务、行政等职能团队，岗位数量多，也就不足为奇了。团队核心管理者开会讨论，如果所有岗位的绩效同时改革，工作量太大，可能无法全面执行，于是决定从产品设计和研发团队的大技术部门入手。

接下来，刘总根据某知名互联网公司早期曾经使用的一套职级职等体系思路，划定了适用于 OK 公司的职级职等体系。人力资源经理小李根据市场信息，把各个岗位和职业等级的薪酬情况做了对应，从范围值的低值到高值，以及中位数，分别做了标记，并取整，成为给员工定级定薪的参考依据。

之后是确定绩效考核以季度为周期执行，设定了季度奖金比例和年度奖金比例，设置了以技术角色为基础的团队考核标准，如 Java 团队和 Android 团队各自对所属单位进行考核。

这套方案执行了几个季度，后来由于公司遭遇了经营困难，该方案并未持续贯彻，而是又回到了最初的"绩效系数记为 1"的状态，各类绩效奖金也停止了发放。团队在迷茫中，度过了低效的一年多的时间。转眼到了 2020 年年初，于是在春节前，就有了与研发团队各个板块负责人的座谈。

3. 绩效 3.0 时代

在新冠疫情的远程工作模式下，到底如何督促团队完成任务？这个难题摆在了所有管理者面前。刘总决定再次调整研发团队的绩效方案。

首先，需要为绩效管理定调。以往，研发团队的绩效管理思路一直在摇摆，随着负责人的变化而变化。刘总决定，应该先定好绩效管理的风格。

刘总把他看到的一张图共享给远程开会的其他人，如图 1-2 所示。

"我们要从之前的弱激励+弱约束状态，转变为强激励+强约束的管理思路。"刘总说。不管是用薪酬还是用其他，都要加强对员工的激励，让大家有奔头儿。另外，要加强对研发过程的控制，改变研发管理松散、绩效偏低的现状。就这样，与会者达成了管理思路的共识。

调子定好了，抓手是什么？公司选择将强化项目管理部作为抓手。以前是通过各个部门的负责人来组织工作和考核，容易出现部门负责人汇报工作时专挑好听的说，但最终拿不出理想的交付结果的情况。这一轮调整，要强化项目管理部的作用，所有的工作交付都要从项目管理的报表中看到结果，所有产品设计和研发人员的工作都将汇总到项目管理部。杜绝"听汇报"的工作方式，而是依据客观数据进行判断，并强力推进执行。

为什么这么干？刘总向同事们解释道："虽然绩效目标是完成公司指定的研发任务，绩效考核是结果导向，但也必须关注过程。过程走偏了，结果还能好吗？不能因为研发人员追求自由，就可以信马由缰不监督。"

最后，落地执行以后，绩效结果对员工有什么影响呢？管理团队研究认为，公司尚未完全走出危急状态，资金缺乏，要激励员工，但不适宜马上做大规模的薪资普调和大额的奖金激励。最终方案明确：对于绩效表现优秀的员工，给予薪资调整，使其长期享受收益，而不是仅发一笔一次性的绩效奖金，同时严格控制获得调薪人员的比例。

三、难关和出路

设定好了绩效方案之后，刘总和人力资源团队、研发团队各个负责人的沟通过程十分顺利，大家对于绩效方案的调整都没有意见。究其原因，是所有人都清楚地看到，当务之急是让这么大的队伍能够围绕一套绩效方案转起来。还有一个隐秘的原因是，以往的绩效方案也谈过，但都没有落实，大家觉得无所谓。

在与各个部门的负责人反复沟通并明确了部门职责之后，开始了项目管理部工作模式的整理。刘总与项目管理部负责人每两天开一次碰头会，从最初的两页内容，逐渐增加，反复讨论项目管理部从哪些维度入手参与研发团队的工作，以及如何有效地获取原始信息。最终确定了以下方案。

1. 调整研发模式

此前的研发团队是按照技术栈的归属划分部门的，使用同一种开发语言的人员归为一个部门，推动一个研发项目的协作相当于跨部门合作，难度可想而知。

现在，所有研发人员统一归属到"研发资源池"，每立项一个项目，都要在立项时确认参与人员，从"研发资源池"中划拨进入该项目组。从原来的部门制管理，改为项目制的管理和评估。也就是说，以项目为单位，每个参与其中的人，共享项目结果的评估，不再以部门负责人的意见为考核的唯一参考指标。

2. 每日项目会

针对项目信息"回不来"的问题，刘总决定发起每日项目会，并调整时间参与每一个项目的信息通报会。无论是在远程办公期间，还是在回归办公室正常办公之后，这一制度始终在坚持。参与的工程师直接向项目管理部汇报进度，以及研发过程中遇到的各类问题，一旦发现影响进度的问题，就由项目管理部出面协调。

针对有负责人瞒报的情况，项目管理部根据人员的饱和状态给出部门的饱和工作结论，使部门负责人不再敢随便安排人员私自做个人喜好的项目，"研发资源池"的总量得到有效的掌控。

3. 每周技术例会

对每周技术例会也做了改革，不再由部门负责人自行汇报本周亮眼的工作，而是由项目管理部输出周报并当众讲解。

周报涉及的信息非常丰富，并且进行了有效的呈现形式加工。比如，可以看到本周在行项目的全貌，包括在行项目数量、上线数量、新增立项数量、需求暂停项目、进展异常项目等；接下来是部门情况，包括部门参与项目的数量、部门执行一个项目的平均时长、部门员工闲置比例、部门积压的任务数量等；之后是员工个人维度，包括本周贡献度最高的员工个人TOP10、本周闲置人员与闲置时长总览、员工本周参与并交付的项目数、员工本季度参与并交付的项目数、因员工个人造成项目进度异常情况等。除此之外，将产品运行中的线上异常也纳入了统计和管理，并直接在技术例会上分派任务。各个部门负责人所需要做的，仅仅是对项目管理部的报告内容提出异议或补充，允许当场修改。

改革之后，过程的跟进更及时准确，不会等到无结果时再反向追究责任，而是在过程中及时发现异常并纠偏，最多以周为单位即可解决问题。

4. 技术方案评审

解决了日常工作的推进问题，还有一个重大问题需要解决。原来各个部门各自为战，缺乏统一的技术方案把关，在之前近一年时间研发的项目最终无法上线的根源，就在于技术方案冲突没有得到很好的协调。

深入了解这一情况之后，刘总与项目管理部针对每个项目的技术方案组织相关人员进行技术方案评审。涉及的前后端工程师、相关的产品板块负责人都可以发表意见，且根据架构师的意见当场明确做法并推进执行。坚持了一段时间之后，基本杜绝了各个板块不协同的乱象，研发工作的整体效率得到了提升。

四、尾声：结果的应用

在新冠疫情的远程工作状态下，诞生了以上绩效方案，并且在复工后，持续贯彻坚持了下来，对于案例开头所说的新冠疫情期间的"停课不停学"，OK公司圆满地完成了任务，坚持到了复工复产复课的那一天。

绩效管理带来的改变是明显的。从"弱激励+弱约束"到"强激励+强约束"，既没有引起纷争，也没有引起反弹，就在一步一步的具体工作事项推进中悄然完成了。绩效结果坚决执行，好的不埋没，差的不姑息，人人都能从周报中看到自己的工作表现。公司用最具诚意的"调薪"方式来体现公平。这一轮的调整终于让员工明白，不是回报均等，而是机会均等。

整体方案实施一年后，与实施前一年的数据对比，公司研发团队的效率提升超过100%：交付项目总数、人均交付项目时间等全部达到之前的两倍以上，而人员闲置率、线上异常率等指标几乎全部降至之前的1/3以下，人员的流失率从15%以上降至8%以下。

[思考题]

1. 案例中提到的绩效3.0时代，OK公司的绩效管理基调发生了哪些变化？原因是什么？强激励+强约束实现了吗？
2. 怎么看待刘总说的"绩效考核是结果导向，但也必须关注过程。过程走偏了，结果还能好吗？不能因为研发人员追求自由，就可以信马由缰不监督"？
3. 案例中"难关和出路"部分提到，绩效信息收集的方式发生了哪些变化？
4. OK公司在研发团队的项目管理中，从"监督、沟通、辅导"的角度做了哪些工作？有没有其他建议？

第四章

绩效考核

绩效考核是绩效管理最重要的环节，也称绩效评价。"绩效评价"的提法淡化了考核的味道，"绩效考核"的提法似乎给大家的感觉是它一定会与薪酬、职位挂钩，偏功利和行政化，"绩效评价"只是表达要通过评价表示不同个体的绩效差异，不见得要与薪酬、职位挂钩。从发展趋势来看，"绩效评价"一词似乎更合适。但本章还是使用"绩效考核"一词，因为在实践中，国内无论是企业还是事业单位，都习惯使用"绩效考核"的提法。

绩效考核是指根据绩效计划环节设定的绩效目标协议，在考核周期结束时，由考核者采取一定的方法，对组织、部门、个人的绩效目标完成情况进行评价的过程。

绩效考核的直接目的是识别绩效差异。无论是部门的绩效差异，还是员工的绩效差异，只有识别出真实的绩效差异，后续才能找出绩效不佳的原因并改进，从而对员工进行奖优罚劣。

案例　　　　　　　　　如何避免社会惰化效应

与单独工作时相比，个体在群体工作中减少努力的现象被称为社会惰化。拔河实验验证了这种效应，类似的实验还有很多。1979年，拉特纳让6个人在房间里一起喊叫，测量他们的音量。结果发现，人数越多，人均喊出的音量越低。1981年，威廉姆斯等也开展了音量实验，只不过在每个人的嘴边都放了一支麦克风，并告诉他们，他们每个人喊出的音量都可以被识别出来。结果，个体单独喊出的音量和他们在群体里喊出的音量是一样的。社会惰化效应消失了。一系列实验表明，在群体工作中当个体贡献不能被评价时就会发生社会惰化。

资料来源：况阳. 绩效使能：超越OKR[M]. 北京：机械工业出版社，2019.

第一节　考核过程

一、考核周期

考核周期表示从绩效计划制订完成，到实施绩效考核的这一段时间。简单理解就是多久考核一次。

考核周期有长有短，长则一年甚至更长，短则一个月甚至一周，没有绝对的标准。一般来说，考核周期越长，意味着组织成本越低，但激励的即时性越弱；考核周期越短，意味着激励的即时性越强，但组织成本越高。所以，合理的考核周期往往是一种均衡。组织既不希望员工疲于奔命、应付考核,又不希望考核周期过长影响了工作绩效。

大多数岗位的考核周期设为季度或半年,部分岗位的考核周期设为一年,也有设为一个月的,这与岗位性质有关。

不同岗位人员的考核周期如下。

(1)高层管理者。其考核周期通常设为半年或一年。很多企业实行高层管理者年功制,到年底对全年的工作绩效进行一次评价,日常仅发基本工资,到年底主要根据所负责的单位绩效情况来发绩效奖金。

(2)生产、营销、服务人员。其考核周期通常设为月。这类人员有两个共同的特点。第一个特点是考核数据相对容易获得,比较客观。从事生产制造的员工的工作业绩,如生产数量和质量合格率等都属于基础性的生产数据,能做到每日录入系统。营销人员的关键业绩指标,如销售额、新订单、回款等都属于客观数据,直接从销售管理系统中就可以获取。因此,对这类人员进行考核的难度较小。

第二个特点是需要尽快得到有关工作完成情况的反馈。以营销人员为例,他们对于薪酬激励是高度敏感的,越快的反馈就意味着对未来有更强的激励。例如,当月的销售业绩在当月或次月的月工资中就有体现,他们能立即感受到绩效对薪酬的影响,获悉自己在销售队伍中的绩效排名,这对他们提升工作积极性有很强的促进作用。服务人员需要及时提高服务质量,需要尽快得到客户对服务满意度的反馈,尤其是对于客户投诉,更需要尽快处理,故其考核周期也应较短。

(3)研发人员。研发人员的情况比较特殊。研发成果的产出具有偶然性和长周期性,以短期的研发成果来评价其工作绩效不够合理。研究可分为基础研究和应用研究。从事基础研究的研发人员适合较长的考核周期,如一年。这是因为基础研究往往厚积薄发,需要较长周期才能产出有价值的创新成果。从事应用研究的研发人员的考核周期要短一些,如季度。比如,软件公司的软件工程师可采用季度作为考核周期,将代码的编写数量和质量等作为绩效指标。

二、考核方法分类

根据考核者不同,考核方法可分为两种:上级评价下级和 360 度评价。两种方法各有优缺点和适用性。上级评价下级的方法应用的历史最久,使用的组织最多,但 360 度评价最近使用的频率在快速提高。关于考核方法的更多内容在第二节中有详细阐述。

三、考核结果及处理

考核结果主要参考绩效指标表的总分。常见的总分是 100 分,也有因为考虑了全局加分和单项加分使总分超过 100 分(一般为 120 分)的案例。绩效得分会影响绩效工资和奖金。例如,某岗位的基本工资为 5000 元,绩效得分 80 分对应 0.8 的绩效系数,按照"绩效工资=基本工资×绩效系数"的公式,所得绩效工资为 5000×0.8=4000 元。

1. 结果分档

这是一种处理绩效得分的方法,将绩效得分分为 N 个档,每个档对应一个绩效系数,示例如表 4-1 所示。绩效系数可作为绩效工资和奖金的核算参数之一。

表 4-1　将绩效得分转化为绩效系数（1）

绩效得分/分	120≥得分>100	100≥得分>80	80≥得分>60	得分≤60
绩效系数	1.2	1	0.8	0.4

分档的方法比较常用，可以降低被考核者对绩效得分的敏感度。这种方法降低了结果的颗粒度，即只要分数在一个范围内就对应着一个相同的系数。在表 4-1 中，假设员工甲的绩效得分为 65 分，对应的绩效系数是 0.8，那么甲就不会向考核者质疑为什么他的得分不应该更高一点，如 66 分或 70 分，因为只要得分偏差不大，结果都一样。分档的方法有助于减少被考核者对考核结果的争执，从而降低考核者的评价压力。

根据实际情况，档还可以分得更细，示例如表 4-2 所示。

表 4-2　将绩效得分转化为绩效系数（2）

绩效得分/分	100≥得分>90	90≥得分>80	80≥得分>70	70≥得分>60	60≥得分>50	得分≤50
绩效系数	1	0.9	0.8	0.7	0.6	0.5

分档的操作涉及对考核准确性、公平性的理解。考核者在原则上希望结果准确和公平，但在实践中很难解释为什么被考核者得的是 65 分而不是 66 分，除非绩效指标表中的指标全都是量化指标而且数据没有任何偏差。但在通常情况下，很多绩效指标表中都会有一些受到主观影响的指标。

2. 个人绩效与部门绩效挂钩

有些单位希望把员工的绩效与所在部门的绩效挂钩，鼓励员工不仅关注个人绩效，还要关注部门绩效，关注团队合作。在具体操作上，公式如下：

（修正后）员工绩效得分=部门绩效系数×（修正前）员工绩效得分

部门绩效系数是指由部门绩效得分换算成的系数。

举个算例，某部门的绩效得分是 85 分，对应的绩效系数是 0.85，员工张三的绩效得分是 90 分，则张三修正后的绩效得分=0.85×90=76.5 分。

还有一种方式是将部门绩效得分和员工绩效得分进行加权求和，公式如下：

（修正后）员工绩效得分=部门绩效得分×权重+（修正前）员工绩效得分×权重

举个算例，部门和张三的绩效得分同上例，部门和个人的权重分配各为 50%，则张三修正后的绩效得分=85×50%+90×50%=87.5 分。

权重还可以根据岗位级别细化。比如：

5 级及以上：员工绩效得分=部门绩效得分×50%+员工绩效得分×50%；

5 级以下：员工绩效得分=部门绩效得分×20%+员工绩效得分×80%。

一般认为，级别越高的员工，其个人绩效对部门绩效的影响越大，以上公式里的部门绩效得分的权重就越高。

还有一种与组织整体业绩挂钩的情况。比如，员工绩效得分与公司整体业绩直接挂钩。这种思路也不是不可以，但要慎用，因为存在"搭便车"行为，公司的利润虽然和每个人都相关，但也"不相关"，即个人的努力对公司利润的影响可能微乎其微。

案例　　　　　　　　　　**某化肥厂的薪酬方案**

北方某化肥厂以尿素为主要产品，公司有员工几百人，包括经营部、生产部、变换车间部、电气车间部、锅炉车间部、合成车间部、财审部、办公室、保卫部等部门。

公司为了激励全体员工保持爱企如家、团结一心、全力拼生产的精神，实施了简约的薪酬体系。计算方法如下：

月工资=基本工资+绩效工资；

绩效工资=岗位系数×当月化肥产量（吨）。注：绩效工资的单位为万元。

公司制定了岗位系数表，从总经理到基层的所有员工都有对应的岗位系数。岗位较多，这里不一一列举，仅以生产部和公司办的岗位为例，如表4-3所示。

表4-3　两个部门的岗位系数

生产部的岗位	岗位系数	公司办的岗位	岗位系数
生产部长	0.000 14	总经理	0.000 20
安全技术员	0.000 09	副总经理（设备）	0.000 16
车间调度员	0.000 09	副总经理（生产）	0.000 16
档案员	0.000 08	工勤员	0.000 05
工艺技术员	0.000 10	客车司机	0.000 03
化验员	0.000 10	清债员	0.000 05
计划采购员	0.000 09	小车司机	0.000 03
计量质量核定员	0.000 06	公司办主任	0.000 12
监磅员	0.000 06	办事员	0.000 05

问题： 该化肥厂的薪酬方案的优点和缺点是什么？是利大于弊还是弊大于利？

四、部门和部门负责人的考核

部门的考核由组织高层负责，并成立名为考核领导小组或考核委员会的评价小组。比如，由总经理、副总经理组成考核领导小组，在考核周期结束时对各个部门进行绩效考核。部门考核的内容主要是KPI，还可能包括部门满意度等指标。

关于部门负责人的考核，可选择的方案有三种。

第一种，单独考核部门负责人。和其他基层员工的考核类似，部门负责人也有自己的绩效指标表。区别在于，部门负责人的绩效指标表里会有较多的部门整体绩效指标，另一些指标主要评价个人表现，如个人能力或素质、部门满意度等。

第二种，是第一种的变形，部门绩效得分占部门负责人绩效得分的较高权重，补充一些其他指标得分。

举个例子，部门负责人绩效得分=部门绩效得分×60%+个人能力或素质得分×30%+部门满意度得分×10%。个人能力或素质得分由总经理、副总经理打分；部门满意度得分由各个部门相互评价，可以由其他部门负责人评价，也可以由本部门员工组成打分小组打分。

再举个例子，部门负责人绩效得分=部门绩效得分×80%+部门满意度得分×10%+下级部门满意度得分×10%。

第三种，将部门绩效得分视为部门负责人绩效得分，不单独设置部门负责人的考核表。前两种方案在一定程度上考虑了部门负责人的个人表现，第三种方案则认为部门负责人的绩效得分完全等同于部门的绩效得分。言外之意,个人能力再强,如果不能提高部门绩效,就不是一位合格的管理者;部门负责人所有努力的唯一评判标准就是部门绩效。

在实践中三种方案都有采用,各有利弊。前两种方案虽然强调部门负责人绩效的主要影响因素是部门绩效,但也承认部门负责人的个人表现,这对本身兼顾业务工作的部门负责人来说比较合理。比如,某部门负责人自身指导的项目业绩很好,或者个人能力非常强,产出了很多个人成果,那么在绩效考核时考虑这些因素,对其工作就是一种认可。在第三种方案中,不考虑个人表现,完全将部门绩效视为部门负责人的绩效,有可能影响部门负责人对于自己业务的积极性。但第三种方案也有一定的合理性,即部门负责人的责任就是提高部门绩效,个人能力再强,如果不能提高团队成员的能力和绩效,那也只能算优秀的员工,不算优秀的部门负责人。

需要补充的是,不仅是对部门的考核,其他如集团对分公司领导的考核、公司对项目团队负责人的考核,都可以采取上述方案。

五、考核主观因素导致的评价偏差

1. 晕轮效应

晕轮效应,又称光环效应,是指认知者对一个人的某种特征形成好或坏的印象后,会倾向于据此推断该人其他方面的特征。晕轮效应最早是由美国著名心理学家爱德华·桑戴克于20世纪20年代提出的,它本质上是一种以偏概全的认知上的偏差。这种强烈被感知到的品质或特点,就像月亮形成的光环一样,向周围弥漫、扩散,从而掩盖了其他品质或特点,所以被形象地称为光环效应。

应用在考核上,考核者对被考核者在某一方面的印象会影响对其整体绩效的评价。例如,某位员工的工作态度非常认真,他的上级可能因此认为他的整体表现都很优秀。

2. 近期效应

近期效应是指考核者根据被考核者最近的表现来评价其整体表现。人的短期记忆会比长期记忆更深刻。考核者对于被考核者最近的表现会有深刻印象,对于其长远的表现则可能淡忘。如果考核周期为一年,那么年末几个月员工的表现对于全年绩效得分的影响会比较大,这就属于近期效应。为了避免产生这种效应,应该加强对全过程的绩效数据记录。

案例   迷之行为

快到年底,办公室的小王变得分外繁忙。以前上班他经常迟到,一到下班时间就准点离开;现在每天都准时上班,并且天天加班,成了全公司最后一个走的人。

年终考核时,小王的这种行为换来了绩效考核的高分。过完年后,小王又恢复了原来上班经常迟到,并且准点下班的状态。

3. 溢出效应

溢出效应是指被考核者在考核周期外的表现影响了考核结果。比如,上个季度某位员工的表现很差,考核结果不合格,本季度他的表现良好,但因为考核者对他上个季度的不良印象,导致本季度他的绩效得分偏低。反之,上个季度的良好表现可能对下个季度的考核评分有帮助。

溢出效应和近期效应有相似之处，区别在于近期效应表示在考核周期的近期内的表现影响对全周期的评价，溢出效应则表示上个周期对本周期的影响。

4．趋中效应

趋中效应是指考核者为大多数被考核者给出既不是太好又不是太差的绩效得分，结果使大多数人的得分集中在中间段。这种中庸思想是一种常见的评价误区。它反映了管理者不愿意激发员工矛盾的态度，尤其是当考核标准和数据不客观时更容易发生。

虽然事实上表现优秀的员工和表现较差的员工在数量上可能比例并不高，但还是要区分真实的趋中和主观的趋中。因为主观的趋中会导致大家吃"大锅饭"，影响员工的积极性。

在考核时尽量通过更为客观的考核标准，也可以用强制分布法来减少趋中效应。

5．宽大化/严格化倾向

宽大化倾向是指被考核者的考核结果优于他的实际绩效表现。产生这种现象的原因主要有：管理者想要保护本部门员工的利益；管理者的领导风格偏于宽松；管理者不愿意与员工发生矛盾；管理者对员工的表现不够了解等。

在宽大化倾向的影响下，考核结果会产生较大的偏差。具体而言，对绩效出色的员工来说，他们会对考核结果产生强烈的不满，从而影响工作的积极性；而对绩效较差的员工来说，他们无法了解自己需要提高哪方面的绩效，只能维持现状，导致绩效得不到提高。这两种情况都会导致绩效管理的目的无法实现。

严格化倾向则相反，在绩效考核时尺度偏紧。产生这种现象的原因主要有：管理者的领导风格严格，有些管理者对员工要求严苛；惩罚顽固或难以对付的员工；促使有问题的员工主动辞职；为有计划的裁员提供证据等。严格化倾向容易导致员工的集体不满。

案例　　　　　　　　　　　　**虚虚实实的邮件**

项目经理正在写邮件给 HR，内容是某位下属的绩效考核报告，具体如下。

邮件题目：张三的绩效考核报告

"张三是我团队的程序员，他总是辛勤地工作在自己的岗位上。张三的工作独立性强，从不在工作时间与同事闲聊，也从不怕耽误时间帮助同事，并且总是及时完成指定的任务。他经常延长自己的工作时间，有时甚至忘记了休息时间。张三没有骄傲，即使他的工作能力很出色，并且拥有丰富的专业知识。我认为他可以被评为高绩效员工，这样的人才不能被放弃。"

过了一会儿，项目经理又给 HR 发了一封邮件，内容如下。

邮件题目：补充刚才的评价

"刚才我写的那份评价报告需要修正。在写那封邮件时我刚开个头，张三就来找我交流工作,他看到我在写他的报告,就一直盯着屏幕看我写了什么,理由是想知道自己哪里做得不好,以后在工作中会注意。你知道他这个人和我很熟而且丝毫不客气。请只阅读刚才那封邮件的第 1、3、5、7、9、11 行,那才是我对他的真实评价。天啊,等成绩公布后,我又该如何和他沟通?"

上面的案例只是一个玩笑,反映了项目经理在给员工打分时遇到的压力,最终他还是选择忠于事实。不难想象,有多少管理者在评价时会遇到同样的压力,打了低分后会面对员工的不解、争执甚至激烈的对抗,于是宽松处理可能就变成他们的一种选择。

6. 第一印象误差

第一印象误差是指被考核者在初期的绩效表现会对以后的绩效表现产生影响。比如,被考核者在工作的前几年非常努力,得到了比较高的绩效得分,这种好印象会对今后几年的绩效得分产生影响。

7. 刻板印象误差

刻板印象误差是指考核者对某一类人有刻板的印象,进而影响到他对被考核者的评价。比如,对于民族、性别、年龄、性格、地域、毕业院校等的执念,会造成评价的不公平。"某某学校的学生浮躁、不够踏实""某某省的人不诚实""性格活泼的人不可能做好研发"等都是常见的错误的刻板印象。

案例 老王打分

老王是一家 IT 公司的项目经理,半年以来一直带着团队在客户公司的工作现场做软件系统的测试和维护工作,一天到晚忙得不亦乐乎。到了公司的绩效考核时间,人力资源部催促老王按期完成考核工作的电话让他感到心烦意乱。虽然当时论证绩效考核制度的会议自己也参加了,可事到临头,看到绩效考核表格上的那一项项指标,老王心里还是觉得没底。老王心想,我这一落笔,不但关系到面子,而且关系到"票子",大伙出差这么久,功劳、苦劳都得记上。

为了赶项目进度,新婚的小李刚度了两天蜜月就跑回来工作,多不容易啊。想到这里,老王顺手就给小李在各项指标上填了一串满分。

秘书小孙是新招来的毕业生,她比刚辞职的小安机灵多了,什么事情一教就会,不像小安,连用传真机都靠自己手把手教了半天,所以小孙也应该得高分。

至于小赵,老王皱了皱眉,小赵通常都是留守在公司里,很少跟自己一起出差,自己也不是很清楚他在公司里都干了些什么、干得怎么样,那就凭感觉填了。"测试报告完整准确"这项指标,在自己的印象中,小赵的测试报告倒是没出过大的岔子,给 10 分满分吧。"责任感"这项指标?老王想了想,没出过岔子,那就是有责任感的,给 10 分?不对,记得小赵刚来的时候,有一回在客户的机房值班时玩电脑游戏,被领导逮住了,弄得自己也很没面子。想到这里,老王又把小赵在"责任感"这一栏的得分改成了 6 分。

晓燕是老王最信任的一位,前年年底入职,去年的绩效表现很突出,是部门中绩效最好的。老王心想,那她今年肯定也差不了,所有指标都打满分吧。

问题: 老王评价时有哪些偏差?

六、减少主观评价偏差的方法

1．指标的目标和评分标准要清晰、合理

如果指标的目标不清晰，就很难界定被考核者是否完成了目标。比如，"较好地完成某项工作"这种说法就很难界定，怎样算"很好"，怎样算"较好"，怎样算"一般"？

评分标准也是一样，要简明、可操作，判断的依据尽量客观，能量化当然更好，不好量化至少依据要达成共识。比如，"销售额没有达到100万元，扣5分"，评分标准简单而客观。像这种业务类和操作类的指标一般都比较客观。再看一个例子，招聘专员的指标里有一项评分标准是"招聘质量不过关，用人部门满意度低"。如果公司有各个部门对招聘来的员工的满意度调查，那么评分标准很客观，根据满意度就可以打分。但很可能很多公司因为各种原因没做这项调查，此时只要公司内部达成了共识，即根据用人部门对新员工的反馈情况进行打分，也可认为评分标准清晰。比如，如果一个部门有多次对新员工的负面反馈，就可认为其满意度低。要避免使用既不客观又没有达成共识的评分标准。

2．开展对考核者的培训和实操演练

对考核者进行培训和实操演练可以帮助组织解决以下问题。一是让考核者认识到绩效管理的重要性、严肃性。要让考核者明白，不能因为担心和员工产生矛盾就刻意放宽标准。一旦放宽标准，员工就会忽视考核，这不利于对员工的激励，导致绩效好的员工失去积极性，绩效差的员工继续混日子，最终不利于所在团队的绩效。要坚持考核标准的公平公正，以减少宽大化倾向和趋中效应等。

二是让考核者在考核评分时统一尺度，既不能过于宽松也不能过于严格。各个部门负责人应该保持标准一致，以减少部门之间的评价差异带来的负面影响。

三是让考核者学会使用数据等资料作为评价的依据，以减少溢出效应、近期效应和第一印象误差。这几种效应的出现与评价依据不充分、不准确有直接的关系。

3．必要时可采取强制分布法

强制分布法是一种仍有争议的方法。实施强制分布法，可以有效避免趋中效应、宽大化倾向、严格化倾向。

4．注重对考核数据的管理

考核数据是绩效考核的重要依据，数据的准确性直接影响着考核结果的准确性。因此，组织应重视对数据采集、整理和应用等环节的管理工作，确保数据来源可靠、数据内容真实无误。

5．建立绩效申诉机制

在落实以上措施后，可能仍会存在个别的考核失误和不公平现象。当员工认为考核不公平时，可通过绩效申诉机制进行申诉。组织应以制度的形式规定员工可以在考核结果发布后的若干个工作日内向人力资源部提出申诉，人力资源部在收到申诉后及时开展相关审查工作，并在若干个工作日内做出明确答复。

第二节 考核方法

从考核者的角度可以将考核方法分为两种，分别是上级评价下级和360度评价。

一、上级评价下级

上级评价下级是实践中应用最普遍的方法，它的优点如下。

首先，简单易行。考核者只有一位，考核表的设计只需要考虑上级的评价需要，考核的过程也很简单。一般来说，先由被考核者自评后作为参考，再由上级打分。上级的打分作为被考核者的绩效得分。

其次，上级最了解下级的绩效，因此上级的打分最接近下级的真实绩效。当给多个下级评价时，为了推进工作，上级采取不偏不倚、公平公正的态度能更好地激励下级，减少非议。此外，这种方法顺应了阶层文化，评价阻力小。上级考核下级，下级按照上级的要求改进绩效，员工普遍接受这种过程。

上级评价下级的缺点有：如果上级对下级有偏见，则对评价结果有很大的影响；可能导致下级刻意奉承上级，不注重与其他人的沟通和合作。

二、360度评价

360度评价方法在西方发展已久。根据报道，在《财富》全球1000强企业里，绝大多数企业在职业开发和绩效考核中应用了360度评价方法。

360度评价强调相关利益群体共同参与评价的过程。360度评价是指考核者来自被考核者工作关系中的多个对象（上级、下级、同级、客户、供应商、其他），全方位对被考核者进行综合性评价的方法，如图4-1所示。

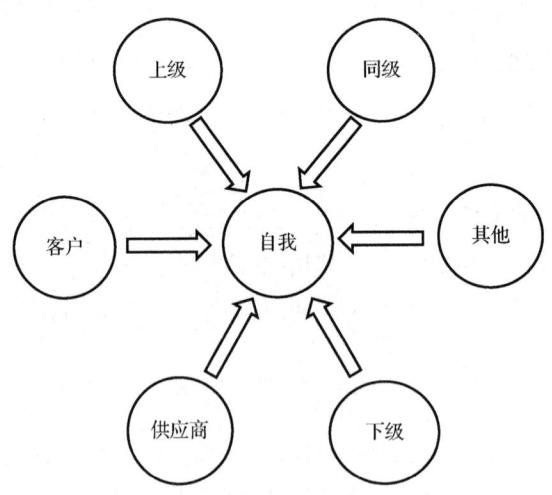

图4-1　360度评价

360度评价的优点如下。

（1）更全面、更客观。考核者来自组织的内外部，从不同的角度评价被考核者，评价结果更为全面和客观。

（2）有助于被考核者关注与上级、下级、同级、客户、供应商等的关系。和上级评价下级相比，360度评价中的被考核者能得到全方位的评价，这会促使他们努力改善与上级、下级、同级、客户、供应商等的关系，促进成员之间的沟通与互动，提高团队的凝聚力和工作效率。

360度评价的缺点同样突出，包括以下三点。

（1）评价的工作量增加。选择和安排全方位的考核者需要时间与精力，还需要针对不同的考核者设计绩效指标。每个考核者所处的位置不同，评价的角度自然不同，如上级评价的指标和下级评价的指标是不一样的。不过，采用专业的评价软件会较大地缩减工作量。

（2）考核偏形式主义。虽然是匿名评价，但是当考核者给被考核者打分时，因为不涉及自身利益，所以打分的随意性就可能比较大。同时，也会有考核者因为担心信息被泄露，不愿意给被考核者打低分。比如，下级给上级打低分时，会担心上级知道后排挤自己；同级之间打分，打低分时会担心被报复。在互评机制下，可能出现甲给乙打分，乙给丙打分，丙又给甲打分的情况，"你好我好大家好"，都给不错的分数可能成为考核者的一种心态。

通用电气前CEO杰克·韦尔奇在自传中曾指出："与其他很多由同事来驱动的事情一样，这个系统（360度评价）在通用电气运行一段时间后也存在被改变方向的趋势：一方面，通用电气的不少人开始说其他同事的好话，以便让他们能够获得一个较好的考核等级；另一方面，报复性的心理也可能使有条件的一方抓住机会破坏另一个同事的专业声望。最后，很多经理人员对360度评价心生畏惧，不管他们是考核者还是被考核者。"

案例　　　　　　　　　　360度评价导致的投诉

某化工公司的人力资源经理李虹在最近的一次绩效考核中，遇到了一个难题。市场部的一位主管对自己的评价结果不满，向人力资源部投诉，他认为同部门的个别同事对自己心怀不满，在360度评价时有报复行为，故意给自己打低分，导致自己的评价结果与往月相比，差别非常大。"这一投诉让人力资源部处于非常尴尬的困境。"李虹说，"因为这位主管的确在过去两个月内与部门的多位同事有过非常不愉快的争执，这次他的绩效偏低，也与同事给出的低分有关。但问题是，同事给出的低分是否与上一次的冲突必然相关？我作为人力资源经理却无法查证。"

（3）适应范围有限制。在考核的适应性上，360度评价由于涉及下级评价，同时考核成本较高，因此一般适用于中高层人员。对于销售和生产操作类员工，绩效指标具体而明确，一般无须采用360度评价。不过，可以对360度评价进行适应性改变，不一定要有各方面的评价。没有下级，可以不需要下级的评价；不接触客户的岗位，可以不需要来自客户的评价。维度不是固定的。

此外，有的组织只在人员晋升时使用360度评价，评价结果不与薪酬、奖惩直接挂钩，评价的对象只是针对准备提拔的员工。

第三节　考核结果的应用

考核结果会影响平时的绩效工资和奖金、年终奖、培训、晋升等方面。根据考核周期的不同，可以把考核分为日常考核和年度考核两类。

日常考核指的是考核周期不足一年的常规考核，通常是月度、季度、半年。以季度考核为例，本季度考核的结果会直接影响季度绩效奖金和月工资中的绩效工资额度（可以在本季度末、下季度初发放,或者延迟到下个季度中后期发放)。

年度考核指的是到年底对全年的工作业绩进行的综合性考核。年度考核比日常考核更重要,它会直接决定年终奖、工资调档调级,影响培训、晋升。

一、年度考核结果的形式

年度考核结果有多种形式。第一种形式是取日常考核的平均分。比如,四个季度的得分分别为 0.7 分、0.8 分、0.8 分、0.9 分,平均分为 0.8 分,用它代表年度绩效得分。第二种形式是取日常考核的加权分。这是针对业绩呈现明显周期性的企业,如春节是礼品类企业的销售旺季,该企业员工的年度绩效得分取四个季度的加权分,年度绩效得分=权重a×第一季度绩效得分+权重b×第二季度绩效得分+权重c×第三季度绩效得分+权重d×第四季度绩效得分,其中 a+b+c+d=1,且第四个季度的权重 d 应该最大。第三种形式是单独设置年度绩效指标。这种也比较常见,通常会选择年度重要的 KPI 来反映整体工作业绩。

二、考核结果的常规应用

1. 日常绩效工资和奖金

日常考核结果会影响日常绩效工资和奖金。以季度考核为例,在常见的月工资结构中,主体是基本工资+绩效工资,一些单位还会有季度绩效奖金。基本工资是固定的,绩效工资和季度绩效奖金是可变的,取决于日常考核结果。比如,绩效工资=季度绩效系数×绩效工资基数;季度绩效奖金按照绩效管理制度的约定,与考核结果挂钩。

对很多组织的员工来说,年终奖是一笔不菲的收入。年度绩效得分决定了员工在所在部门的绩效排名。常见的情况是,组织根据年度绩效得分将员工分为 S、A、B、C、D 等从高到低的级别,级别的高低决定了年终奖的多少。

年终奖的发放有多种方法,这里列出两种。一种是按照月工资的 N 倍来发放。比如,年度考核结果为 A 的员工可分到 3 个月月工资额度的奖金,为 B 的员工可分到 1 个月月工资额度的奖金。

另一种是按照奖金包来发放。比如,根据企业的全年业绩,按照事先约定的总利润的一定比例来分配。假设总利润为 1 亿元,拿出 5%作为奖金包,即 500 万元,这 500 万元再根据各部门的绩效表现分配给各部门。假设 A 部门获得 100 万元,A 部门再参考部门内所有员工的年度考核结果,结合他们的工资基数,将 100 万元分配给部门内的所有员工。

> **案例** **2021—2022 年新经济公司年终奖观察**
>
> 2022 年 5 月,脉脉发布《2021—2022 新经济公司年终奖观察报告》,数据显示,在 2021—2022 年绩效季中,有近四成职场人的年终奖缩水。有 26%的职场人表示自己没有年终奖,其中超过三成的"95 后"没有年终奖。同时,有 9%的职场人的年终奖超过 5 个月的月工资,更有近 5%的职场人表示拿到了 8 倍月工资的年终奖。
>
> 根据用户在脉脉同事圈年终奖揭秘活动中晒出的信息,在平均年终奖和平均月收入 TOP10 的公司中,互联网头部企业占据半壁江山。而在脉脉社区自曝拿到百万元年终奖的用户,也多集中在互联网大厂的产品、研发岗位,且以游戏项目为主。

脉脉同事圈发布的年终奖排行榜如表 4-4 所示，TOP10 公司的平均年终奖均超过 10 万元，OPPO、腾讯、蚂蚁集团是前三名。

表 4-4 年终奖排行榜

排　名	公　司	平均年终奖/万元
1	OPPO	22.71
2	腾讯	20.63
3	蚂蚁集团	17.57
4	阿里巴巴	17.09
5	华为	16.86
6	快手	16.83
7	百度	15.93
8	贝壳找房	15.49
9	字节跳动	14.90
10	滴滴	10.28

2．绩效加薪

绩效加薪是将基本工资的增加与员工所获得的年度考核结果联系在一起的奖励计划。绩效加薪有两种方法：一种是升档升级下的加薪，另一种是不升档升级下的加薪。

（1）升档升级下的加薪。比如，年度考核结果为 S 的员工，下一年度的基本工资在上一年度的基础上递增 10%。组织设有薪酬结构表，其中标识出若干个职级，每个职级里又分为若干个档。员工的基本工资由其在表中的位置决定。年度考核成绩好的员工在薪酬结构表中可以获得位置的上升，年度考核成绩差的员工则可能被降薪。

比如，某企业根据岗位性质把岗位分为技术序列、运营序列、管理序列、后勤支撑序列。其中，技术序列分为 14 级，每级又分为 3 档，其薪酬结构表如表 4-5 所示。

表 4-5 技术序列的薪酬结构表

单位：元

职　级	1 档	2 档	3 档
14	150 000	160 000	170 000
13	130 000	135 000	140 000
12	100 000	110 000	120 000
……	……	……	……
1	20 000	25 000	30 000

根据企业的具体规定，年度考核成绩好的员工横向升一档。

还有的企业会参考过去两年的考核结果来调薪，示例如表 4-6 所示。

表 4-6 根据本年度和上一年度考核结果调薪

本年度考核结果	上一年度考核结果	调　薪
A	A	上升两级
	B	上升一级
	C 或 D	不变
B	A 或 B	上升一级
	C 或 D	不变
C	A 或 B 或 C 或 D	不变
D	A 或 B 或 C	不变
	D	下降一级

(2) 不升档升级下的加薪。这可以分为以下两种方式。

第一种方式：基于考核结果的加薪。这种方式的加薪幅度只与员工的考核等级相关，示例如表 4-7 所示。

表 4-7　基于考核结果的加薪

考核结果	A（优秀）	B（良好）	C（合格）	D（有待改进）	E（差）
加薪幅度	8%	5%	2%	0	-2%

加薪的唯一依据就是员工考核的等级。等级越高，加薪幅度就越大；等级越低，加薪幅度就越小。这种方式的设计较为简单，企业容易控制和掌握整体的加薪幅度与成本预算，便于管理。但是，由于加薪幅度完全依据考核等级，而没有将员工的基本工资考虑进来，因此在考核等级相同的情况下，基本工资高的员工的绝对加薪幅度要大于基本工资低的员工，前者的薪酬增长较快，会逐渐拉大企业内部的薪酬差距，影响企业内部的团结与合作。

第二种方式：基于考核结果和相对薪酬水平的加薪。相对薪酬水平包括两种情况：一种是外部相对薪酬水平，即员工薪酬水平和市场薪酬水平的差距；另一种是内部相对薪酬水平，即员工薪酬水平在组织薪酬等级体系内的位置。示例分别如表 4-8 和表 4-9 所示。

表 4-8　基于考核结果和市场薪酬水平的加薪

考核结果	加薪幅度				
	超过市场薪酬水平 20%	超过市场薪酬水平 10%	与市场薪酬水平持平	低于市场薪酬水平 10%	低于市场薪酬水平 20%
A（优秀）	7%	9%	11%	13%	15%
B（良好）	5%	7%	9%	11%	13%
C（合格）	3%	5%	7%	9%	11%
D（有待改进）	0	0	0	2%	3%
E（差）	0	0	0	0	0

从表 4-8 中可以看到，超过市场薪酬水平的员工加薪幅度小，低于市场薪酬水平的员工加薪幅度大，企业这样设计意在通过调薪维持和市场薪酬水平的平衡。

表 4-9　基于考核结果和薪酬对内比率的加薪

考核结果	加薪幅度			
	第四四分位（≥76%）	第三四分位（51%~75%）	第二四分位（26%~50%）	第一四分位（≤25%）
A（优秀）	7%	9%	11%	13%
B（良好）	5%	7%	9%	11%
C（合格）	3%	5%	7%	9%
D（有待改进）	1%	3%	5%	7%
E（差）	0	0	0	0

在表 4-9 中，第四四分位和第一四分位，分别代表员工薪酬水平最高、员工薪酬水平最低。薪酬水平高的员工加薪幅度小，薪酬水平低的员工加薪幅度大，企业这样设计的目的是让同级员工的薪酬差距不要拉得太大。

此外，还有考虑时间因素的加薪，稍微复杂，这里不再叙述。

3. 福利

福利分为法定福利和非法定福利。考核结果一般不与福利挂钩，但有些情况下组织为了激励员工，会为业绩好的员工发放额外的非法定福利。比如，考核结果连续两年为A的员工，奖励出国游一次；考核结果连续四年为A的员工，发放一定额度的子女教育补贴；考核结果连续六年为A的员工，奖励一份大额终身医疗和意外保险。

对于实施弹性福利的组织，可以根据考核结果奖励积分，积分可以用来兑换福利。表4-10所示为某上市公司的积分获取表，其中的绩效积分就是根据年度考核结果所送的积分量。

表4-10 某上市公司的积分获取表

积分类别	积分性质	核算方式
基础积分	阳光普惠类积分，人人享有	公司现有福利中的月饼卡、旅游津贴、电影票等项目总福利投入，折合成福利积分供员工选择
绩效积分	奖励类积分，根据考核结果，不同绩效等级的员工享有不同数额的积分	年度根据A、B、C、D类员工的考核结果，给予几类员工不同比例的奖励，A类奖励基础积分×0.5的积分，B类奖励基础积分×0.25的积分，C类奖励基础积分×0.05的积分，D类不奖励。月度根据部门奖励积分直接计入员工账户
管理和技能创新积分	奖励类积分，根据公司合理化建议的提议情况奖励，考取国家认可的职称也可酌情奖励	公司员工提出合理化建议、获取职称、完成专项工作，经公司讨论后可奖励100~200积分，累计奖励不超过700积分
文化活动积分	奖励类积分，员工参加国家级、市级、某城区、集团、物业等组织的各类文体活动获得荣誉后，可酌情奖励	员工参加各级组织的比赛获奖，可奖励100、200、300、500等不同数额的积分，累计奖励不超过500积分
其他积分	奖励类积分	如"服务之星"评比、"英语考试"奖励、"见义勇为"和"拾金不昧"等行为奖励，以及其他形式的非现金奖励

该公司的这些积分可以用来兑换福利，如表4-11所示。

表4-11 积分可兑换的福利

实 物 类	报 销 类	假 期 类
超市购物卡、电影票、员工固定车位、保险单	"乐活计划"——交通补助、住房补助、供暖费补助；"乐才计划"——业务培训、管理培训、职称培训、学历培训；"乐享计划"——子女教育、家人体检、家庭出游	携子专假、敬老专假、女士专假、爱情专假、旅游专假。原则上每年合计不超过10天

4．培训

培训属于绩效改进计划的一部分。人力资源部安排的培训方案在很大程度上会参考各个部门和员工的日常与年度考核结果，考核结果为培训提供了依据。如果大多数员工在某个方面的表现均不佳，则有必要重新开发与设计对应的培训课程，开展大范围的培训；如果少数员工在不同方面的表现不佳，则可以组织他们分别参与相应的培训课程。最终通过培训提高员工的能力与素质，提升个人绩效。

5．岗位调整

考核结果为员工的工作配置提供了依据。工作配置分为晋升、工作轮换、淘汰三种形式。很多组织将职位的调整与年度考核结果挂钩。比如，规定：只有当年年度考核结果为S或连续两年年度考核结果为A的员工才有机会获得职位晋升；当年年度考核结果为D或连续两年年度考核结果为C的员工会被调岗、降职乃至辞退。

图4-2所示为能力—绩效九宫图。该九宫图提供了一种员工任用、调整的参考工具，从员工的能力和绩效两个维度给出建议。

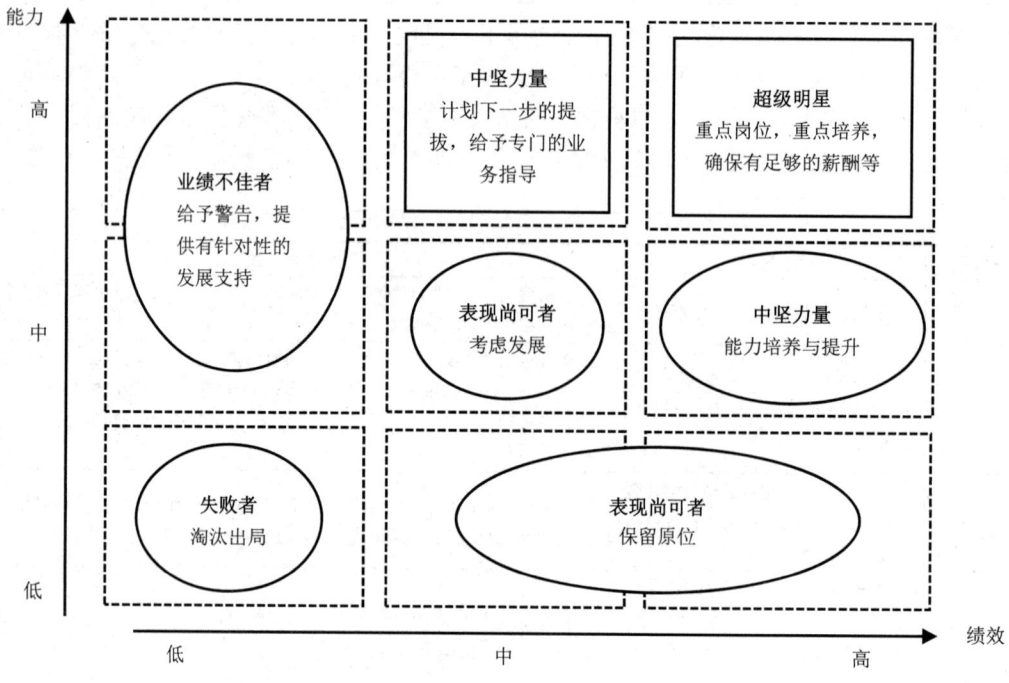

图 4-2 能力—绩效九宫图

（能力高、绩效高）的员工，属于组织的核心员工。对于这类员工，要重点培养，用极具吸引力的薪酬和发展空间吸引他们留在组织。

（能力高、绩效中）的员工，属于组织重点关注的员工。对于这类员工，要了解他们的绩效表现没有那么好的原因，安排一些培训和工作指导。

（能力中、绩效高）的员工，属于组织重点关注的员工，他们的能力虽然没有那么出色，但凭借勤奋的工作态度和丰富的工作技能，获得了很好的绩效。这类员工往往对组织有较高的忠诚度和敬业度，组织需要大量这样的中坚力量。

（能力中、绩效中）的员工，他们的表现尚可，能力没有那么突出，绩效也说得过去。组织中可能有相当数量的员工属于这类。对于这类员工，要保留他们的职务，鼓励他们取得更高的绩效，激发他们的潜力。

（能力低、绩效中高）的员工，他们非常努力，勤能补拙，对组织有较高的忠诚度和敬业度。组织应该保留他们的职务，通过培训、轮岗等人才开发方式鼓励他们提升个人的能力，从而使他们进入更重要的岗位中。

（能力中高、绩效低）的员工，属于有能力但业绩不佳的员工。对于这类员工，要仔细地辨别他们绩效差的原因。对于恃才傲物、懒散成性的员工，要给予敲打或警告，仍然不能改正的，可能就要面临转岗或辞退，因为这样的员工留在组织中会对其他员工产生不良影响；如果是因为他们对于组织发展或组织的管理层、管理理念不够认同，导致他们没有认真投入，则可以通过沟通的方式消除隔阂。

（能力低、绩效低）的员工，就进入了淘汰行列，面临转岗或辞退。

三、考核结果的核心应用——绩效改进

绩效改进是对考核结果的重要应用。绩效改进是指通过绩效诊断，找出绩效有待改进的方面，制订绩效改进计划或个人发展计划并实施的过程。绩效改进的对象包括组织、部门和个人。

个人和组织都应该推动绩效改进。在个人层面，考核结果会促使员工主动反思工作中的不足，并提出改进措施，从而获得更好的个人绩效。在组织层面，考核结果能帮助组织辨别人才，有针对性地实施奖励，并按照相应的流程改进绩效。

1．绩效诊断

从组织层面来看，组织的绩效指标和目标设定是否有偏差，是否符合组织战略发展的定位，能否有效地引导部门和员工的工作，这些是组织高层在组织绩效考核完成后要反思的问题。

从部门层面来看，部门的绩效指标和目标设定能否很好地承接组织绩效任务的分解，能否有效地激励本部门的员工，这些是部门负责人在部门绩效考核结束后要总结的内容。

从个人层面来看，落实到个人上的绩效指标表是否合理，这是员工要分析的内容，包括绩效指标和对应目标的设定、评估标准等的优化等，以便为下一个考核周期做准备。

从员工的表现来看，要分析考核结果差的原因。绩效不佳，是因为绩效目标过高，还是因为个人能力不足，或者是因为知识、技能体系欠缺，抑或是因为工作态度差？管理者要通过与员工沟通了解他们的问题，识别出其绩效不佳的原因。

2．绩效改进计划或个人发展计划的制订和实施

（1）绩效改进计划的制订和实施。

就个人层面而言，管理者和员工沟通后，应该帮助员工制订绩效改进计划，示例如表4-12所示。在绩效改进计划中，要明确绩效改进点和改进建议，如通过脱岗培训、在岗学习、换岗等方式，提高员工的能力，丰富员工的知识和技能。

表4-12 绩效改进计划示例

姓名：张三		岗位：销售
	绩效改进点	改进建议
业务	对产品性能理解不够	1. 参加人力资源部组织的业务知识培训； 2. 由本部门老员工担任导师，进行为期一年的指导
能力	和客户的沟通不足	参加人力资源部组织的销售人员沟通能力提升课程培训
	和团队其他同事的合作偏少，不善于求助，也很少帮助他人	1. 不允许缺席部门的项目分享会； 2. 部门负责人谈话一次，传授团队合作经验

（2）个人发展计划的制订和实施。

如果考虑个人更长期的发展，则组织可以帮助员工设计个人发展计划。个人发展计划与绩效考核工作有关，是指根据员工有待发展、提高的方面所制订的一定时期内有关工作绩效和工作能力提高的系统计划。这个计划的制订基于两个目的：一是帮助员工在现有工作中改进绩效，二是帮助员工发挥潜力。

个人发展计划一般在管理者的帮助下，由员工自己制订，并且同管理者进行讨论后达成一致意见，然后予以实施。

个人发展计划的实施可以分为以下步骤，如图 4-3 所示。

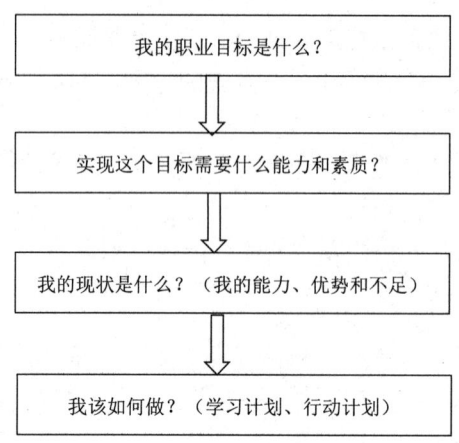

图 4-3　个人发展计划的实施步骤

四、强制分布法和末位淘汰制

之所以单独留出一定的篇幅来谈强制分布法和末位淘汰制，是因为这两种方法有特殊性并且经常结合在一起使用。强制分布法是对考核结果的人为干预，末位淘汰制是对考核结果的一种应用。两者都有强激励性，结合在一起使用效果更佳。

1．强制分布法

强制分布法是根据正态分布的原理，即"中间大、两头小"的分布规律，预先确定考核等级及各等级在总数中所占的百分比，然后按照被考核者绩效的优劣程度将其列入其中某一等级的方法。

> **案例**　　　　　　　　　　　　　　**活力曲线**
>
> 通用电气前 CEO 杰克·韦尔奇提出了著名的"活力曲线"。他按照业绩和潜力，将员工分成 A、B、C 三类，三类的比例为：A 类占 20%、B 类占 70%、C 类占 10%。
>
> 对于 A 类员工，杰克·韦尔奇采用的是"奖励、奖励、再奖励"的方法，提高工资、股票期权并给予职位晋升。A 类员工所得到的奖励，可以达到 B 类员工的 2～3 倍。对于 B 类员工，也根据情况，确认其贡献，并提高工资。但是，对于 C 类员工，不仅不会给予奖励，还要将其从企业中淘汰出去。

强制分布法的比例可以结合部门的业绩进行调整，如表 4-13 所示。比如，如果某部门的考核等级为 A，则该部门的员工得 A 的比例可以高达 30%；如果某部门的考核等级为 C，则该部门的员工得 A 的比例不会超过 10%。

表 4-13　部门考核等级与员工考核等级对照表

部门考核等级	员工考核等级分布比例		
	A	B	C
A	30%	60%	10%

续表

部门考核等级	员工考核等级分布比例		
	A	B	C
B	20%	70%	10%
C	10%	70%	20%

强制分布法的优缺点都很鲜明，优点如下。

（1）强激励。强制分布法与强激励结合，能对绩效好的员工给予重奖，对绩效差的员工给予重罚，使两头的员工在回报上拉开较大的差距，促使大家奋勇争先。

（2）有效避免整体评估过松或过严的现象。因为要强制分出等级，所以考核者送人情导致考核过松或过严的现象很少出现。

强制分布法的缺点如下。

（1）如果员工的绩效实际上不符合所设定的分布样式，那么对员工进行硬性区别是不合理的。强制分布法的理论基础一直存在争议，即它假设员工的绩效一定会分出差异，并且样本量大时呈现正态分布。在实践中如果被考核的员工数量不是很多，如一个部门中有七八名员工，则他们之间的绩效差异可能很小；即使有更多的员工，理论上也不一定呈现正态分布。

（2）如果组织氛围不支持强激励，则组织可能用轮流坐庄和较小的奖罚尺度来弱化激励。比如，部门内让大家轮流评优，或者绩效好的员工和绩效差的员工所得到的奖金差异不大，这种消极策略违反了实施强制分布法的初衷。

（3）实施条件高，要求组织有较强的管理能力和执行能力，有成熟、公正的绩效考核体系。强制分布法容易激发员工与员工之间、员工与组织之间的矛盾，所以需要组织有很强的掌控能力。同时，强制分布法会加大对排名靠后的员工的负激励，如果组织的绩效考核体系不够公平公正，则容易激怒排名靠后的员工。

案例　　　　　　　　　　　强制分布法的问题

某公司准备实施强制分布法。公司根据员工的考核结果把员工的绩效分为四类，即 A、B、C、D，每种类别的人数占比如表 4-14 所示。

表 4-14　强制分布比例

绩效类别	A	B	C	D
人数占比	20%	30%	40%	10%

公司规定考核结果与薪酬挂钩。考核结果为 A 的员工，工资提升 15%，年终奖发 5 个月的月工资；考核结果为 B 的员工，工资提升 5%，年终奖发 2 个月的月工资；考核结果为 C 的员工，工资不变，年终奖发 1 个月的月工资；考核结果为 D 的员工，工资不变，不发年终奖；考核结果连续两年为 D 的员工，将面临辞退。

公司领导认为强制分布法的实施有助于激励员工，没想到实施以后却出现了一些问题。

问题一：考核结果为 B 和 C 的员工对考核结果为 A 的员工很不服气。他们觉得自己与得 A 的员工的差距没有多大，但工资和奖金差别很大，于是"和领导关系好的人才能得 A"的说法在公司传开，导致考核结果为 A 的员工受到排挤。

问题二：有一些部门的员工数量少，考核时公司就把这些部门的员工合并在一起进行强制分布。一些"灵活"的部门负责人为了让自己的员工排名靠前，就给本部门所有的员工都评高分；而那些公正的部门负责人继续选择正常评分，结果本部门大量的员工得到 B 和 C，甚至 D。后面这些部门的员工在所有员工排名中处于劣势，因此对那些公正的部门负责人非常不满。

问题三：考核结果出来后，有一些被公认为业绩很好的员工不知道什么原因得了 B 甚至 C，而有一些业绩一般的员工却得了 A。公司总经理看到后，没有采纳这个结果，被众人质疑考核的权威性。

上面这个案例反映出多个问题。强制分布法实施的基础是员工绩效的差异性和绩效考核的公正性。当员工绩效差异小时，强制分布法容易引发得低分的员工的不满。但这不是取消强制分布法的理由，排名靠前和排名靠后的员工的奖励差异大，更能激发大多数员工的工作热情。强制分布法更适合员工数量较多的情况，因为在这种情况下员工绩效的差异性更为显著。公正性是另一个关注点。如果组织的绩效考核体系不成熟，考核结果难以服众，就会导致员工相互排斥，或者对打低分的领导心怀不满，乃至无法正常推进考核。这种情况会使绩效考核中的种种不合理现象的负面作用被放大。

强制分布法要求组织有较强的管理能力，能做好员工的反馈工作，考核结果强制分布后，能与排名靠后的员工做好沟通，让强制分布的结果被大家理解和接受。强制分步法还要求组织有较强的执行力，能坚决执行考核结果的应用，不畏惧员工的阻力。

2．末位淘汰制

末位淘汰制是指组织根据考核结果对排名靠后的员工，以一定的比例给予转岗、降职，或者辞退的方法。其目的是激发员工的工作动力，提高员工的绩效，从而提高组织的绩效。

对于末位淘汰制，有几点需要解释。首先，末位不代表考核结果的最后一名，而是一定比例的员工，如末位 5% 的员工。其次，淘汰也不仅指辞退，可以是多种方式。当然，辞退是最强的刺激方式。有的组织为了降低辞退的负面影响，会采取一些缓和的方式。比如，进行培训后再上岗，如果后续考核依旧位于末位，再辞退；或者转岗到其他岗位。有些员工的绩效不佳，可能与岗位和自身能力不匹配有关，转岗后绩效可能会转好。

末位淘汰制的优点如下。

其一，激励性非常强。虽然"淘汰"的只是末位的员工，但联动效应会促使所有员工都承受较大的压力。其二，是组织精简人员、有效分流的最佳工具。根据考核结果淘汰，既兼顾了公平，又实现了组织效率的提升，辞退减少了冗余劳动力，培训和转岗提升了人员的工作效率。

末位淘汰制的缺点如下。

其一，员工压力过大，影响身心健康。其二，可能不利于团队气氛的营造。在强竞争的环境下，可能形成员工不愿意相互帮助甚至相互拆台的氛围。其三，老员工离开后需要补充新员工，影响工作的延续性；招聘工作要跟得上，确保人员补充到位。新员工适应岗位需要花费时间和成本培训，这对组织来说是较大的考验。

> **案例**　　　　　　　　　　**我只要跑过你**
>
> 在非洲大草原上有两个人正走着，突然听见后方有狮子在怒吼。其中一个人从背包里拿

出一双跑鞋并系紧鞋带,另一个人就说:"你就算穿上跑鞋也跑不过狮子呀!"穿跑鞋的那个人答道:"我不用跑过狮子,我只要跑过你就行了。"

3. 强制分布法和末位淘汰制的结合

强制分布法常和末位淘汰制配合使用。末位淘汰制除规定对排名靠后的员工进行处罚外,往往也会对排名靠前的员工进行奖励。利用强制分布法可以确定整体排名的分布。前面提到的通用电气的活力曲线,就是先用强制分布法把员工分为A类(占20%)、B类(占70%)、C类(占10%),然后用末位淘汰制对排名靠后的员工进行辞退等处罚的。

强制分布法和末位淘汰制的结合,是当前对员工激励的最强形式之一。因其负面效应很强,在使用时需要谨慎。一般来说,这种方法适用于保险等竞争性强的行业,事业单位、公务员一般不会采用。

> **案例** **阿里巴巴的"361"考核制度**

2020年12月28日,一则关于阿里巴巴即将取消强制考核比例做法的新闻迅速霸占各大新闻头条,成为热点话题。消息称,阿里巴巴集团的首席人力资源官童文红在内部论坛中表示:未来阿里巴巴不再强制实行实施了十几年的"361"考核制度,不再强制要求必须给团队中10%的员工打3.25分。

阿里巴巴将绩效考核分为6个小的等级(5分、4分、3.75分、3.5分、3.25分、3分)、3个大的等级(5分、4分、3.75分为第一大等级,3.5分为第二大等级,3.25分、3分为第三大等级),如表4-15所示。

表4-15 阿里巴巴的绩效考核等级

评分/分	定 义	比 例
5	杰出	
4	持续一贯地超出期望	30%
3.75	部分超出期望	
3.5	符合期望	60%
3.25	需要提高	10%
3	需要改进	

阿里巴巴内部有员工调侃"361"考核制度就是,"3个幸运儿,6个普通人,1个倒霉鬼"。分数最高的占比30%的员工,将被升职、加薪或调岗;位于中间的分数占比60%的员工,基本安全稳定,该有的年终奖、股票和调薪都正常有,工作一切照旧;分数最低的占比10%的员工,将被取消年终奖和晋升机会;连续两年的绩效评分低于3.25分的员工,可能面临辞退。

马云曾经在员工大会中直言不讳道:"如果有些人每天早上开着跑车上班,心里想着:'既然马总说不能离开,那我就不离开,反正我还有淘宝和支付宝的股票,就耗个5年,公司在替我赚钱,我就永远不干活了。这儿逛逛,那儿逛逛,也不需要努力工作。'这才是最大的灾难。我们最讨厌、最担心这些身在公司心却不在公司的人。如果发现公司里有这样的人,我们一定会采取措施,一定不会让这样的人继续留在公司里。出工不出力的必须严惩,不然我们就对不起新加入的人,对不起勤奋的人,对不起信任我们的股东,对不起未来。这是我最想强调的。"

附：阿里巴巴绩效考核制度的关键点。
考核内容：业绩和价值观各占50%。
考核频次：以季度考核为主。
部门排序：2-7-1。
个人排序：3-6-1。
考核工具：由KPI主导。
淘汰标准：连续两个季度，成为末位的10%。
晋升条件：上年度KPI达3.75分及以上，满分为5分。

需要补充说明的是，有很多企业从拥护到放弃强制分布法和末位淘汰制。2012年，奥多比（Adobe）公司宣布放弃绩效评级。实施强制分布法和末位淘汰制的标杆企业通用电气，也在2015年宣布放弃绩效评级。戴尔、微软、IBM、德勤、埃森哲、普华永道等知名企业也都加入了这一阵营。

案例　　绩效考核要如何跟上时代？

明巴耶娃不知道今年她的职业评估将是什么样子，甚至不知道组织是否会进行评估。她所在的组织让团队负责人自由实验，然后决定是否改变其绩效考核方式。

过去三年里，许多企业宣布放弃绩效考核系统，包括通用电气、微软、德勤、埃森哲和思科，评级制度首当其冲。员工早就抱怨，称它的作用就是"评级然后解雇"——在正态曲线上评分最低的人将被迫走人。它还会使团队成员陷入恶性竞争。微软的一位工程师在2012年告诉《名利场》："负责开发软件功能的人将公开破坏其他人的努力。"一年后，微软放弃了强制评级制度。

然而，虽然决定放弃评级制度，但雇主并不清楚哪种制度能取代它。他们发愁的是，如何收集足够的信息来决定是否为员工加薪和晋升。

阿什利·古多尔最初在德勤推出一项新制度，后来去了思科牵头实施类似项目。他表示，企业不再质问你有5档评级还是7档评级，或者如何进行年度评估，它们看的是整个体系。思科一度没有任何传统的评估流程："你可以干脆不这么做，结果天没有塌下来。"

这样改变的一个理由是，填表和正态曲线分析的效率极低。德勤的首席人力资源官迈克·普雷斯顿表示："我们花这么多时间针对一个评级进行提议、辩论和沟通，以至于我们真的没有时间开发人才。"

埃森哲CEO表示，该企业"将取消90%过去所做的事情"。据统计，企业总计有800万小时投入绩效管理，每位员工每年花费在绩效考核上的时间多达21小时，其中的16小时只是在走流程。

然而，企业并没有试图在绩效管理上不花费任何时间，相反它们希望重新分配这些时间。通用电气绩效管理专家贾尼斯·森佩尔表示，这家工业集团的管理人员现在花费更多的时间指导并推动组织内部决策的下行。这与前CEO杰克·韦尔奇的决策相比有很大的变化，后者曾敦促管理人员绘制活力曲线，并强迫任何团队中表现最差的10%的员工走人。

资料来源：杨敏杰. 绩效管理[M]. 上海：上海交通大学出版社，2021.

4. 关于用末位淘汰制辞退员工的法理探讨

在我国，组织采取末位淘汰制，对排名靠后的员工单方面解除劳动合同，这种情形是否合法？

用人单位可以对员工单方面解除劳动合同的情形分为两种：无过错性辞退和过错性辞退。一般情况下，末位淘汰制下排名靠后的员工属于绩效不理想，并非犯有严重的过错（严重的过错包括严重违反用人单位的规章制度；严重失职，营私舞弊，给用人单位造成重大损害）。因此，辞退员工要看法律对无过错性辞退的描述。

《中华人民共和国劳动合同法》（以下简称《劳动合同法》）第四十条有关于无过错性辞退的描述：

有下列情形之一的，用人单位提前三十日以书面形式通知劳动者本人或者额外支付劳动者一个月工资后，可以解除劳动合同：

（一）劳动者患病或者非因工负伤，在规定的医疗期满后不能从事原工作，也不能从事由用人单位另行安排的工作的；

（二）劳动者不能胜任工作，经过培训或者调整工作岗位，仍不能胜任工作的；

（三）劳动合同订立时所依据的客观情况发生重大变化，致使劳动合同无法履行，经用人单位与劳动者协商，未能就变更劳动合同内容达成协议的。

末位淘汰制下排名靠后的员工属于不能胜任工作者，根据上述条款，即使用人单位中有末位淘汰可直接辞退员工的相关规定，但与《劳动合同法》的规定不一致时，也应该先对不能胜任工作者进行培训或调岗。如果直接辞退员工，则违反《劳动合同法》的规定，员工可以向劳动仲裁部门申请劳动仲裁，要求用人单位支付经济赔偿金或继续履行劳动合同。经过培训或调岗，员工仍不能胜任工作的，用人单位才可予以辞退。

案例　　　　　　　　　　根据考核结果辞退员工

2017年3月，曾某应聘到某集团工作，任市场专员。

2018年第一、二季度，曾某的考核结果均为D。

2018年7月2日，该集团通知曾某，根据《集团员工绩效管理办法》的有关规定，"考核结果为D视为'不胜任'，公司将对该员工进行岗位降级或解除劳动合同，连续两次考核结果为D，解除劳动合同"，集团决定从2018年7月27日起与曾某解除劳动合同。

曾某不服，申请劳动仲裁。

仲裁委认为，《劳动合同法》第四条规定："用人单位应当依法建立和完善劳动规章制度，保障劳动者享有劳动权利、履行劳动义务。用人单位在制定、修改或者决定有关劳动报酬、工作时间、休息休假、劳动安全卫生、保险福利、职工培训、劳动纪律以及劳动定额管理等直接涉及劳动者切身利益的规章制度或者重大事项时，应当经职工代表大会或者全体职工讨论，提出方案和意见，与工会或者职工代表平等协商确定。在规章制度和重大事项决定实施过程中，工会或者职工认为不适当的，有权向用人单位提出，通过协商予以修改完善。用人单位应当将直接涉及劳动者切身利益的规章制度和重大事项决定公示，或者告知劳动者。"本案中，该集团未举证证明《集团员工绩效管理办法》经民主程序制定并已向曾某公示。

仲裁委认为，即使曾某不能胜任工作，也应依据《劳动合同法》第四十条的规定，对曾某进行培训或调岗；经培训或调岗仍不能胜任工作的，用人单位在提前30天书面通知或额外支付一个月工资后，方可解除劳动合同，而该集团未举证证明其在解除劳动合同前曾履行过上述程序。

最终，仲裁委认定该集团解除劳动合同违法，裁决该集团支付曾某违法解除劳动合同赔偿金5万元。

第四节　绩效考核中常遇到的问题

我们在绩效考核实践中常遇到几类问题，下面逐一探讨。

一、由于非本人原因造成绩效目标没有完成，是否扣分

这里不讨论绩效目标设置过高的问题，只限绩效目标在合理范围内，但由于非本人原因造成绩效目标没有完成的情况。

案例　　　　　　　公说公有理，婆说婆有理

张三在一家外贸公司工作，年底的绩效考核就要到了，他的几个关键指标的完成情况却不乐观。受疫情的影响，一些外贸出口的订单被取消了，这也是他业绩目标没有完成的主要原因。考核时，主管对这几项指标都扣了分。张三很委屈，一年辛辛苦苦工作却没有拿到预期的年终奖，而原因却不是他个人能决定的。张三把情况反映给主管，主管表示很理解他的心情，但公司由于疫情原因整体收入锐减，不能因为感情因素放宽考核标准，该扣分还是要扣分。

李四是张三的大学同学，毕业后选择了一家事业单位。李四的年底考核也由于疫情原因没有达到目标。单位领导表示，疫情作为不可抗力，在考核时会考虑；单位的支出是由上级单位拨付的，在薪酬支付上没有压力。最后和其他人一样，李四的绩效得分得到适当提高，拿到了和去年一样的年终奖。

由于宏观环境变化、所在单位发展等非本人能决定的因素影响到员工考核结果的时候，对于考核结果是否调整并无规定，取决于单位性质、领导风格、资金情况等。一般来说，生存压力和竞争压力小的组织，在考核时更容易考虑客观因素，考虑员工的感受；而生存压力大、竞争激烈的组织，倾向于组织和员工荣辱与共的思路。皮之不存，毛将焉附。

二、考核对业务部门不利，对非业务部门有利

这里所提的业务部门，是指生产、销售、研发等与组织主营业务直接相关的部门，而非业务部门是指人力资源、办公室、财务等管理和支撑部门。

由于组织高层普遍重视业务部门，对业务部门的监督力度更大，同时业务部门的岗位指标更容易量化，因此考核时业务部门更容易被扣分，而非业务部门更容易拿到绩效高分，这就造成了部门之间的不公平。

解决方法有两种。一种是在业务岗位的绩效指标表里设置更多的加分项。比如，销售利润指标的分数为10分，预期目标为50万元，当员工超额完成时可以给予加分，突破10分的

分数限制。表 4-16 是绩效指标设置了加分项的例子。另一种是让业务岗位的基本工资、绩效工资和奖金比非业务岗位高。组织要科学评估岗位价值，根据岗位价值调整岗位薪酬。业务岗位和非业务岗位的价值不同，薪酬也不同。比如，在百度等互联网企业，软件工程师的薪酬要远高于人力资源等非业务岗位。

表 4-16　绩效指标

序号	指标	分数	绩效目标	评分标准	个人自评	考核者评分
1	（年）销售费用	5 分	销售费用不高于 100 万元	每增加 10%，扣 5 分；每减少 10%，加 5 分。本项最多不能超过 10 分		
2	（年）销售利润	10 分	销售利润不低于 1000 万元	每减少 10%，扣 5 分；每增加 10%，加 5 分。本项最多不能超过 15 分		

三、绩效目标设置过高，员工难以完成

绩效目标一般不宜设置过高，"蹦一蹦就能够得到"的目标是比较合理的。绩效目标设置过高的原因可能有两种情况。第一种情况是，管理者没有和员工沟通，单方面把目标塞给员工，这是一种常见的现象。管理者当然希望员工完成的目标越高越好，但这种强塞式的目标容易遭到员工的抵制。当员工的目标没有完成，绩效得分过低时，员工会产生不满情绪；如果管理者屈于压力放水，又不利于考核的执行。对于这个问题，还是应从双方的沟通做起。建议管理者和员工在设置绩效目标时要进行充分的沟通，目标务必得到员工的认可和承诺。

第二种情况是，管理者和员工虽然已经就目标达成一致意见，但在实际工作中发现原计划的目标难以完成。如果受经营环境变化等客观因素的影响，就需要及时调整目标。目标的调整需要按照绩效管理制度的要求进行，不能随意。一般来说，需要向人力资源部申请和报备。

四、考核结果应用方式单一，与员工培训和个人发展没有很好结合

有些组织只将薪酬和奖金作为考核结果的应用，忽视了考核对员工培训和个人发展的帮助。出现这种情况的本质原因还是重组织轻员工，重短期轻长期，对员工的成长考虑得少。在组织追求短期效益、员工流动性高的情况下，更容易发生这种情况。

这种情况会使员工感受不到组织的关怀，对个人的发展产生焦虑情绪，认为考核就是组织为了找麻烦、扣工资而做的，从而排斥考核，加重离职倾向。

五、绩效考核与组织战略目标脱节

一些组织在每年年底进行考核时，各部门的绩效目标都完成得非常好，而组织整体的绩效目标却完成得不好。究其原因，很可能是绩效目标的分解存在问题，即各部门的绩效目标不是根据组织的战略目标分解的，而是根据各自的工作内容提出的。年年有考核，但连组织战略目标是什么、部门绩效目标是什么都不清楚，这种现象仍然存在。或者表面上从组织战略目标到部门、岗位绩效目标都有落地方案，但方法、逻辑错误，导致绩效管理与战略实施发生了脱节。

六、随意改变既定的奖罚约定

管理者要认识到，绩效改进计划一旦制订，就成为组织与员工之间的有形契约，是有约

束力的,不能随意改变。即便因为特殊原因需要变更,也需要双方的理解和同意。双方要努力维护绩效考核的严肃性。比如,某公司事先约定在部门完成业绩后奖励一定额度的奖金,但公司财务紧张,难以一次性支出这么多钱,就可以和部门负责人商量,延迟一段时间后补齐。

案例　　　　　　　　　　员工的怨言

员工心声:我们公司是小公司,老板想各种办法省钱,绩效标准越改越高。曾经有一名客服的业绩超额完成,老板觉得提成给得太多,直接扣了下来。现在绩效考核给大家的印象就是变相扣钱,因为绩效标准是会变的,到时候老板就说需要根据实际情况进行调整,我们也没办法,抗争也没人搭理,气不过就辞职换家公司。

七、考核就是对员工的惩罚,是树立权威的手段

一些管理者认为,考核是一种对员工的控制手段,目的就是挑员工的毛病,借机惩罚员工,从而树立自己的权威。这种错误的想法会影响员工的想法,他们也会认为,管理者考核就是为了给自己找碴儿,从而躲避和反感考核。

八、从员工的固定工资中拿出一部分当绩效工资

有些组织采取从员工的固定工资中拿出一部分作为绩效工资,这会遭到员工的强烈抵制。员工会认为这些工资本来就是自己应得的,只不过组织用考核的名义拿走了一部分,再根据考核结果发下来,组织这样做就是在变相克扣工资。

这种做法确实不对,组织应该不动原有工资,新增一部分工资作为绩效工资。但如果工资支出的压力确实过大,也可以从原来的固定工资中拿出一部分作为绩效工资,但要确保只要员工在正常努力下,就可以拿到至少不低于原来工资额度的薪酬。而那些比以往更努力、贡献更大的员工,则应该拿到更多的工资。

章末案例——某公司的绩效考核方案

第一章　总则

考核对象包括公司除技工系列、技术系列外的各职系员工,如表4-17所示。

表4-17　考核对象分类

职　系	考核对象分类
职务系列	承担一定职务的中高层管理岗位,包括部长、室经理(主任)、专业厂厂长、副厂长等
行政系列	需要具备一定专业知识的一般管理岗位,包括职能部门的各专业管理岗位,以及专业厂的专业管理岗位和工段长等
通勤系列	各部门内不需要特定专业知识的后勤、服务岗位

注:考核对象不包括总经理、副总经理、试用期员工、考核周期内累计到岗不超过一个月的员工。

第一条　员工绩效考核的周期

各职系员工进行季度考核和年度考核。

◆ 季度考核的周期为每个自然季度。

- 年度考核的周期为每年1月1日至12月31日。

第二条 员工绩效考核的时间安排

- 季度考核时间为：下个季度第一个月；员工考核时间不超过15个工作日。
- 年度考核时间为：下个年度第一个月；员工考核时间为20个工作日。

第三条 季度、年度考核中的考核者分布情况如表4-18所示。

表4-18 考核者分布情况

职　　系		考核内容	考　核　者	考核组织者
职务系列	部长	季度考核	分管副总（总经理）	人力资源部
		年度考核	分管副总、同级、下级	人力资源部
	室经理（主任）	季度考核	部长	人力资源部
		年度考核	部长、同级、下级	人力资源部
行政系列		季度考核	直接上级	各部门自行组织
		年度考核	直接上级	
通勤系列		季度考核	直接上级	
		年度考核	直接上级	

第四条 绩效考核体系的结构

针对员工个人工作状况进行的考核，由以下三个部分组成。

- 业绩考核指标，指衡量各岗位员工通过努力所取得的工作成绩的数据。
- 能力考核指标，指衡量各岗位员工完成本职工作所需具备的各项能力的数据。
- 态度考核指标，指衡量各岗位员工对待工作的态度的数据，主要包括创造性、敏捷性、责任性、主动性、团队性、民主性、纪律性、系统性、奉献精神、坚韧性。

其中，员工的季度考核以业绩考核为主，能力与态度考核则在年度考核时开展。

第二章　绩效考核体系细分

第一节　个人绩效考核

一、业绩考核

第五条 业绩考核的定义

业绩考核是对员工履行职责状况及工作结果的考核。它是对组织成员工作贡献程度的衡量和评价，直接体现员工对公司的价值，是绩效考核的核心内容。

第六条 业绩考核的内容

公司的业绩考核包含个人业绩与部门业绩两个部分。不同职系员工对应不同的业绩考核内容。

二、职务系列的业绩考核方式

第七条 部长的业绩考核方式

个人业绩考核：年初分管副总与部长进行面谈，确定部长的年度工作计划并分解到季度，作为业绩考核的基准。年度（季度）末分管副总与部长沟通本年度（季度）完成的重点工作、工作成果及其他工作业绩，并总结本年度（季度）工作中的经验与教训，提出提升的计划，确定下一年度（季度）的工作重点和工作计划。

部长季度业绩考核得分＝部门季度业绩考核得分；

部长年度业绩考核得分＝部门年度业绩考核得分。

第八条　室经理（主任）的业绩考核方式

个人业绩考核：年初部长与室经理（主任）进行面谈，确定室经理（主任）的年度工作计划并分解到季度，作为业绩考核的基准。年度（季度）末部长与室经理（主任）沟通本年度（季度）完成的重点工作、工作成果及其他工作业绩，并总结本年度（季度）工作中的经验与教训，提出提升的计划，确定下一年度（季度）的工作重点和工作计划。

室经理（主任）季度业绩考核得分＝部长对其季度业绩的考核评分；

室经理（主任）年度业绩考核得分＝部长对其年度业绩的考核评分。

三、行政系列的业绩考核方式

第九条　行政系列员工的业绩考核方式

个人季度业绩考核：在每年年初部门平衡计分卡确定之后，各室经理（主任）根据公司对部门的要求，确定本部门行政系列员工在各季度的重点工作、工作标准和工作成果；季度末，行政系列员工的直接上级对员工的季度工作完成情况打分，确定个人季度业绩考核得分。

个人年度业绩考核得分＝个人各季度业绩考核的平均分。

四、通勤系列的业绩考核方式

第十条　通勤系列员工的业绩考核方式

个人季度业绩考核：在每年年初部门平衡计分卡确定之后，各部长根据公司对部门的要求，确定本部门通勤系列员工在各季度的重点工作、工作标准和工作成果；季度末，通勤系列员工的直接上级对员工的季度工作完成情况打分，确定个人季度业绩考核得分。

个人年度业绩考核得分＝个人各季度业绩考核的平均分。

五、部门的业绩考核方式

第十一条　部门的业绩考核方式参见《集团部门绩效考核手册》。

六、能力考核

第十二条　能力考核方式

- 被考核者的直接上级、同级或下级对被考核者进行能力考核，综合考虑本年度该员工在工作中反映出的各项核心能力，参考能力考核的打分标准，并通过相同岗位其他员工的能力表现，最终确定该员工的能力考核得分。同时，考核者需要注明该员工获得此考核得分的原因并列举有代表性的例子。
- 通过对核心能力的考核，最终确定该员工本年度的能力考核结果。
- 公司各种能力考核的打分依据详见《集团员工能力考核指标量表》。
- 各职系员工的能力类指标选择如表 4-19 所示。

表 4-19　能力类指标

能力	职务系列		行政系列	通勤系列
	部长	室经理（主任）		
领导能力	20%	10%		
判断与决策能力	30%	20%	20%	
计划与执行能力	15%	30%	30%	40%
影响能力	15%	10%		
人际交往能力	10%			20%
沟通能力	10%	10%		
基础与专业技能		20%	50%	40%

七、态度考核

第十三条　态度考核方式

- 被考核者的直接上级、同级或下级对被考核者进行态度考核，综合考虑本年度该员工在工作中反映出的各项态度，参考态度考核的打分标准，确定该员工的态度考核得分。
- 通过对态度的考核，最终确定该员工本年度的态度考核结果。
- 公司各种态度考核的打分依据详见《集团员工态度考核指标量表》。
- 各职系员工的态度类指标选择如表 4-20 所示。

表 4-20　态度类指标

态度	职务系列		行政系列	通勤系列
	部长	室经理（主任）		
创造性	20%	10%	30%	10%
敏捷性	20%	20%		
责任性	30%	20%	10%	20%
主动性		20%		30%
团队性		20%	20%	
民主性	10%			
纪律性				30%
系统性	10%	10%		
奉献精神	10%		30%	
坚韧性			10%	10%

八、员工业绩考核中各考核内容所占比重

第十四条　季度考核中各考核内容所占比重

部长季度考核得分＝部门季度业绩考核得分；

其余员工季度考核得分＝其余员工季度业绩考核得分。

第十五条　年度考核中各考核内容所占比重

- 职务系列：

部长年度考核得分＝部门年度业绩考核得分×70%＋个人年度能力考核得分×20%＋个人年度态度考核得分×10%；

室经理（主任）年度考核得分＝个人年度业绩考核得分×65%＋个人年度能力考核得分×25%＋个人年度态度考核得分×10%。

- 行政系列：

行政系列员工年度考核得分＝个人年度业绩考核得分×50%＋个人年度能力考核得分×30%＋个人年度态度考核得分×20%。

- 通勤系列：

通勤系列员工年度考核得分＝个人年度业绩考核得分×50%＋个人年度态度考核得分×50%。

第二节　各职系员工绩效考核结果分布

第十六条　部长季度考核等级就是该负责人负责的部门季度考核等级。

第十七条　部长年度考核等级与部门年度考核等级对照表如表 4-21 所示。

表 4-21　部长年度考核等级与部门年度考核等级对照表

部门年度考核等级	部长年度考核等级				
	S	A	B	C	D
S					
A					
B					
C					
D					

注：在部门年度考核等级为 A 的情况下，部长年度考核等级可以为 S，也可以为 A。

第十八条　室经理（主任）年度考核等级与部门年度考核等级对照表如表 4-22、表 4-23 所示。

表 4-22　室经理（主任）年度考核等级与部门年度考核等级对照表（1）

部门年度考核等级	室经理（主任）年度考核等级分布人数/人				
	S	A	B	C	D
S	1	2	剩余人员		
A	1	1	剩余人员		
B		2	剩余人员	1	
C		1	剩余人员	1	1
D		1	剩余人员	2	1

注：室经理（主任）人数不少于 4 人。

表 4-23　室经理（主任）年度考核等级与部门年度考核等级对照表（2）

部门年度考核等级	室经理（主任）年度考核等级分布人数/人				
	S	A	B	C	D
S	2	剩余人员			
A	1	剩余人员	1		
B		2	剩余人员		
C			1	剩余人员	
D			1	剩余人员	1

注：室经理（主任）人数少于 4 人。

第十九条　行政系列员工年度考核等级与部门年度考核等级对照表如表 4-24～表 4-26 所示。

表 4-24　行政系列员工年度考核等级与部门年度考核等级对照表（1）

部门年度考核等级	行政系列员工年度考核等级分布比例				
	S	A	B	C	D
S	15%	25%	60%		
A	10%	20%	65%	5%	
B	5%	15%	70%	10%	
C		15%	70%	10%	5%
D		10%	70%	15%	5%

注：行政系列员工人数不少于 15 人。

表4-25 行政系列员工年度考核等级与部门年度考核等级对照表（2）

部门年度考核等级	行政系列员工年度考核等级分布人数/人				
	S	A	B	C	D
S	1	3	剩余人员		
A	1	2	剩余人员	1	
B	1	1	剩余人员	1	1
C		2	剩余人员	2	1
D		2	剩余人员	1	2

注：行政系列员工人数少于15人，不少于10人。

表4-26 行政系列员工年度考核等级与部门年度考核等级对照表（3）

部门年度考核等级	行政系列员工年度考核等级分布人数/人				
	S	A	B	C	D
S	1	2	剩余人员		
A	1	1	剩余人员	1	
B		2	剩余人员	1	
C		1	剩余人员	1	1
D		1	剩余人员	2	1

注：行政系列员工人数少于10人。

第二十条 通勤系列员工在各自所在部门内部的考核等级由部长根据其考核得分确定，考核等级分布比例参照行政系列员工考核等级确定。

第三章　绩效考核实施

第一节　考核者培训

第二十一条 考核者培训的目的

通过培训，使考核者掌握绩效考核的相关技能，熟悉绩效考核的各个环节，准确把握考核标准，分享考核经验，掌握考核方法，克服考核过程中常见的困难。

第二十二条 绩效考核体系对考核者的要求

◆ 要求考核者对被考核者的业务有充分的了解。
◆ 要求考核者熟练掌握考核的基本原理及操作实务。
◆ 要求考核者必须在考核过程中与被考核者进行有效的沟通和交流，并制订绩效改进计划，以达到持续改进的目的。

第二十三条 考核者培训的内容

人力资源部根据考核委员会成员对绩效考核制度的掌握情况，在每年年度考核实施前两周组织统一培训，培训内容包括以下几项。

◆ 考核标准内容。
◆ 绩效指标的计算及评分方式。
◆ 考核流程。
◆ 考核方法及绩效考核实施过程中应注意的问题。

第二节　绩效考核实施过程

一、季度考核工作实施

第二十四条 职务系列员工的季度考核流程

部长的季度考核流程如图4-4所示。

绩效管理

	确定工作任务	业绩考核	绩效审核	绩效沟通	考核申诉
主要活动	每季度末部长与直接上级面谈，结合年度目标卡确认下个季度的工作目标。	直接上级根据季度目标卡对部长进行评价，计算考核得分，评议考核等级。	人力资源部汇总并计算部长季度考核得分，划分考核等级；考核委员会审核考核结果，对考核结果进行总体控制。	人力资源部反馈并留存考核结果；部长确认或向考核委员会提起申诉；直接上级与部长沟通，制订绩效改进计划。	考核委员会处理申诉，人力资源部留存最终考核结果。
时间	每季度末	每季度初	每季度前10个工作日	每季度前14个工作日	每季度前15个工作日
负责人	直接上级与部长	直接上级	考核委员会	直接上级与部长	考核委员会
输出结果	部长季度目标卡	部长季度考核得分	部长季度考核等级草案	绩效改进计划或下年工作任务草案	部长季度考核等级最终结果

图4-4 部长的季度考核流程

室经理（主任）的季度考核流程如图4-5所示。

	确定工作任务	业绩考核	绩效审核	绩效沟通	考核申诉
主要活动	每季度末室经理与部长面谈，结合年度目标卡确认下个季度的工作目标。	部长根据季度目标卡对室经理进行评价，计算考核得分，评议考核等级。	人力资源部备案考核等级，对考核结果进行总体控制。	人力资源部反馈并留存考核结果；室经理确认或隔级提起申诉；部长与室经理沟通，制订绩效改进计划。	分管副总（总经理）处理申诉，人力资源部留存最终考核结果。
时间	每季度末	每季度初	每季度前10个工作日	每季度前14个工作日	每季度前15个工作日
负责人	部长与室经理	部长	人力资源部	部长与室经理	分管副总（总经理）
输出结果	室经理季度目标卡	室经理季度考核得分	室经理季度考核等级草案	绩效改进计划或下年工作任务草案	室经理季度考核等级最终结果

图4-5 室经理（主任）的季度考核流程

第二十五条 行政系列员工的季度考核流程如图4-6所示。

	确定工作任务	业绩考核	绩效审核	绩效沟通	考核申诉
主要活动	每季度末行政系列员工与直接上级面谈，结合年度目标卡确认下个季度的工作目标。	直接上级根据季度目标卡对行政系列员工进行评价，计算考核得分，评议考核等级。	人力资源部备案考核等级，对考核结果进行总体控制。	人力资源部反馈并留存考核结果；行政系列员工确认或隔级提起申诉；直接上级与行政系列员工沟通，制订绩效改进计划。	隔级上级处理申诉，人力资源部留存最终考核结果。
时间	每季度末	每季度初	每季度前10个工作日	每季度前14个工作日	每季度前15个工作日
负责人	直接上级与行政系列员工	直接上级	人力资源部	直接上级与行政系列员工	隔级上级
输出结果	行政系列员工季度目标卡	行政系列员工季度考核得分	行政系列员工季度考核等级草案	绩效改进计划或下年工作任务草案	行政系列员工季度考核等级最终结果

图 4-6　行政系列员工的季度考核流程

第二十六条　通勤系列员工的季度考核流程可参照行政系列员工的季度考核流程。

第二十七条　季度考核的注意事项

◆ 人力资源部对员工和部门负责人的季度考核应与经营部对部门的季度考核协调进行。

◆ 对行政系列和通勤系列员工的考核由各部门自行完成，人力资源部对整个考核过程进行监督，并收集与整理各员工的考核指标、考核标准和考核过程文件。

◆ 考核委员会监督考核工作按计划完成；对于未能按时完成考核工作的考核者，考核委员会视情况给予处罚。

二、年度考核工作实施

第二十八条　职务系列员工的年度考核流程

部长的年度考核流程如图 4-7 所示。

	确定工作任务	考核评价	绩效审核	绩效沟通	考核申诉
主要活动	部长与直接上级面谈，确认年度工作目标，填写年度目标卡。	人力资源部向考核者发放能力和态度考核问卷，调查、汇总能力和态度考核结果；从经营部处获取部门年度考核结果。	人力资源部汇总并计算部长年度考核得分，划分考核等级；考核委员会审核考核结果，对考核结果进行总体控制。	人力资源部反馈并留存考核结果；部长确认或向考核委员会提起申诉；直接上级与部长沟通，制订绩效改进计划。	考核委员会处理申诉，进行最终结果的复核，确定考核等级。
时间	每年前10个工作日	每年前10个工作日	每年前12个工作日	每年前14个工作日	每年前20个工作日
负责人	直接上级与部长	人力资源部	考核委员会	直接上级与部长	考核委员会
输出结果	部长年度目标卡	部长年度考核得分	部长年度考核等级草案	绩效改进计划或下年工作任务草案	部长年度考核等级最终结果

图 4-7　部长的年度考核流程

室经理（主任）的年度考核流程如图 4-8 所示。

	确定工作任务	考核评价	绩效审核	绩效沟通	考核申诉
主要活动	室经理与部长面谈，填写年度目标卡。	人力资源部向考核者发放能力和态度考核问卷，调查、汇总能力和态度考核结果，调查并计算KPI得分。	人力资源部汇总并计算室经理年度考核得分，划分考核等级；人力资源部审核考核结果，对考核结果进行总体控制。	人力资源部反馈并留存考核结果；室经理确认或隔级提起申诉；部长与室经理沟通，制订绩效改进计划。	分管副总（总经理）处理申诉，人力资源部留存最终考核结果。
时间	每年前10个工作日	每年前10个工作日	每年前12个工作日	每年前14个工作日	每年前20个工作日
负责人	部长与室经理	人力资源部	人力资源部	部长与室经理	分管副总（总经理）
输出结果	室经理年度目标卡	室经理年度考核得分	室经理年度考核等级草案	绩效改进计划或下年工作任务草案	室经理年度考核等级最终结果

图 4-8 室经理（主任）的年度考核流程

第二十九条 行政系列员工的年度考核流程如图 4-9 所示。

	确定工作任务	考核评价	绩效审核	绩效沟通	考核申诉
主要活动	行政系列员工与直接上级面谈，确定年度工作任务，填写年度目标卡，作为绩效考核的基准。	部门自行组织向其直接上级发放能力和态度考核问卷，调查、汇总能力和态度考核结果；人力资源部提供技术支持。	人力资源部汇总考核结果，对考核结果进行总体控制。	部门反馈并留存考核结果；行政系列员工确认或隔级提起申诉；直接上级与行政系列员工沟通，制订绩效改进计划。	隔级上级处理申诉，人力资源部留存最终考核结果。
时间	年初	每年前6个工作日	每年前11个工作日	每年前14个工作日	每年前15个工作日
负责人	直接上级与行政系列员工	各部门	人力资源部	直接上级与行政系列员工	隔级上级
输出结果	行政系列员工年度目标卡	行政系列员工年度考核得分	行政系列员工年度考核等级草案	绩效改进计划或下年工作任务草案	行政系列员工年度考核等级最终结果

图 4-9 行政系列员工的年度考核流程

第三十条 通勤系列员工的年度考核流程可参照行政系列员工的年度考核流程。

第三十一条 年度考核的注意事项

◆ 员工年度考核与员工第四季度考核同时进行。

◆ 员工年度考核应与部门年度考核协调进行。

◆ 人力资源部员工的业绩、能力、态度相关数据的收集与评分由人力资源部经理单独完成。

◆ 考核委员会监督考核工作按计划完成；对于未能按时完成考核工作的考核者，考核委员会视情况给予处罚。

三、绩效沟通

第三十二条 绩效沟通的实施流程如图 4-10 所示。

面谈前的准备	绩效评估结果沟通	改进措施确认	下一阶段工作计划初拟	沟通记录表填写
管理人员：选择适宜的时间，并征得员工的同意；选择适宜的场地；准备面谈的资料（包括绩效评估表、员工日常表现记录）；计划好面谈的具体程序。 员工：准备表明自己绩效的资料和证据；准备个人发展计划；准备提出问题。	管理人员就绩效评估表中的内容逐项与员工进行沟通，通过讨论争取达成一致意见；讨论员工在此绩效评估期间的工作成绩和需要改进的地方。	管理人员提出下一阶段工作对员工的期望，并指出可以从自身得到的支持和指导；员工提出改进的设想；管理人员确认员工改进的设想或提供进一步的建议。	参照上个考核周期中的结果和存在的待改进问题，初拟下个考核周期的工作计划。	整理面谈内容，填写沟通记录表；管理人员与员工各持一份，并上交人力资源部备案。

图 4-10 绩效沟通的实施流程

第三十三条 绩效沟通的要求

- 考核者在与被考核者沟通时，要与所有被考核者都单独沟通，被考核者也可以提出单独与考核者沟通。
- 沟通不同于一般的谈话，考核者与被考核者均应在沟通之前按相关内容要求做好相应的准备。
- 沟通时要形成沟通记录并根据情况形成个人发展计划。沟通记录表应由管理人员填写，一式三份，管理人员与员工各持一份，并将另一份与绩效评估结果共同上交人力资源部。

第三十四条 绩效沟通的内容建议

沟通内容应由三大部分组成：工作目标和任务、工作评估、改进措施（可根据实际情况进行删减）。

- 管理人员确认工作目标和任务（使本部门或团队的思想、行动保持一致）。
- 管理人员和员工讨论计划完成情况及效果、目标是否实现。
- 管理人员阐述本部门的中短期目标及做法。
- 员工阐述自己的工作目标，双方努力把个人目标和本部门目标结合起来。
- 管理人员和员工讨论并确定下个考核周期的工作计划与目标，以及为实现此目标应采取的措施。
- 员工向管理人员提出工作建议或意见。
- 管理人员对员工做出评估。
- 管理人员回顾和讨论员工过去一段时间的工作进展情况，包括工作态度、工作绩效、企业文化建设等。
- 管理人员讨论员工工作现状及存在的问题，如工作量、工作动力、与同事合作、工作环境、工作方法。

- 管理人员讨论对员工的要求或期望。
- 管理人员讨论可以从自身处得到的支持和指导。
- 管理人员在分析工作优缺点的基础上提出改进建议或解决办法。

第三十五条　个人发展计划

个人发展计划是指结合员工岗位需要及个人发展意向，双方沟通达成的促使员工自身素质、技能提高的发展计划。在绩效沟通时，管理人员与员工可以共同探讨员工的能力差距，从而制订员工个人发展计划。在当前岗位上完善工作方法的措施有：管理培训、技术培训、商务培训、演讲及沟通培训，直接上级指导、其他人指导、访问其他公司，同事间会议讨论、开展项目工作、岗位轮换等。

个人发展计划表可以每半年填写一次，作为公司培训计划需求调查的重要依据。

个人发展计划通常包括以下内容。

- 有待发展的项目（选出最紧迫的）。
- 发展这些项目的原因。
- 目前的水平和期望达到的水平。
- 设定达成目标的方式。

四、考核申诉

第三十六条　申诉条件

在季度或年度考核的过程中，普通员工如认为自己受到不公平对待或对考核结果不满意，则有权在考核期间或得知考核结果后 5 个工作日内隔级申诉，如对隔级申诉处理结果不满意的，可直接向人力资源部申诉；部门负责人如认为受到不公平对待或对考核结果不满意，则有权在考核期间或得知考核结果后 5 个工作日内直接向考核委员会申诉。逾期申诉视为默认接受考核结果，不予受理。

第三十七条　申诉形式

普通员工提起申诉时需要以书面或电子文档的形式提交考核申诉表。人力资源部负责将普通员工的申诉统一记录备案，并将普通员工的申诉报告和申诉记录提交至人力资源部经理；将部门负责人的申诉报告和申诉记录提交至考核委员会（人力资源部员工如有申诉，则可以直接向考核委员会反映，由考核委员会进行处理）。

第三十八条　申诉处理

- 人力资源部和考核委员会在接到申诉后 10 日内必须与申诉人确认并对其申诉报告进行审核，核实考核是否出现差错，分析导致差错的原因，最终将处理意见提交至总经理。
- 总经理根据提交的资料决定是否需要召开由申诉人、申诉人的考核者、人力资源部经理参加的申诉评审会。
- 如果申诉内容属实，则申诉评审会需要按季度或年度考核流程对申诉人重新进行绩效考核，并将此次考核结果作为该员工季度或年度考核成绩，最后将考核结果存档并发送给总经理。
- 如果申诉人对申诉评审会的考核结果仍不满意，则必须在得知评审结果后 10 日内向人力资源部提交要求二次评审的书面报告，否则视为默认接受。总经理将根据具体情况，决定是否进行二次评审，程序同一次评审。
- 对于二次评审结果，以总经理或其授权代表的最终评审意见为准。

第三十九条 考核申诉成立的案例，其考核者将受到处罚

若考核申诉是因为考核者的原因，则每成立一件，考核者至少罚款 100 元；随着成立申诉案件的增加，每件的罚款金额也应该增加。

若由于某考核者而成立的申诉案例较多，的确存在不公正的现象，则除罚款外，考核委员会将对考核者进行严肃处理，甚至撤销考核者的职务。

第三节　考核偏差的避免

第四十条 如何避免考核偏差

- 提高考核标准的清晰度，确保考核标准准确明了，尽量使用量化的客观标准，以减少考核者个人感情等主观因素的干扰。
- 考核标准需得到被考核者的认可后方可在公司一定范围内公开。
- 考核者应该经过正规的绩效考核方法培训，了解在考核过程中应该注意的问题并掌握考核所需的技巧。

第四章 考核结果的运用

第一节　季度考核结果的运用

第四十一条 员工季度考核等级与员工绩效工资挂钩

员工季度考核等级与员工绩效工资挂钩的方式为：本季度考核等级影响下一季度每月的绩效工资发放额，如表 4-27 所示。

表 4-27　员工季度考核等级与员工季度绩效系数对照表

员工季度考核等级	S	A	B	C	D
员工季度绩效系数	130%	115%	100%	80%	50%

$$员工季度绩效工资发放额 = \frac{某员工绩效工资 \times 员工季度绩效系数}{\sum_{N=1}^{n}(单个员工绩效工资 \times 员工季度绩效系数)} \times 部门季度绩效工资总额$$

部门季度考核等级与部门季度绩效系数挂钩，如表 4-28 所示。

表 4-28　部门季度考核等级与部门季度绩效系数对照表

部门季度考核等级	S	A	B	C	D
部门季度绩效系数	120%	110%	100%	85%	80%

$$部门季度绩效工资总额 = \sum_{N=1}^{n} 单个员工绩效工资 \times 部门季度绩效系数$$

第四十二条 员工季度考核结果运用的特殊情况

新转正的员工在第一个考核周期内绩效工资的发放规则为：按照员工季度绩效系数为 100% 发放。比如，某员工在 7 月 10 日转正，则

该员工 7 月绩效工资 = 7 月 10 日后实际工作天数/21×该员工绩效工资基数×100%；

该员工 8 月与 9 月绩效工资 = 该员工绩效工资基数×100%。

第二节　年度考核结果的运用

一、员工年度奖金的发放

员工年度奖金与其年度绩效系数挂钩：

$$员工年度奖金 = \frac{某员工岗位工资 \times 奖金系数 \times 员工年度绩效系数}{\sum_{N=1}^{n}(单个员工岗位工资 \times 奖金系数 \times 员工年度绩效系数)} \times 部门年度奖金总额$$

其中：

$$部门年度奖金总额 = \frac{某部门奖金计算基数 \times 部门年度绩效系数}{\sum_{N=1}^{n}(单个部门奖金计算基数 \times 部门年度绩效系数)} \times 公司年度奖金总额$$

其中，部门年度考核等级与部门年度绩效系数挂钩，如表 4-29 所示。

表 4-29　部门年度考核等级与部门年度绩效系数对照表

部门年度考核等级	S	A	B	C	D
部门年度绩效系数	120%	110%	100%	85%	80%

员工年度考核等级与员工年度绩效系数挂钩，如表 4-30 所示。

表 4-30　员工年度考核等级与员工年度绩效系数对照表

员工年度考核等级	S	A	B	C	D
员工年度绩效系数	130%	115%	100%	80%	50%

二、员工薪酬级别的调整

第四十三条　各职系员工的年度考核结果与其薪酬级别的调整挂钩

调整方式如表 4-31 所示。

表 4-31　年度考核结果与薪酬级别的调整挂钩

调整方式	业绩表现			
升 1 级	连续 2 次 S	1 次 S，1 次 A	连续 2 次 A	1 次 S，1 次 B
不做调整	连续 2 次 B	1 次 S 或 A，1 次 C	1 次 A，1 次 B	1 次 B，1 次 C
降 1 级	连续 2 次 C	1 次 S 或 A 或 B，1 次 D		
降 2 级	1 次 C，1 次 D			

三、员工职位变动

第四十四条　员工晋升

年度考核结果是人力资源部决定员工晋升的重要依据。对于考核成绩优秀（考核等级为 S，或者态度端正且业绩或能力突出）的员工，人力资源部通过与该员工交流了解其晋升潜力，制定员工晋升提案，隔级审批，人力资源部备案。对于职务系列员工的晋升提案需经过总经理办公会审批。

第四十五条　工作调动

◆ 如果被考核者认为在别的岗位更能发挥其能力并能提高其工作业绩，则该员工可在年度考核结束后一个月内提出工作调动要求。

◆ 人力资源部通过分析该员工的工作业绩、工作能力和工作态度的年度考核情况进行综合评估。

◆ 如果人力资源部认为该员工符合目标岗位的要求，则通知该员工所在部门的经理和目标部门的经理，让三者协商。

◆ 经所在部门的经理和目标部门的经理同意，该员工的隔级上级批准后予以实施。

- 在制定员工任用方案时，员工的考核结果需作为重要的参考依据。

第四十六条 辞退

- 根据员工的年度考核结果，对于考核等级连续两年为 D 的员工，公司可以终止与该员工签订下一年的劳动合同。
- 人力资源部在每年年度考核结束之后，将考核等级连续两年为 D 的员工名单提交至该员工隔级上级审批。

四、员工培训

第四十七条 制订培训计划

- 年度考核完成后 15 个工作日内，人力资源部对每个员工的业绩沟通文件及员工能力状况进行统计分析，制订针对员工的年度培训计划，并向总经理汇报。
- 在总经理批准员工的年度培训计划后，人力资源部应在一个月内制定各岗位员工的年度能力培训方案。

第四十八条 针对有潜力的优秀员工制订有针对性的培训计划

对于态度端正，在工作业绩或工作能力某一方面表现优秀，但在另一方面有待改善的员工，人力资源部将与这些员工进一步沟通，了解其培训需求，制订有针对性的培训计划。

第五章 绩效考核制度修订

第四十九条 绩效考核的内容调整

在年度考核过程中，考核委员会通过把握考核者与被考核者对绩效考核制度的意见，在限定时间内，对现有绩效考核的内容进行修改，以适应下一年的绩效考核工作。修改的内容包括以下两项。

- 本年度该员工绩效考核中的考核内容、考核标准、考核流程。
- 本年度该员工工作业绩、工作能力、工作态度的权重分配。

第五十条 绩效考核制度的修订形式

绩效考核制度的修订形式为定期修订，日期为每年年度考核结束后两周内。若出现以下任一情况，则可进行不定期修订，日期由考核委员会决定，程序同定期修订。

- 目前绩效考核制度不能适应公司的发展需要，严重阻碍公司的经营。
- 公司发生重大变更，必须改变绩效考核制度。
- 考核委员会中有 1/3 以上人员提议。

第五十一条 修订提案的提出

任何对公司绩效考核制度有疑问的员工都有权向考核委员会提出绩效考核制度修订提案，提案发起人可以按照以下方式提出修订提案：在修订期内提交修订建议的书面报告给人力资源部并由其统一转交至考核委员会讨论。

第五十二条 修订提案的受理

绩效考核制度修订提案的受理：在修订期内员工提出的修订提案将由人力资源部集中转交至考核委员会，并针对修订提案收集基础资料；人力资源部经理将在随后的一周时间内组织考核委员会成员讨论修订提案，最终在本年度制度修订会议上通过投票的方式决定是否按照修订提案修订绩效考核制度。

第五十三条 制度修订过程

在本年度制度修订会议上，修订提案通过与否采取投票的方式决定，得到超过 2/3 参会委员赞成票的修订提案视为通过，会后人力资源部负责整理通过的修订提案，并按照修订提案修订绩效考核制度，由总经理签发后生效。

第六章　附则

第五十四条　本绩效考核制度适用于一般常规性的工作，不适用于由于个人行为给公司财产、声誉造成严重损失或带来巨大利益的事件，如违规、诉讼或为公司创造巨额收入等。此类重大事件由考核委员会单独立案处理，并就处理结果发布公告。

第五十五条　本绩效考核制度的解释权归公司考核委员会所有。

第五十六条　本绩效考核制度自颁布之日起正式执行，不溯及颁布前考核，原有其他考核方法自本绩效考核制度实施之日起停止执行。

第五章

绩效反馈

第一节 绩效反馈概述

绩效反馈是指通过将绩效结果反馈给被考核者，阐明被考核者上一个阶段的工作表现，使其进行总结和反思，制订绩效改进计划，为被考核者指明下一个阶段工作方向的过程。研究表明，绩效反馈能够帮助个人、团队实现进步，通过及时、具体的绩效反馈改正错误，最终达到促进企业进一步发展的目的；而缺乏绩效反馈则会使员工无法认清工作过程中的不足与缺点，丧失进步的动力。因此，实施绩效反馈是绩效管理的重要一环。

一、绩效反馈的作用

（1）帮助员工对自己有更加清晰的认知。通过绩效反馈，员工对自己上一个阶段的工作表现有了全面的了解，能够更加客观地认识自己的绩效结果，提高自身对绩效结果的接受度；管理者和员工也能够就各方面的绩效评估达成一致意见。

法国管理专家法约尔做过一场实验：他挑选了 20 名技术差不多的工人，每 10 人一组，让两组同时生产。每隔一小时，他会检查一下工人的生产情况。对第一组工人，法约尔只是记录生产数据；对第二组工人，法约尔不仅记录生产数据，还让工人了解他们的工作进度。具体方法是，在生产速度最快的 2 名工人的机器上插上红旗，在速度居中的 4 名工人的机器上插上绿旗，在最后的 4 名工人的机器上插上黄旗。实验结果是，第二组工人的生产效率远远高于第一组工人。

（2）鞭策员工不断进步。管理者可以通过正向反馈鼓励员工进取，肯定员工的表现，以激励员工；通过负向反馈帮助员工找到有待改进的部分，双方就不足进行深入探讨，管理者提出改进建议，为员工的职业规划提供一定的建议和指导，为员工进一步提升绩效水平奠定基础。

（3）增加管理者和员工的沟通。绩效反馈为管理者和员工提供了一个相互了解的平台，能够帮助管理者了解员工目前存在的疑问和困惑、未来的工作想法。通过这个平台，员工能够就具体问题与管理者进行交流，并获得表达自我的机会。

（4）帮助管理者了解现有绩效计划的不足，并提出改进建议进行完善。管理者和员工通过汇总绩效考核中存在的问题，能够为下一个阶段绩效计划的实施提供参考。

（5）帮助员工制订下一个阶段的绩效计划。管理者完成上一个阶段绩效结果的反馈工作后，可以协助员工进行下一个阶段的绩效计划制订，与员工就工作任务和目标达成一致意见。制订下一个阶段的绩效计划可以和绩效反馈一起进行，也可以分开进行。

案例　　　　　　　　　　　怎么改都是错？

为了更好地实施绩效管理，H 公司对现有绩效评估方案进行了反馈调研，希望能从员工的角度出发，设计出更加人性化的方案。经过调研，绩效反馈小组发现，H 公司原本的绩效评估由员工的直属领导完成，公司不少员工对此颇有微词，认为仅有直属领导的评估不能客观地反映自己的绩效表现，因为直属领导会更加偏爱和他关系更好的员工，或者在进行绩效评估时以自己的利益为中心，从而丧失公平性。在倾听了员工的意见之后，H 公司决定做出改革，设计了全面的绩效评估体系。新的绩效评估体系规定员工的绩效结果不再由直属领导全权评估，而是由直属领导评估（70%）、个人评估（20%）和小组同事评估（10%）三部分组成。员工绩效评估的具体内容涉及 A、B、C、D、E 五个不同的方面，每个方面都设定了具体的量表题目，以全面评估员工的表现。然而一段时间后，绩效反馈小组发现这套绩效评估体系实施后并没有获得预期的效果，员工完成绩效评估的积极性并不高，需要多方催促才能完成。绩效反馈小组访问了一些员工，他们表示自己平时的工作已经足够繁忙，没有时间填这些乱七八糟的考核表，认为这种考核方式就是一种"面子工程"，没有什么实际作用。

员工对原有的考核表颇有微词，又不认可新的绩效评估体系，问题出在哪里呢？

二、绩效反馈的原则

（1）实事求是原则。绩效反馈应秉持实事求是原则。员工不可虚报自己上一个阶段的工作结果，应当真实反馈自己的工作表现，使绩效管理成为一项透明的工作。

（2）公正原则。管理者对不同员工的绩效反馈应秉持公正原则。绩效结果不应受到个人关系、个人偏好等的影响。管理者应当遵循规定的绩效考核标准给予员工公正的考核评估。同时，管理者应该关注员工的认识和想法，避免员工因为自我绩效评价与最终绩效评价存在偏差而心生不满，消极怠工。

案例　　　　　　　　　　　小云的疑惑

H 公司推出新人人才计划项目，此项目针对入职三年内的员工，为入选员工提供两年的人才培养，每个部门有一名员工可以入选。除公司内部的培训外，该项目还能够报销员工学习 MBA 课程的部分费用，并且为员工提供与公司高管面对面对话的机会。小云去年加入 H 公司，在这一年里她兢兢业业，时常加班到深夜。小云的努力也没有被辜负，在过去一年的季度绩效评估中她的各项指标均为 A+。作为一名有激情的新员工，她希望能够获得更多的机会和指导，因此十分渴望入选这个项目。然而，公司公布名单后，小云发现里面并没有她的名字，她的领导 Alan 推荐了比她早一年入职的员工 Joe。诚然，Joe 今年的绩效表现也可圈可点，但是 Joe 最终的绩效评估结果为 A，不如小云。小云看到名单后充满疑问，她找到领导 Alan，询问自己为何没有出现在名单上。

Alan 语重心长地表示："小云，你从去年到现在的工作表现一直十分优秀，我也非常认可你的表现，招到你这样优秀的员工也是我的荣幸，给你 A+ 的绩效评估结果足以证明我对你的重视。我希望作为你的职场领路人,能带领你不断成长,但是正所谓'木秀于林,风必摧之',你入职这一年表现非常好,但作为一名才入职一年的员工,进入这个项目容易招到其他同事的嫉妒,我这么做也是为了保护你。更何况这个项目年年都有,晚些时候你作为一名更加成熟的员工,会有更多的底气和资本参与这个项目。你不应该计较眼前的得失,而应该长远看待自己的职业生涯。我在 H 公司已经干了 10 年了,你应该相信我的判断,现在不参加这个项目对你反而是最好的。"

小云似乎被说服了,作为一名职场新人,她很难揣摩领导的真实想法。然而,她和同事闲聊时得知,隔壁部门的 C 经理推荐了和她同样去年入职的员工 Cindy。她开始对 Alan 的说法产生怀疑:"是不是因为 Alan 和 Joe 的关系更好所以才推荐 Joe 的?"小云开始不确定领导 Alan 到底是真心为她好,还是只是在糊弄她。

问题:

1. 假如你是 Alan,你要如何说服小云接受暂时不加入新人人才计划项目?
2. 假如你是小云,接下来你会怎么做?

(3)注重沟通原则。绩效反馈是为了反馈员工上一个阶段的工作表现,帮助员工认识和了解自己在各个方面的具体表现,为员工制订下一个阶段的工作计划。管理者在和员工对接绩效结果时,不应站在员工的对立面,而是应通过良好的沟通帮助员工认识自我、不断进步。接下来通过两个简单的例子来比较两种沟通方式。

例 1,张经理叫住了准备下班的员工小吴:"小吴你看看你现在,每天到点就走,一点努力的意识都没有。上一个周期你的绩效表现也一言难尽,再这样下去神仙也救不了你,我现在要和你好好谈谈。"

例 2,张经理在一次周会过后拦住了小吴,说道:"小吴啊,最近工作忙不忙?你这次绩效结果出来了,咱们约个时间讨论一下,也听听你最近这段时间有什么新想法。你这周什么时间有空呢?"

(4)合理原则。管理者指出员工的不足是为了帮助员工了解目前存在的问题并帮助其改正错误,并非为了批评而批评。因此,管理者在进行批评性反馈时,需要采用积极、建设性的态度,避免用一种高高在上的态度斥责员工。

案例 吴总独特的绩效反馈方式

某企业销售部门的负责人吴总有一套独特的绩效反馈方式。吴总会在每周部门会议上,对员工表现比较好的事项进行反馈和表扬。而对于员工需要改进的事项,如果不是急需解决的,为了不让员工难堪和尴尬,他一般不会在公开的会议中直接指出。他会利用快下班的时间或午餐时间,通过面对面或社交软件和员工进行简单的交流,给员工指出不足的地方,并给予员工鼓励和关心,随后也会在平时的工作中和员工一起查找原因并解决问题。

以下是吴总和员工小张的一段交谈记录。

中午 12 点,吴总在员工餐厅看到小张独自一人吃午餐,便走到他对面的位置。

吴总微笑说道:"小张,在吃午餐呀,咱们搭伙一起吃呗?"

小张:"好的吴总。"

吴总:"刚好这季度的绩效结果出来了,也顺便和你沟通一下。"

小张:"好嘞吴总。"

吴总:"今天上午的会议,我也肯定了你在开发新供应商和推动新产品上市方面的表现,你的努力值得团队的其他员工学习,我对你在这方面的表现十分满意。不过,在你同样负责的 H 产品销售维系方面,你的情况可能不是很理想。当然,我也了解你最近一段时间的工作压力确实比较大,但是 H 产品的销量一直没什么增长也会影响你最终的绩效考核。所以下一个季度你可能需要再抓紧提升一下 H 产品的销售情况。如果你最近遇到什么工作和生活上的难题影响了你的工作,也可以和我说说,我们一起解决,共同进步。"

小张:"吴总,我确实上一个季度在咱们 H 产品的销售方面投入的时间和精力不太够。最近新产品也要上市了,我的大部分时间和精力都放在新产品上了。估计这个月新产品就步入正轨了,那我也能平衡好 H 产品和新产品的工作投入。我打算下周一给您一份下一个季度 H 产品的销售计划书,再跟您汇报一下我在下一个季度的具体工作安排。我有一定的把握把现在负责的工作都做好,请您放心。"

吴总:"你这样说我就放心了。你进入公司快 5 年了,我也是看着你一路成长起来的。所以我一直对你抱有很大的期望,也相信你能凭借自己的能力做好这份工作。"

小张:"谢谢吴总的肯定,我一定会全力以赴。"

吴总:"有什么困难跟我说,我会尽我所能帮助你。"

第二节　绩效诊断

绩效诊断是指通过一些方法,对组织、部门、员工存在的绩效差距进行诊断和分析,找出引起绩效问题的原因,进而有针对性地提出解决方案的过程。

绩效诊断和绩效反馈有着密切的联系。管理者在对员工进行绩效结果的反馈前,应做好员工的绩效诊断工作,对员工的绩效现状和原因有大体的了解与判断。可以理解成对员工的绩效诊断是绩效反馈的前置工作。绩效诊断的范畴不仅包括员工的绩效诊断,还包括组织、部门的绩效诊断,诊断之后会进行绩效改进,但不涉及一般意义上的绩效反馈。

一、绩效诊断的原则

在进行绩效诊断时,需要基于相应的原则。

1. 以客观诊断为主,以主观诊断为辅

管理者在进行绩效诊断时,需要面对大量的绩效指标,有些指标能够量化,有些指标则无法量化。对于能够量化的指标,管理者应当从数据出发诊断绩效;对于无法量化的指标,管理者也应当尽量客观评价。

2. 先主要再次要

影响绩效结果的因素有很多,管理者应当对各种因素进行分门别类,先找到影响绩效最主要的因素并加以解决,再解决次要的问题。

3. 先总结再改进

找到导致绩效表现不佳的原因后,管理者应当先对原因进行总结,而非盲目开展绩效改进工作。通过总结、推广优秀经验，改进绩效。

4．环境与个人并重

在面对绩效问题的时候，大多数人通常第一时间想到的是从被考核者的身上出发，但是被考核者所处的工作环境也会影响其最终的绩效表现。被考核者能否获得上级的工作支持，是否有足够的资源开展工作。这些因素都会影响被考核者最终的绩效表现，需要加以重视。

二、绩效结果解读

绩效诊断的第一项工作是找出绩效差异，进行解读，主要参考绩效结果，将实际完成情况与预期进行比较。绩效结果解读可以分成组织层面、部门层面和员工层面的绩效结果解读。

1．组织绩效结果解读

以企业为例，企业高层应对企业的整体绩效表现，如财务指标完成情况、企业战略目标实现情况、人才队伍建设情况、重点项目进度及其他重点工作等方面，用同比和环比的方式，找出完成较好的方面和不达预期的方面。

2．部门绩效结果解读

对部门绩效结果的解读重点是部门绩效完成情况。从部门绩效结果出发，部门负责人应描述单个部门的绩效完成程度、同比和环比的变化，以及所有部门的绩效排名和比较，找出完成较好的方面和不达预期的方面。

3．员工绩效结果解读

管理者应汇总与统计所有员工的绩效结果，如绩效结果为 A、B、C、D 的占比各为多少，总体表现好和不好的方面有哪些，每个员工的绩效表现和与往期相比的变化等。

确定员工的绩效差异，具体有三种方法：目标比较法、纵向比较法、横向比较法。

（1）目标比较法是指根据员工完成工作目标的情况来比较。绩效指标表中已经明确了员工应完成的目标，将实际完成情况与其进行比较即可。比如，绩效结果分为 A、B、C、D 四个等级，拿到 C 和 D 的员工的实际完成情况一般低于平均水平。

（2）纵向比较法是指将员工上一个阶段的绩效结果作为参考对象，找出本阶段的变化，包括总体成绩和具体项目上的变化。比如，某员工的绩效结果为 C，似乎不理想，但考虑到上一个阶段其绩效结果为 D，意味着与自己相比是有进步的。

（3）横向比较法是指将其他从事同类工作的同事作为参考对象，找出本人和同事在绩效上的差异。横向比较可以是部门内的比较，也可以是组织内近似岗位的比较。横向比较法的优点有两个：一是可以看到员工和平均水平的差异，二是可以看到员工和最优秀员工的差异。

绩效结果解读主要在绩效评价完成后，通过会议讨论、资料整理等方式完成。有的组织可能缺失这个环节，或者隐性地做了这项工作，如各部门的绩效结果出来后，自己内部分析原因，员工的绩效结果则在管理者和员工的反馈中进行简要的解读，同时进行原因分析。这些工作虽有效果，但缺少整体的分析。建议组织增加对绩效结果的解读环节，用图文、数据的方式从大量的绩效结果中抽丝剥茧，准确地从组织、各部门、所有员工的绩效结果中找出重点问题、共性问题，把握总体的绩效变化态势。

三、绩效诊断的方法

解读了绩效结果后,组织已经找出有问题的部分,接下来要寻找问题的原因。一般来说,管理者通过经验判断、对情景的回顾分析、和当事人的沟通,基本就能明确大多数问题的原因。比如,组织绩效不佳可能受大的产业环境严峻的影响,也可能是因为竞争加剧导致利润率下降;销售部门绩效不达预期可能是因为某些大客户订单减少,或者销售成本增加。组织高层要对组织整体绩效和各部门绩效进行分析,部门负责人要对本部门的员工绩效进行分析。除直接寻找原因外,还可以结合一些方法辅助寻找原因。

1. 吉尔伯特行为工程模型

吉尔伯特行为工程模型是一个简单有效的绩效诊断工具,由组织行为学家托马斯·吉尔伯特提出。吉尔伯特调研了近 300 家企业的绩效水平后,得出一系列与绩效诊断相关的结论。其中,他提出的吉尔伯特行为工程模型能够更有效地进行绩效诊断。该模型提出了六个影响绩效的因素,分别是信息、资源、奖励、知识、素质、动机,它们的分类及比例关系如表 5-1 所示。

表 5-1 吉尔伯特行为工程模型中影响绩效的因素的分类及比例关系

项 目	环境因素			个体因素		
分类	信息	资源	奖励	知识	素质	动机
比例关系	35%	26%	14%	11%	8%	6%

(1)信息。在进行绩效诊断时,绩效评估人员可以提出以下关于信息的问题。
- ✓ 有没有明确企业要往哪个方向努力?
- ✓ 有没有制定企业要达到的目标?
- ✓ 员工是否明确自己绩效指标的目标和标准?
- ✓ 能否为员工提供足够的支持?
- ✓ 员工是否明确自己的工作安排?
- ✓ 员工是否获得绩效信息的畅通渠道?
- ✓ 是否及时通知被考核者绩效评估的结果?
- ✓ 提供的绩效信息是否准确?
- ✓ 有无指导员工进行绩效提升的培训?
- ✓ 有无提供绩效反馈机制?

(2)资源。在进行绩效诊断时,绩效评估人员可以提出以下关于资源的问题。
- ✓ 员工能否快速获得各种工作资源(如设备、人员、材料等)?
- ✓ 员工获得的资源是否足以支撑员工完成各类绩效目标?
- ✓ 已有的资源是否以最佳的组合出现,是否有需要改进的地方?
- ✓ 现有的获得资源的流程、制度是否规范和清晰?

(3)奖励。在进行绩效诊断时,绩效评估人员可以提出以下关于奖励的问题。
- ✓ 有没有针对员工完成工作的奖励措施?
- ✓ 有没有针对员工未完成工作的惩罚措施?
- ✓ 企业预计实施的奖励措施是否具有可行性?
- ✓ 奖励措施能否引导员工进步?

- ✓ 惩罚措施是否会激起员工的抵触情绪？
- ✓ 奖惩措施是否提前告知员工？

（4）知识。在进行绩效诊断时，绩效评估人员可以提出以下关于知识的问题。
- ✓ 员工是否具备完成任务所需的知识和技能？
- ✓ 企业有无提供相应的培训，帮助员工获取所需的知识和技能？
- ✓ 优秀员工是否具备他人不具备的知识和技能？
- ✓ 落后员工相比优秀员工所欠缺的知识和技能有哪些？

（5）素质。在进行绩效诊断时，绩效评估人员可以提出以下关于素质的问题。
- ✓ 素质对绩效结果的影响有哪些？
- ✓ 素质对绩效结果的影响有多重要？
- ✓ 绩效管理实践能否识别出影响绩效完成的最重要的素质？
- ✓ 企业能否提供帮助员工提升素质的培训和课程？
- ✓ 企业是否对影响不同工作的素质进行分门别类？

（6）动机。在进行绩效诊断时，绩效评估人员可以提出以下关于动机的问题。
- ✓ 现有的激励政策对员工来说是否具备足够的吸引力？
- ✓ 现有的正激励和负激励占比如何？
- ✓ 能否识别出影响员工绩效的关键动机？
- ✓ 员工是否有把握完成现有的工作任务？
- ✓ 是否针对不同动机制定不同的奖惩措施？

2. 鱼骨图绩效诊断法

鱼骨图法是日本质量管理专家石川馨教授在20世纪50年代提出的。应用到绩效诊断上，鱼骨图法可用来分析问题和原因之间的关系。鱼骨图绩效诊断法的优点在于，能够帮助各绩效反馈相关方对绩效问题达成共识，解释目前所存在问题的根本原因。鱼骨图的绘制过程需要各方共同参与。绘制鱼骨图的方法有多种，其中头脑风暴法是重要的方法之一。头脑风暴法的优点在于，可以收集各方的意见，使各方充分表达自己的想法并通过鱼骨图展示出来，从而更加清楚地了解绩效存在的问题。

绘制鱼骨图的具体步骤如下。

（1）确定需要解决的问题。这是绘制鱼骨图的第一步，以便为后面的步骤打好基础。

（2）明确因素类别。基于待解决的绩效问题，利用头脑风暴法罗列出该绩效问题涉及的相关因素。以销售类问题为例，通常可以分为人员、销量、经销商开发、外部竞争对手、内部领导支持五个方面，如图5-1所示。

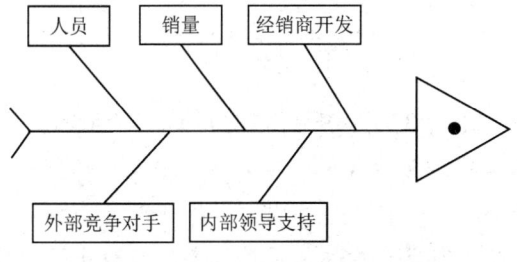

图5-1 销售类问题的相关因素鱼骨图

以招聘类问题为例，通常可以分为人员、流程、效率、简历转化率、内部领导支持五个方面，如图 5-2 所示。

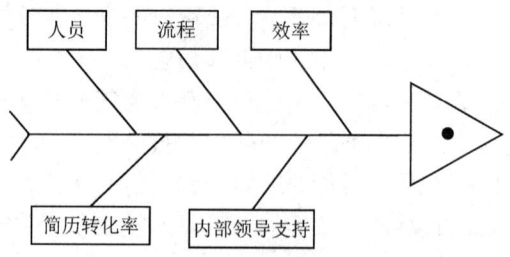

图 5-2　招聘类问题的相关因素鱼骨图

（3）查找原因。利用头脑风暴法，员工和管理者基于绩效结果与预期的差距，罗列出所有可能导致绩效问题的原因，并进一步列出分支，从而将问题具体化。

（4）检查整理。对通过鱼骨图罗列出来的问题进行查缺补漏，合并类似的、已经出现过的问题，对不清晰的问题给予补充。

（5）确定原因。基于具体情况，对提出的原因进行比较分析和探讨，找到最有可能导致绩效问题的原因，并进行相应的论证，确定是否由该原因引起。

案例　　　　　　　　　　　产品质量问题溯因

某生产制造企业在一段时间内连续接到多起由产品质量问题引起的客户投诉，经调查发现，其核心问题是该类产品的质量不稳定。针对该问题，人力资源部协同生产技术部组成小组，以鱼骨图法为工具对这一问题进行梳理，从人员、机器设备、材料、操作、检测五个因素出发，利用头脑风暴法对可能造成该问题的原因进行梳理，经过检查和整理得出鱼骨图，如图 5-3 所示。

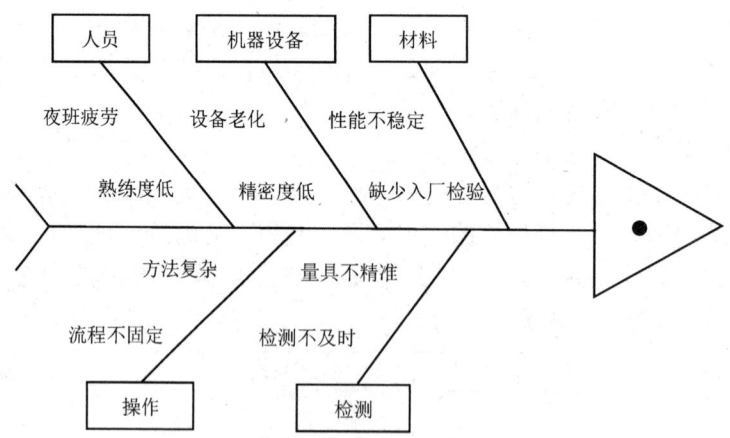

图 5-3　产品质量问题的相关因素鱼骨图

经过进一步讨论，小组认为在所有可能的因素中，导致产品质量不稳定的主要因素包括以下三点：材料缺少入场检验、操作流程不固定、操作方法复杂。

针对这三个因素，小组决定进一步收集资料、查找问题并提出对应的解决方案。

第三节 绩效改进

企业存在的绩效问题是多种多样的,从组织层面到员工层面都有可能存在绩效问题,可以从内外部、主客观、主次要等方面划分为多种原因。企业应该根据具体问题制定相应的解决策略,从而解决存在的绩效问题。

企业的外部绩效问题包括经济环境、竞争对手、上游供应商和下游经销商等带来的问题。企业的绩效会随着经济周期的变化而波动。经济环境好的时候,企业的绩效也会随着变好;经济环境差的时候,企业的绩效也会随着经济的下行走下坡路。企业的绩效同样受到竞争对手的影响,竞争对手推出新产品、实行降价策略、进入新市场等都会影响企业的绩效。上游供应商和下游经销商则会从渠道方面影响企业的绩效。企业的内部绩效问题包括组织架构僵化、流程低效、部门间沟通不畅、工作方向有偏差等。

员工的绩效问题包括缺乏努力的动机、缺乏上级的反馈信息、缺乏相应的工作资源、知识和技能欠缺、工作态度不端正、团队配合不畅等。

绩效改进方案要根据存在的问题进行有针对性的设计。组织层面,可以从战略调整、组织结构优化、文化建设、成本控制、人力资源支撑、培训体系构建等方面改进;部门层面,可以从业务流程调整、团队建设、工作方法改善、人员调整、工作重心调整等方面改进;员工层面,可以从能力提升、工作态度改变、工作方法提升等方面改进。

案例　　餐厅的问题

H 公司将该公司的员工食堂承包给了两家连锁餐饮企业 A 和 B。在某次员工满意度调查中,A 餐厅的满意度明显比 B 餐厅低,员工对 A 餐厅的菜品时有抱怨。但是由于午餐期间用餐人数众多,许多员工为了赶时间也会去 A 餐厅吃。因此,虽然 A 餐厅的饭菜并不可口,但是现实中拥挤的就餐员工掩盖了本来存在的问题。为了提升员工的就餐体验,H 公司的绩效管理人员进行了进一步的调查。调查结果发现,A 餐厅的菜品不够新鲜,前一天卖不完的菜会放到第二天接着卖。为了掩盖食物不新鲜的问题,A 餐厅的工作人员会把菜做得比较咸,这导致员工对 A 餐厅十分不满意。

H 公司已经和 A 餐厅合作八年了,双方都已经熟悉对方的需求,且该餐厅是公司领导吴总介绍的。就算选择新的餐饮公司,也要走重新招标等一系列流程,近期 H 公司正处于转型的关键时期,很难腾出时间和款项进行重新招标。

如果由你负责解决 H 公司的餐厅问题,你会如何处理这个问题?

从员工层面来看,管理者在和员工进行绩效面谈后,应对员工表现好的方面给予肯定,帮助员工总结经验,对员工表现不足的地方找出原因,并进行分析,如表 5-2 所示。注意,表格的内容只是参考,实践中多数情况下以口头沟通为主,必要时可用书面的绩效改进计划来督促员工,如表 5-3 所示。

表 5-2　员工经验总结和原因分析

表现好的方面	经验总结
表现 1:	
表现 2:	

续表

表现好的方面	经验总结
表现 3：	
问题描述	原因分析
问题 1：	（个人知识和技能、态度、团队配合、资源支持、外部环境等方面）
问题 2：	
问题 3：	

表 5-3　绩效改进计划

计划采取的措施	计划实施时间	实际实施过程和结果

案例　　　　　　　　　　小王的绩效改进计划

小王是运营部的员工，有三年的工作经验，工作比较认真，得到了部门领导和其他同事的认可。但在绩效评价中，同事给他的评价分数并不高。部门负责人李经理经过了解发现，同事反映小王平时很少和大家交流，即使因为工作关系交流，也是三言两语就说完。如果同事觉得没说清楚追问他，他还容易着急和发点小脾气，弄得大家都不愿意和他合作。

李经理认为小王的问题可能有两种原因：一方面是个性原因，小王偏内向，有点孤僻；另一方面是缺乏沟通技巧，久而久之习惯和别人保持距离。

李经理找时间和小王聊了聊，建议他打开心扉，大胆尝试，并与小王商议制订了绩效改进计划，如表 5-4 所示。表 5-4 中的前两列由双方协商确定，实际实施过程和结果由李经理了解后填写。

表 5-4　小王的绩效改进计划

计划采取的措施	计划实施时间	实际实施过程和结果
阅读《沟通的方法》《卡耐基沟通的艺术与处世智慧》	3月	已阅读
参加公司培训模块中的沟通部分	4月	正常参加，掌握了一定的沟通技巧，理解了沟通的重要性
在部门会议上每次都要发言，多说，别怕说错	每月	几个月下来，小王的发言次数明显增多，不再那么拘谨
和同事沟通时尽量保持耐心，多说话	平时	同事反映，与小王的沟通比以往好多了。小王自己也感受到同事的反馈，发现同事开始愿意和他交流

第四节　绩效面谈

绩效面谈是绩效反馈的重要一环，是指考核者通过与被考核者进行不同形式的沟通，将被考核者的绩效结果和自己的期望传达给被考核者的过程。

一、绩效面谈的原则

（1）相互尊重原则。绩效面谈是上下级交流的有效途径。在绩效面谈中，管理者和员工需要给对方足够的尊重，双方应该用严谨的态度对待这场沟通。如果双方不能做到相互尊重，那么沟通将很难顺利进行下去，双方无法对绩效结果达成共识，最终只能导致绩效面谈失败。

（2）问题导向原则。双方在进行绩效面谈时，要以具体的问题为主，谈论"假、大、空"的话题对绩效反馈没有任何正面作用。对于管理者而言，无论是赞扬还是批评，都应当具体、客观，给出评价时需要减少个人情绪和主观想法，以事实为出发点，以便员工更加清楚地明白自己存在的问题。

（3）积极沟通原则。绩效面谈是双向的沟通过程。为了了解员工的真实想法，管理者应当鼓励员工更加积极地表达自己的想法和观点。由于角色差异，通常管理者会更加自如地表达自己的想法和观点，而员工出于各种顾虑反而会有所担忧。为此，管理者应当为员工营造自由表达的氛围，对员工提出的好的建议进行充分的肯定，对员工表达不恰当的地方，也不应当打断或批评。

（4）工作导向原则。双方在进行绩效面谈时，应当围绕工作展开，不应当掺杂个人情绪，以免导致绩效面谈失败。双方应当以客观事实为基础，就具体问题进行客观分析和讨论，绩效反馈不应上升到对员工个人的批评。

二、绩效面谈前的准备

（1）绩效面谈的时间。管理者在安排绩效面谈时，应该选择员工没有紧急工作安排的时间点，可以提前询问员工的工作安排，以避开员工已有工作安排的时间点。另外，应该避开一些特殊的时间点，如快要下班的时间或员工的午休时间。同时，尽量避免将绩效面谈安排在非工作时间，否则可能使员工产生抵触情绪。

绩效面谈的时间不宜太长，太长会导致员工倦怠，兴致不高，也会影响管理者和员工的工作安排；绩效面谈的时间也不应太短，太短会导致双方无法就绩效问题进行充分沟通，从而加大信息交流误差。

（2）绩效面谈的地点。绩效面谈的地点也会影响反馈效果。因此，管理者在安排绩效面谈时，应该选择较为正式的场合，可以安排在企业会议室或领导办公室。这些地方远离讲话声、电话声和设备工作的声音，不容易受到外界的干扰。管理者和员工可以将手机调成静音状态或关机，避免铃声中断面谈。绩效面谈的地点应具备一定的隐私性，不应有第三人在场，可以选择将门关上；并且应安排在较为宽敞、明亮的环境中，以帮助双方在进行绩效面谈时保持较为愉悦的心情。

图 5-4 所示为四种常见的座位方式。

① 面对面。平时的交流选择面对面的座位方式比较常见，但绩效面谈选择面对面的座位方式不够理想。员工对绩效面谈本来就紧张，与管理者对视会让员工感觉有压力，过于紧张还容易激发矛盾。另外，在进行绩效面谈时要分析员工的绩效资料，采取这种座位方式，管理者需要把手里的资料旋转180度才便于员工看清楚，不是很方便。

② 斜对面。双方距离偏远，不利于清楚交流。

③ 并排。一般适合熟悉的朋友，作为正式场合不够适合。

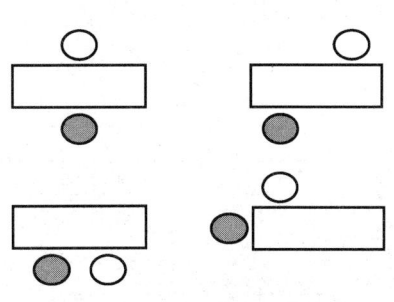

图 5-4 四种常见的座位方式

④ 90 度。比较适合，双方距离适中，分享资料也方便，是较为理想的座位方式。

（3）绩效面谈的资料。面谈双方均应提前准备好面谈资料，包括绩效评价表、员工的基本信息、员工的工作情况报告和下一个阶段的工作计划等。员工可以通过展示 PPT 等方式简明汇报自己的工作进展，同时准备好面谈时可能用到的纸和笔。除此之外，管理者也可以提前告知员工面谈过程中将问到的问题，以便员工做好心理准备。

三、绩效面谈的步骤

进行完整而合理的绩效面谈是管理者成功实施绩效反馈的基础之一。管理者和员工的绩效面谈需要按一定的步骤进行，以达到面谈结果最优的目的。

（1）事先通知。管理者需要事先通知员工近期会进行绩效面谈，并和员工确定时间、地点等信息，让员工提前做好绩效面谈的准备。切不可在没有事先通知员工的情况下直接找到员工进行绩效面谈，以免造成员工的心理负担，从而使其产生对绩效面谈的抵触情绪，最终导致绩效面谈失败。

（2）准备开场白。管理者在面谈过程中要注意方式和方法，将交谈气氛调整为融洽的状态。可以准备一段开场白，如先闲聊家常，帮助员工放松心情，使员工卸下心理包袱，从而实现绩效面谈的顺利展开。在这个阶段，管理者的表达方式尤为重要，需要保持认真的态度，切不可咄咄逼人。帮助员工进入状态后，管理者需要清晰、准确地说出这次面谈的目的，并确定员工是否了解企业目前的考核机制。

（3）自由交流。员工作为当事人，最清楚自己上一个阶段的工作表现，管理者应当给予员工自由交流的机会，使其对自己上一个阶段的绩效进行总结。员工在进行工作汇报时，管理者也应当适时给予反馈，可以是语言上的反馈，也可以是眼神上的反馈，正面给予员工信心，拉近和员工的心理距离。

（4）告知员工绩效结果。在员工汇报完自己的工作后，管理者要和员工就其各方面的绩效表现进行讨论，双方交流意见。由上一个阶段设定的目标展开，对于员工完成的部分给予充分的肯定，同时请员工说明部分没有完成的原因，以及未来打算如何改进等。

（5）与员工讨论自评与实际评价有差距的地方。对于员工不认同的部分，管理者应当从事实出发，客观分析为何结果与员工预期不符，同时给予员工鼓励，表达对员工下一个阶段能完成既定目标的期许。

（6）制订下一个阶段的工作计划。绩效面谈应当展望未来。最后，管理者应当和员工讨论其下一个阶段的工作计划，从员工的实际情况出发，设定员工的主要绩效目标，双方就各方面的绩效目标达成一致意见。

绩效面谈结束后，有的组织会要求填写绩效面谈记录表，如表 5-5 所示。

表 5-5　绩效面谈记录表

部门			时间	
被考核者	姓名：		岗位：	
考核者	姓名：		岗位：	
面谈预期成果				
被考核者现状				
提出的改进措施				
改进措施的执行				
新目标展望				

四、绩效面谈的技巧

在进行绩效面谈时，管理者可以使用一些技巧，使绩效面谈更为顺利。

（1）ORDC 方法。管理者在进行绩效面谈前需要做好布局，可以把整个面谈过程分成四个步骤——开场（Open）、回顾（Review）、讨论（Discuss）、结束（Close），简称 ORDC 方法。

① 开场：简单寒暄几句和主题无关的内容，缓和一下气氛，帮助员工平静心情。寒暄后，把面谈的目的和程序告诉员工。

② 回顾：回顾员工过去的绩效表现，针对员工的绩效结果，认可其优点，对差距进行原因分析，指出其不足，注意倾听员工的声音。

③ 讨论：讨论绩效改进计划。请员工谈谈个人的未来发展计划，以及对管理者的意见反馈和需要支持的地方。提出下一个阶段员工的绩效目标和绩效改进计划，确认后期的跟踪方式。

④ 结束：最后是总结，简要概括整个面谈过程中达成的共识，表达对员工的信心，整理面谈记录。需要提醒的是，别忘了感谢员工的投入。

（2）汉堡法。汉堡法的含义是分三层来对话。第一层，表扬。每个人的身上都有可取之处。可以这样表扬："你的敬业态度特别好""你的创新意识很强""同事们对你都很认可"等，也可以从绩效结果来看，对其表现好的方面进行表扬。第二层，指出不足，并提出建议。指出不足时要注意，虽然是"批评"，但要注意方法，生硬的批评容易催生员工的对立和不满情绪。第三层，支持。在收尾阶段，管理者要表达对员工的工作将大力支持，对员工的未来充满信心，加强员工对未来的憧憬。

需要注意的是，汉堡法只是一种技巧，不能当套路用。每一层的发言都应该让员工感受到管理者的真诚，而且要遵守基本的事实，否则就会适得其反。有经验的员工可能早就摸透了面谈"技巧"："前面说那么多好听的有什么用，还不是为了接下来挑我的毛病。"

（3）指出不足时的技巧。

当反馈需要指出员工的不足时，可以参考以下技巧。

① 宽以待人，不要纠结于错误本身。谁都会犯错，管理者不要对员工的错误横加指责，揪住不放。发火解决不了问题，管理者应以善意的态度鼓励员工找到出错的原因，并与员工一起探讨如何改进工作。

② 从观点一致的问题谈起。比如，从整体的经济形势、企业的发展态势、企业对员工的期望、员工对企业的重要性等谈起，这是一种对后续沟通的铺垫。

③ 适时保持沉默。在管理者指出员工的不足时，有些员工可能为自己辩护，此时如果管理者力图说服员工，可能双方会不欢而散。当矛盾即将激化时，管理者最好先保持沉默。当然，这种沉默并不是迁就，只是提醒员工，争吵是没用的。

④ 批评时要因人而异。对性格直爽的员工，可开门见山，直接指出其错误；对性格柔弱的员工，批评时要以鼓励、提醒为主；对心有怨言员工，要先认真听取他的意见。

⑤ 不翻旧账。有的管理者在批评员工时，喜欢说："你实在太粗心了，上半年……，还有去年……"这种说法或许是为了显得自己的批评更有道理，但给员工的感觉会很差，让员工认为管理者小肚鸡肠。

⑥ 批评员工，也批评自己。管理者对员工说，"出现这个问题，真的很抱歉。你在这方面没有经验，我应该提前告诉你"，员工听到这句话后，往往会很感动，可能无须管理者提醒，员工就会主动承认错误。

（4）针对不同类型员工的面谈策略。

不同类型的员工如图5-5所示。

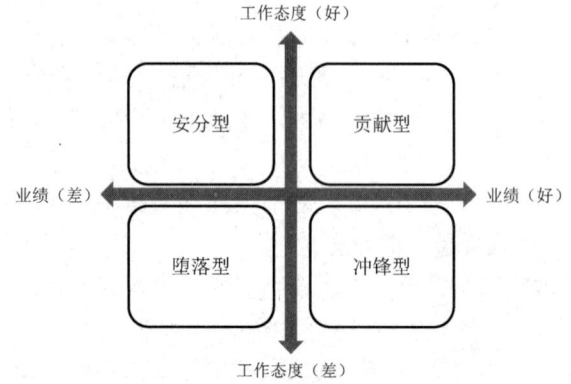

图5-5　不同类型的员工

（业绩好、工作态度好）的贡献型员工，是组织最看重的员工。对于这类员工，在面谈时应着力表扬，赞赏他们的工作表现和对组织的价值，鼓励他们发挥榜样的作用，辅助他人，与他们探讨下一个阶段的工作目标，对他们提出更高的要求，帮助他们提升。

（业绩好、工作态度差）的冲锋型员工，是组织也很看重的员工。如果管理者能解决他们的态度问题，就有望使他们成为骨干员工。对于这类员工，在面谈时要了解他们工作态度差的原因。通常有两种原因：一是员工的性格问题，恃才傲物、过度敏感、性格孤僻等都有可能造成工作态度差；二是员工对企业的某些人或事有较大意见。

（业绩差、工作态度好）的安分型员工，工作兢兢业业但业绩就是上不去。对于这类员工，要分析其业绩差的原因（通常是能力不足），帮助他们制订绩效改进计划，督促他们提升业绩。

（业绩差、工作态度差）的堕落型员工，属于在组织淘汰边缘的员工。对于这类员工，要对他们进行警示，让他们正视自己的位置，产生危机感，认识到如果通过绩效改进计划仍然没有提升业绩，自己可能就会被淘汰。

案例　　　　　　　　　　成功的绩效面谈

周会过去之后，销售部经理吴总拦住了分管某热门产品线的销售主管张兰，问道："张兰，这周有空吗？我想就上一个季度你的绩效结果聊一聊，你看腾出个时间呗！"

张兰："吴总，我这周二到周四的安排都满了，周五一整天都有空，或者也可以开一个腾讯会议晚上聊，看您的时间安排。"

吴总："好的，我目前周五下午没有安排，我们下午三点开会。你预约一间会议室。"

张兰："好的，我这就去安排。"

交流结束后，张兰利用休息时间整理了该产品线上一个季度的销售情况、自己的工作内容、下一个季度的工作安排和接下来的销售展望，并做成PPT准备汇报。

周五中午张兰利用午休时间，打印了绩效考核表和相应的材料，并对PPT做最后的检查。

周五下午2:50，张兰提前来到会议室，打开投影仪，整理好材料，并给吴总准备好热水。2:58，吴总进入会议室。

吴总："张兰，我们今天大概花一小时来聊一聊上一个季度你的工作。你先简单汇报一下自己的工作吧。"

张兰："好的吴总，那我就开始了。"

张兰花10分钟汇报了该产品线上一个季度的销售情况、自己的工作内容、下一个季度的工作安排和接下来的销售展望。

吴总："好的张兰，你的PPT汇报得很清楚，下一个季度的工作安排我也清楚了。你对照一下绩效考核表，自己进行评价。你评价完之后我再给出我的评价，之后我们讨论一下能否达成一致意见。你觉得这样如何？"

张兰："好的吴总，那我就开始了。第一项是销售额。上一个季度的销售完成了预期的93%，同比增长2%，总体来说没有达成季度目标。但是上一个季度的销售结果主要受疫情和一些突发政策的影响，是不可控的。当然，我也带领我的团队采取了一些措施避免销售额下滑，包括积极开展线上促销活动等。我和负责其他产品销售的同事也聊了一下，发现大家也都面临疫情导致销售额下滑的问题，所以这项指标我给自己的评估是B+。"

吴总："确实，咱们公司产品的销售额都或多或少受到了疫情的影响，上一个季度很少有产品线达到前期设定的工作目标。考虑到这些外部因素，我同意这项评估。"

张兰："谢谢吴总。第二项是新供应商开发，这是我和我的团队下一个季度的主要努力方向。我计划一个季度开发5个新供应商，在我和我的团队的共同努力下，我们比较了40多个供应商，从中筛选出5个各方面评估都尚可的供应商，也算大致完成5个新供应商的开发目标，所以这项指标我给自己的评估是A。"

吴总："在开发新供应商上，你和你的团队的努力是有目共睹的，我非常认可你上一个季度在开发新供应商上的努力，所以我同意你的评估，希望你带领团队再接再厉。你是我带的这几个主管中开发新供应商做得最好的，刚好下次周会你分享一下经验给他们。"

张兰："谢谢吴总的肯定，我会继续努力，也很荣幸能有机会和其他主管一起交流经验，我一定不辜负吴总的期望。最后一项是市场调研。在市场调研方面，我收集了本行业近三年TOP20产品的价格、销量及各方面的市场状况信息，并进行横向和纵向对比，出具了报告给市场部，所以这项指标我给自己的评估是A。"

吴总："张兰，你的报告我看过了，信息的确非常全面，考虑到了一些其他公司忽略的因素，但是你的报告还是有一些改进空间的。我上周参加了行业报告大会，其中有一家第三方调研机构对外公布了一份详尽的调研报告。这份报告不仅包括更多的内容信息，还拥有更加准确的数据来源，这点是你的不足。因此，这项评估我会给你打B，你觉得呢？"

张兰："吴总，和第三方调研机构比起来我做得的确还有很多不足，也有许多方面没有考虑进去，在这项指标上我确实有改进空间，所以我同意这项评估为B。吴总，您方便把那份调研报告发给我吗？我之后安排团队共同学习，争取下一个季度在这方面做得更加详尽完善。"

吴总："好的张兰，我随后发给你。我很欣赏你这种不断学习的态度，这对你职业的长远发展大有裨益，我非常看好你未来的职业前景。上一个季度我给你的评估是A-，你觉得呢？"

张兰："吴总，我认为这项评估很客观，我会在接下来的工作中继续努力。"

吴总："接下来我们聊一聊你下一个季度的工作安排吧。我看你在PPT中提到在下一个季度结束前要再争取开发5个新供应商，同时完成销售额同比增长5%的目标。我认为这两个目标对你和你的团队来说既是一种考验，也是一种挑战，我对你们完成目标有足够的信心。我再补充几点，我认为在销售方面，你可以向……取经；在开发新供应商方面，我认为……也有值得学习的地方。遇到了困难，你可以随时向我反映。"

绩效管理

张兰："谢谢吴总的关心和支持，下一个季度我一定再接再厉，不辜负您和公司的期望。"

吴总："好的张兰，那我们今天的绩效面谈就到这里。我觉得你一直在不断进步，好好干，公司不会亏待你的。"

张兰："好的，谢谢吴总。"

问题： 这是一个成功的绩效面谈案例，请你分析一下双方做得好的部分都有哪些。

案例　　　　　　　　　　　　　失败的绩效面谈

销售部高级经理 Cindy 在结束了当天最后一场会议后，在电梯口碰到了销售主管 Eric，说道："你好，Eric，最近有空吗？刚好和你聊一下你最近的绩效表现。不如我们一起吃顿晚饭吧！"

Eric 面露难色，说道："Cindy，今晚家里有些急事需要处理，不如我今晚看下您的日程安排，再和您约时间如何？"

Cindy 点点头，说："也行，那再约个时间。"

Eric 匆匆忙忙回到家里，花了一晚上才处理完家里的琐事。晚上 11 点，他打开电脑找到 Cindy 的日程安排，发现 Cindy 的日程安排十分满，只有部分时间有空。由于近期需要出外勤，因此他锁定了第二天下午 1:30—2:00 的时间，并打算通过线上会议的方式和 Cindy 聊聊自己上一个季度的绩效结果。

Cindy 第二天来到公司，一打开日程安排就看到 Eric 安排了线上会议，心中略有不满。

Eric 工作了一上午之后，来不及吃午饭便找了一间咖啡馆开会。Cindy 中午 1:35 进入会议室，和 Eric 打了个招呼。

Cindy："Eric，今天主要想和你简单聊聊你上一个季度的表现。我想先听听你的想法。"

Eric："Cindy，我平时的努力相信您也能看到。我上一个季度包括最近两周都在外面跑，就是希望能够给公司多拉几个供应商，多发展几个客户，多增加一些产品销量。但是您也知道，最近咱们整个行业都比较萧条，确实很难开发新客户啊！我也已经想尽办法了，您可不能给我打低分呀。"

Cindy："Eric，你上一个季度的表现确实不尽如人意，几项主要的绩效指标，包括产品销量、开发新供应商数量、开发新客户数量都远远没有完成目标。行业不景气固然是一个原因，但是你上一个季度的绩效结果差不能全归于行业原因吧。你也要想想其他补救办法，一味在外面跑或许对你并没有帮助。你看看××部门的 Amy，她和她的团队就完成了上一个季度的既定目标，或许你可以向她取取经。"

Eric："您看，我这也是竭尽全力了，我连中午饭也没来得及吃就来和您开会，您多担待。"

Cindy："我一说你存在的问题你就给我找一堆理由，但是你上一个季度的表现确实不行。你一到下班时间就不见人影，我一次都没有看到你在公司加班。就说说周报，你都漏交几次了？和我开会也是通过线上会议，是不愿意和我面对面聊吗？"

Eric："Cindy，我使用线上会议和您聊绩效是因为我的工作实在抽不开身，您作为上级也要体谅我的工作不容易，一下班就回去也是因为最近家里出了一堆事情。我这也都在情理之中啊！"

Cindy："我看你还是没明白我在和你说什么，光找一堆借口。这次的绩效评估只能给 C，你之后好好想想吧，我先下线了。"

随后 Cindy 退出线上会议，留下 Eric 一个人在咖啡馆若有所思。

问题：对于这次失败的绩效面谈案例，请分析 Eric 和 Cindy 在绩效面谈中都存在什么问题。

五、绩效面谈的比例

一般而言，建议管理者在绩效考核后对所有员工进行绩效面谈。有些组织的员工数量较多，全部面谈可能占用时间过长，此时可以按照一定的比例进行绩效面谈。

比如，员工数量在 20 人及以下的部门，必须对所有员工都进行绩效面谈；员工数量为 20~30 人（含 30 人）的部门，绩效面谈的比例不低于 50%；员工数量多于 30 人的部门，绩效面谈的比例不低于 30%。

还有的组织会根据绩效结果的分布来确定绩效面谈的比例。比如，绩效考核等级为 A、C、D 的员工，绩效面谈的比例必须达到 100%；绩效考核等级为 B 的员工，绩效面谈的比例应达到 30%。

绩效面谈的比例一般通过制度化要求来保障，由人力资源部抽查。

六、缺乏绩效面谈的原因

绩效考核结束后，组织会告知被考核者绩效结果，但非常重要的绩效面谈常常没有安排。归纳起来，有以下三个原因。

（1）管理者不重视绩效面谈。有些管理者认为绩效考核的目的在于评价员工的绩效差异，只要根据结果奖优罚劣就可以达到激励员工的目的，并没有认识到绩效面谈的价值。

（2）管理者的等级意识较强。一些管理者认为自己是领导，无须向员工解释绩效结果，更不需要探寻员工的想法。他们在内心并不重视员工的诉求，认为员工只需要听从计划和指令即可。

（3）绩效结果缺乏公正性和公平性，不愿面对员工的质疑。绩效指标打分的主观性过强，或者有偏袒或打压员工的现象，管理者难以向员工解释，于是不愿开展绩效面谈。

第五节　绩效申诉

在绩效管理的过程中，受到标准不够清楚、信息不够准确、管理者个人偏好等因素的影响，绩效结果可能存在不准确或不公平的情况。此时，给予员工相应的申诉权利能够减少这种情况的发生。

为了将绩效管理落到实处，管理者应当建立权威、健全的绩效申诉制度，受理部门应当按照一定的流程受理员工的申诉申请，并承担起保护员工的责任。除此之外，绩效申诉的流程应当以人为本，从实际出发，避免过于烦琐，从而影响实施。

案例　　　　　　　　　零申诉

为了提升绩效管理的效用，H 公司引进了绩效申诉制度，要求员工在绩效结果出来后一周内完成申诉申请工作。申诉人需要把自己的绩效申诉内容整理成一份完整的报告，且需要申诉人的上级、上级的上级、负责申诉人绩效考核的 HR 签字。完成签字后，申诉人需要将其分成三份，送往绩效申诉部门和负责申诉人绩效考核的 HR 处，自己再留存一份。半年过去了，绩效申诉部门发现没有员工进行绩效申诉。

一、绩效申诉的重要性

实施绩效申诉是成功实施绩效管理的重要基础之一。完善现有的绩效申诉制度能保障绩效结果的公平公正，减少员工和公司、员工和管理者之间的矛盾。

（1）绩效申诉能够保障评级的可接受性和公平性。当管理者和员工难以达成一致意见时，员工可以通过申诉的方式引入第三方来评价自己的真实表现。通过识别现有绩效结果中不准确、不公正的地方，员工可以得到真实的绩效结果，从而提高对绩效结果的可接受性。

（2）绩效申诉能够发现和弥补现有绩效考核体系中存在的不足。绩效考核不是完美的，它不仅会受考核者的主观影响，还会受客观绩效考核体系的因素的影响。通过绩效申诉，绩效申诉部门有机会了解并改进实践过程中绩效考核体系存在的问题。

（3）绩效申诉可以增强被考核者对组织的信任。如果被考核者认为自己在考核过程中受到了不公正的待遇且无处申诉，就会对组织产生不信任感，进而消极怠工，甚至离职。如果组织能健全绩效申诉机制，那么员工就能感受到自己被尊重，会更加愿意参与工作，进而对组织产生信任感。

二、绩效申诉的原则

在绩效申诉的过程中，需要遵守以下绩效申诉的原则。

（1）合理原则。在受理申诉案件的过程中，绩效申诉部门应当秉持负责任的态度，按照规章制度办事，基于条例给出准确的判定，切不可徇私舞弊。

（2）公开原则。绩效申诉的过程应当尽量公开进行，以便了解各方面的情况和消除误解。除此之外，还需要公开申诉处理结果，以使被考核者、考核者知晓结果。

（3）及时原则。成功实施绩效申诉的原则之一是必须在规定的期限内完成。组织需要为员工设定绩效申诉周期，绩效申诉部门也需要尽快完成对申诉请求的审理，并在规定的时间内给出申诉处理结果。

三、设计申诉程序

申诉程序是绩效申诉部门受理申诉时必须遵守的时间、步骤和方式等。科学、合理的程序是绩效申诉有序进行的保障。

（1）申请。如果被考核者对最终的绩效结果存在疑问或有不认同的地方，则可以向绩效申诉部门提出申请进行申诉。申诉开展的前提是被考核者提交了申请。

（2）受理。在接到申请后，绩效申诉部门会进行审查，判断申请是否符合受理条件。对于符合受理条件的申请展开审查，退回不符合受理条件的申请。

（3）审理。受理申诉申请后，绩效申诉部门应当调取相关证据，并给予当事人充分表达的权利，围绕绩效结果中不一致的地方展开讨论。

（4）裁决。经过各方基于事实的充分讨论和审理，绩效申诉部门应当做出公正的裁决，并将裁决结果发往各方。

（5）执行。绩效申诉结果裁决后，各方应在规定的期限内执行。绩效申诉部门应该加强对申诉处理结果执行情况的监督。

（6）期限。科学的程序必须为各个步骤设置一定的处理期限，可以设定申诉期限、审核期限、公示期限等，以提高处理的效率。

案例　　　　　　　　　　申诉处理

第三季度的绩效结果出来后，销售部的员工小徐发现自己最终的绩效结果是 C。小徐找到直属领导吴经理，询问为何自己只得到了 C 的绩效结果。吴经理认为小徐上一个季度的工作重点是完成 5 个新供应商的开发工作，然而小徐最终只开发了 3 个新供应商，其中一个新供应商能否通过考核还不一定。小徐的工作结果与设定的目标差距太大，因此吴经理对小徐的绩效评估为 C。但是小徐认为，虽然自己没有完成新供应商的开发工作，但将自己负责的产品销量提高了 10%，可以弥补开发新供应商方面的不足，自己应该得到 B。吴经理则认为产品销量的提高主要受公司营销策略的影响，是因为公司加大了对相关产品的广告投放力度，同时实施了降价措施，与小徐的工作没有直接关系。小徐则认为自己这段时间带着团队成员跑线下活动、设定线上营销方案、协助下游经销商，这些工作也对产品销量提高起了重要作用。双方无法就绩效结果达成一致意见，小徐决定申请绩效申诉。

问题： 假设由你负责小徐的绩效申诉工作，你会如何展开工作呢？

章末案例——A 公司的绩效管理模式转型

20 世纪 80 年代，A 公司作为最早进入中国市场的大型跨国公司之一，正式踏入了这个充满机遇与挑战的新兴市场。当时的 A 公司，凭借其独特的产品优势和管理理念，迅速在竞争激烈的市场中占据一席之地。

随着时间的推移，中国市场逐渐开放并吸引了越来越多的跨国公司进入。这使市场竞争变得更加激烈，尤其是对像 A 公司这样的早期进入者来说，它们面临着来自新竞争者的巨大压力。在这些新竞争者中，有些是拥有先进技术和管理经验的跨国公司，有些是本土企业，它们带来了新的产品和服务，对市场进行了更深入的细分，并且采用了更灵活的市场策略。这些新竞争者的出现，使市场格局发生了变化，并且使 A 公司的市场份额和业绩受到了很大的冲击。面对这种激烈的竞争环境，21 世纪初，A 公司做出了一系列的战略调整和改变，其中就包括绩效管理模式转型。

A 公司的绩效管理模式转型之路并非一帆风顺。最开始的时候，公司高层认为，公司 20 年来在中国市场取得的成就，在很大程度上得益于良好的市场环境，这使公司疏于绩效管理。如今，激烈的竞争环境要求参与竞争的各家公司提升效率，而 A 公司当前的绩效管理模式难以适应市场的需求，想要在激烈的竞争中脱颖而出，就必须改进绩效管理模式。经过高层激烈地讨论，A 公司决定加强绩效结果的应用环节，通过增强工资、奖金与绩效的联系，让员工自觉、主动地努力工作。新的绩效管理模式在 A 公司运行了两年，但公司的业绩没有太大的起色，员工对新的绩效管理模式产生了诸多不满。"我的经理根本不关心我，他只关注我年末取得的绩效考核成绩。""我平时从来得不到做得好不好的反馈，只有年末绩效考核时我才知道我有这么大的改进空间。""即使绩效考核成绩可以作为我发现自己不足的依据，但我依然不知道该如何改进，从来没有人给我提出建议。""我取得的绩效受市场状况的影响很大，即使我很努力地工作，还是可能因为绩效不达标而被降薪。绩效考核根本看不到我的努力程度。"

A公司的人力资源总监邓总也发现了问题所在："我们对自身的绩效管理体系进行了深刻的反思，逐渐认识到过去我们过于关注评级和评价结果，忽视了对员工进行有针对性的反馈，以及帮助他们改进自身的工作表现。在绩效考核中，我们往往花费大量的时间去讨论为什么某个员工被归为某个区间，这是舍本求末。我们应该更加关注提供及时、具体的反馈，以帮助员工更好地为未来做好准备并取得进步。因此，我们要转变思维方式，从关注评级和评价结果转变为关注员工的发展和成长。通过提供及时、具体的反馈和指导，我们可以帮助员工更好地认识自己的工作表现，发现自己的不足之处并加以弥补。这将有助于提高员工的绩效和工作满意度，同时有利于公司的长期发展。"员工特征的变化也使及时反馈成为A公司日常工作的需要。"公司中有许多'新生代'的员工，他们对于及时反馈有着强烈的需求。他们可以接受一个比较差的绩效结果，但他们绝对无法接受的是，得不到任何反馈。如果他们平时对自己的表现不明确，到了年中或年底突然收到不佳的评价，那对他们来说是难以接受的。"邓总这样说。良好的绩效管理应当是计划制订、绩效实施、绩效评估、辅导反馈和结果运用这几个步骤的紧密结合。然而，许多公司常常忽视了"辅导反馈"这一环节，而将注意力集中在如何分配指标、如何进行评分、如何调整工资等问题上。这也是A公司存在的问题，必须及时进行调整。

2012年，A公司取消绩效评分制度，取而代之的ACE制度，围绕Align（目标一致）、Check-in（持续反馈）和Execute（高效执行）进行，鼓励进行高频率与高质量的绩效反馈。绩效评分在当时乃至今天都是大部分公司比较重视的环节，取消绩效评分制度对A公司而言意味着什么？新的绩效管理模式是如何在A公司逐步推行的？

邓总说："刚开始提出取消绩效评分制度时，公司很多管理者都比较担心，尽管之前有几家知名的公司已经开始弱化绩效评分环节，但取消绩效评分制度的公司少之又少，这为公司借鉴先进的经验带来了巨大的挑战。但我们要推一推，去看看这到底意味着什么，对我们有什么好处，有哪些障碍要克服。""取消绩效评分制度的实质是加强反馈环节。我们依然会设定目标，只是不再刻意强化绩效级别。现在我们其实还是会识别哪些是表现优异的员工，在奖励上也会有相应的体现，但更为重要的是持续反馈。只有进行持续的反馈，才能帮助我们的每个员工，激发他们的潜能。""绩效管理的最佳状态是，管理者和员工双方都对最终的绩效结果有正确的预期。如果员工在年底对自己的绩效结果感到惊讶，那么这种绩效管理是失败的。一旦员工产生惊讶情绪，就会引发许多冲突，焦点会变成为什么我的绩效结果是这种样子，而不是如何帮助我提高。通过每月的交流和讨论，确实可以避免这种情况发生。"

在明确取消绩效评分制度后，A公司分三个阶段启动了绩效管理模式转型。

第一个阶段是进行反馈意识的培养。A公司公布了绩效管理模式转型计划，并举办了一系列培训活动，旨在告诉管理者，发展下属是他们的重要职责之一。同时，公司也向员工强调了"你是你的职业的主宰"这一理念，鼓励员工主动与直线经理进行约谈。通过这些努力，公司希望能够促进管理者与员工之间的沟通，促使他们共同推动公司的发展。

第二个阶段是进行沟通能力的培养。为了指导管理者更好地进行每月谈话，公司设计了一份简单的讲义，里面提供了问题范例，如询问员工的工作表现和所遇挑战，同时提供了一些固定话题作为谈话的准备。此外，公司还强调了反馈的重要性，并教授管理者如何开始和结束谈话。为了鼓励管理者和员工参与每月谈话，公司不要求将谈话记录录入绩效考核系统。

"每月谈话可以是简短的聊天,也可以是深入的讨论,但不能成为管理者和员工的心理负担。我们倡导将每月谈话视为一种轻松的交流方式,以促进管理者和员工之间的互动。"邓总说。同时,HR 团队在不同的业务部门积极探索不同的方式来推行新制度。例如,在食堂张贴光荣榜,表彰给予员工反馈表现最好的经理;开展领导线上评价活动,让员工可以随时根据自己与直线经理的互动给予评价,决定是否授予经理"最关注下属奖"。"老板也是需要鼓励的,他的行为得到下属的认可,他也会更加愿意去强化这些行为。"邓总说。这一举措不仅让员工有机会表达对管理者的支持或不满,同时鼓励管理者更加关注员工的需求和感受。通过这些措施的实施,A 公司建立了一种积极的绩效管理文化,促进了管理者和员工之间的良好沟通与协作,实现整体绩效和员工满意度的提高。

第三个阶段是对转型推进过程持续不断地监测。A 公司在 ACE 制度实行半年之际进行了一次员工调研,以了解新制度的实施效果。调研结果显示,超过九成的员工表示自己和管理者谈过话,半年和管理者谈话超过三次的员工超过六成,只有少部分员工表示自己不了解公司开展的绩效反馈工作。在对新制度的满意度方面,对新制度感到满意和非常满意的员工占比超过 80%,在"ACE 制度最让我满意的地方有哪些"一题中,选择"能及时发现自身不足并进行改进"的人数最多。另外,A 公司会定期进行工作访谈,了解管理者进行每月谈话的感受,探讨可能的改进空间。

ACE 制度的实施为 A 公司带来了明显的提升,不仅取得了不错的整体业绩,员工满意度也比以前提升了不少。时至今日,ACE 制度已在 A 公司实行了十余年,为 A 公司稳固市场龙头地位提供了坚实的基础。正如乔布斯所言:"点将会连成线。"A 公司取得的成功,来源于不断反馈,不断做好当下要做的事,形成一个个扎实的点,再往前走,这些点和别的点连成线,成就了一群更好的员工和一家更好的公司。

[思考题]
1. A 公司的绩效反馈有哪些措施?
2. A 公司的管理者对员工进行绩效反馈的内容有哪些方面?
3. 找出案例中描述缺乏绩效反馈的情景,阐述缺乏绩效反馈带来的负面作用。

第六章

目标管理与 KPI

第一节 目标管理

目标管理（Management By Objective，MBO）由管理学大师彼得·德鲁克提出，来源于 1954 年出版的《管理的实践》一书。至今，目标管理仍然是企业管理的一种重要思想，是现代绩效管理理论的基石。可以预料的是，目标管理这种伟大的管理思想、管理哲学在未来的很长时间内仍然会长盛不衰。

一、目标管理的概念

在《管理的实践》中，德鲁克并没有明确地阐述目标管理的概念。这里不妨给出一个定义：目标管理是指组织中的上下级协商，根据组织的使命确定一定时期内组织的总目标，由此决定上下级的责任和分目标，并把这些目标作为组织运行、员工行为、绩效评估的标准。

二、目标管理的思想

1. 每项工作都必须以达成企业整体目标为目标

德鲁克提出，并不是有了工作才有目标，而应该是有了目标才能确定每个人的工作。他提出"目标管理和自我控制"，以目标带来的员工的自我控制力来取代来自他人的支配式的管理控制方式，从而激发员工的工作积极性。德鲁克认为："企业的目的和任务必须转化为目标。如果企业不设总目标及与总目标相一致的分目标来指导员工的生产和管理活动，则企业规模越大，人员越多，发生内耗和浪费的可能性就越大。"

德鲁克提出，任何企业都必须建立起真正的团队，并且把每个人的努力融合为共同的力量。企业的每一分子都有不同的贡献，但是所有的贡献都必须为了共同的目标，他们的努力必须凝聚到共同的方向上，他们的贡献也必须紧密结合为整体，其中没有裂痕，没有摩擦，也没有不必要的重复努力。因此，企业绩效要求的是每项工作都必须以达成企业整体目标为目标，尤其是每位员工都必须把工作重心放在追求企业整体的成功上。期望员工达成的绩效目标必须源自企业的绩效目标，同时通过员工对于企业的成功所做的贡献，来衡量他们的工作成果。员工必须了解根据企业目标，他们需要达到什么样的绩效，而他们的上级也必须知道应该要求和期望他们有什么贡献，并据此评判他们的绩效。如果没有达到这些要求，员工就走偏了方向，他们的努力就会付诸东流，组织中就看不到团队合作，只有摩擦、挫败和冲突。

2. 在强化自己努力的同时，还要注意单位间的合作

德鲁克的目标管理理论认为，从组织高层到基层，每位员工都需要有明确的目标，而且必须在目标中列出所负责单位应该达到的绩效，说明自己和自己的单位应该有什么贡献，并且协助其他单位达成目标。目标中还应该包括员工期望其他单位有什么贡献，以协助其他单位达成目标。也就是说，目标从一开始就应该强调团队合作和团队成果。员工要明白，只有在投入和产出之间达到平衡，企业才能产生高绩效。企业必须一方面让每个职能和专业领域的单位都能发挥得淋漓尽致，另一方面防止不同的单位各自为政，彼此忌妒倾轧。同时，要避免过度强调某个重要领域。

从德鲁克的理念中可以看到，他早就意识到，将大目标分解成小目标后可能产生利己排他的问题。这种现象在当今实践中也屡见不鲜。因此，最好在目标设置之初就考虑到协作，并且在执行中建立沟通协调机制来解决这个问题。

3. 要兼顾长期和短期、有形和无形的目标

德鲁克认为："为了在投入的努力中求取平衡，不同领域、不同层次的管理者在制定目标时，应该兼顾短期和长期的考虑。而且，所有的目标都应该包含有形的经营目标和管理者的组织与培养，以及员工绩效、态度和社会责任等无形的目标。"

从德鲁克的这番话中可以看到大师的睿智。当今在应用基于 KPI 的绩效考核体系时，遇到的一大难题就是容易陷入短期陷阱。过于关注短期目标和组织长期发展的矛盾一直存在。

4. 绩效考核要简单合理，指标不一定都能量化，要能引导员工做出正确的行为选择

德鲁克提出，为了控制自己的绩效，单单了解自己的目标还不够，还必须有能力针对目标，衡量自己的绩效和成果。所有企业都应该针对每个关键领域向员工提供清楚的绩效评估方式。绩效评估方式中不一定都是严谨精确的量化指标，但是指标必须清楚、简单且合理，而且必须与目标相关，能够将员工的注意力和努力引导到正确的方向上，同时必须很好衡量，至少大家知道误差范围有多大。换句话说，绩效评估方式必须是不言而喻的，不需要复杂的说明或充满哲理的讨论。

5. 绩效反馈是员工修正行为、自我调整的有效方式

德鲁克提出，每位员工都应该具备评估自己绩效所需的信息，而且应该及早获取这类信息，及时修正行为，以达成预期目标。这类信息应该直接提供给员工，而非其上级，因为这类信息是自我控制的工具，而不是上级控制下级的工具。

对于实践中上级忽视反馈、下级收不到反馈信息的常见现象，德鲁克早就已经做了提醒。德鲁克提出，考核不是为了控制下级，而是要通过反馈让下级实现修正行为、自我调整。

三、目标管理的基本程序

目标管理的基本程序分为四个阶段：目标的设置、实现目标的过程管理、目标成果评价、反馈。

1. 目标的设置

第一个阶段可以细分为三个步骤。①设置组织目标，由组织高层商议后确定。②设置部门目标。可以由组织高层初定，也可以由部门负责人初定。无论哪种方式，最后都要由双方协商确定。③设置岗位目标，由部门负责人和员工商议后确定。在讨论中，上级要尊重下级，平等待人，耐心倾听下级的意见，帮助下级设置目标。目标要具体、量化，便于评价；分清轻重缓急，以免顾此失彼；既要有挑战性，又要有实现的可能；岗位和部门的分目标要和其他的分目标协调一致，支持组织目标的实现；下一级目标必须能承载上一级目标。

目标分解示例如图6-1所示。

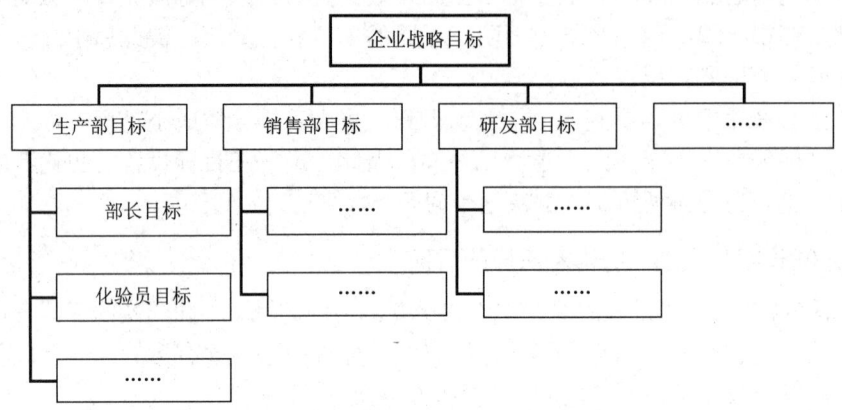

图6-1 目标分解示例

案例 **山田本一的秘密**

山田本一是日本著名的马拉松运动员，他曾在1984年和1987年的国际马拉松比赛中，两次夺得世界冠军。记者问他凭什么取得如此惊人的成绩，山田本一总是回答："凭智慧战胜对手！"大家都知道，马拉松比赛主要是运动员体力和耐力的较量，爆发力、速度和技巧都还是其次。因此，对山田本一的回答，许多人觉得他是在故弄玄虚。

10年之后，这个谜底被揭开了。山田本一在自传中揭露了他的秘密。假如明天正式参加马拉松比赛，他会怎么做呢？他会提前勘察路线。他发现，从起点开始到5公里左右有一家肯德基，就在图上做个标记；肯德基往后8公里有一家麦当劳，做个标记；麦当劳往后7公里有一家必胜客，做个标记。就这样，40多公里的路被他分成了七八个阶段。

比赛开始后，他就先朝着第一个小目标肯德基开始跑，5公里不算太远，跑一会儿就到了，看看表，用了多长时间，还剩下多远距离，再朝着第二个小目标麦当劳跑，跑到后看看用了多长时间，接着朝第三个小目标必胜客跑，跑到后看看用了多长时间……

一段漫长的距离被他分成了不同的阶段，所以在跑起来的时候，每一个目标的达成都让他产生了成就感，并且对漫长的路途不再畏惧。

2. 实现目标的过程管理

在实现目标的过程中，要有适当的授权。上级要给下级一定的权限，允许和鼓励他们自行选择为实现目标所采取的工作方式。

上级要注重过程中的检查，重视结果，强调自主、自治和自觉。但这并不代表可以放手不管，相反由于形成了目标体系，因此一旦失误就会牵动全局。上级要经常和下级进行沟通，并对关键节点进行检查，以掌握目标的完成进度。当发现进度与预期不符时，就要寻找原因，进行调整。

上级要为下级提供支持，给他们在人力、物力、方法上的帮助。当下级需要其他部门的协助时，上级要尽到沟通协调的责任。

3．目标成果评价

到预定的时间后，将结果与预定的目标进行比较。下级首先进行自我评估，然后由上级评价下级的目标完成情况。

4．反馈

上级和下级共同回顾整个周期，总结成功经验和失败教训，提出绩效优化建议，同时讨论下一个阶段的目标，开始新的循环。

目标管理的作用包括以下三点。

第一，有助于组织目标的实现，使组织目标和部门目标、岗位目标保持一致。员工在努力实现岗位目标的同时，会合力推动部门目标的实现；各部门目标实现后，组织目标也就能实现了。绩效管理的根本目的是提升组织绩效。

第二，各个主体目标明确，便于工作中的分工和合作。无论是部门负责人还是员工，都能清晰地理解自身阶段性的工作目标，并以此指导工作方向。根据目标，上级能快捷地将工作分配给下级。下级甚至无须知道组织的发展战略，只需要理解自己的工作目标并且为之努力即可。将目标作为工作分工和工作评价的标准，降低了沟通成本和监督成本。

第三，激发员工的能力。目标管理能准确地向员工传达目标，并且使目标和员工的付出、回报相关，有助于激发员工的工作动力。比如，员工只要完成目标就可以获得绩效奖金或加薪、晋升的机会，这样员工工作的主动性和热情会得到提升。目标管理强调员工的自我控制，让员工参与目标的设计，并且在实施过程中给员工充分授权，以挖掘员工的潜力，激发员工的主动性。

目标管理在应用中也存在以下不足。

第一，不适用于目标不清晰的组织。不清晰的目标很难进行分解。诸如"企业进一步增强竞争力，对外增加销售额，对内加强管理"这样的目标很模糊，是没办法清晰地向下分解的。一些创新型的组织（如某些科技公司），已经走在行业的前沿，没有可参考的发展路径，只能在摸索中前进。对它们而言，只能大致确定一个方向边走边看，难以界定一个清晰的目标。这样的组织不适合采取目标管理理论。

第二，实施成本高，工作量大。在制定目标的过程中，各级要反复沟通，花费大量的时间。有学者嘲讽道："目标管理经常制造的是纸片风景，计划越来越长，文件越来越厚，焦点散乱，质量因目标标准过多而混乱，能力都花在机制而不是结果上。"

第三，对于复杂易变的环境，目标管理的灵活性欠佳。组织目标的一点变化都可能引发部门到岗位的连锁反应，部门目标的变化也是如此，会要求岗位目标跟随变化。正常情况下，组织中各级的绩效指标一旦制定，是不允许变动的，如果调整则需要审批。比如，因环境发生了变化，某岗位的绩效指标表要增加一项指标，就需要得到被考核者的认可。之后，考核者与被考核者重新签订考核任务书，然后到人力资源部备案。可见，这个过程比较烦琐。所以，在实践中组织一般不愿意改变组织目标或部门目标，而是拖到下一个考核周期的计划环节再去解决。

第四，容易导致短视行为和本位主义。目标的设置周期一般都是短期的，基本不会超过一年。当目标的实现与员工的绩效挂钩时，可能产生牺牲长期利益而只关注短期利益的行为。另外，每个部门和员工都关注自身目标的完成，容易忽视其他部门和员工的利益，滋生本位主义。

第五，目标管理的哲学假设不一定都存在。Y 理论对于人类的动机进行了乐观的假设，但在实际中存在"机会主义本性"，尤其是在监督不力的情况下，目标管理所要求的承诺、自觉、自治气氛难以形成。

尽管目标管理在应用中存在一些不足，但不能否认它的划时代价值。正如理查德·巴布柯克教授所说："目标管理概念的提出具有划时代的意义，目标管理注重管理行为的结果而不是对行为的监控，这是一个重大的贡献。它把管理的整个重点从工作努力转移到生产率上来。"无论是 KPI，还是平衡计分卡和最近流行的 OKR，这些主流绩效管理工具的思想根基都是目标管理理论。

案例　　某机床厂的目标管理

某机床厂从××××年开始推行目标管理。为了充分发挥各职能部门的作用，充分调动一千多名职能部门人员的积极性，该厂首先对厂部和科室实施了目标管理。经过一段时间的试点，逐步推广到全厂各车间、工段和班组。多年的实践表明，目标管理改善了企业的经营管理，挖掘了企业的内部潜力，促使企业取得了较好的经济效益。

按照目标管理的原则，该厂把目标管理分为三个阶段进行。

第一个阶段：目标制定阶段。

1. 总目标的制定

该厂通过对国内外市场机床需求的调查，结合长远规划的要求，并根据企业的具体生产能力，提出了××××年"三提高""三突破"的总方针。所谓"三提高"，就是提高经济效益、提高管理水平和提高竞争能力；"三突破"是指在新产品数量、创汇和增收节支方面要有较大的突破。在此基础上，该厂把总方针具体化、数量化，初步制定总目标方案，并发动全厂员工反复讨论、不断补充，送职工代表大会研究通过，正式制定出全厂××××年的总目标。

2. 部门目标的制定

由厂长向全厂宣布总目标后，全厂就对总目标进行层层分解、层层落实。各部门的目标由各部门和企业管理委员会共同商定，先确定项目，再制定各项目的指标标准。制定依据是总目标和有关部门负责拟定、经厂部批准下达的各项计划任务，原则是各部门的工作目标值只能高于总目标中的定量目标值，同时为了集中精力抓好目标的完成工作，目标的数量不可太多。因此，各部门的目标分为必考目标和参考目标两种。必考目标包括厂部明确下达的目标和部门主要的经济技术指标，参考目标包括部门的日常工作目标或主要协作项目。其中，必考目标一般控制为2~4项，参考目标可以多一些。目标完成标准由各部门以目标卡片的形式填报并上交厂部，通过协调和讨论最后由厂部批准。

3. 目标的进一步分解和落实

部门的目标确定了以后，接下来的工作就是将目标进一步分解和层层落实到个人。

（1）部门内部小组（个人）目标制定的形式和要求与部门目标制定类似，也采用目标卡片的形式，由部门自行负责实施和考核。要求各个小组（个人）努力完成各自的目标，以保证部门目标的如期完成。

（2）该厂部门目标的分解采用流程图的方式进行。具体方法是：先把部门目标分解、落实到职能组，再分解、落实到工段，最后由工段下达给个人。通过层层分解，全厂的总目标就落实到了每个人身上。

第二个阶段：目标实施阶段。

该厂在目标实施过程中，狠抓以下三项工作。

1. 自我检查、自我控制和自我管理

目标卡片经主管副厂长批准，一份存企业管理委员会，一份由制定单位自存。由于每个部门、每个人都有了具体、定量的明确目标，所以在目标实施过程中，人们会自觉、努力地实现这些目标，并对照目标进行自我检查、自我控制和自我管理。这种"自我管理"充分调动了各部门及员工的主观能动性和工作热情，促使员工充分挖掘自身的潜力，改变了过去那种上级只管下达任务、下级只管汇报完成情况，并由上级不断检查、监督的传统管理办法。

2. 经济考核

虽然该厂目标管理的循环周期为一年，但为了进一步落实经济责任制，及时纠正目标实施过程中与原目标之间的偏差，该厂突破了目标管理的一个循环周期只能考核一次、评定一次的束缚，坚持每个季度考核一次和年终总评定。这种加强经济考核的做法，进一步调动了员工的积极性，有力地促进了经济责任制的落实。

3. 信息反馈

为了随时了解目标实施过程中的动态情况，以便采取措施及时协调，使目标能顺利实现，该厂十分重视目标实施过程中的信息反馈工作，并采用以下两种信息反馈方法。

（1）建立"工作质量联系单"来及时反映工作质量和服务协作方面的情况。尤其是当两个部门发生工作纠纷时，厂管理部门能从"工作质量联系单"中及时了解情况，进行深入调查，尽快加以解决。这样一来，大大提高了工作效率，减少了部门间的不协调现象。

（2）通过"修正目标方案"来调整目标。"修正目标方案"包括目标项目、原定目标、修正目标和修正原因等内容，并规定在工作条件发生重大变化需修正目标时，责任部门必须填写"修正目标方案"并提交至企业管理委员会，由该委员会提出意见并上交主管副厂长批准后方可修正目标。

通过狠抓以上三项工作，该厂不仅加强了对目标实施动态的了解，更重要的是加强了各部门的责任心和主动性，从而使全厂各部门从过去等待问题找上门的被动局面，转变为积极寻找和解决问题的主动局面。

第三个阶段：目标成果评定阶段。

目标管理实际上就是根据成果进行管理，因此目标成果在评定阶段十分重要。该厂采用自我评价和上级主管部门评价相结合的做法，即在下一个季度第一个月的10日之前，每个部门必须把一份季度工作目标完成情况表报送至企业管理委员会（报表上要求每个部门完成自我评价）。企业管理委员会核实后，也会给予恰当的评价。

资料来源：根据邓玉金《目标管理的实施案例》一文整理。

第二节　KPI 与目标管理的结合

一、KPI 的概念

关键绩效指标（Key Performance Indicator，KPI）在实践中耳熟能详。它是绩效管理诸多工具中运用目标管理思想最为直接、最为彻底的工具。组织常以 KPI 为抓手，完成组织目标—部门目标—岗位目标的传递，从而形成从组织战略到个体行为的引导。

关于 KPI 的概念有很多说法，往往将它与组织战略目标联系起来。比如，KPI 是通过对组织内部流程的输入端、输出端的关键参数进行设置、取样、计算、分析，来衡量流程绩效的一种目标式量化管理指标，是把企业的战略目标分解为可操作的工作目标的工具。

本书认为，回归本源，所谓 KPI，就是反映被考核者工作绩效的诸多绩效指标中关键的一类指标。它通常具有两个特点。首先，代表工作中最重要的结果。比如，某销售部的 KPI 是销售额、客户增长率。绝大多数 KPI 都是结果类型的，但也有一些评估过程的 KPI。其次，KPI 以量化指标为主，这种指标比较客观、容易被衡量。

二、KPI 与目标管理相结合

KPI 之所以能成为目标管理思想应用于绩效管理中的抓手，主要原因是"二八法则"。二八法则认为，组织在价值创造的过程中，部门和员工的 80% 的工作任务是由 20% 的关键行为完成的，抓住这 20% 的关键行为，就抓住了主体。KPI 就是这关键的 20%。

理想状态下，组织目标的实现由部门目标来承接，部门目标的实现由岗位目标来承接，并且所有的目标全都能对应为绩效指标，部门和岗位的绩效指标全部来自上级目标的分解。这在理论上似乎很完美，但在实践中不可能做到，原因主要有两点。一方面，全部目标的层层分解会非常复杂，即使分解出来，落实到部门和岗位的指标数量也会很多，使被考核者无所适从。而 KPI 作为关键的绩效指标，数量少而且代表最重要的工作引导，只要抓住它就抓住了主线，就足以完成组织目标对部门和岗位工作的指引。另一方面，实践中部门和岗位的绩效指标并非全部来自上级目标的分解，还会包括一般性指标，如一些职责类指标。组织目标属于大方向、战略性的目标，会高度简练，它默认的是在组织正常运营下所提出的方向性指引。除此之外，组织的正常运营也应纳入考核中，因此考核表中还会加上一些职责类指标。此外，组织可能还要考核工作态度等，也是要单加的指标。因此，KPI 不等于绩效考核的全部内容，但会是关键内容。

下面用两张图来表示 KPI 与目标管理相结合的思路。

图 6-2 表示将组织级 KPI 自上而下，先分解为部门级 KPI，再分解为岗位级 KPI 的过程。

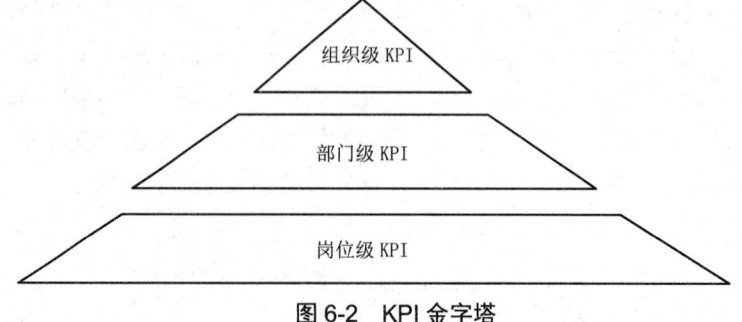

图 6-2　KPI 金字塔

图 6-3 表示绩效指标表的构成。首先，参考组织的使命、愿景，重点是战略目标，采用一定的方法确定组织级 KPI；然后，将组织级 KPI 分解为部门级 KPI，并补充部门职责等一般性指标，就形成了部门的绩效指标；之后，将部门级 KPI 分解为岗位级 KPI，再根据情况添加岗位职责、工作态度等一般性指标，就形成了岗位的绩效指标。

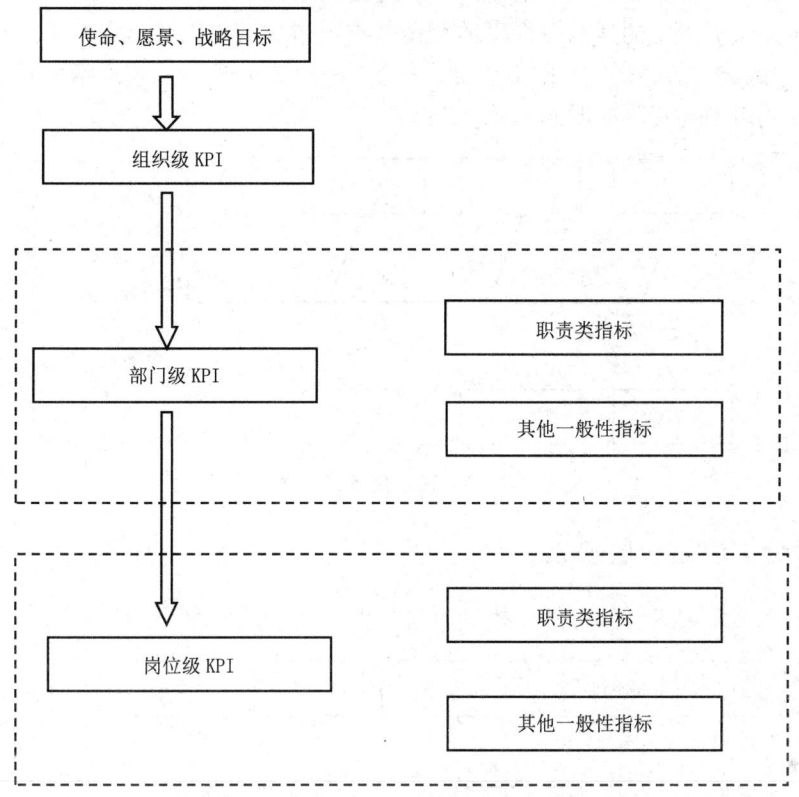

图 6-3　基于 KPI 的绩效指标表设计思路

第三节　KPI 的分解

第二节介绍了层层分解 KPI 的框架，本节介绍一种常用的分解 KPI 的操作步骤。简单来说，就是在实践中是如何得到部门级和岗位级 KPI 的。

一、描述组织的使命、愿景和战略目标

使命表示组织为什么而存在。比如，迪士尼的使命是"让世界快乐起来"。愿景则描绘了未来的蓝图，表示组织的长期目标。比如，万科的愿景是"以人民的美好生活为己任、以高质量发展领先领跑，做伟大新时代的好企业"。

使命和愿景本身对于分解 KPI 并没有直接的作用，主要是作为一种理念上的引领。也可以说，它们并非必选项。只要有战略目标，就可以分解 KPI。

二、确定第一层要素

根据鱼骨图，寻找组织实现战略目标的要素。根据组织以往的运营经验，确定哪些领域是实现战略目标的主要关注内容。也有人将其称为关键成功领域。这里为了简化，将其称为第一层要素。第一层要素还可以根据鱼骨图继续细化为若干层。

举例说明，根据组织的战略目标"继续稳健扩大市场领先优势，实现客户服务质量和利润的双增长"，确定财务、研发、制造水准、员工培养、客户服务、市场领先六个要素是影响战略目标实现的关键要素，如图6-4所示。

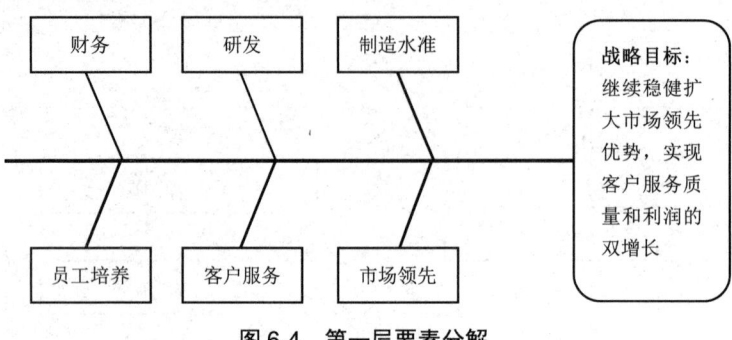

图6-4　第一层要素分解

三、进一步分解成下一层要素

将第一层的六个要素继续分解，找到各自的关键要素，如图6-5所示。

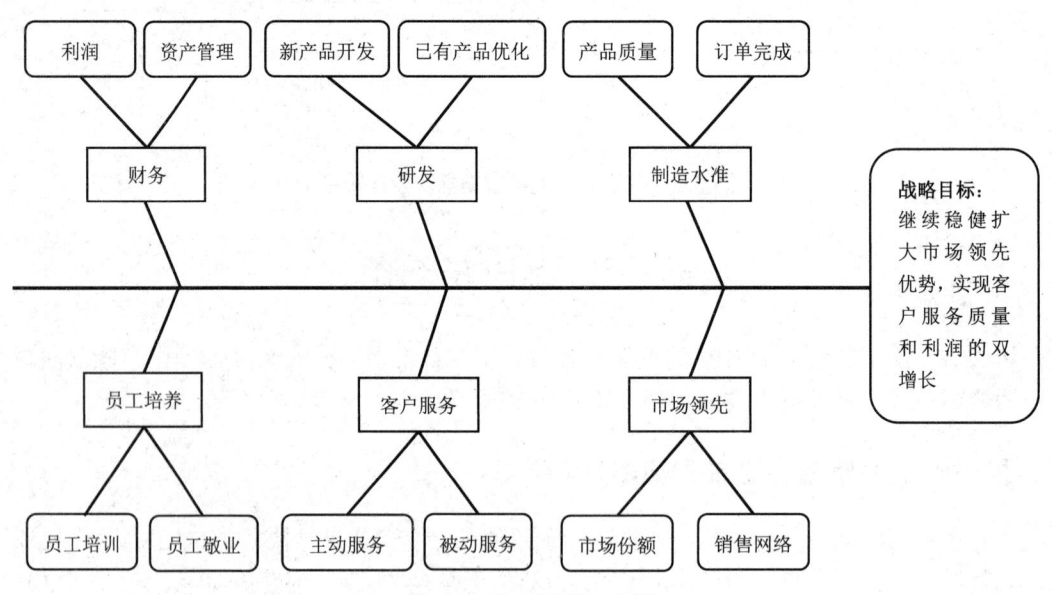

图6-5　第二层要素分解

分解到第二层之后，思考一下是否能找到指标来评价这些要素。如果找不到，就继续分解到第三层。以此类推，直到找到比较明显的指标。

在本案例中，第二层已经可以找到指标。可以直接在鱼骨图的要素旁标注指标，以便备忘，如图6-6所示。为了节省空间，图6-6只画了鱼骨图的一部分示意，在"利润"要素旁标注指标。

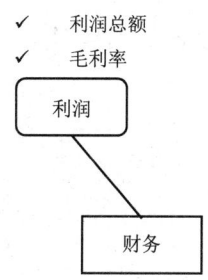

图 6-6　指标标注

四、得到组织级 KPI，并分解为部门级 KPI

上面的鱼骨图经过层层分解会得到很多指标，这些就是所谓的组织级 KPI。将这些指标列入表中，再次审视，进行合并、删除等操作，得到最终的指标库，如表 6-1 所示。

表 6-1　组织级 KPI 和部门级 KPI 的确定

第一层要素	第二层要素	组织级 KPI	对应部门	部门级 KPI
财务	利润	利润总额	各部门	生产成本（生产部）、研发投入（研发部）、办公费用（办公室）、人力成本（所有部门）等
	资产管理	毛利率	生产部、销售部	主营产品单位成本（生产部）、销售净收入（销售部）
研发	新产品开发	新产品数量	研发部	新产品上市数量
	已有产品优化	产品性能	研发部	综合性能提升程度
		产品成本	研发部、生产部	
制造水准	产品质量	废品率	生产部	
	订单完成	生产订单完成率	生产部	
员工培养	员工培训	培训费用	人力资源部	
		培训效果	人力资源部	
	员工敬业	员工敬业度	人力资源部	
客户服务	主动服务	重点客户拜访	销售部	
		日常关怀	销售部	
	被动服务	咨询问题解决率	销售部	
		投诉问题解决率	销售部	
市场领先	市场份额	市场占有率	销售部	
		销售额增长率	销售部	
	销售网络	销售门店数量	销售部	
		海外拓展	销售部	

接下来，要确定承载组织级 KPI 的部门有哪些，如表 6-1 第 4 列所示。有的部门会承接某一项组织级 KPI，也有配合其他部门共同承接的。根据组织的运营职责，不难确定部门级 KPI。表 6-1 第 5 列是部门级 KPI（表中省略了一些内容）。

之后，对各个部门承接的 KPI 进行汇总，示例如表 6-2 所示。

表 6-2　部门级 KPI

部门	KPI
生产部	生产成本、主营产品单位成本、产品成本、废品率、生产订单完成率、人力成本等
研发部	研发投入、新产品数量、产品性能、产品成本、人力成本等
人力资源部	培训费用、培训效果、员工敬业度、人力成本等

续表

部门	KPI
销售部	销售净收入、重点客户拜访、日常关怀、咨询问题解决率、投诉问题解决率、市场占有率、销售额增长率、销售门店数量、海外拓展、人力成本等
办公室	办公费用、人力成本等

注意一点,无论是组织级 KPI 还是部门级 KPI,都要选择重要的指标,而不是列出所有有关的指标,否则指标会非常繁杂。前面提过,KPI 遵循"二八法则"。

五、将部门级 KPI 分解为岗位级 KPI

部门负责人可以绘制分工表格,如表 6-3 所示,将部门级 KPI 分解到各个岗位上。到这一步,KPI 的分解告一段落。组织级、部门级和岗位级三层的 KPI 都已确定,从组织战略目标出发,向下传导的机制初步形成。

表 6-3 将部门级 KPI 分解为岗位级 KPI

KPI	岗位 1	岗位 2	岗位 3	岗位 4	岗位 5	……	岗位 n
KPI 1			√	√			√
KPI 2					√		√
KPI 3			√	√			√
……							
KPI m	√	√	√	√	√		√

六、增加一般性指标,绩效指标表初步形成体系

前面说过,自上而下分解得来的 KPI 是绩效指标表的重要组成,但不是全部,还需要补上遗漏的 KPI 和一般性指标。要注意一点,并非所有的 KPI 都来自上一级的分解,有个别 KPI 对自身工作很重要,需要补充上。此外,职责类指标、态度类指标等属于一般性指标,根据组织需要可考虑增加。需要提醒的是,有些 KPI 已经反映出一些职责的内容,如果还需要增加职责类指标,就要避免指标重复的问题。

在补充一般性指标后,绩效指标初步形成体系,包括 KPI 和一般性指标两大类,再添加绩效目标、评分标准后,绩效指标表基本成型。以某岗位为例,形成的绩效指标表如表 6-4 所示。

表 6-4 绩效指标表样式

被考核者:				所在部门:		
分类	指标	分数/分	绩效目标	评分标准	个人自评	考核者评分
KPI（40 分）	（年）出口备货量	5	10 万担（年度考核）	每低 10%,扣 5 分		
	（年）销售费用	10	计划内业务费用不超预算（年度考核）	每低 5%,加 5 分；每超 10%,扣 5 分		
	（年）销售利润	10	参考预算（年度考核）	每低 10%,扣 5 分；每超 5%,加 5 分		
	（年）烟叶出口数量	10	烟叶 2500 吨/年	每低 10%,扣 5 分；每超 5%,加 5 分		
	收汇金额	5	按照相关规定安全收汇	每低 10%,扣 5 分		

续表

分　类	指　标	分数/分	绩效目标	评分标准	个人自评	考核者评分
职责类指标（40分）	烟叶进出口工作管理	15	严格按照相关规定开展进出口业务、签订合同、履行合同	每出现一次疏漏，扣5分		
	采购管理	10	1. 按照规定签订烟叶网上交易合同、采购协议、加工协议；2. 按照规定提报包装材料采购计划，签订采购协议并按照协议规定进行采购活动	每出现一次疏漏，扣5分		
	仓储、调运管理	10	1. 签订运输、熏蒸、仓储协议并整理归档；2. 安排验货、调运工作；3. 监督仓库做好仓储工作并定期检查，出具书面检查报告；4. 如期安排熏蒸工作	每违反一次监管程序，扣5分		
	商情收集	5	每季出一期市场商情报告	未及时出一期报告，扣5分		
态度类指标（20分）	工作态度	20	积极性+敬业度+责任心+纪律性	参考态度类指标字典		

第四节　关于KPI的进一步思考

组织基于目标管理思想，从组织的战略目标出发，完成从组织目标到部门目标到岗位目标的层层分解，以便更好地实现战略目标的落地。组织的战略目标牵引着部门、员工的工作方向，使组织全体员工形成合力，集体作战。大量组织在实践中采用上述思路，取得了很好的效果，但也出现了一些问题，值得深思。

一、各部门的KPI之间存在矛盾

案例　　某家电公司导入KPI后出现的问题

某家电公司的销售副总最近很不开心。他花了很大力气才说服几个大客户和经销商大批量购买公司生产的新型空调，这批订货必须在炎热天气到来之前发货，但是新生产线这几个月仍处于调试阶段。如果不能在5月15日前发货，客户就有权取消订单。这样，不仅公司的销售业绩会大幅度下滑，而且新生产线的投资也会遭受很大的损失。现在是4月中旬，他已经被告知第一批新产品无法在交货期发货。

此时，生产副总却相当高兴，因为眼看今年已经过了4个多月，生产部的三项生产指标（质量、生产成本和生产率）完成得非常出色。新产品的生产达标是一个费时费力而且效率很低的过程，因此他下令减少了本应配给新产品生产线的生产投入。销售不是他考虑的问题，他的分内工作只是保证生产指标按时完成，这也是他今年被考评的几个KPI。

财务兼行政副总的日子也很不错，财务部的KPI之一就是缩短应收账款的回收周期，降低公司的财务费用。他采取的措施是缩短客户的付款期限，另外他还发出通知，对违反新规定期限的客户取消任何放宽条件。其实，他也知道这种办法对销售不利，但销售不是他考虑的问题。他所要关心的是为公司尽快收回应收账款，降低利息成本。

上面的案例中反映的问题是，各部门承担的部分 KPI 之间存在矛盾，而各部门为了考核业绩只会顾及自己的 KPI，导致对组织整体不利。

这种现象很常见，分析其原因为：组织高层在自上而下分解组织级 KPI 的时候，更多地关注由哪些部门来承接，对于部门之间的横向联系考虑较少。考核直接影响部门收益，会促使部门本位主义的出现。

通过引入协调机制可以缓解部门之间的矛盾。一种方法是在部门的绩效指标里加上和别的部门有关的 KPI，另一种方法是通过沟通会或高层来协调。

在上面的案例中，在生产部的指标里加上"新产品生产订单完成率"，可以让生产部重视新产品的生产任务。财务部和销售部开沟通会，商量解决缩短应收账款的回收周期和提升客户满意度之间的矛盾。这种矛盾可能无法有各方都满意的方案，需要依靠部门之间的理解和让步来解决。如果彼此都不让步，由公司高层出面协调也是可行的思路。

二、短期与长期、个体与整体的协调

以 KPI 为重点的绩效考核体系，基本上都是以短期目标为主，这与组织的考核周期相关。考核周期最长的也就是一年。无论被考核者是个人还是部门、子公司，都会盯着 KPI。关注短期本身并没有错，长周期也是由一个个短周期组成的，把当前的工作做好又有什么错呢？但是，在操作层面，周期越长，目标越不清晰、越难以分解。KPI 关注短期是中性的，并非贬义。同样的道理，KPI 关注自身利益也无可厚非。换句话讲，关注短期和自身利益是 KPI 的先天特点，而非缺点。

只是当短期目标与长期目标、个体利益与整体利益发生冲突时，我们需要找到一种协调机制，需要个体合作或让步、妥协。

> **案例**　　**为何绩效主义成就了三星，却毁了索尼？**

一、绩效主义助推三星转型

1988 年，李健熙接班三星，提出二次创业，一项重要的举措就是在三星推行"自律经营"。三星集团对各子/分公司经营层实行的是"明确经营的完全责任、赋予履职的足够权限、按照绩效奖励团队"的管理模式。

李健熙认为"奖励工资"是人类最伟大的发明。李健熙上任后，大胆打破三星的传统，推行"信赏必赏"的奖励工资制度，给管理层发放年薪。在三星集团各子/分公司 CEO 的年薪中，基本工资只占 25%，其余 75% 由绩效决定。员工的基本工资占 60%，另外 40% 由能力决定。能力评价决定员工的实际年薪。同一职级的员工，实际年收入最高与最低的可以相差 50%。这在李秉喆时代以及当时韩国其他公司是无法想象的，引起了极大的震动。

一句话总结当时的"自律经营"体制，就是"责权放下去，收入拉开来"。来自美国的"绩效主义"，确实达到了扭转三星既有的僵化体制、激活子/分公司经营团队、培养员工的主人翁意识和经营自主性、助推三星新经营转型的目的。

三星的总部除老板和一般职能部门外，还有一个"秘书室"。秘书室干的事情就是子/分公司和事业部不愿意干的那些"有风险、短期看不到收益、付出没回报但对企业整体和长远有利"的事情。

首先，在战略决策阶段，秘书室是一个研究和提案部门，其职能包括情报收集与分析、组织研究、战略方案制定、向李健熙提建议。所有重大的投资决策都是由秘书室研究并提出方案，最后由老板拍板决定的，哪怕是三星电子总裁尹钟龙都没有这个权力。例如，半导体/液晶屏的投资、金融危机时的产业结构调整、数码融合等战略动议，主推力量并不是子/分公司CEO，而是秘书室。

其次，在战略执行阶段，秘书室承担了双重任务：一是亲自操盘一些重要的战略相关事项，如金融与资本运作、产业结构调整、战略资源配置、重要人事决策与执行等；二是重点战略任务的监督与执行，尤其是涉及跨部门协调的战略任务。秘书室的介入，使三星电子和三星集团其他分公司一直都能够"分享资源"和"创造协同效果"。一旦几个业务部门出现分歧，需要一起协作时，秘书室就会立刻介入进行协调，业务部门必须接受秘书室的决议。比如，2000年左右三星推出大量数码融合产品，大多是跨业务部门协作的结果。2007年，苹果推出智能手机后半年，三星也推出智能手机，这也是秘书室调动全集团资源集中攻关的成果。

当年实行分权管理的时候，李健熙始终警惕业务部门变成"个体户集中营"，只关心自己的"一亩三分地"，使集团丧失"集中力量办大事"的能力。因此，李健熙并不指望下面的业务部门负责人既要对短期绩效负责，又要对企业整体和长远利益负责，而是在子/分公司和秘书室之间做了"切割"。秘书室拥有所有子/分公司高管的任免权、调配权、考核权、处分权，以及重大投资权和子/分公司项目投资审批权。此外，秘书室还有强大的监察功能，对子/分公司的一举一动盯得很紧。

二、绩效主义给索尼带来了什么

只要仔细回顾一下索尼在20世纪90年代的历史，你就会发现：在同一时期，上面发生在三星的管理模式转型的故事，在索尼也上演了一遍。

索尼导入绩效主义的起点是1994年，标志是实行"公司制度"。索尼将原来的事业部改为独立公司，规定其负责人要对资产负债表和损益表负责，并有权投资新业务。这时的索尼，总部像一家控股公司，负责新业务投资和整体协调；在"公司制度"下，索尼把计划和产品开发人员从总公司分散到子/分公司。为了与"责任、权力、资源下沉"相配套，索尼同时导入"绩效薪酬制度"；在公司内部的员工层面，与三星类似，导入绩效考核机制。

在索尼"公司制度"和"绩效薪酬制度"改革的初始阶段（1995—1998年），确实达到了董事会所期望的"刺激收入、增加利润"的目标，1997年、1998年连续两年收入和利润大幅增长。但是，这些收入和利润仍然是"模拟技术产品"带来的。之后，随着数字技术快速取代模拟技术，索尼开始陷入衰退和亏损状态。

索尼子/分公司的总经理要"对投资承担责任"，而且ROI（投资回报率）不得低于10%，这就使他们不愿意投资风险虽高但对未来很重要的技术和产品，而更愿意做那些能够立竿见影又没有多大风险的事情。比如VAIO笔记本电脑，董事长出井伸之的意图是通过把音响与视频功能整合，引发个人计算机革命——把VAIO打造成划时代的、能够像当年Walkman一样有轰动效应的"娱乐电脑"。但是电脑部门有短期利润压力，只能将更多的资源用在开发下一个季度挣钱的产品上，而不是更具创意、也更不确定的VAIO上，结果导致VAIO变成了一款反响平平的产品。

另外，索尼将每个业务单元都变成独立核算经营的公司，致使当需要为其他业务单元提供协助而对自己短期又没有好处时，人们没有积极性提供协助。三星推出数码融合产品"康宝"DVD之后，2001年，索尼希望推出一款超过三星"康宝"的融合产品Cocoon，它可以把电视节目录制到它所带的DVD硬盘上。这款全新的产品的开发涉及电脑部门、电视部门、DVD部门和Cocoon产品部门。结果DVD部门不支持，Cocoon只好在不带DVD功能的情况下上市，根本卖不出去。DVD部门之所以不支持，是因为担心Cocoon上市会抢占它的传统DVD产品销售市场。

资料来源：根据李序蒙《为何绩效主义成就了三星，却毁了索尼？》一文整理。

在上述案例中，索尼对于子/公司高度授权，却没有办法让它们团结合作。三星通过秘书室来做"有风险、短期看不到收益、付出没回报但对企业整体和长远有利"的事情，由秘书室来完成监督、主导、协调子/分公司的工作。由此可见，三星的绩效主义实行比索尼有效许多。

三、员工的工作动机以追求加薪和晋升等外部激励为主

以 KPI 为主的考核为了激励员工，选择与薪酬和职位挂钩，这是大多数组织当前采取的策略。不可否认的是，加薪和晋升对绝大多数员工有着很强的激励作用。但在一定的环境下，它也存在不足。

首先，外部动机和内部动机相比，工作的乐趣、认同感、成就感等欠缺。索尼前常务董事天外伺朗痛心地说："索尼实行绩效管理后，和以前相比，不知疲倦、全身心投入开发的'激情集团'不存在了。如果外在的动机增强，那么自发的动机就会受到抑制。"以前，"工作的报酬是工作，许多人为追求工作的乐趣而埋头苦干"；而实行绩效管理后，工作的报酬是金钱，工作的乐趣没有了。

其次，工作动机是多样化的，对于加薪和晋升需求不高的员工，KPI 考核的激励效果可能不尽如人意。例如，一些家境不错的员工工作的主要动机不是加薪，而是兴趣和乐趣、社交、价值感等；对一些技术型员工来说，追求能力提升和开发带来的成就感可能是工作的主要动机。

章末案例——警惕 KPI

以 KPI 为基础的绩效考核，似乎面临越来越多的挑战。这里展示了百度、小米、微信的三位创始人的公开邮件或演讲的部分内容，都和 KPI 及目标管理相关。

一、百度

2016 年 5 月，百度董事长李彦宏给全体员工发出邮件，随后内容被公布给财经媒体。以下是邮件的部分精选内容。

各位百度同学：

1月的贴吧事件、4月的魏则西事件引起了网民对百度的广泛批评和质疑。其愤怒之情，超过了以往百度经历的任何危机。

这些天，每当夜深人静的时候，我就会想：为什么很多每天都在使用百度的用户不再热爱我们？为什么我们不再为自己的产品感到骄傲了？问题到底出在哪里？

还记得创业初期的百度，细想起来，那个时候大家都憋着一股气，立志要做出最好的中

文搜索引擎。我们每个人每天都为自己做的事情感到特别自豪。那个时候我们的招聘海报经常用一个名人的头像，在下面配一句简练的文字。比如，用鲁迅的头像，下面配的文字就是："是翻译，还是用创作寻找中国意义？"用钱学森的头像，下面配的文字就是："是在海外住别墅，还是回中国做导弹之父？"……一直到今天，每当我把这些句子读给后来人听时，都会几近哽咽。在这些梦想的感召下，我们去倾听用户的声音，去了解用户的需求，在实力相差极为悬殊的情况下，一点点地赢得了中国市场。是我们坚守用户至上的价值观为我们赢得了用户，也正是这些用户在贴吧里盖楼、在知道里回答问题、在百科里编写词条，他们创造的内容、贡献的信息，让我们区别于竞争对手，成就了百度的辉煌。

然而今天呢？我更多地会听到不同部门为了 KPI 分配而争吵不休，会看到一些高级工程师在平衡商业利益和用户体验之间纠结甚至妥协。用户也因此开始质疑我们商业推广的公平性和客观性，吐槽我们产品的安装策略，反对我们贴吧、百科等产品的过度商业化……因为从管理层到员工对短期 KPI 的追逐，我们的价值观被挤压得变形了。业绩增长凌驾于用户体验，简单经营替代了简单可依赖，我们与用户渐行渐远，我们与创业初期坚守的使命和价值观渐行渐远。如果失去了用户的支持，失去了对价值观的坚守，百度离破产就真的只有 30 天！

网民希望我们做的事，我们要顺应民心和民意，积极承担社会责任。哪些钱可以赚，怎么赚，关键时刻管理层和员工如何选择，这些问题时刻考验着我们的商业道德和行为规范。我们在接下来的时间里必须集中力量做好几件事……

二、小米

小米集团董事长兼 CEO 雷军在 2019 年复旦管理学论坛暨复旦管理学奖励基金会颁奖典礼上进行了发言，其中关于 KPI 的部分精选内容如下。

在管理的过程中我们为什么要"去 KPI"呢？因为其实业务的本质是为用户提供价值，但当我们试图把它简化成 KPI 的时候发现，无论怎么描述，都很难找到准确的量化方向。

执行简单机械的 KPI 制度，很容易掉入过度管理的深渊。我看了不少介绍索尼的文章，索尼是我曾经非常崇拜的一家公司，是我年轻时反复学习与研究的公司，但后来在管理上出现了很多问题。就索尼而言，绝对是被事业部和 KPI 这两个概念坑了。我自己管了企业 30 多年，这里面的核心问题是你的业务线一长，事业部一多，CEO 怎么管公司呢？直接用报表来管公司，但眼前的报表不意味着长期的竞争力，而去掉 KPI 以后，我们怎么能够找到新的牵引来凝聚这几万人呢？在刚创业时，我们就建立了一个很重要的概念，就是和用户交朋友，把用户变成朋友。这个说法说起来很简单，做起来却很难。在 20 世纪 90 年代，企业管理中大家最喜欢说的标语是"把用户当上帝"，但这句话纯属忽悠。我说你敢把用户当朋友吗？有句话是说无商不奸，如果是奸商，又怎么能够把用户当朋友呢？

怎么成为朋友呢？在这一点上小米下了很大的功夫。毫不谦虚地说，小米在这方面做的工作还是较为领先的。我们在上市以前经过董事会和所有股东的反复交流、沟通，确定小米要坚持做感动人心、价格厚道的好产品。

怎么体现我们坚持价格厚道呢？我们做了一份董事会纪要，规定今生今世我们小米经营的硬件综合净利润率永远不超过 5%，如果超过 5%，我们就把多赚的钱全部退给消费者。很多管理学里面都谈利润越高越好，大家在增长和净利润的要求下，动作越来越变形，很多企业一步一步走上了不归路。那么为了避免小米走上这样的路，为了永久性地取信于消费者，小米主动提出硬件综合净利润率永远不超过 5%。

我们的真实想法是做硬件产品只赚一两个点的净利润。我们去年整个小米是 1749 亿元的营收规模，我们的硬件利润恰好只有 1% 左右，这样每位消费者在买小米产品的时候，就收到一个承诺，小米做这样的产品，只赚一两个点的净利润。因为只有这样持续坚持，我们才有机会获得消费者（用户）毫无保留的信任。

我们总是在想能不能获得用户毫无保留的信任，因为只有获得用户的信任，整个小米的商业逻辑才比较流畅。所以，小米真正的 KPI 就是我们怎么能够超越用户的预期，让用户愿意口口相传，让用户成为粉丝，让用户给他的朋友推荐。

我们的 KPI 是怎么牵引的呢？是超越用户的预期，和用户成为朋友，让用户毫无保留地信任小米。这一点其实就是小米最核心的 KPI。当所有人的工作全部围绕这一点展开时，我们会发现原有的很多流程、原有的很多审批、原有的很多层级都消失了，所以小米才拥有了互联网的工具、互联网的手段和互联网的思维，具备了非常高效和极为扁平化的管理模式。

三、微信

微信创始人、微信事业群总裁张小龙在 2016 年度腾讯微信事业群管理团队领导力大会的演讲中重点谈到了 KPI，部分精选内容如下。

大家也知道，一家大公司需要有 KPI，公司高层需要有这样一个商业目标，但是，如果我们的很多同事直接采取高管的工作方式来工作，特别是把很多目标数字化，这是不太合理的。

在 QQ 邮箱开始快速发展的时候，我记得在内部做过一次分享，当时我说了一句话——我们达到了 KPI 是我们产品的副产品。所谓副产品，就是说我们真的把这个东西做好以后，我们的 KPI 自然就达到了。早期的微信团队也一直围绕这样的思路在工作。

但是，我们的团队变大以后，这个思路其实被动地慢慢发生了变化。这点我自己经常能感受得到。因为很多同事在跟我讨论一些产品或业务方向的时候，往往会给出一些证据，这些证据用数据证明——这个是对我有冲击的。我说的冲击是说大家在思考问题的出发点上有一些驱动力，不是来自是不是在做有价值的事情，而是来自我们能做到一个多大的数据。我会觉得有一点儿危险。

我举几个小的例子，首先是一个好的。

去年在春晚的红包大战里，我们并没有把竞争当成一场大战来看待，但是竞争对手会把这当成一场大战来看待，对方公关人员说一定要在数据上超过我们。我记得当时团队在开会说，我们今年的策略是什么。我很高兴大家最终定下来一种策略是说，我们今年的目标是怎样帮助用户更高效地抢到红包。大家讲的是"更高效"，而不是说最终体现为一个数据非常大，这是完全不同的思考点。

如果我们是为了让数据变得更大、更多人抢更多次数和花更多时间，那我们的整个产品逻辑就会围绕这个目标去做，我们会让用户抢 100 次才抢到一个红包，这样参与人数、次数最多。如果让用户高效抢红包，我们的产品逻辑就变成了去掉所有的多余过程，让用户尽可能少地花时间在微信上。

这两个目标产生的结果也是不一样的。对用户来说，花尽可能少的时间抢到红包是最愉快的，尽管这在数据上相比而言不是最大的。在这样的情况下，后来结果大家也看到了，反而是我们采用这样一种对用户有价值的做法，最后获得的口碑特别好，当然数据也会很好，不会不好。

这里反映了一个点，你用一个不同的目标驱动的话，所用的方法是完全不同的。我们从来没有向公司领导反映我们的 KPI 有问题了，反而现在很多同事往往聚焦在数据的目标上，这点大家要反思一下。我在跟技术团队讨论问题时也说，不要太关注用户的增长，因为这是很自然的事情，我们更应该关注我们给用户做了什么事情，满足了他们某一种使用的需要、愉悦的需要。

其实，大家会看到即使在微信里面也会有很多不合理的东西存在，有的地方还大行其道。之所以说大行其道，其实还有一个原因是说即使在我们 BG（业务集团）内部，我并没有看到任何一个同事跑过来说，某一块让整体的微信使用体验差了很多，我们不应该这样做。大家只是默默忍受了。自己也不爽、认为很不合理的东西，但是大家不会跳出来说这个是不对的，我们应该把它改掉——像这样的点我反而觉得是特别可怕的事情。

我举一个内部不好的例子。

比如，城市服务作为微信里面一个入口功能也挺重要，去年制定年度目标的时候，团队给我抛出一个年度目标，我一看就吃了一惊，因为我没有看过这样的年度数据。什么样的目标呢？团队列出来明年要达到的年访问量、年 PV（页面浏览量）……我说怎么会有年 PV 这种说法，我没有听说过，我只听说过日 PV，最多听说过周 PV。团队解释说，如果说日 PV，那个数据太小了，不好看，我当时有点哑口无言了。

这看起来是一种技巧，但是我希望同事少用这样的技巧。我宁愿看到我们的日 PV、日 UV（独立访客数）在增长，也不愿意看到一个很大的年 PV 这样的数据；我宁愿看到城市服务里面每一项服务的质量、可操作性越来越好，也不愿意看到用户点击的次数有多少——就像刚才说的，当我们提出一个大致目标时，我们努力的方向一定会随着这个目标改变，当我们提出一个纯数据目标时，我们努力的方向可能就会围绕这个去做。

昨天跟 Tony 聊天，Tony 说微信有一个特别大的优点，就是商业模式建立得比较干净，不是在透支流量的状态下做的。之前我一直没有想这一点，我觉得这不是应该的吗？Tony 一说我才想到，大家发现我们在微信的流量方面做得其实是非常保守、非常谨慎的。我们的所有业务无论是商业的还是非商业的，我们都会先衡量它为用户带来的具体价值是不是真的很大，再决定要不要使用这个流量。

就像大家看到微信广告的表现一样，上次在公司会议上连 Martin 都说这里广告的空间特别大，原因是这里的流量根本没有被完全释放出来。事实上，大家会看到从微信广告上线到现在，没有一个平台的广告产品能够像微信朋友圈广告这样做到几乎没有什么用户抵触，甚至到目前为止还有很多用户说：为什么我看不到一些广告，他能看到——这是一种特别好的效果。并不是我们刻意要达到这样一种效果，而是说即使我们在考虑像广告这样非常商业化的东西的时候，我们首先想到的仍是用户是不是把它当成一个很友善、很好的功能在使用，而不是我们去测试一下用户的忍耐力下限，直到突破它，我们不是这样想问题的。

所以，对于这一块建议大家多思考一些，其实很有意思。你会发现任何时候都有一条分支道路让你去做选择，就看你用什么样的方法去做选择。

在去年公开课上我对外说了一个观点，好的产品是让用户用完即走。业界反馈说你们微信团队太矫情了，因为你们的用户这么多，谁也离不开了，所以你们可以这样说。

其实真的不是这样的，在我看来任何一款好的产品都是一个好的工具，好的工具就不应该黏住人，而是应该帮助用户高效率地完成他的任务，而不是用完了还要拿到手里玩一会儿、多用一会儿，那不是一种高效的表现。对于这样的一些想法，我特别希望能够根植到大家的意识里，让大家时刻想一下什么是我们做的对用户有价值的事情，我愿意在这个点上反复跟大家说这个东西。

[思考题]
1. 结合三家企业的案例，讨论 KPI 在应用中可能出现的问题。
2. 案例中由 KPI 导致的问题，是什么原因造成的？这是不是 KPI 的先天局限？
3. 拓展思路，如果国内大多数企业都取消 KPI，可不可行？

第七章

绩效奖励

组织最常见的绩效层次划分为组织绩效、部门绩效和个人绩效三部分。组织发放的绩效奖励会落实在部门绩效和个人绩效上。以企业为例,部门和个人可以获得现金、其他物质和精神等各种形式的奖励。这些奖励以部门和个人的绩效表现为基础,相当大的一部分参考绩效指标的得分和排名并按照绩效管理方案中约定的奖励方法来执行。例如,给员工进行绩效加薪、发放绩效工资和年终奖。这一部分的绩效奖励与薪酬管理紧密结合,属于常规化的、相对固定的奖励方式。

还有一部分奖励比较灵活,以单独设置的方式对表现优秀的部门和个人进行奖励,属于对常规绩效奖励体系的补充,如员工建议奖、精神文明奖等。

我们把组织所能够提供的所有的绩效奖励统一称为绩效奖励计划。本章将主要介绍绩效奖励计划的形式和内容。下面先介绍绩效奖励的相关理论基础。

第一节 激励理论

经典的关于激励的理论有马斯洛的需求层次理论和赫兹伯格的双因素理论。关于这两种理论的叙述比比皆是,这里不再赘述。下面介绍期望理论、公平理论、综合激励模型和综合激励理论。

一、期望理论

期望理论是心理学家和行为科学家维克托·弗鲁姆于1964年在《工作与激励》一书中提出的一种激励理论。弗鲁姆认为,人总是渴求满足一定的需要并设法达到一定的目标。这个目标在尚未实现时,表现为一种期望,这时目标反过来对个人的动机又有一种激发的力量。这个激发力量的大小,取决于目标价值(效价)和期望概率(期望值)的乘积,即 $M=V×E$。

M 表示激发力量,是指调动一个人的积极性,激发人内部潜力的强度。V 表示目标价值,这是一个心理学概念,是指达到目标对于满足其个人需要的价值。对于同一个目标,由于每个人所处的环境不同、需求不同,其需要的目标价值也就不同。举个简单的例子,糖果对幼儿园小朋友的价值就要大于金钱对幼儿园小朋友的价值。同一个目标对每个人可能有三种目标价值:正、零、负。目标价值越大,激发力量就越大。E 表示期望值,是指人们根据过去的经验判断自己达到某种目标的可能性,即能够达到目标的概率。目标价值大小反映人的需要和动机强弱,期望值高低反映人实现需要和动机的信心强弱。如果个体相信通过努力肯定会取得优秀成绩,那么期望值很高。

期望理论表明:假如员工认为某种目标的价值很大,估计能实现的概率也很高,那么激发他工作动机的力量就很强烈。

二、公平理论

公平理论是研究工资报酬分配的合理性、公平性对员工工作积极性的影响的理论,由美国心理学家亚当斯于 1965 年提出。该理论认为:员工对收入的满意程度能够影响工作的积极性,而员工对收入的满意程度取决于一个社会比较过程,他们不仅关心绝对收入的多少,而且关心相对收入的多少。每个人都会把自己付出的劳动和所得的报酬与他人付出的劳动和所得的报酬进行社会比较,也会把自己现在付出的劳动和所得的报酬与自己过去付出的劳动和所得的报酬进行历史比较。

如果他发现自己的付出和收获比例,和别人比或者和过去比是对等的,他就会认为公平、合理,从而心情舒畅;如果不如别人或者不如过去,他就会产生不公平感,内心不满,工作积极性随之降低。

公平可分为内部公平和外部公平。员工一般更重视内部公平,即在一个组织内部的相对公平。

三、综合激励模型

综合激励模型是美国行为科学家爱德华·劳勒和莱曼·波特于 1968 年在《管理态度和成绩》一书中提出的一种激励理论,如图 7-1 所示。

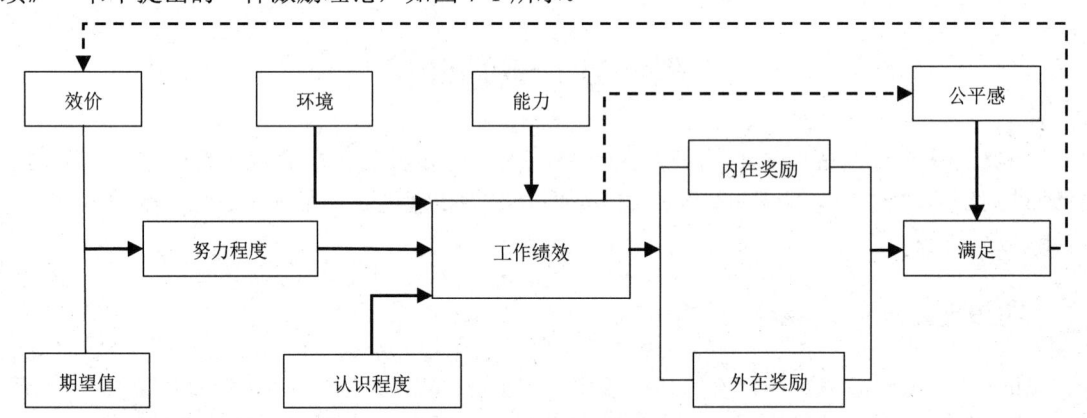

图 7-1 综合激励模型

该理论认为,员工的努力程度取决于效价和期望值。工作绩效是员工的工作表现和实际成果,不仅取决于个人所做出的努力程度,而且取决于个人的能力、环境和对自己所承担角色的认识程度(包括对组织目标、所要求的活动、与任务有关的各种因素的认识程度)。

奖励是工作绩效的结果,包括内在奖励和外在奖励两种。内在奖励、外在奖励和主观上所感受到的奖励的公平感,共同影响着个人最后的满足感。内在奖励更能给员工带来真正的满足。

可以看到,综合激励模型融合了期望理论、公平理论、双因素理论。

四、综合激励理论

综合激励理论是由管理学家斯蒂芬·罗宾斯提出的，如图 7-2 所示。

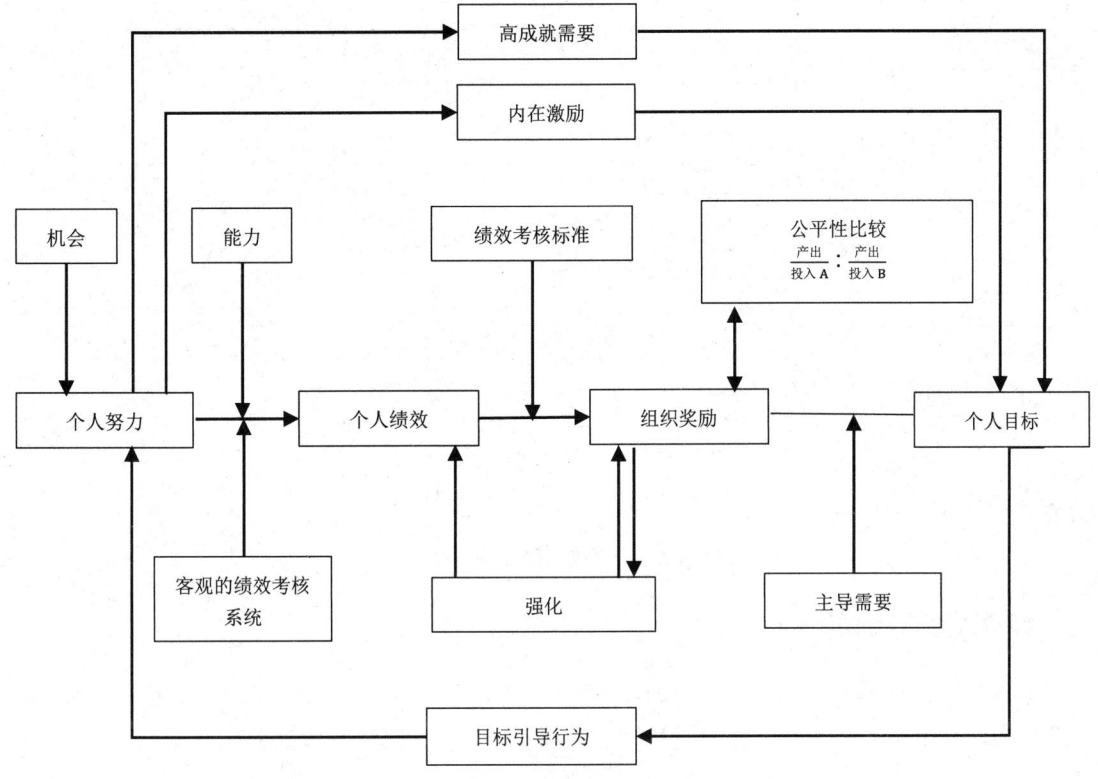

图 7-2　综合激励理论

该理论认为，个人的努力程度受到个人目标的引导，个人努力结合自身的能力产生个人绩效，个人绩效可以通过客观的绩效考核系统和绩效考核标准被组织识别并且奖励，组织通常给予报酬、职位等奖励，组织奖励会强化员工对于个人绩效的追求。组织奖励也要考虑公平性的问题，公平的奖励会让员工感到满意，不公平的奖励会让员工感到不满意。组织奖励是员工个人目标的重要组成部分。员工通过获得报酬来满足其经济需求。

同时，高成就需要和内在激励这些不在组织有形奖励范围内的因素，如更高的社会地位、对社会的贡献感，以及工作本身的趣味性、责任感、荣誉感等，也会激励个人努力实现个人目标。

第二节　绩效奖励计划

一、绩效奖励计划的概念和类型

绩效奖励计划是指结合组织绩效的变化，根据员工对组织的贡献对员工进行奖励的方案。绩效奖励计划可分为个体激励和群体激励两种类型。个体激励根据激励的周期不同，可分为短期绩效奖励计划和长期绩效奖励计划；群体激励根据激励的方式不同，可分为利润分享计划、收益分享计划和成功分享计划。绩效奖励计划的类型如图 7-3 所示。

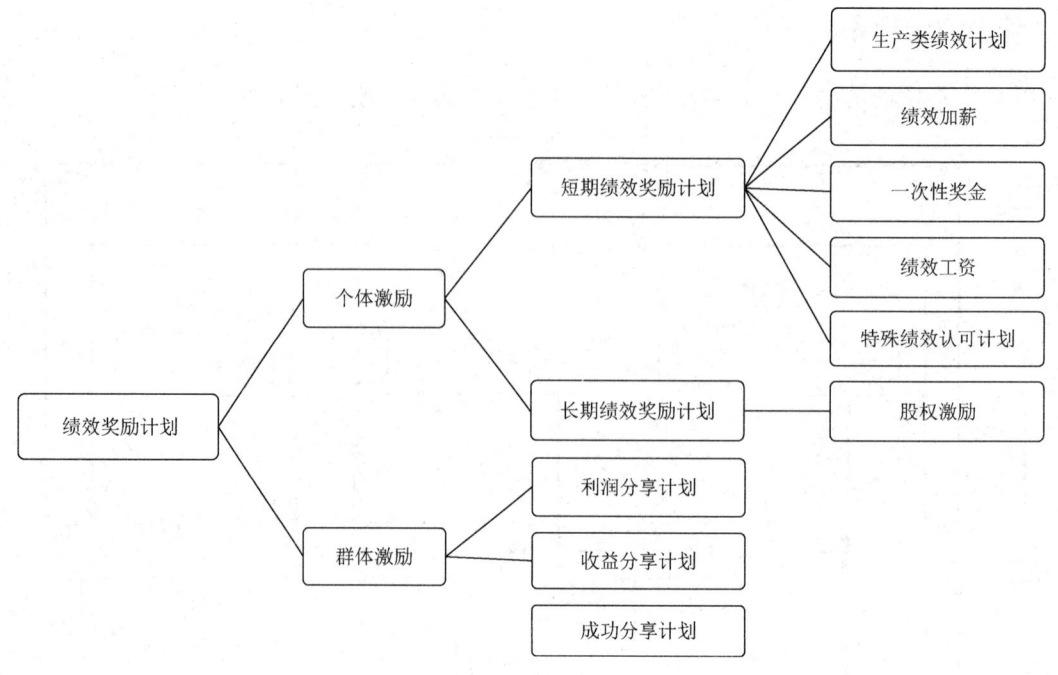

图 7-3　绩效奖励计划的类型

二、绩效奖励计划的优点

绩效奖励计划的优点有三个：第一，绩效奖励计划的目标导向，有助于引导员工采取正确的行为，为提高工作效率、节约成本献计献策；第二，绩效奖励计划的成本是可变成本，不是沉淀的固定成本，有助于组织根据经营状况灵活调整，不至于在困境时被成本拖累；第三，绩效奖励计划有助于提高组织的绩效。和支出的成本相比，组织获得的收益会更大。

三、绩效奖励计划的缺点

绩效奖励计划的缺点有两个：第一，如果产出标准设计不合理，不能保证公平公正，则绩效奖励计划可能会流于形式；第二，绩效奖励计划可能导致员工之间、群体之间的恶意竞争。因为有一些绩效奖励计划是鼓励竞争的，竞争力强的个体和群体会获得奖励，竞争力弱的个体和群体将被惩罚。在面对存量奖金池而不是增量奖金池的竞争时，竞争就会加剧。

四、实施绩效奖励计划要注意的事项

实施绩效奖励计划，要注意三点。第一，它只是组织绩效奖励中的一个重要部分，不能替代其他薪酬计划。第二，绩效奖励计划要符合组织发展的目标。有时候可能出现这样的情况：员工为了获得绩效奖励计划的奖励，所采取的行为并不利于组织的发展。比如，为了获得成本节约奖励，忽视产品质量。第三，绩效考核体系是绩效奖励计划的基础，不能因为某些绩效奖励计划是单项设置，就忽视了常规的绩效考核体系。绩效考核体系是组织绩效管理的根本。有一些奖励，如绩效加薪、一次性奖金，与绩效考核的结果是有关联的；还有一些奖励，如特殊绩效认可计划、利润分享计划，可能与常规的绩效考核体系不直接关联，但绝不能因此忽视绩效考核体系。

第三节　个体激励

根据绩效奖励计划的分类，依次对具体内容进行介绍。首先介绍个体激励中的短期绩效奖励计划和长期绩效奖励计划。

一、短期绩效奖励计划

（一）生产类绩效计划

1. 直接计件工资计划

直接计件工资计划是一种工资支付方式，是指根据工人完成的工作数量或生产的产品数量来确定工资。它是运用最广泛的一种生产类绩效计划，特点是简单直接，容易执行。

> **案例　　英国运送犯人到澳大利亚的故事**
>
> 18世纪英国开展工业革命，许多传统工人被机器取代，大量失业，高失业率诱发高犯罪率，穷人常因盗窃等被关进监狱，结果导致监狱人满为患。怎么办呢？当时欧洲启蒙思想蓬勃发展，人道主义逐渐盛行，对犯人处以重刑面临很大压力。为此，英国政府宁可将中轻罪犯人流放，也不愿对犯人处以重刑。
>
> 最早，北美是英国流放犯人的主要地方，许多英国犯人被送往美洲垦荒。1776年，美国获得了独立，不再接受来自英国的犯人。英国只好在泰晤士河上弄了一批废船，用来关押犯人。时间一长，犯人越来越多，逐渐人满为患。据说最多时有十万之众，社会公众日益感到不安。英国没有办法，就决定将犯人流放到澳大利亚。
>
> 从英国到澳大利亚，遥遥上万公里。英国政府为了省事，便把运送犯人的工作外包给私人商船。刚开始，英国政府在船只离岸前，按上船的犯人人数支付船主运费，船主则负责照料途中犯人的日常生活，把犯人安全地送到澳大利亚。
>
> 运送犯人的船只大多是由一些破旧货船改装的，船上设备简陋，也没有多少医疗药品，更没有医生。船主为了牟取暴利尽可能地多装人，致使船舱拥挤不堪，空气浑浊。船主在船只离岸前就按人数拿到了钱，对这些犯人能否远涉重洋活着到达澳大利亚并不上心。有些船主为了降低费用，追逐暴利，千方百计虐待犯人，甚至故意给犯人断水断食。
>
> 几年后，英国政府惊讶地发现，运往澳大利亚的犯人在船上的平均死亡率高达12%，其中有一艘船运送424个犯人，中途死亡158人，死亡率高达37%！英国政府决定为每艘船指派一个政府官员，以监督运送，并给官员配备了手枪。同时，还对犯人在船上的生活标准做了硬性规定，甚至给每艘船配备了医生。
>
> 措施实施初期，船主的虐待行为的确受到了遏制，官员的监督好像有效。但是，事情很快就发生了变化。长时间远洋航行的险恶环境和金钱诱惑，诱使船主铤而走险。他们贿赂随行官员，并对不愿同流合污的官员进行迫害，甚至将其扔到大海里。据说当时有不少船上的随行官员和医生不明不白地死亡。
>
> 面对险恶的环境和金钱的诱惑，随行官员大多选择同流合污。于是，监督开始失效，船主的虐待行为变本加厉……面对新问题，英国政府采取了道德教育的新办法。他们把船主集中起来培训，教育他们不要把金钱看得比生命还重要，要他们珍惜人的生命，认识到运送犯人

的重要意义（运送犯人是为了开发澳大利亚，是英国移民政策的长远大计）。但是，情况仍然没有好转，犯人的死亡率一直居高不下。

英国政府想到了解决办法。他们不再派随行官员，不再配医配药，也不在船只离岸前支付运费，而是按照犯人到达澳大利亚的人数和体质来支付运费。这样一来，船主为了能够拿到足额的运费，必须在途中细心照料每个犯人，不让犯人的体重低于出发前。若是死了一个犯人，或者犯人的体重减轻，英国政府都会少支付一些运费。

据说，有些船主还主动请医生跟船，在船上准备药品，改善犯人的生活条件，尽可能地让每个犯人都能健康地到达澳大利亚。自从实行"到岸计数付费"的办法以后，犯人的死亡率降到了1%以下，有的船只甚至创造了零死亡的纪录。

问题：
1. 案例中英国政府先后采取了哪些方法来激励船主安全运送犯人？
2. 如何评价这些方法的效果？

2. 标准工时计划

标准工时计划是指根据正常技术水平下完成某项工作任务所需要的时间，来确定完成这项工作任务的标准工资率。如果员工因为技术熟练以少于标准工时的时间完成工作任务，则仍然可以获得标准工资率。对于技能要求高、非重复性的工作，标准工时计划十分有效。例如，修理一台机械设备平均需要花费2小时，一位熟练的员工用1.5小时完成修理，他仍然可以获得2小时的工资。在同样的工作时间下，熟练的员工可以获得更高的总报酬。

3. 差额计件工资计划

差额计件工资计划，又称泰勒制，由泰勒提出，是在直接计件工资计划基础上的一种变形。它使用不同的计件工资率，对于效率高的员工使用更高的计件工资率。例如，如果员工每小时能生产20个或20个以下零件，则按照每个零件2元计算工资；如果员工每小时能生产超过20个零件，则按照每个零件2.5元计算工资。显然，差额计件工资计划鼓励员工提高工作效率。

案例　　　　　　　　深陷成本困境的维修厂

位于某县的某重型机械维修厂是一家专门负责维修煤炭开采专用设备的民营企业。维修厂共有100多名工人，主要来自当地。该县的经济水平一般，很难吸引外地的工人。

煤炭行业经历了供给侧结构性改革带来的冲击后，煤炭价格稳定，企业效益良好。该工厂的产值虽还可以，但由于成本高企，工厂基本没有利润。造成这种状况的重要原因是成本中的人工成本居高不下。

工人的收入成本较高是有原因的。该工厂采取生产常用的计件工资计划，不同的车间里不同的班组根据生产效率等制定了计件工资所需要的工资比率。按理来讲，计件工资计划下多劳多得，少劳少得，可以非常有效地激励工人和合理控制成本，但是该工厂出现的现象却打破了这个常识。

该县工薪阶层的一般工资为三四千元，但该工厂的工人平均收入不低于6000元，甚至有8000多元的。起初工厂因为招工难，给的工资水平不低，但没有这么高，后期的工资是在工人和工厂管理层的"谈判"中一步一步加上来的。工人们知道项目的进度，借助朴素的智慧，他们往往选择在进度要紧的时候提出加薪要求。如果工厂不满足其加薪要求，工人尤其是关键工序的工人会选择回家务农。一旦项目拖期，工厂就需要赔付较高的费用，因此工厂不得不屡次答应工人的加薪要求。

此外，还有一个问题是，计件工资计划并没有带来高产出。该工厂的工人的产出效率和行业中对标工厂的效率相比，只有对方的60%~70%。原因在于，工人们满足于当前的工资水平，并认为多干活不划算，他们认为效率提高会导致计件工资率下降。举个例子，原来生产一件可以提成200元，一天可以完成3件。提高效率后，一天可以完成5件，但老板可能会改提成比例，生产一件只能提成150元。一天的所得从600元提升到750元，对比所要付出的辛苦程度不划算。

工厂当然不想被工人拿捏，因此也进行过相关的尝试。比如，惩罚甚至开除带头的工人。但是新问题来了，这些工人大多来自附近的农村，他们相互认识并且抱团，为了团体和个人的利益，他们会对于一个人的处罚表示不满，甚至采取普遍性的脱岗进行对抗。工厂对此情况无能为力。工厂也想招聘一些工人作为备用，招聘了几次学徒，但师傅们为了自己的饭碗，不肯教学徒，甚至骂学徒，把学徒们逼走。由于工厂所在的县城经济很不发达，因此很难从其他城市招聘熟练工人。工厂的每次尝试都没有得到好的效果，工人的工资却越来越高。

工厂成本高还有另一个原因，就是材料浪费严重。因为计件工资计划只将产出的数量作为薪酬标准，没有成本约束，工厂的管理又比较粗放，所以工人们在领取原材料和加工过程中有着严重的浪费现象。他们没有爱厂如家的观念，觉得老板是亿万富翁，这点浪费没什么。工厂一年下来浪费的材料甚至接近所有材料的30%，这是一个可怕的数字。

高昂的人工成本和材料浪费吞噬了工厂的利润。面对重金投入的工厂，工厂老板不禁仰天长叹。

问题： 针对案例中的若干现象，有什么破局之法？

以上案例反映了计件工资计划（无论是直接计件工资计划还是差额计件工资计划，都属于计件工资计划）在实践中的一些问题。先说材料成本的问题。计件工资计划是一种简单的作业薪酬核算方法，但它还应有一些约束条件，或者补充激励方法，要求员工既要保质又要保量，注意对成本的控制。就如同英国运送犯人到澳大利亚的案例一样，计件工资计划不仅要考虑实施的环境，还要考虑员工的道德风险。

维修厂案例中提到的有降低计件工资率的可能，这是计件工资计划中可能存在的一个隐患。企业通过改造生产线、提高员工技能等方式提高产出效率，伴随而来的往往就是计件工资率的下调。员工对于这种下调非常抵触，他们有可能刻意保持一种不高不低的工作效率来消极抵制。这就需要企业对计件工资率进行更为科学合理的计算，并给予员工其他形式的激励。除了工人，企业中其他类型的员工也存在类似现象。例如，销售人员会私下达成月销售额的共识，既不会追求很高，又要满足企业的要求。他们认为，自己努力达到较高的月销售额目标后，以后各月的目标可能会更高，同时提成比例会下调。

再来看维修厂案例中工人抱团的现象。这种非正式的圈子在霍桑实验中就已经被发现了。当时，在霍桑工厂的继电器实验中，发现一些检验工、绕线工、焊接工自行组成了两个非正式的圈子，圈子1的产量远高于圈子2，但最高的产量还是由不在任何圈子的工人创造的。当时的研究发现，工人们每天应该完成的标准定额是7312个焊接点，但他们只完成了6000~

6600个焊接点。工人们的理由是，如果他们非常努力地工作，就可能带来同伴的失业，或者工厂会制定出更高的生产定额。或许有的工人有通过提高产量来获得更高收入的想法，但他就会面对群体的惩罚。

霍桑实验中的现象在维修厂案例中同样出现了。它带给管理者的启示是，一方面我们鼓励团队在业务上的合作，另一方面要降低非正式的圈子带来的负面影响。

（二）绩效加薪

绩效加薪是指根据员工的绩效表现增加基本薪酬的方法。通常来讲，会参考年度考核结果来决定第二年的基本薪酬，示例如表7-1所示。

表7-1　简单绩效加薪

年度考核结果	S	A	B	C	D
基本薪酬增加	8%	5%	3%	1%	0

绩效加薪的优点是对员工有比较强的激励作用。

绩效加薪的缺点有两个。一是由于预算等原因，如果绩效优秀者和绩效一般者的加薪幅度差距较小，就起不到激励员工的作用。有观点认为，对绩效优秀者的加薪幅度应该达到绩效一般者的两倍。在表7-1中，年度考核结果为S的员工的加薪幅度是8%，为B的员工的加薪幅度是3%，前者是后者的两倍多。二是绩效加薪会给组织带来长期的成本压力。因为基本薪酬的增加是持续性的，一般只升不降，长期的累加会给组织带来比较大的薪酬成本压力。

（三）一次性奖金

一次性奖金并非在基本薪酬的基础上累计增加，它是短期的、一次性的绩效奖励支付。员工可以因为超额完成绩效目标、做出工作职责基本要求外的贡献等获得一次性奖金。例如，员工提出的建议被采纳，可获得奖金；销售人员超额完成销售目标，可获得奖金。

一次性奖金的优点是显然的。首先，它能避免基本薪酬增加带来的累计成本压力，还能对员工进行有效激励。其次，它很灵活，组织可以根据需求设置不同类型的奖金，也可以根据情况取消奖金计划。

一次性奖金的缺点在于，如果长期采取一次性奖金作为替代增加基本薪酬的方式，从长期的收益累计来看，员工的收益可能受损，影响员工的积极性。

（四）绩效工资

在前面讲到绩效考核的时候，根据考核周期可以把考核分为日常考核和年度考核。日常考核的周期比较短，如季度、月度甚至周。日常考核不会调整基本薪酬，但日常考核结果会影响到员工的月度或季度绩效工资。

常见的做法是，用员工的绩效工资基准额乘以员工的日常考核系数，得到绩效工资。比如，季度考核系数为0.8，绩效工资基准额为8000元，则该季度该员工的绩效工资=8000×0.8=6400元。

绩效工资的优点在于相对灵活，可以根据组织的经济状况调整绩效工资基准额。比如，在上例中，如果当季企业的利润不错，则绩效工资基准额可以调整为12,000元；如果当季企业的利润一般，则绩效工资基准额可以调整为8000元或更低。因此，绩效工资有和一次性奖金类似的优点，就是组织的成本控制和对员工的激励能做到比较好的协调。不同之处在于，绩效工资属于组织常规绩效考核体系的范畴，和日常考核结果紧密关联。

（五）特殊绩效认可计划

特殊绩效认可计划是指员工做出远超工作要求的业绩，或者在一些非本职工作要求的方面做出重要的贡献，组织以物质或非物质的形式给予员工奖励。特殊绩效认可计划通常用于个人奖励，也有用于团队奖励的情况。

它包括两种情况。一种情况是，员工做出远超工作要求的业绩。通常情况下，组织对于员工的业绩会通过考核进行奖励，并设置奖励上限。举个例子，某位销售岗的员工有一项绩效指标是"开发新客户"，目标是"当季开发 10 名新客户"，达到目标即可获得该项指标的满分 10 分。实际情况是，该员工经过努力并且采用合理的客户开发方法，当季开发了 30 名新客户，远超绩效目标的要求，这在日常的绩效考核体系里除满分 10 分外，无法再增加奖励。公司为了鼓励和倡导这种行为，决定单设"新客户开发杰出奖"，以奖金和表彰的方式作为奖励。

另一种情况是，组织鼓励员工的一些不属于本职工作要求但对组织有益的行为，这种行为称为角色外行为。例如，对于成功推荐他人进入公司工作的员工给予一定的现金奖励；对于为公司提出合理化的建议并被采纳的员工给予一定的现金奖励。这些工作属于额外的贡献，不能用绩效考核体系进行约定，也不能因为没有完成而处罚员工。

案例　　　　　　　　　　　明日之星奖

在 2015 年 10 月的一次讲话中，任正非说道："我们不要过分讲资历，优秀员工干得好，为什么不能提拔快些？华为正处在大浪淘沙、英雄辈出的时代，'六亿神州尽舜尧'，毛泽东主席说六亿人都能当圣贤，咱们十几万人怎么就不能当英雄呢？当然，我们没有毛泽东主席那种气概，那么打个折，让 25% 的人当英雄难道不行吗？所以，公司每年有 25% 以上的人员能获得明日之星奖。"

华为在 2015 年 3 月正式发布了《明日之星评选管理规定（暂行）》。

明日之星奖的设置目的：公司要鼓舞士气，让英雄辈出，让大家看到前方的星星照耀着我们前进的道路，让千军万马跟着上战场。通过组织各部门民主评选"明日之星"并予以表彰，以鼓舞士气，激励员工践行公司的核心价值观，持续艰苦奋斗。有人的地方就有模范，有人的地方就有英雄。人人都有机会获得"明日之星"的荣誉称号。

明日之星奖的人数：按照部门总人数 50% 的比例进行评选，各个区域的评选比例可以有差别。

明日之星奖的评选方式：民主投票。

明日之星奖的奖品：颁发"明日之星"奖牌一枚，获奖信息记入员工荣誉档案。

华为自 2014 年起开始实行明日之星的评选，奖章包括胜利女神、四瓣花、海洋女神、凤凰展翅、贝尔勋章、瓦格尼亚捕鱼人等。

2021 年的明日之星奖牌是"小士兵奖章"。"小士兵奖章"是一枚方形铜章，采用纸币防伪黑科技，用 0.08 毫米的高强度刀头雕刻 150 小时，经过超过 2000 吨重力的反复锻压和 750℃ 高温的煅烧，历经 12 小时的退火过程。它与华为的发展一样，历经千锤百炼，也在提醒获奖者，以微毫诠释伟大，用青春演绎芳华。"小士兵奖章"上刻着这样一句话："没有退路就是胜利之路！"在华为被打压的时代背景下，这句话熠熠生辉。

据说,"小士兵奖章"的诞生来源于华为食堂门口的一张海报。海报上是一名中国士兵的照片,文字内容如下。

第二次世界大战期间,美国记者采访一名奔赴前线的中国士兵,中国士兵的每句回答都让人泪目。

美国记者:你多大了?

中国士兵:16岁。

美国记者:你想你的家人吗?

中国士兵:他们已经死了。

美国记者:你觉得中国能胜利吗?

中国士兵:中国一定会胜利的。

美国记者:中国胜利之后你准备干什么?是娶妻生子,还是继续参军?

中国士兵笑了笑,说:那时候,我已经战死沙场了。

特殊绩效认可计划作为一种奖励制度,其意义包括以下三点。

1. 对员工的贡献做出直接和快速的反馈

传统的绩效奖励,如薪酬、奖金、福利等基本上是伴随着绩效考核体系发放的,往往是对员工综合表现的奖励。而特殊绩效认可计划大多是对员工单方面表现的奖励,指向清晰、单一。年终奖、绩效加薪往往一年只进行一次,周期较长,而特殊绩效认可计划常是实时发放的,是对员工贡献的快速反馈。

2. 有助于展示组织希望员工做出的行为

组织可以通过特殊绩效认可计划,清晰地向员工展示组织希望他们做出的行为。比如,组织希望员工多提建议、多创新。在海底捞,一旦采纳员工的服务创意,除给予一定数额的奖金外,还可能用员工的名字来命名这项服务。比如,用餐时防止顾客的手机被溅湿,提供的塑封袋子叫"包丹袋",就是由一位名为包丹的员工提出的创意。有一家公司经常出现员工忘记上下班打卡的现象,如果按照一般做法(如罚款等)来处罚,员工会不满意。他们认为自己的工作很忙,还经常加班,就因为忘记打卡被处罚,显得公司不够人性。于是,这家公司想出了一种办法,每个月打卡率最高的部门可以获得一项奖励:公司老板请该部门的所有员工吃一次下午茶,并和他们闲聊。下午茶花不了多少钱,但各个部门认为这是一项重要的荣誉,于是自发监督员工打卡,结果打卡率直线提升。

3. 用较低的成本获得较大的收益

特殊绩效认可计划采取现金和非现金的方式,无论哪种方式,其创造的收益都远远大于成本,因为员工看重的是组织对他的认可。一封感谢信,一面小红旗,一个小礼物,就可能让员工的内心受到触动,心怀感激。当然,特殊绩效认可计划必须体现出组织的真诚,并不是所谓的小恩小惠拉拢人心。比如,笔者所在的学院每年年底都会设置一个奖项"院长提名奖",主要奖励给一年来辛苦的行政教师和在教学科研、招生等方面突出的教师,奖金不多,但胜在荣誉。

在海底捞,每个月会给优秀员工的父母的银行卡里转款几百到上千元钱,员工的父母收到奖励后往往特别感动,在乡亲面前也比较有面子。当员工收到亲朋好友的羡慕和夸赞时,也会不由得对企业加深情感，敬业度和忠诚度自然提升。

还有一种最近兴起的特殊绩效认可计划的模式——游戏化激励模式。游戏化激励模式的目标是促使员工像打游戏一样工作，在工作中投入更多的努力和热情。有很多企业在实践中开始探索游戏化激励模式。盛大公司根据游戏规则设计晋升机制，就好像游戏闯关一样，员工在某一层级的分数积满就可以晋升。

在游戏化激励模式的实施过程中要注意以下几点。

首先，要在工作任务设计中嵌入游戏化。企业在设计工作任务时，应兼顾激励性和趣味性。微软公司在新的操作系统上线之前会寻找可能的漏洞，这是一项虽重要但又烦琐、单调的工作。微软公司将这一工作设计为"找碴儿"游戏，引入荣誉奖励和排行榜等游戏元素，使原本枯燥的工作变得有趣，吸引了大量员工的主动参与。

其次，要在工作过程中注意对游戏化的支持。游戏化的一个特点是实时反馈，因此企业要对员工的工作进行快速、直接的反馈。广东芬尼科技股份有限公司是一家传统制造企业，公司内部发行了一种虚拟币——芬尼币，员工做到公司期望的行为后，就可以拿到芬尼币。例如，员工给公司提供合理化建议，好点子可得50个币，银点子可得100个币，金点子可得400个币；给公司推荐优秀的人才并且被录用，员工可以获得500个币。此外，月度考核成绩得A者，给培训部提供优秀案例者，维护公司的重大声誉、在塑造公司形象方面有重大贡献者……都可以获得不同的芬尼币。员工每隔两个月可以参加芬尼币的拍卖活动，芬尼币既可以用来购买日用品，也可以用来换取特权，如和公司董事长合照、让老板请客等。

最后，游戏化激励的形式应多样化，有奖金、带薪假期、旅游、培训、礼品、荣誉等不同的形式。在奖励的灵活性上，企业可以采用与游戏化激励类似的手段，如在员工完成工作任务的不同节点上，可以提供阶段性的奖励，而不用等到全部任务完成之后再提供奖励。美国连锁超市塔吉特通过工作游戏化有效调动了收银员工的工作积极性，该超市员工的收银速度是同类型店铺的5～7倍。原因就在于，该超市在收银台中安装了一款游戏程序，员工们在每次收银结束后，都可以看到有关自己收银速度的排名，排名的等级与当日的奖金相连。

奖金和职位晋升可以作为奖励，但要注意不能过度，否则可能出现员工为了获得奖励而不择手段的现象。声誉可以深化游戏化管理对员工的内在激励，如游戏中的勋章、等级和排名。网龙网络公司在游戏化管理中设置了"星级结构"，包括两类：一类是基础星级，对应员工的职级、工龄和专利技术等相对稳定的项目；另一类是浮动星级，奖励符合公司核心价值观的行为，如参加员工社团、担任公司活动志愿者、担任内部讲师等，员工的这种行为会按照既定标准获得相应的星级。公司还加入了勋章元素，按照司龄5年、10年、15年分别授予员工不同颜色的忠诚勋章；根据员工年度考核结果和年度评优次数授予铜、银、金的贡献勋章；根据员工担任内部讲师的级别授予孔夫子勋章。星级和勋章是员工在公司"江湖地位"的一种表现，是一种认可和荣誉。

二、长期绩效奖励计划

长期绩效奖励计划是指绩效奖励周期在一年以上的奖励计划。实际的长期绩效奖励计划往往是3～5年，甚至更久，其目的在于促使员工和组织在长期利益上达成一致意见，使员工更关注组织的长期发展。一般来说，长期绩效奖励计划面对的是组织的高层管理人员和其他技术精英等骨干员工。

绩效管理

大多数长期绩效奖励计划都是围绕股票展开的,主要有三种类型:现股、期股和期权。

现股是指企业向员工赠予股票,或者出售给员工股票的方式。现股会限定员工持有一定的周期才可以转让。

期股是指企业允许经营者在任期内按既定价格用各种方式获得本企业一定数量的股份,先行取得所购股份的分红权等部分权益,再分期支付购股款项的方式。购股款项一般以分红所得分期支付。在既定时间内支付完购股款项后,取得股份的完全所有权。

期权和期股类似,差异在于期权是一种权利,到期时员工可以购买股票,也可以放弃这种权利。如果到期时企业股价相比约定价格有所上涨,那员工自然愿意行使权利,因为有套利的空间;反之,员工则会放弃。

以股票为依托的长期绩效奖励计划的基本逻辑是,企业的中长期业绩和股价变动相关。如果未来三年企业的业绩良好,股价就应该上涨。

很多上市公司会采取期权的方式激励核心员工,以3~5年的业绩指标为行权条件,意在将公司发展和员工收益进行绑定。但要注意的是,公司股价受到很多因素的影响,如在大盘比较差的情况下,即便公司的业绩不错,股价也可能在3~5年内没有什么涨幅甚至下跌,这对员工的工作积极性会形成阻碍。

以往长期激励主要针对核心员工,现在也有针对更多中层和基层员工的员工持股计划。我国在2014年颁布的《关于上市公司实施员工持股计划试点的指导意见》,对员工的资金来源、持有时间、所持股份的管理等提出了要求。

还有一类是虚拟股票。正式股票的持有和转让相对烦琐,而虚拟股票更为灵活。虚拟股票能让持有者获得分红和股价升值的收益,但没有所有权和表决权,也不能对外转让。一旦离开企业,虚拟股票就会失效。

> **案例**　　　　　　　　　　**华为的虚拟受限股和期权计划**

2001年7月,华为公司股东大会推出《华为技术有限公司虚拟股票期权计划暂行管理办法》,规定新员工将无法获得长期固定的一元一股股票,老员工所持有的股票也会逐步转变为虚拟受限股,并获得相应数量的分红权和股价升值权。虚拟受限股不享有所有权和表决权,无法进行转让、出售,如果从企业离开,即刻就会失效。

虚拟受限股的模式为:依照部门绩效、个人绩效、职级,员工享受相应金额的虚拟股票,以当期每股的价格完成交易,行权期限为4年,每年的兑现额度是25%。对于持有股权较多的中高层核心员工,每年能够进行兑现的比例为10%。

2008年12月,随着全球经济持续下行,出口不断缩小,为了使新老员工的收入差得到均衡,注入全新的创新活力,华为实施了饱和配股。具体做法为,依照职级,明确持股上限,如12级员工最多持2万股。很多华为总部的老员工,因为持股早已达到其级别持股量的上限,因此并未被纳入此次配股范围,主要将新增配股分到新员工身上。历经为期4~5年的虚拟股票锁定、分阶段行权,华为的员工队伍趋于稳定,业绩得到迅速提升,重塑了员工对公司的信心。

从1990年到2013年,华为实行股权激励20余年。很多入职时间长的老员工,手中有着大量的股票,每年分红的收益十分丰厚,这就有可能弱化其工作动力。

2013年后,华为在虚拟受限股的基础上增加了TUP(时间单位计划,可理解为期权计划),

努力缩小新老员工的收入差距，激发新员工的工作积极性。设置 TUP 的目的就是让积极主动的员工和可以为华为做出更大贡献的员工得到更多的收益。这就是"以奋斗者为本"。虚拟受限股需要员工购买，具体分红多少与公司的盈利情况直接挂钩。而 TUP 采取的是授予模式，无须员工购买，而是授予员工一种获取收益的权利，但收益需要在未来几年内兑现（有效期一般为 5 年，与股权挂钩），时间一到立即清零。

TUP 根据部门绩效和个人绩效及配股饱和度每年分配，TUP 占饱和配股的额度，与虚拟受限股享有同等的分红权和增值权。第五年分红并结算升值收益，这一期 TUP 即失效。

华为的五年 TUP，采取的是"递延+递增"的分配方案，操作方法举例如下。

假如 2014 年给你 TUP 的授予资格，配了 10,000 个单位，虚拟面值为 1 元。

2014 年（第一年），没有分红权；

2015 年（第二年），获取 10,000×1/3 的分红权；

2016 年（第三年），获取 10,000×2/3 的分红权；

2017 年（第四年），全额获取 10,000 个单位的 100%分红权；

2018 年（第五年），在全额获取分红权的同时，另外进行升值收益结算。如果面值升到 5 元，则第五年获取的回报是：全额分红+10,000×（5-1）。同时，对这 10,000 个单位进行权益清零。TUP 不需要购买，本来面值设定没有意义，且不可衡量，但华为把 TUP 面值的计算方法与虚拟受限股的股价做了关联。比如，授予资格时虚拟受限股的价格是 5 元，5 年后虚拟受限股增值到 10 元，TUP 对等的权益增值就是 5 元。

自 2013 年实施 TUP 后，华为员工的收益结构也发生了变化。老员工由于已经无法做出很大贡献，所以在 TUP 分值上往往不占优势，甚至有些老员工无法得到 TUP 分值，而只能得到虚拟受限股的分红。新员工可以通过自身努力提高 TUP 分值，以此来增加自身收益。

公司利润现在优先考虑的是 TUP 分配，只有在 TUP 分配完成后，剩下的才按照持股量分配。由此可以看出，TUP 分配多则按股分配就少。这一模式可以最大限度地调动员工的工作热情，并且 TUP 是能力的体现，能力越强 TUP 就越大，收益也就会越多。

从华为的规划来看，劳动性回报（如 TUP）和资本性回报（如虚拟受限股）的比例，要从 2:1 逐渐过渡到 3:1 甚至 4:1。

通常提到的股权激励，往往是指企业对员工的激励方式，发生的时间多在企业已经发展到一定阶段、具备一定规模时。但其实企业初创阶段的股权激励，实际上也相当重要，但容易被人忽视。

纽约的咨询公司 CB Insights 在 2014 年对约 100 家倒闭的初创企业进行了调研，统计了它们失败的原因。在前 20 个失败的原因中，与团队直接相关的原因有三个：组错队、团队成员相处不和谐、对工作失去热情。

几个合伙人凭着一腔热血创立企业，每个人都持有一定比例的股份。有人以技术入股，有人以资金入股，有人以全职负责某个领域（如营销、研发等）的人力投入入股。企业开始研发产品或服务，并将其推向市场。很快，企业就可能面临以下三种创业困境。

1. 合伙人搭便车/退出

有的合伙人由于各种原因不再像以前那样努力，他们选择"搭便车"，指望其他合伙人努力后坐享其成。但其他合伙人显然不愿意，矛盾由此激化。其他合伙人可能提出收购"搭便车"合伙人手里的股份,但"搭便车"的合伙人不同意出售或开出一个不可能接受的高价,导致收购无法完成。面对这样的合伙人,企业赶也赶不走,留下则侵害大家的利益。

还有的合伙人因为个人原因或对企业未来没有信心选择中途退出。对他们手里的股权的处置和"搭便车"现象一样,成为棘手的难题。

2. 合伙人存在意见分歧

合伙人之间的经营理念产生重大分歧,而且不可调和,也会对企业产生严重影响。举个例子,负责营销的副总(合伙人)认为应该先拓展市场,而负责研发的副总(合伙人)认为应该先做好产品的研发,在企业财务资源紧张的情况下只能选择一种决策,经营理念被否的副总会心存不满,进而消极工作,甚至提出离职。

3. 合伙人对贡献和回报产生争执

企业创立之初,合伙人各司其职,但随着工作的推进,对企业贡献更大的人可能会不满意。例如,同样持有 20% 的股份,甲的贡献显著大于乙,体现在分红和股份价值上,甲就会不满意。而且,每个人对贡献的理解是不一样的。有人提供资金,有人全职工作不要工资,有人提供办公场地、人脉资源等,贡献形式和体量都不一样。如果没有统一的评价标准,合伙人之间难免心存芥蒂,矛盾日益积累直至激化。

这三种典型的创业困境直接影响企业的生存,如果处理不善,企业就可能以倒闭告终。

为了解决静态股权带来的投入和回报不匹配的问题,不妨参考动态股权分配机制,巧妙地解决以上问题。动态股权分配机制如图 7-4 所示。

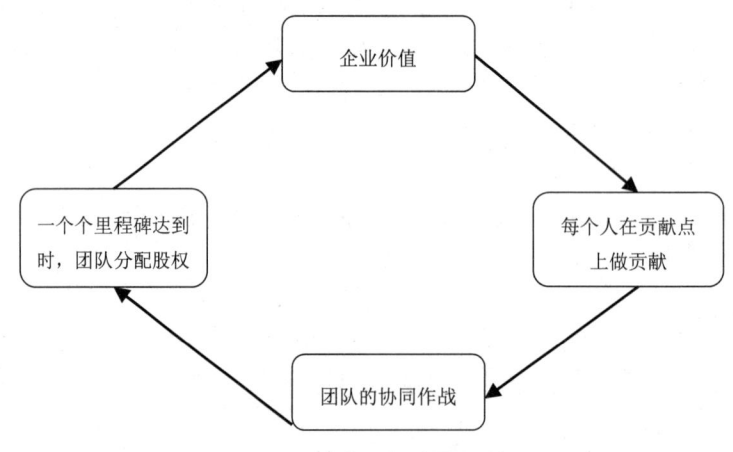

图 7-4 动态股权分配机制

简单理解,贡献点就是可以被评估的工作价值,包括合伙人投入的资金、全职合伙人未领取的工资、兼职合伙人的服务、合伙人投入的物资和设备、属于合伙人的知识产权、合伙人提供的办公场地、通过合伙人的人脉关系获得的订单等。还可以设定一些奖励性的贡献点,如某款产品提前完成了开发任务、销售额超额完成、研发团队取得了专利等,都可以提前约定换算成多少个贡献点。

每个人在各自的能力范围和工作领域内为企业做出贡献,形成协同作战的团队。

当一个个里程碑达到时,就是团队分配股权的时刻。常见的里程碑包括产品研发成功、产品获得销售许可/经营许可、企业销售收入达到目标值、企业实现收支平衡、企业获得风险投资、企业客户达到一定数量等,这些都是企业发展过程中的重要节点。当达到某个里程碑时,团队成员按照贡献点来分配一部分股权;达到下一个里程碑时,再分配一部分股权……

下面举一个案例。公司创立之初,所有合伙人签订了动态股权分配协议。在达到第一次里程碑时,合伙人张三、李四、陈五的贡献值分别是 6000 点、3000 点、1000 点,所占贡献的比例分别为 60%、30%、10%,照此分配股权。按照约定,公司拿出 10%的股权分给三人,三人获得的股权分别为 6%、3%、1%。为了更有仪式感和保障感,公司修改了工商登记上股东的持股比例,按照 6:3:1 的比例,名义上张三、李四、陈五分别持有公司 60%、30%、10%的股权。按照法律法规,工商注册的股权都是按照合计 100%分配给各位股东的,故这里张三、李四、陈五持有的 60%、30%、10%的股权仅仅是为了满足形式上的要求。实际上按照动态股权分配协议,三人真正持有的是合计 10%的公司股权,另 90%的股权尚未分配。第一次股权分配如表 7-2 所示。

表 7-2 第一次股权分配

项 目	分配的股权	张 三	李 四	陈 五	合 计
第一次股权分配时的贡献值/点		6000	3000	1000	10,000
第一次股权分配时的贡献比例		60%	30%	10%	100%
累计已经分配的股权	10%	6%	3%	1%	10%
工商登记股东名义上的持股比例		60%	30%	10%	100%

之后,公司进一步发展,达到了第二次里程碑,触发了再次分配股权的条件。公司首先评价在第一次里程碑和第二次里程碑之间的周期里各个合伙人的贡献值。张三、李四、陈五、王六的贡献值分别占总贡献值的 30%、30%、10%、30%,应按照 3:3:1:3 的比例分配第二次的股权。第二次公司拿出 20%的股权进行分配,则张三等人分别获得 6%、6%、2%、6%的股权,加上第一次分配的股权,张三、李四、陈五、王六累计分配的股权分别为 12%、9%、3%、6%,比例为 4:3:1:2。按此比例,再次修改工商登记上股东的持股比例,分别为 40%、30%、10%、20%。至此,公司拿出了 30%的股权分配给股东,余下的股权会等到后续里程碑达到时再行分配。第二次股权分配如表 7-3 所示。

表 7-3 第二次股权分配

项 目	分配的股权	张 三	李 四	陈 五	王 六	合 计
第二次股权分配时的贡献值/点		3000	3000	1000	3000	10,000
第二次股权分配时的贡献比例		30%	30%	10%	30%	100%
第二次分配的股权	20%	6%	6%	2%	6%	20%
累计已经分配的股权	30%	12%	9%	3%	6%	30%
工商登记股东名义上的持股比例		40%	30%	10%	20%	100%

动态股权分配机制的核心理念为,股权不是一次性分配的,而是根据初创期内各个合伙人的贡献逐次分配的。等到所有股权或大部分股权分配完毕时,企业已经度过了不稳定的初创期,有战斗力的核心团队已经打磨形成,企业已经具备了有竞争力的产品并开发了一定的市场。

动态股权分配机制的实施前提是,提前设置好相应的方案并将其契约化。在公司章程或其他协议中,对贡献值的认定、里程碑的设置、股权分配的规则等进行界定,并且设计合伙人退出的机制。比如,某合伙人辞职退出创业或被企业辞退,企业有权回购其持有的股权。这个权利是无限期的,企业可以立即回购,也可以等到资金充裕时回购,回购价格可以参考市场价格浮动，这对合伙人也是一种公平。

从本质上讲，动态股权分配机制是一种对创业团队成员的激励和约束机制。感兴趣的读者可以参阅本书参考资料中的《创业公司的动态股权分配机制》一书。

第四节　群体激励

一般来说，群体激励按照类型可以分为利润分享计划、收益分享计划、成功分享计划三种。

一、利润分享计划

利润分享计划是指根据企业绩效指标的完成情况，将企业的一部分利润分配给所有员工或特定群体的奖励方式。通常，企业会预设奖励的分配公式，在期末以现金、股票或延期支付的方式给员工发放红利。

约 1/5 的美国公司采用利润分享计划，上市公司的比例更高，接近 2/5。美国公司大部分以打入员工退休账户的方式延期支付，还有小部分公司发放现金和股票。

利润分享计划是根据企业经营情况动态调整的。当企业盈利良好时，发放红利，打入退休账户或发放现金等；当企业盈利不够好时，停止发放。

利润分享计划的优点有两个：一是绝大多数员工的收益和企业的利益绑定，有助于增强员工的认同感和责任感，引导员工关注企业的整体发展；二是灵活，尤其是对经营业绩受周期影响大的企业而言。

利润分享计划的缺点也很明显，即存在员工"搭便车"的行为。企业的业绩取决于很多因素，如战略方向、高层资源、市场环境等，和某个基层员工的努力及贡献的相关度很低，这就导致"搭便车"现象。企业业绩好的时候不见得能激发员工的工作动力，企业业绩差的时候停止发放红利，员工反而会抱怨。

因此，利润分享计划更适合小型企业或大型企业中的具体单元，因为员工能感受到自己的努力和企业的成功之间是有关联的。

二、收益分享计划

收益分享计划是指根据生产率提高、成本节约、质量提高等给予群体激励的奖励方式。通常情况下，该奖励会在群体内所有员工之间公平地进行分配。对制造型企业和服务型企业来说，收益分享计划可以非常有效地强化某种目标。

收益分享计划和利润分享计划相比，有着明显的区别。首先，收益分享计划是和生产率、成本、质量等联系在一起的，这些目标和利润分享计划所联系的利润相比，更能被员工控制，也就意味着激励效果更好。其次，收益分享计划的奖励周期更短，一般是月度，而且不会延期支付。最后，收益分享计划所奖励的奖金，是员工通过努力得来的，比起过去是增量，因此分配奖金更容易被各方接受。利润分享计划是从企业的利润里拿出一部分，而利润的影响因素是多方面的，把利润分配给员工的各方共识度要差一些。

一些研究表明，收益分享计划比利润分享计划更有积极效果。结果显示，利润分享计划带来的生产率提高幅度平均为2%～6%，而收益分享计划带来的生产率提高幅度平均为25%。

在收益分享计划的发展历史中,最初只考虑生产率提高或成本节约。20 世纪 30 年代,美国钢铁工人联合会的地方工会主席约瑟夫·斯坎伦提出了斯坎伦计划,规定如果劳动力成本下降,那么节约下来的成本将在企业和员工之间分配。比如,某工厂的标准劳动力成本为 24 万美元,如果实际降低到 21 万美元,节约下来的 3 万美元将在工厂和员工之间分配。

之后,还出现了按照工时进行奖励的模式。即先测量出单位产出的标准工时,再将节约下来的工时成本奖励给员工。比如,10 名员工在 4 周内(合计 10×4×40=1600 工时)生产出 400 件产品,即每件产品需要 4 工时。如果员工通过劳动效率提高等方式减少了总工时,从 1600 工时减少到 1400 工时,节约下来的 200 工时对应的人工成本就可以在工厂和员工之间分配。

最新的收益分享计划是将多种经营目标作为收益分享的前提条件。将多种经营目标作为条件可以防止员工为了单方面的目标而忽视其他方面。比如,想要获得成本节约的奖励,还必须同时实现产出水平、安全生产和环保三个方面的指标。举例说明,公司本月成本比上月节约了 100 万元,按照计划,应将 50 万元奖励给生产部的全体员工,但必须同时实现三项指标:如果产出水平达标,可奖励 30 万元;如果安全生产达标,可再奖励 10 万元;如果环保达标,则再奖励 10 万元。此外,还可以增加否决条件,如成本节约奖励的前提是产品质量合格率必须达到基本标准,如果低于标准,则取消奖励。

三、成功分享计划

成功分享计划是指运用平衡计分卡方法为某个经营单位的多项指标设置目标,并与上期结果进行比较,综合各项指标的表现后进行奖金分配的奖励方式。这些指标既可以是财务指标,也可以是生产指标,还可以是企业关注的其他指标。

第五节　阿米巴经营模式

阿米巴经营模式属于群体激励中利润分享计划的一种特殊形态。一般的利润分享计划,是将一部分利润分配给所有员工,但这容易导致"搭便车"行为,对员工的激励效果不见得好。而阿米巴则是一个个独立核算的小团体,利润创造和分享与小团体的每个成员有很高的关联度。同时,围绕阿米巴有一整套完整的理论和实践体系。

一、阿米巴经营模式简介

所谓阿米巴经营,就是把企业划分为一个个小团体,各个小团体各自独立核算,同时在企业内部培养具备经营意识的领导者,让全体员工参与经营,实现全员参与型经营。

阿米巴经营模式既是一种组织的经营模式,在激励层面也是群体激励的一种典型模式。它是由有"经营之神"美誉的日本企业家稻盛和夫发明的。1959 年,稻盛和夫创办了京瓷公司,1984 年成立了第二电信公司 KDDI。这两家公司一直保持着高收益,获得了持续发展,原因就在于采取了适合的经营哲学和精细的部门独立核算管理模式,这种管理模式被称为"阿米巴经营模式"。

"阿米巴"(Amoeba)在拉丁语中是单个原生体的意思。它属原生动物变形虫科,虫体赤裸而柔软,身体可以向各个方向伸出伪足,使形体变化不定,故而得名"变形虫"。变形虫能够随外界环境的变化而不断进行自我调整。这种生物具备强大的适应能力，是地球上最古老、最具生命力和延续性的生物体。这一经营模式被取名为"阿米巴"，意在表示采用这种经营模式的企业具备强大的生命力和适应力。

阿米巴经营是一套让每个员工与经营者想法一致、朝着共同目标前进的经营体系。不仅是经营者个人，全体员工都能借助这一经营体系追求物质、精神层面的幸福。

二、阿米巴让日航起死回生

日本航空公司（以下简称"日航"）濒临倒闭时，其管理者力邀稻盛和夫执掌日航，使日航起死回生。在这个过程中，阿米巴经营模式功不可没，大放异彩。

2010年1月，日航背负2.3万亿日元的巨额债务，宣告破产重建。很多媒体都认为日航无法重建，因为全球航空业正处于多事之秋，2000年后美国的美联航、全美航空、达美航空、西北航空等大型航空公司相继破产，瑞士航空、意大利航空、比利时航空等欧洲的航空公司也纷纷破产。日本自1962年有记录以来，运用企业再生法进行重建的上市公司有138家，最后重新上市的只有9家，其中重建时间最短的，也花了将近7年的时间。

日航多次邀请稻盛和夫执掌重建之舵，彼时已经年近八旬的稻盛和夫在民族大义下执掌帅印，2010年2月就任日航董事长。稻盛和夫给日航带来了自己的经营哲学和阿米巴经营模式，构筑了明确各条航线、各个航班收支状况的分部门的核算制度。在他的带领下，日航的业绩迅速好转，重建第一年（2011年3月），营业利润就达到了1884亿日元，2012年3月营业利润为2049亿日元。2012年日航重新上市，重建后的日航成了全球航空业屈指可数的高收益代表。

稻盛和夫认为，日航成功有五大原因：确定全新的经营理念，以哲学为基础的意识改革，阿米巴经营的导入，贯彻"为世人、为社会"的思想，领导者无私的姿态。其中，第一点"经营理念"、第二点"经营哲学"都和第三点"阿米巴经营"有关。可以说，阿米巴经营在日航的重生中起到了决定性的作用。

三、阿米巴经营

在创办京瓷公司以后，公司的产品开发、生产管理、市场销售等工作，基本都由稻盛和夫一人负责。随着企业的日益壮大，他开始感觉力不从心，还有一种作为经营者深深的孤独感。怎样才能让迅速发展的企业经营有序？怎样才能培养和自己同甘共苦、分担经营责任的共同经营者？稻盛和夫从中国神话故事《西游记》孙悟空毫毛变分身的段落中找到了灵感。稻盛和夫将企业分成若干个小团体，也就是阿米巴，并任命阿米巴长，指导他们，让他们像小企业老板一样独立经营、独立核算。阿米巴中的每个员工都是企业的主人，都分担指标、参与经营。这样，由一个人或少数人经营企业，变成了几百人的全员经营，众人的力量和智慧爆发出来。京瓷从此走上了健康发展的道路。

稻盛和夫认为，阿米巴组织的设立必须满足以下三个条件。

第一，阿米巴必须是能够独立核算的单位。也就是说，阿米巴能够明确地把握自己的收支状况。

第二，阿米巴必须是一个独立完成某一业务的单元。这意味着，在经营阿米巴时，有改进、创新的空间，员工能感受到自己的工作价值。例如，稻盛和夫将京瓷的制造部门按工序分割为由几个少数人组成的阿米巴，工序 A 对应阿米巴 A，工序 B 对应阿米巴 B，以此类推。在销售部门，也以分地区、分品种、分客户等方式细分组织，研发部门、管理部门也出现了细分化。

第三，细分组织必须有利于贯彻实现企业的方针和目标，不能因为组织的细分而妨碍企业战略的执行。

阿米巴经营基于"销售最大化，费用最小化"的原则，运行的阿米巴要达到以下三个目的。

第一，实现全员参与的经营。在一般企业里，只有财务部门关注备用费，大部分员工都不知道本部门费用的详细使用情况，所以也不会产生节约费用的动机。在阿米巴经营中，阿米巴组织的经营是透明的，员工每个月都要制订详细的费用使用计划并努力达成。

第二，培养具备经营意识的人才。阿米巴长要负责处理与阿米巴经营相关的所有事务，从经营计划制订到业绩管理、劳务管理、材料采购下单等。

第三，确定分部门核算制度。阿米巴之间以市场价格为基础确定内部买卖价格。例如，某产品的市场价格下降了 10%，那么相关部门之间就会进行交涉，调整内部买卖价格，使员工切身感受到市场的变化，各个阿米巴努力实现"销售最大化，费用最小化"。

分部门核算能让经营者看清企业的经营实际状态。以一家食品商店为例，它经营蔬菜、鱼、肉、加工食品等。以前客人购物时，店主所有的进出账目都混在一起。而如果把商品划分为蔬菜、鱼、肉、加工食品四个部门进行核算，每个部门的进货和收款都单独设置，这样每天蔬菜、鱼、肉、加工食品四个部门各赚多少钱，很快就可以计算清楚。也许就可以得出，"我本来以为这家商店是卖蔬菜赚钱，其实是卖鱼赚得最多"的结论。在此基础上，再让每个部门的负责人加强管理。蔬菜部门的负责人就会预测今天能卖多少，以此决定蔬菜的进货数量。为了预防蔬菜枯萎，还会常常喷一点水，到了晚上，他会把剩余的蔬菜降价处理。

为了让阿米巴长看清楚运营的细节，稻盛和夫发明了单位时间核算表。通过此表，阿米巴长可以看到收入和费用，以及两者差额的附加值。就算是不懂会计的阿米巴长，也能理解自己阿米巴的经营状况，并对收支产生兴趣。表 7-4 所示为某制造部门的单位时间核算表。

表 7-4　某制造部门的单位时间核算表

序号	科目	说明	实绩
A	总出货额（B+C）/日元	阿米巴的生产金额合计（公司外部出货+公司内部销售）	75,000,000
B	公司外部出货/日元	为公司外部客户生产商品的金额（=销售额）	60,000,000
C	公司内部销售/日元	在公司内阿米巴间的交易中，向其他阿米巴出货的金额	15,000,000
D	公司内部购买/日元	在公司内部阿米巴间的交易中，从其他阿米巴处购买的金额	12,000,000
E	总生产额/日元（A-D）	减去公司内部购买后，本阿米巴的实际生产金额	63,000,000
F	费用合计/日元（①+②+…+⑩）	开展经营活动所产生的费用合计	54,000,000
	①材料费/日元		16,400,000
	②五金配件·外购商品费/日元		18,000,000
	③外包加工费/日元		9,000,000
	④修理费/日元		1,500,000
	⑤电费/日元		200,000
	⑥折旧费及固定资产利息/日元		800,000
	⑦内部杂费/日元	不能计入单一科目的复合经费	500,000
	⑧内部公共费/日元	间接部门分摊的费用	600,000
	⑨销售佣金/日元	接到订单后，支付给销售部门的佣金	6,000,000
	⑩总部费用/日元	由各个部门承担的总部间接部门的费用	1,000,000
G	结算收益/日元（E-F）	从阿米巴的收入中减去除人工费外的费用后剩下的利润	9,000,000

续表

序号	科　目	说　明	实　绩
H	总时间/小时（⑪+⑫+⑬+⑭）	阿米巴经营所需要的时间合计	1800
	⑪正常工作时间/小时		1500
	⑫加班时间/小时		200
	⑬转移时间/小时	阿米巴之间的转移时间	60
	⑭公共时间/小时	间接部门的分摊时间	40
I	当月单位时间附加值/日元（G/H）	阿米巴每小时的附加值（结算收益/总时间）	5000
J	单位时间产值/日元（E/H）	每小时的生产金额（总生产额/总时间）	35,000
K	人数/人	阿米巴的在册人数（以月初为准）	10

制造部门被视为利润中心部门。在表 7-4 中，总出货额表示该部门出货带来的收入，包括公司外部出货和公司内部销售。总生产额表示从总出货额中扣除制造部门从公司内部以内部交易价格购买的材料费等剩余的部分，类似常见的销售部门的销售净收入。F 项是各种费用的合计。结算收益表示从制造部门的收入中减去除人工费外的费用后剩下的利润。

单位时间附加值是单位时间核算表中最重要的指标，即每小时创造的附加值金额，用结算收益除以员工工作的时间（总时间）来表示。工作内容完全不同的阿米巴之间，可以通过单位时间附加值来比较效率。通过这一全公司共同的经营指标，公司内部不管多小的阿米巴，哪里有问题都一目了然，经营者不仅能正确掌握经营之舵，还能激励员工为了提高单位时间附加值而主动竞争；每个员工都会对经营数字产生兴趣，有助于实现全员参与的经营。

四、阿米巴的经营哲学

阿米巴的独立经营虽然极大地调动了员工的工作积极性，但也加大了员工利己的一面，如果经营者置之不理，各个阿米巴就会只顾本单位的利益，不顾整体利益。而阿米巴制度本来的使命，是促使企业整体利益最大化。为此，稻盛和夫给出了解决方法——经营哲学。

稻盛和夫一贯强调将"作为人，何谓正确"作为判断基准的经营哲学。将这种经营哲学作为企业经营的主心骨，各个阿米巴就会努力消除利己与利他之间的冲突，协调个体与整体之间的平衡。

当阿米巴之间争执不休、对立加剧时，经营者就要出面调停。经营者需要认真听取双方的意见，并做出公正的决策。

稻盛和夫在掌舵日航后，召集了 50 名中高层，进行为期一个月的哲学教育，让大家彻底理解领导者应有的姿态和企业经营的思维方式，让他们知道自己必须成为受下属尊敬的、拥有高尚人格的人，为此必须每天提高心性，追寻做人应有的人生态度。一开始，日航的干部们有较大的抵触情绪，甚至有人顶撞说："现在这个时候，为什么还要学这些理所当然的东西呢？"稻盛和夫解释道："这么幼稚的东西简直不值一提！大家或许知识丰富，但连追求正确的为人之道这一做人最基本的思维方式都没有掌握，这才是日航破产的原因。"日航的干部们听完陷入反思，并且逐渐加深了对哲学的理解。很多人开始思考，如果我们更早了解这些作为人、作为领导者应有的思维方式，日航可能就不会破产，我们的人生也肯定与现在大不一样。各个部门的负责人纷纷表示想参加培训，结果有 3000 名干部参加了培训。现在，"日航哲学"被做成了手册，发给公司全体员工。手册内容涵盖了全体员工应该具备的价值观，如"具备美好的心灵""怀有感谢之心"等，共计 40 条。通过这样的活动，日航的官僚习气逐步减少，服务得到改善，员工都希望乘客更满意，并为此自发做出努力。

五、阿米巴合伙制

阿米巴合伙制是阿米巴经营模式在应用中的一种变形，国内有一些企业应用了阿米巴合伙制。阿米巴合伙制的关键是控制权和激励机制。由经营团队组成合伙人团队，掌握控制权；激励机制即企业实施股权激励或利润分享，实行跟投机制和内部创业机制等。

阿米巴合伙制打破了企业内部纵向决策、横向分工的组织体系，由企业搭建平台，在平台上以合伙人牵头建立阿米巴。合伙人的角色由领导者变成支持者和辅助者，为员工提供技术、人力、生产资料等支持，让人才以企业为平台在内部创业，形成了"平台+合伙人+阿米巴"的经营模式。阿米巴合伙制不仅是一种激励机制，也是一种商业模式创新。

阿米巴组织的资金来源较丰富，可以由企业和阿米巴管理层共同出资，按照出资额确定股权比例，也可以由企业作为投资人出资，员工既可以出力也可以出资。比如，阿米巴所在的项目估值500万元，其中企业出资200万元，占股40%。

实行阿米巴合伙制的意义包括以下三点。

第一，合伙制下实行员工持股计划，能够让员工把阿米巴当成一项事业，而不是简单的雇佣关系；员工具有拥有感，"为自己打工"，工作积极性更高。

第二，在利润分配上，合伙人拥有更大的主导权。阿米巴按照贡献分配利润，使优秀人才得到合理的报酬。

第三，实现企业和员工的双赢。企业打造平台，员工创业，实现了两者的共同成长。

章末案例——永辉超市的合伙人制度

永辉超市成立于2001年，2010年在A股上市，股票代码601933.SH，是中国企业500强之一。它通过农超对接，以生鲜特色经营及物美价廉的商品受到百姓的认可。目前，永辉超市已在全国发展超千家连锁超市，位居2021年中国超市百强第二位、2021年中国连锁百强第六位。

一、永辉超市面临的困境

先从当时永辉超市面临的困境说起。超市零售业的一大问题是，一线员工干着最脏、最累的活，却拿着最低微的薪水，员工的流动性很高。永辉超市董事长张轩松在一次进店调研中发现，当一线员工每个月只有2000多元的收入时，他们可能刚刚温饱，根本就没有什么干劲，每天上班事实上就是"当一天和尚撞一天钟"。顾客几乎很难从他们的脸上看到笑容，这对网络冲击下的实体零售业来说，更是一个巨大的问题。

如果一线员工是这种工作心态，在他们码放果蔬的时候就会出现"往那一丢""往那一砸"的现象，反正卖多少都和他们没关系，超市损失多少果蔬也和他们没关系。受过撞击的果蔬通常几小时就会变黑，无法吸引顾客购买，进而对整个超市产生影响。

二、探索合伙人制度

2013年，永辉超市另辟蹊径，开始探索合伙人制度。永辉超市的合伙人，与一般意义上的合伙人有很大的区别。一般意义上的合伙人，指GP（普通合伙人）和LP（有限合伙人），他们都是法律意义上公司的股东。永辉超市的合伙人以门店为代表,简称 OP(增值合伙人)。OP 的本质是将增长的利润或减少的亏损分配给员工,以激励员工为业绩负责,与 GP、LP 有本质上的区别。OP 没有公司股权,只有分红权。永辉超市的合伙人制度,核心就是总部与小团队的利益再分配。总部与门店代表先制定一个业绩标准,一旦实际经营业绩超过了设立的标准,增量部分的利润就在门店与总部之间按照三七、四六等比例分红。

从 2013 年开始,永辉超市把店长、店助、营运人员、后勤人员、固定小时工列入 OP 范围,并逐步制定完善的激励制度。

下面举例介绍永辉超市的激励制度。

1. 分红条件

各职级需要满足以下条件,才能分享奖金,如表 7-5 所示。

表 7-5 分红条件

类别	分红条件
店长、店助、后勤人员	门店销售达成率≥100%,利润总额达成率≥100%
营运部门经理、经理助理、部门公共人员	部门销售达成率≥95%,部门毛利率达成率≥95%
营运部门各课组人员	课组销售达成率≥95%,课组毛利率达成率≥95%

2. 合伙人奖金包

在满足分红条件的情况下,永辉超市为 OP 设置的奖金包来源于增量利润,增量利润的公式是:门店利润总额超额或减亏部分=实际值-目标值。而门店合伙人的奖金包,是增量利润的 30%;当门店奖金包≥30 万元时,按 30 万元发放奖金。

设置了奖金包后,永辉超市按 OP 职级发放奖金,如表 7-6 所示。

表 7-6 奖金包分配

职级	各职级奖金包分配
店长级	门店奖金包×8%
经理级	门店奖金包×9%
课长级	门店奖金包×13%
员工级	门店奖金包×70%

比如,某门店完成超额利润 33 万元,则门店奖金包为:33×30%≈10 万元。奖金包分配举例如表 7-7 所示。

表 7-7 奖金包分配举例

职级	门店奖金包/万元	分配比例	奖金包/元
店长级	10	8%	8000
经理级	10	9%	9000
课长级	10	13%	13,000
员工级	10	70%	70,000

要将这些奖金包分到各个部门的各个员工手上。每个部门拿到的额度是不一样的。永辉超市对所有部门的毛利率达成率进行排名,根据排名决定分配系数。生鲜部这一期的毛利率最高,可获得的分配系数为 1.5,食品用品部、服装部、加工部分别对应 1.3、1.2、1.1 的分配系数,后勤部为固定分配系数 1.0,具体如表 7-8 所示。

表 7-8 店员和业绩情况

部门	店长级人数/人	经理级人数/人	课长级人数/人	员工级人数/人	销售达成率	利润总额达成率	毛利率达成率	毛利率达成率排名	分配系数	超额利润总额/万元	门店奖金包/万元
全店	1	9	16	115	100.1%	106%				33	10
生鲜部		2	5	43	100.6%		107%	第一名	1.5		
食品用品部		2	4	11	101.0%		103%	第二名	1.3		
服装部		1	3	12	93.4%		90%	第三名	1.2		
加工部		1		1	91.5%		87%	第四名	1.1		
后勤部		3	4	48					1.0		

3．个人奖金分配

服装部和加工部因为销售达成率与毛利率达成率没有达到表 7-5 中描述的分红条件，因此不参与分红。

各部门员工的分配系数和总份数如表 7-9 所示。以经理级来举例，生鲜部有 2 位经理，部门分配系数是 1.5，故总份数为 3 份。同理，算出各部门经理级的份数，经理级总份数合计是 8.6 份。

表 7-9 各部门员工的分配系数和份数

部门	店长级	经理级			课长级			员工级		
		人数/人	分配系数	总份数/份	人数/人	分配系数	总份数/份	人数/人	分配系数	总份数/份
店长办公室	1									
生鲜部		2	1.5	3	5	1.5	7.5	43	1.5	64.5
食品用品部		2	1.3	2.6	4	1.3	5.2	11	1.3	14.3
后勤部		3	1.0	3	4	1.0	4	48	1.0	48
合计	1	7		8.6	13		16.7	102		126.8

各部门员工的奖金计算如表 7-10 所示。生鲜部每位经理的奖金是，9000/8.6×1.5≈1570 元，生鲜部有 2 位经理，共获得 1570×2=3140 元。同理，食品用品部 2 位经理共获得 1360×2=2720 元，后勤部 3 位经理共获得 1047×3=3141 元。三个部门的经理获得的总奖金刚好是 9000 元（数据差距为四舍五入的结果）。表 7-9 和表 7-10 的算法并不复杂，目的就是根据各部门的总体表现，把奖金包分配给各部门的所有员工。

表 7-10 各部门员工的奖金计算

部门	店长级	经理级	课长级	员工级
店长办公室	8000 元			
生鲜部		9000/8.6×1.5≈1570 元	13,000/16.7×1.5≈1168 元	70,000/126.8×1.5≈828 元
食品用品部		9000/8.6×1.3≈1360 元	13,000/16.7×1.3≈1012 元	70,000/126.8×1.3≈718 元
后勤部		9000/8.6×1.0≈1047 元	13,000/16.7×1.0≈778 元	70,000/126.8×1.0≈552 元

由于奖金分配系数是根据毛利率达成率来计算的，因此员工就会尽量避免成本浪费。以果蔬为例，过去是行政规定"轻拿轻放"，现在则是员工主动"轻拿轻放"。国内超市零售业的果蔬损耗率一般超过 30%，而永辉超市只有 4%～5%。

补充说明：以上案例是永辉超市以往实施合伙人制度的简化示意版本，不代表现实中的模式。

[思考题]

1. 永辉超市的合伙人制度可以算作群体利润分享计划的一种变形，变化在哪里？
2. 你觉得永辉超市的合伙人制度有哪些优势和潜在的隐患？

第八章

平衡计分卡

第一节 平衡计分卡的发展

传统的绩效考核关注的是财务指标，平衡计分卡的出现改变了这一现象，它从财务、客户、流程、学习与成长维度关注企业的绩效。最初，平衡计分卡仅作为绩效考核工具，随着理论和实践的发展，它目前已经转变为战略管理工具。

20世纪80年代前，很多企业都意识到以财务为单一的绩效指标会妨碍企业的发展，有以下原因。

首先，仅依靠财务指标会带来决策和行动上的误导。企业会把主要的精力放在提高利润和节约成本上，但这种急功近利的做法往往适得其反。

其次，无形资产的影响力越来越重要。传统的财务指标忽视了无形资产的价值，而在实践中，员工、内部流程等无形资产日益成为企业持续竞争的关键因素，企业内部的良性发展是企业外部表现优异的关键驱动力。

由此，平衡计分卡出现。

一、平衡计分卡的产生

1990年，美国毕马威会计师事务所的研究机构诺兰诺顿资助了名为"未来的组织业绩衡量"的研究项目，该机构的CEO戴维·诺顿担任项目负责人，罗伯特·卡普兰教授担任学术顾问。他们在对12家知名公司进行了为期一年的研究后，提出了一个新的包含四个层面的绩效衡量系统。1992年，卡普兰和诺顿在《哈佛商业评论》上发表了第一篇关于平衡计分卡的文章《平衡计分卡：驱动绩效的衡量体系》（The Balanced Scorecard: Measures that Drive Performance），标志着平衡计分卡的诞生。

平衡计分卡的逻辑框架是从四个维度（财务、客户、流程、学习与成长）来评估绩效。平衡计分卡反映了多种平衡关系，包括财务和非财务、短期和长期、滞后和前置、外部和内部的平衡，这也是平衡计分卡的"平衡"之意。

之后，平衡计分卡在世界各地迅速传播，大量的企业、事业单位和政府采用平衡计分卡作为绩效考核工具。

二、建立战略中心型组织

随着平衡计分卡的实践，一些组织把经营单位、共享服务单位、团队和个人与战略目标联系起来。它们关注资源分配、预算管理等与战略相关的关键管理流程，自上而下地进行使命、愿景、战略和资源分配的纵向传递，并通过执行、创新、反馈和学习确保战略信息向上回流。后来，这些组织拥有了新的管理中心、协调机制和学习模式。根据这些实践，卡普兰和诺顿在 2000 年出版了《战略中心型组织：如何利用平衡计分卡使企业在新的商业环境中保持繁荣》(The Strategy-focused Organization: How Balanced Scorecard Companies Thrive in the New Business Environment) 一书，系统阐述了建立战略中心型组织的五个基本原则。

(1) 将战略转变为可操作的行动。平衡计分卡提供了一份"菜谱"，让组织内已有的各种成分能够有效结合起来，包括有形资产和无形资产。平衡计分卡提供了一个帮助组织描述和沟通战略的框架，弥补了工业时代有形资产衡量系统的不足。战略地图中的因果关系显示了无形资产是如何转化为有形成果的。平衡计分卡通过量化的非财务指标，如创新率、满意度等，清晰地描述和衡量了价值创造的过程。通过将战略转化为具有逻辑结构的战略地图和平衡计分卡，组织中所有的业务单元和员工达成了对战略的统一认识。

(2) 整合组织的创造力。传统的组织是根据职能来划分各个部门的，如划分为财务部门、营销部门、生产部门，各个职能部门之间的壁垒是实施战略的障碍。战略中心型组织可以打破这种障碍，且不必改变原有的组织结构。各个职能部门可以通过共同的战略主题及目标，与企业战略紧密联系起来。

(3) 使战略成为每个人的日常工作。战略中心型组织需要所有员工理解战略，并且每天的工作都要围绕战略开展。企业将高级别的企业和业务单元的平衡计分卡逐级分解到下面部门，较低层次的部门和员工可以根据上一级的工作重点来设定自己的目标，而不是像以前一样通过行政命令层层传达目标。

(4) 使战略成为持续的流程。战略中心型组织建立了战略回顾会议制度。以往这样的会议并不存在。现在，战略回顾会议通常每个季度或每个月召开一次。每次战略回顾会议都促进了员工学习，并且使员工产生了新的想法。最初设计的平衡计分卡只是对战略的一种假设，随着应用逐渐成熟，反馈系统开始报告战略的进展，组织就可以检验最初的假设。如果有新情况，组织就可以随时更新战略重点和平衡计分卡，而不用等到下一个周期再去调整。

(5) 高层领导推动变革。建立战略中心型组织不仅需要流程和工具，最重要的前提是高层领导的积极推动和参与。应用平衡计分卡是一场变革，一旦启动，高层领导就要着手治理流程来引导转型的过程。建立战略团队、召开团队会议和开展开放式沟通是转型期治理流程的核心工作。

三、绘制战略地图

战略地图是平衡计分卡理论的重要突破。它通过对四个维度目标之间的因果关系进行描述，为战略的沟通和描述提供了可视化的工具。目标之间的因果关系使平衡计分卡体系成为一个有机的整体。2004 年，卡普兰和诺顿出版了《战略地图：化无形资产为有形成果》(Strategy Maps: Converting Intangible Assets into Tangible Outcomes) 一书。他们认为，绩效指标应该反映企业特有的战略意图，战略地图则是一种能帮助企业明确和沟通战略的有效工具。有了战略地图的帮助，平衡计分卡从绩效考核工具上升为战略管理工具。管理者利用战略地图，可以有效识别战略目标及它们之间的关系，有助于战略的落地。战略地图如图 8-1 所示。

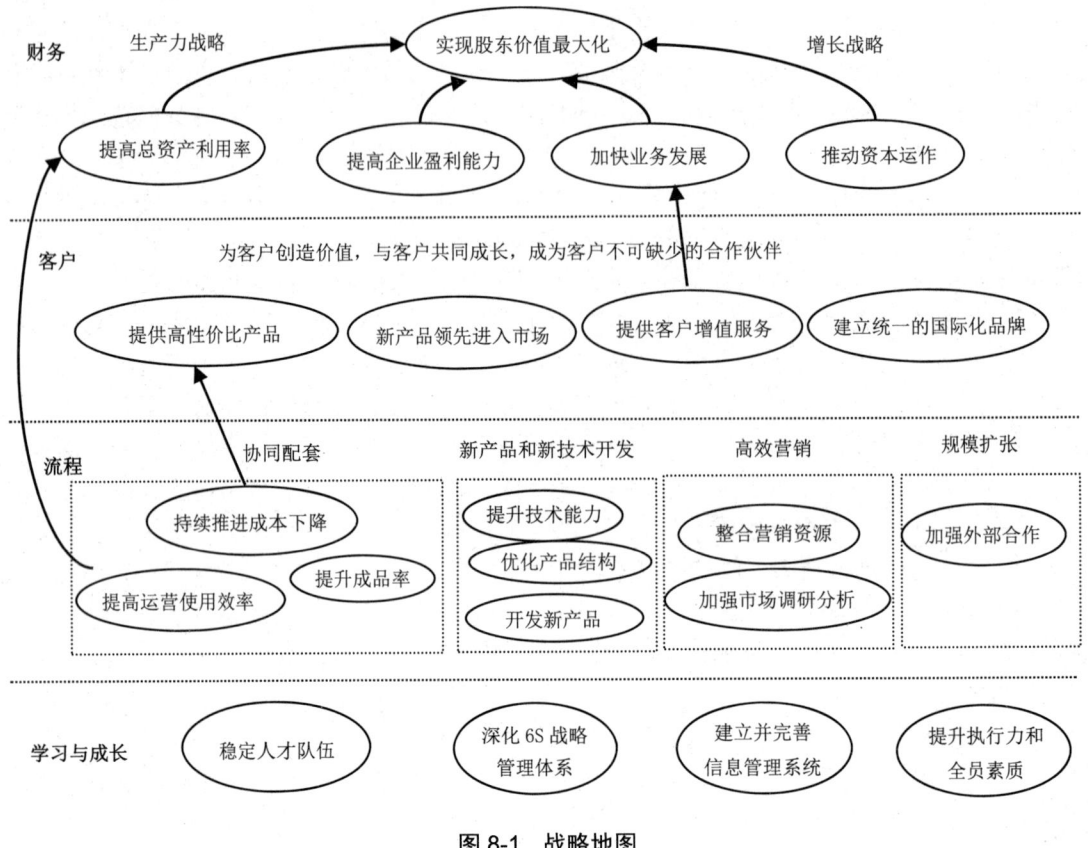

图 8-1　战略地图

四、组织协同

卡普兰和诺顿在对企业的研究中发现，企业内部的协同及企业与外部单位的协同产生了价值。2006 年，他们出版了《组织协同：运用平衡计分卡创造企业合力》（*Alignment: Using the Balanced Scorecard to Create Corporate Synergies*）一书。他们认为，组织协同弥补了战略地图的缺陷，即财务、客户、流程、学习与成长维度彼此之间虽然有协同，但仅限于某一个战略业务单元内部。要想获得更好的协同效果，在纵向上应该把组织、部门、个人协调起来，在横向上应该把组织的业务单元、支持单元、供应商和客户等外部合作伙伴与利益相关者协调起来。

五、战略与运营的连接

即便有战略地图的帮助，如何在实践层面将战略管理与实践融合仍然是令企业管理者头疼的问题。

2004 年，卡普兰和诺顿与美国平衡计分卡协会组成了工作组，并认为应该设置一组经理人专门监督战略执行所涉及的各个流程。相应成果被汇集成一篇论文《战略管理办公室》（The Office of Strategy Management），发表在 2005 年的《哈佛商业评论》上。

卡普兰和诺顿经过在北美与欧洲地区的持续调研，确定了将战略与运营连接起来的所有关键流程，并于 2008 年出版了《平衡计分卡战略实践》（*The Execution Premium*）一书。

综上可以清晰地看到，在两位专家近 20 年的专注研究和持续贡献下，平衡计分卡已经从最初的绩效考核工具逐渐演变成战略支持的系统性工具。

第二节　平衡计分卡的特点和优缺点

一、平衡计分卡的特点

1. 注重平衡

平衡计分卡强调平衡，但不代表平均，组织会根据自己的战略和特点选择不同的平衡状态。有的组织看重财务和客户维度，有的组织则表现出在流程、学习与成长上很有特色，两者并不矛盾。通常情况下，组织都是基于客户的需求，在流程、学习与成长等方面付出努力最终都是为了满足客户的需求。平衡计分卡的平衡可以从以下四个角度阐述。

（1）财务和非财务的平衡。在四个维度里，客户、流程、学习与成长属于非财务维度。获取收益是组织存在最重要的目的，但获取收益的背后离不开非财务维度的支持。仅关注财务维度，容易导致员工追求短期利益，忽视内部的驱动力。

（2）短期和长期的平衡。从四个维度来看，财务维度关注短期，流程、学习与成长维度关注长期。在财务方面，如在企业非常关注的年报里，利润率等财务指标都是典型的短期指标。

流程是组织运营的生命线，组织的存在依托于流程。流程包括生产流程、研发流程、销售流程、采购流程等，组织的人、财、物、信息等要素都是在流程上流动或发挥作用的。流程的效率代表了组织内部的健康程度。

学习与成长为组织发展提供了人力保障和组织支撑，优秀的人力资源是组织长久发展的保障，文化、团队、协作等则是组织长久发展的基础。

（3）滞后和前置的平衡。财务指标是滞后指标，它只能描述组织上一年度已经发生的情况，是滞后的结果。流程、学习与成长描述了组织达成战略的驱动因素，属于前置因素，可以理解为良好的流程和学习与成长自然能带来不错的财务结果。

（4）外部和内部的平衡。客户为组织外部群体，流程、学习与成长则为组织内部机制，平衡计分卡可以在有效执行战略的过程中有效平衡外部和内部。

> **案例　　　　　　　　　　快速反应的 ZARA**

ZARA 是西班牙 Inditex 集团旗下的公司，位于西班牙的拉科鲁尼亚。根据 2021 年的 Inditex 财报，Inditex 集团在全球共有 6477 家门店，其中 Zara Home 的销售额为 195.9 亿欧元，同比增长 38.6%，仍为 Inditex 集团的核心收入来源，占比达到 70.7%。Inditex 集团成为世界排名前列的服装企业，ZARA 功不可没。

ZARA 首创了服装零售市场上的快速反应概念，并一直是这一领域的佼佼者。ZARA 的一款服装从提出设计理念到上架只需 10～15 天，而其他传统服装企业则需要 3～5 个月的时间。

借助平衡计分卡的四个维度来分析 ZARA 成功的原因，具体如下。

第一，财务维度。ZARA 十分关注成本，因为其主流客户就是 25～35 岁钱包并不富裕的年轻人，所以 ZARA 费尽心思压缩成本。比如，ZARA 在广告上投入很少，广告成本仅占销售额的 0.3% 以内，而行业平均水平则是 3.5%，并且也不会聘用费用昂贵的设计大师。

第二，客户维度。ZARA走红的不二法门便是"一流的设计、二流的面料、三流的价格"，瞄准的是那些买不起顶级品牌却又喜欢时尚设计的年轻人的消费需求。

但是当成本和快速反应出现矛盾时，ZARA会以快速反应优先。例如，无论是在设计、生产上还是在配送上，ZARA并不是按照经济批量工作的。因为按照经济批量，虽然会降低运输成本，但会浪费等待经济批量的时间。或者可以理解为，ZARA认为财务指标是一个综合性的结果，并非驱动因素，只要做到快速反应的精髓让客户满意，财务结果是自然而然能达成的事情。

第三，流程维度。在设计的过程中，ZARA的团队已经根据数据库中的信息确定采用什么样的面料，缩短了选择面料的时间，在生产过程中只需要直接到仓库领取面料即可。

在生产制造环节，ZARA将大量烦琐的缝制工作外包，不仅节约了成本，更重要的是为快速反应赢得了宝贵的时间，实现了半成品生产标准化，缩短了生产周期。

在物流环节，ZARA的自有工厂与超大型、自动化的物流配送中心直接相连，物流配送中心设置在交通发达的地区，并采取陆空联运的运输方式。ZARA的产品在出厂时已经确定了价格并贴上了标价牌，服装被运到专卖店之后就可以立即放到货架上出售。

第四，学习与成长维度。ZARA旗下拥有几百名年轻的设计师，他们经常穿梭于巴黎、米兰、纽约、东京等时装之都的各大秀场中，并以最快的速度将时尚元素变成设计图纸。

另外，ZARA通过重金打造的IT系统，将设计、生产、配送和销售融为一体，其核心理念就是快速反应。

2. 以战略为核心

（1）战略解码。平衡计分卡从组织的战略出发，先从四个维度寻找关键因素，再自上而下将其分解为各级指标，实现了组织—部门—个人的绩效传导，将战略提出和战略执行衔接在一起。平衡计分卡使管理者能够站在全局的角度审视价值创造的驱动因素和结果。通过建立战略中心型组织，实现组织资源的聚焦和协同，包括人员、资金、技术、流程，从而实现组织目标。战略地图作为可视化的工具，能够描述组织战略和目标的关联，以及目标之间的因果关系。

可见，平衡计分卡从顶层框架、组织、工具等方面系统性地完成了战略解码的工作，即将组织的战略转化为全体员工可理解、可执行的行为。

（2）战略协同。平衡计分卡提出了实现战略协同的八个检验点，详细讲述了在董事会、企业总部、经营单元、支持单元、外部合作伙伴之间如何协同，并提供了对协同效果进行评估和对协同流程进行管理的方法。

（3）连接战略与运营。卡普兰和诺顿提出了六阶段战略管理体系。该体系从确定战略开始，将关键流程改进和运营计划编制作为连接的节点，将结构化会议形式的战略检验和调整作为终端，使组织形成了良性的循环。

二、平衡计分卡的优点

（1）平衡计分卡使传统的绩效管理从考核工具转变成战略实施工具。

（2）平衡计分卡让组织拥有了全面的统筹战略、人员、流程和执行四个关键因素的管理工具。

（3）平衡计分卡减少了财务评估方法的短期行为，让组织拥有了可以平衡短期和长期、外部和内部，确保持续发展的管理工具。

（4）平衡计分卡有助于各级员工对组织战略目标进行沟通与理解，使组织上下行动一致，共同服务于战略目标。

（5）平衡计分卡有助于组织和员工的学习成长及核心能力的培养。以往的绩效考核方法虽然也可能关注员工的发展，但并不全面；而平衡计分卡为此专门设置了一个维度，强调组织必须关注员工的发展。

三、平衡计分卡的缺点

1. 不适用于战略制定和流程改进

卡普兰和诺顿指出，运用这一方法的前提是组织已经确立了一致认同的战略，平衡计分卡也并非流程改进的工具。

2. 实施难度大、成本高

平衡计分卡的实施要求组织有明确的战略，高层管理者具备分解与沟通战略的能力和意愿，中高层管理者具备创新指标的能力和意愿。因此，管理基础差的组织直接引入平衡计分卡的难度较大。

此外，平衡计分卡要求从四个维度分别制定详细且明确的目标和指标。除对战略的深刻理解外，组织还需要消耗大量的时间和精力把它们分解到部门与岗位，并找出恰当的指标。一份典型的平衡计分卡需要3～6个月去执行，还需要几个月去调整结构，使其规范化，总的开发时间可能需要一年或更长。

3. 指标体系的建立较困难

平衡计分卡对传统业绩评价体系的突破就在于引进了非财务指标。然而，这又带来了另一个问题，即如何建立非财务指标体系，如何确定非财务指标的标准，如何评价非财务指标。财务指标的确定是比较容易的，而其他三个维度的指标则比较难以确定，需要组织长期探索和总结。

4. 指标数量过多

平衡计分卡涉及财务、客户、流程、学习与成长四个维度，合适的指标数量是23～25个。其中，财务维度5个，客户维度5个，流程维度8～10个，学习与成长维度5个。指标数量比较多，可能会造成轻重不分的问题。

5. 指标的关系确定有难度

平衡计分卡对战略的分解主要基于各个指标之间明确、真实的因果关系，但因果关系链很难做到真实、可靠。要想积累足够的数据去证明平衡计分卡各个指标之间存在显著的相关关系和因果关系，可能需要很长的时间，如几个月或几年。在短期内管理者对战略影响的评价，不得不依靠主观的定性判断。而且，如果组织的竞争环境发生了剧烈的变化，原来的战略及与之相适应的评价指标可能会丧失有效性，需要重新修改。

6. 战略映射有风险

平衡计分卡通过战略地图来描述战略映射。批评者认为，战略映射是一种因果关系的简化运用，基于这些过于简单的关系，组织制订一系列的战略计划和大量的绩效指标，如果运用不当，战略映射就会导致绩效考核项目失败。

平衡计分卡理论认为四个维度之间有着清晰的界限，每一项行动只会影响维度中很少的因素（一般为两个以内），但实际上远比这复杂。例如，通过对航空公司的人员进行调研，发现飞机延误对航空公司的关键因素的影响至少有20项，而战略映射无法处理这种复杂的关系。

第三节 平衡计分卡的结构

平衡计分卡的核心是演示四个维度的战略地图。下面就以战略地图来描述平衡计分卡的结构。

一、战略地图的框架和模板

战略地图的框架如图 8-2 所示。

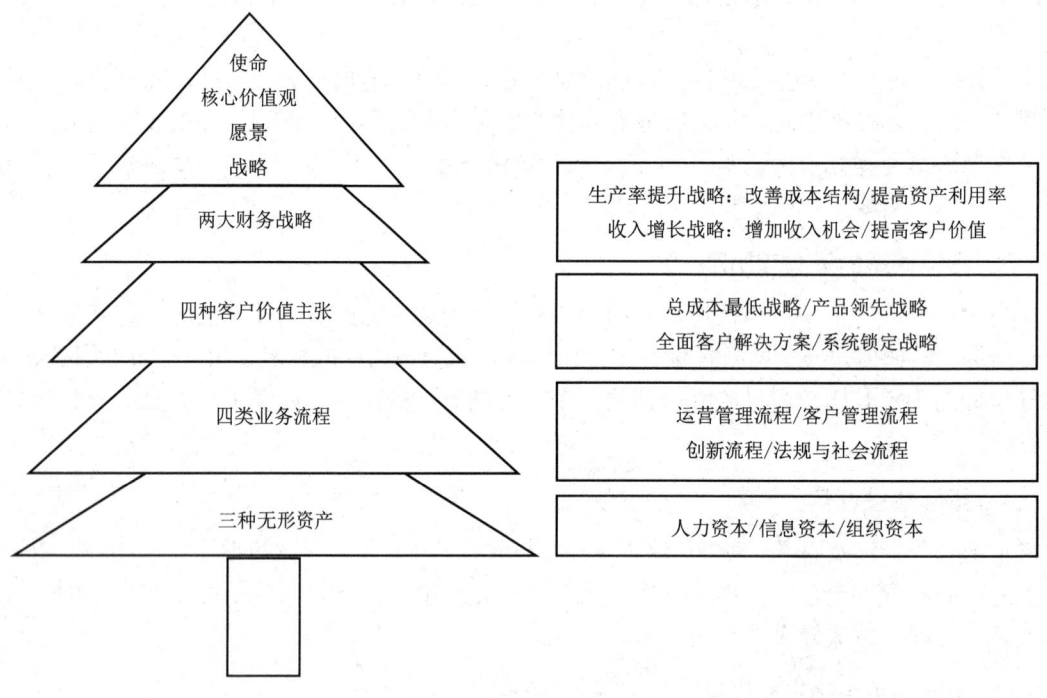

图 8-2 战略地图的框架

战略地图最上端的是由使命、核心价值观、愿景、战略组成的顶层结构，往下是财务、客户、流程、学习与成长四个维度。卡普兰和诺顿为了便于理解与操作，把这四个维度细化成几种类型或组成。为了方便记忆，我们把此框架称为"2-4-4-3"框架。"2"表示两大财务战略，分别是生产率提升战略和收入增长战略；第一个"4"表示四种客户价值主张，分别是总成本最低战略、产品领先战略、全面客户解决方案、系统锁定战略；第二个"4"表示四类业务流程，分别是运营管理流程、客户管理流程、创新流程、法规与社会流程；"3"表示三种无形资产，分别是人力资本、信息资本、组织资本。卡普兰和诺顿为企业提供了战略地图的模板，如图8-3所示。

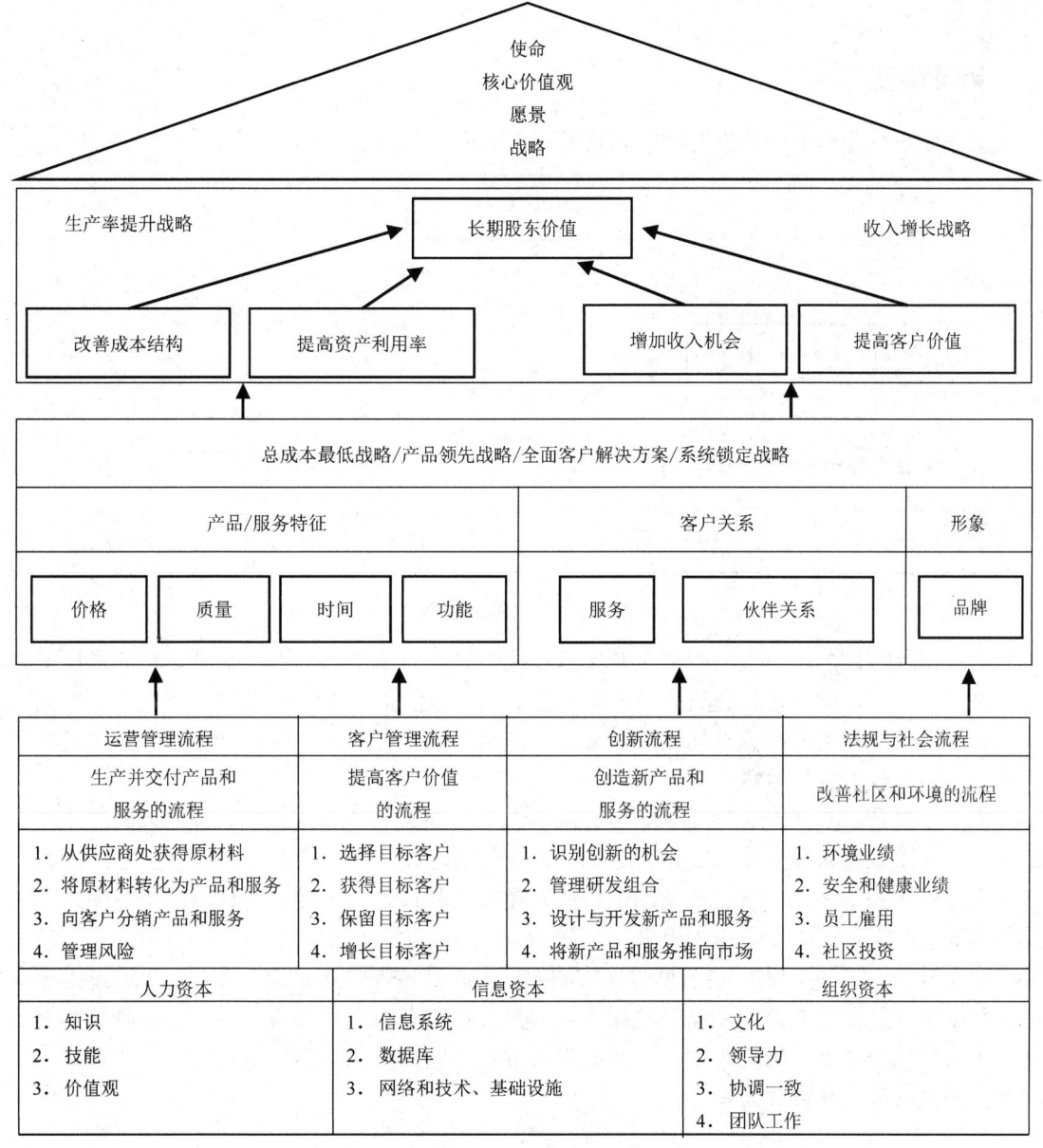

图8-3 战略地图的模板

下面对这几部分的构成逐一介绍。

二、顶层结构

使命、核心价值观、愿景、战略组成了战略地图的顶层结构。它们之间的关系是，使命、核心价值观和愿景指引战略的形成，战略则是四个维度的总目标。组织没有战略，就无法谈及战略地图，这是战略地图的先决条件。很多组织在走向正规化之前，没有考虑过使命、核心价值观和愿景，但会有组织的发展规划，这是常见的现象。使命、核心价值观和愿景并非战略的先决条件，但使命、核心价值观和愿景的确立有助于确定战略的方向。战略是动态调整的，使命、核心价值观和愿景是长期稳定的，战略不管怎么变，都应围绕着使命、核心价值观和愿景。

三、财务维度

财务战略可分为生产率提升和收入增长两个方面，如图8-4所示。

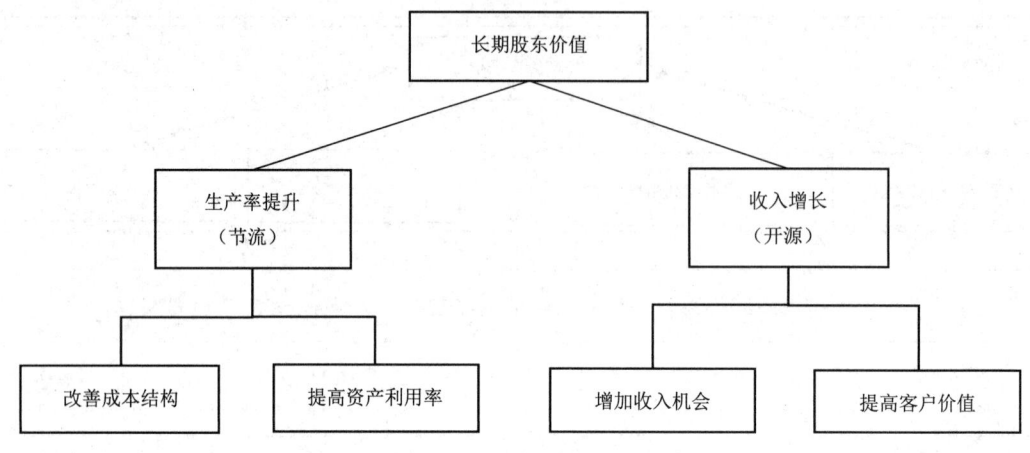

图8-4　两大财务战略

财务指标可以显示组织的战略及其实施和执行是否对增加盈利做出贡献。财务指标通常与获利能力有关，可分为利润类、现金类、市价类、运营类、偿债类等。

股东的长期价值和财务密切相关。为了提高组织的财务业绩，有两种战略，分别是生产率提升战略和收入增长战略。

生产率提升，即"节流"，有两种实现路径。一种是改善成本结构。企业可以通过降低固定成本和变动成本来降低成本支出。比如，市场低迷时减少用工数量，控制办公费用。另一种是提高资产利用率，如引进更新的生产线以提高生产效率，或者通过科学的运筹缩短生产设备的准备时间，提高设备的利用率。

收入增长，即"开源"，也有两种实现路径。一种是增加收入机会。企业可以通过推出新产品和服务或开辟新的市场领域来增加收入。另一种是提高客户价值。企业应该鼓励客户消费更多的产品和服务，提高客户对企业的平均贡献。比如，移动通信公司鼓励个体消费者使用更高额度的电话网费套餐。

四、客户维度

客户维度包括两个方面：一是组织在市场上的绩效结果，二是客户价值主张。市场上的绩效结果的常见表现形式有市场占有率、新市场开拓情况、市场结构（如客户定位的市场）、客户结构（如客户数量、大客户比例、客户增长率等）。比如，某高端电子产品的主要市场定位为一线城市。

客户价值主张是指企业针对细分市场和目标客户，提供的包括产品与服务特征、客户关系、形象和声誉等的组合。客户价值主张是一种重要的战略。不同的企业会采取不同的客户价值主张，从而形成差异化的战略。

卡普兰和诺顿总结出四种通用的客户价值主张，分别是总成本最低战略、产品领先战略、全面客户解决方案、系统锁定战略，如表 8-1 所示。

表 8-1　四种客户价值主张

项　　目	总成本最低战略	产品领先战略	全面客户解决方案	系统锁定战略
价值定位	为客户提供可靠、及时、低成本的产品和服务	为客户提供高品质、领先的产品和服务	为客户提供全面、定制化的产品和持续的服务	为客户提供需要高额转换成本的、标准化的产品和服务
代表企业	丰田、戴尔、麦当劳、沃尔玛、小米	宝马、奔驰、耐克、格力、大疆	IBM、高盛、美孚石油	微软、苹果、思科、美国运通、万事达、中国移动
基本要求	具有很强的成本控制能力	具有很强的创新和产品研发能力	擅长客户关系管理，强调与客户建立持久的合作关系	拥有专利、许可协议或专有知识，能够创建行业标准

案例　　　　　　　　沃尔玛公司的客户价值主张

在产品服务特征上，沃尔玛最核心的标签就是低廉的价格。沃尔玛通过大宗采购，压缩物流费用、营销费用、行政开支等，确保它的产品价格比别家更便宜。有一件有趣的事：沃尔玛的董事长办公室只有 12 平方米，陈设十分简单，传达给客户的感觉就是沃尔玛时刻为客户节省每一分钱。

在客户关系上，在沃尔玛的创始人山姆·沃尔顿倡导的价值观里，关于客户的有："客户就是上帝""永远为客户提供超值服务"。沃尔玛一直秉持着"客户永远是对的"的理念。如果客户对在沃尔玛购买的产品不满意，可以在一个月内退回，沃尔玛承诺退还全部货款。

在形象和声誉上，沃尔玛自 1962 年成立以来，积极承担低价却保证质量、提供优质的客户服务、善待员工、支持公益等良好的社会责任，树立起长期的正面形象，拥有优秀的声誉，这对于连锁经营的大型商超十分重要。

五、流程维度

所谓流程，是指通过一系列连续的、相对稳定的活动产生特定结果的过程。流程是组织运营的载体，组织的各种要素（如资金、信息等）都在流程中流动。比如，企业通过采购流程采购到原材料，通过制造流程制造出产品，通过销售流程把产品销售给客户，通过客户管理流程实现对客户关系的管理等。可见，流程是组织的生命线，组织的各种要素都要以流程为载体来完成相关的活动。

组织的流程分为核心流程和辅助流程。大级别的流程又可以细分为若干小流程，组织中所有流程的数量加起来有成百上千甚至上万套。

为了简便，卡普兰和诺顿将业务流程重点分为四类，分别是运营管理流程、客户管理流程、创新流程、法规与社会流程，如表 8-2 所示。

表 8-2　四类业务流程

运营管理流程	客户管理流程	创新流程	法规与社会流程
生产并交付产品和服务的流程	提高客户价值的流程	创造新产品和服务的流程	改善社区和环境的流程
1. 从供应商处获得原材料 2. 将原材料转化为产品和服务 3. 向客户分销产品和服务 4. 管理风险	1. 选择目标客户 2. 获得目标客户 3. 保留目标客户 4. 增长目标客户	1. 识别创新的机会 2. 管理研发组合 3. 设计与开发新产品和服务 4. 将新产品和服务推向市场	1. 环境业绩 2. 安全和健康业绩 3. 员工雇用 4. 社区投资

（1）运营管理流程。运营管理流程是指生产并交付产品和服务的流程，包括四个子流程。①从供应商处获得原材料。与供应商保持良好的关系有助于降低采购成本。从众多供应商中选择合适的供应商，选择恰当的物流渠道，是企业采购和供应在质量、成本、时间上的基本保障。②将原材料转化为产品和服务。在此流程中，按照客户需求按时、保质保量地生产出相应的产品或提供相应的服务是企业的核心任务。提高生产效率、降低生产成本、提高产品和服务的质量，也是企业关注的要点。③向客户分销产品和服务。产品和服务生产出来以后，需要通过分销网络销售给客户。时间、分销成本和价格管理是企业关注的要点。④管理风险。风险通常包括财务风险、经营风险、技术风险等。

（2）客户管理流程。客户管理流程是指提高客户价值的流程，包括四个子流程。①选择目标客户。确定细分市场，描述目标客户的特征。②获得目标客户。通过向客户宣传企业的产品和服务，吸引客户使用。③保留目标客户。通过提供优质的客户服务，提高客户的满意度和品牌忠诚度，从而促进客户重复消费和进行口碑宣传。④增长目标客户。包括高效地管理客户关系、交叉销售多种产品和服务、成为值得信赖的供应商、吸引客户增加消费频次、促使客户购买更多附加值高的产品。

（3）创新流程。创新流程是指创造新产品和服务的流程。对采取产品领先战略和系统锁定战略的企业来说，创新流程更为重要。创新流程通常包括四个子流程。①识别创新的机会。通过对客户需求的预测或员工的工作发现，识别出有客户价值的创新机会。②管理研发组合。企业要决定应资助、延迟或否决具体的研发项目，并在完全依靠内部资源生产、进行合资生产或从其他公司处获得许可证和外包等方式中做出选择。③设计与开发新产品和服务。企业在对机会的价值进行判定后，决定开展设计与开发，在资金、人力等方面给予支持，按照相应的环节开发。④将新产品和服务推向市场。对于新产品和服务，要尽快推向市场；对于流程创新等，则在企业内部应用。

（4）法规与社会流程。法规与社会流程是指改善社区和环境的流程。此流程有助于企业在生产与销售所在的国家和地区获得持续经营的权利。企业应该遵守有关环境、员工安全和健康、员工雇用、社区投资的法律法规。但有些企业不会满足于仅遵守最低标准，它们的表现会优于标准，从而建立优秀雇主的声望。

六、学习与成长维度

学习与成长维度确定了组织要实现长期发展所应建立的基础框架，确立了未来成功的关键因素。平衡计分卡的前三个维度一般会揭示组织的实际能力与实现突破性业绩所必需的能力之间的差距。为了缩小这个差距，组织必须投资于员工能力和组织能力的提高，这些都是平衡计分卡学习与成长维度追求的目标。

学习与成长维度描述的是无形资产的作用。卡普兰和诺顿将无形资产分为三种：人力资本、信息资本、组织资本。

在平衡计分卡中，人力资本包括知识、技能和价值观。

信息资本分为硬件和软件。组织中应用的各种信息平台，如 ERP（企业资源计划）平台、OA（办公自动化）平台等都属于软件资本。

组织资本有不同的含义。这里的组织资本是指组织里用来支撑运营、完成战略目标的组织能力。卡普兰和诺顿认为，平衡计分卡里的组织资本主要是文化、领导力、协调一致和团队工作。

文化的概念是，执行战略所需要的使命、核心价值观、愿景的意识和内在化。

领导力的概念是，把握组织的使命，并且动员员工围绕这个使命不懈努力、不断奋斗的能力。领导者凭借个人素质的综合作用对特定个人或组织所产生的人格凝聚力和感召力，是组织保持卓越成长和可持续发展的重要驱动力。

协调一致的概念是，通过各种方式让组织的业务相关者充分沟通和配合，基于组织目标完成团队工作和个人工作。

团队工作侧重于知识共享，即在整个组织中创造、整理、分享知识。比如，很多组织都会建立知识管理系统，用来创造、整理和分享知识。

案例　　　　　　　　　　　HH 集团

HH 集团的主导产品为 HH 木门、HH 家具，多年来先后从德国、意大利引进世界先进水平的家具、木门制造工艺。HH 集团倡导"东方与世界的融合"，通过倡导国外设计师与公司设计师联合设计与研发产品，做到"生产一代、研发一代、储备一代"，不断创新产品设计。

HH 集团的战略地图要素构成如下。

1. 三个顶层

（1）使命：HH 帮您实现对家的梦想。

（2）核心价值观：诚信为人，善美做事，追求卓越。

（3）愿景：到××××年，成为中国家居市场最佳品牌。

2. 四个基层

（1）财务：提高利润总额，控制资产成本，提高资产利用率，提升外销产品的收入和内销产品的收入。

（2）客户：提供高品质产品，提供差异化客户服务，确保新产品市场领先，提升分支品牌的价值。

（3）流程：强化产品质量管控，整合资源开发新产品，推进工艺技术创新，提升经销商的经营/获利能力。

（4）学习与成长：塑造高绩效/创新文化，促进内部协调一致，完善激励机制。

七、基于四种客户价值主张的战略地图

前面提到了四种客户价值主张，分别是总成本最低战略、产品领先战略、全面客户解决方案、系统锁定战略，它们定义了企业所采用的战略。客户价值主张和战略的关系是：客户价值主张能够明确谁是目标客户，通过描述为目标客户提供独特的产品组合、价格、服务、关系和形象，由此定义企业的战略。

企业的战略往往由客户牵引，即为客户提供什么样的产品和服务。战略会引导企业的运营体系建设，包括组织的流程、学习与成长。组织的运营会呈现所选择的客户价值主张的明显倾向。

下面阐述这四种客户价值主张，并将其转化为战略地图。

1. 总成本最低战略

代表企业：小米。小米以提供高性价比的产品著称，虽然其质量与性能不能算是所处行业中最卓越的，但价格非常有竞争力。为了获得这种定位，早期的小米手机采取了贴牌生产和线上销售以降低销售成本等方式。

竞争性价格是总成本最低战略的显著特征，但只有低价并不足以让企业成功。低价但粗制滥造的产品没有可持续的竞争力。Yugo 汽车是美国最便宜的汽车之一，却因为汽车质量太差，导致客户不愿意用任何价位购买而停产。

采用总成本最低战略的企业通过为客户提供有限但可以满足大部分客户需要的产品来降低成本，如麦当劳仅出售少数不同类型的汉堡。

总成本最低战略的战略地图如图 8-5 所示。

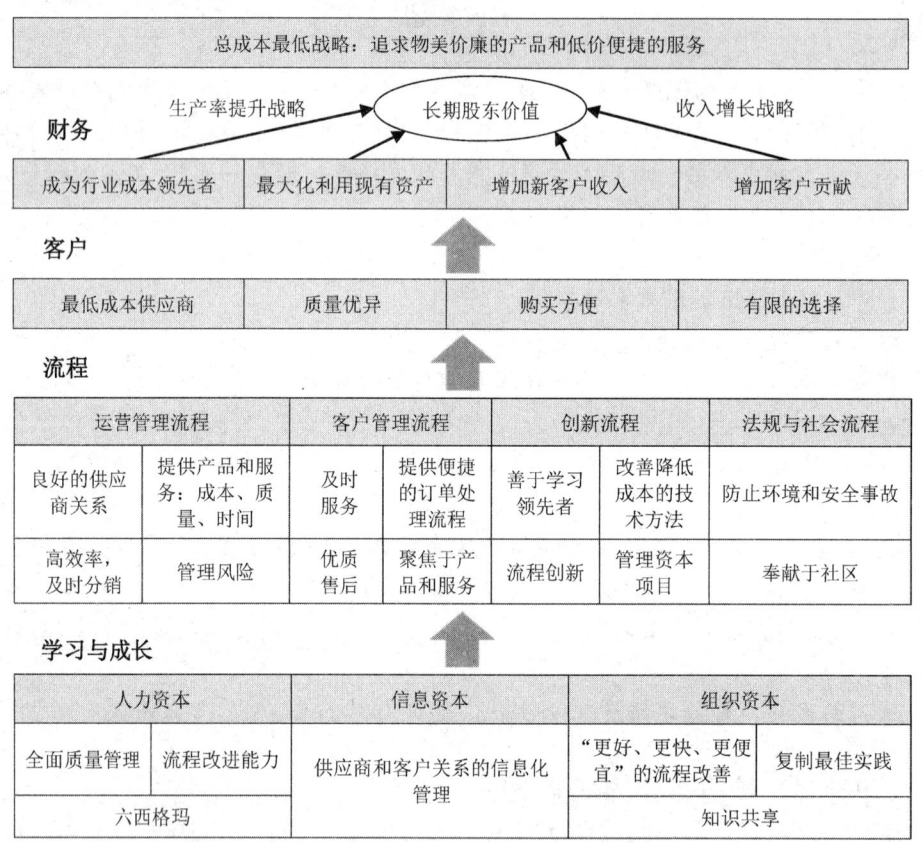

图 8-5　总成本最低战略的战略地图

采用总成本最低战略的企业，必须和卓越的供应商保持长期联系。此外，要有高效的运营管理流程，可以将供应商提供的原材料转化为提供给客户的产品和服务，整个转化过程不仅在行业内成本最低，而且必须稳定、优质、快速反应。对客户的分销流程也必须是低成本、及时和高质量的。企业应管理风险，使可用性最大化和客户损害最小化。

总成本最低战略要求客户管理流程能为客户提供便利，如提供便捷的订单处理流程。企业必须了解最大客户群偏爱哪些产品和服务，如沃尔玛对任何一类产品，常常在自己的品牌产品之外只准备两种领先品牌的产品。汽车厂商为了降低生产和存储成本，只为客户提供几个选配方案，以及较少的颜色，通过有限的选择来降低运营成本。

采用总成本最低战略的企业是产品的追随者而不是领导者，它们不会在产品和服务的创新上投入大量的资金。

2．产品领先战略

代表企业：格力。格力的空调产品是其拳头产品，在业内以技术先进、性能最佳著称，当然价格也比较昂贵。这种技术优势和格力重金投入研发有直接的关系，采用产品领先战略的企业可以获得更高的产品溢价。

采用产品领先战略的企业希望其创新产品或升级换代产品率先进入市场。因为领先竞争对手进入，企业可以因为产品的创新性而定出高价。

产品领先战略的战略地图如图 8-6 所示。关键的流程是创新流程，企业必须在预测客户需求和为优秀产品与服务发现新机会方面表现优秀。

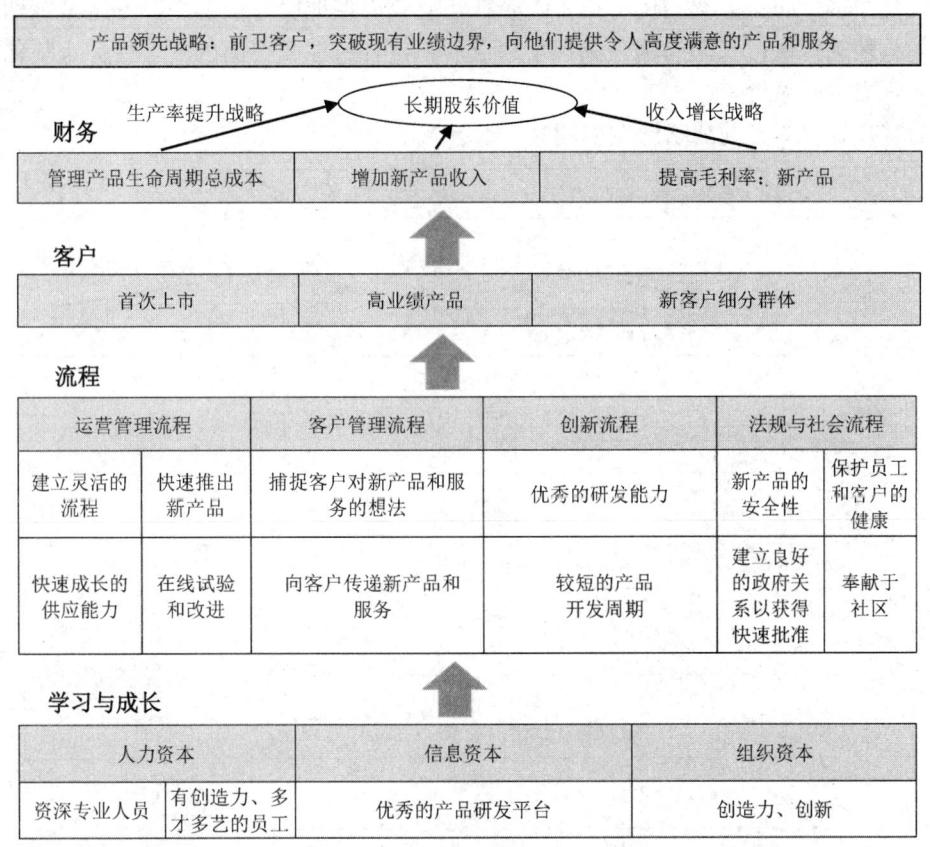

图 8-6　产品领先战略的战略地图

采取产品领先战略的企业的运营管理流程不再坚持成本最低，而是坚定地对新产品进行持续研发。在客户管理上有两个关键流程。其一，企业希望确定前卫客户，并得到这类客户的信息反馈。因为前卫客户常常对新特征和新功能有独到的见解。其二，需要让客户了解创新功能的价值。

持续推出新产品的企业要警惕与新产品相关的法规和社会规范，避免新产品产生负面影响。企业的目标要关联到新产品的安全性、员工和客户的健康和生产对环境的影响上。

3. 全面客户解决方案

代表企业：IBM。在 IBM 的中国官网上写着这样一句话："IBM 行业解决方案致力于应用智能技术，助力企业实现传统行业数字化转型，重塑企业核心竞争力。"IBM 服务的行业包括制造、银行和金融、零售、石油和天然气、汽车、电子、电信、保险、能源与公用事业等。例如，奥迪汽车致力于为客户提供完美的服务体验，通过借助 IBM 车库的方法，奥迪汽车改变了工作方式，提升了 50%的团队效率。IBM 和交通银行合作，利用知识图谱等 AI 技术，帮助交通银行提升了信贷风险管理水平，构建了客户 360 度视图，为风险管理提供了深度的业务洞察。IBM 早已从最初的硬件提供商成功转型为提供全面客户解决方案的服务商。

采用全面客户解决方案的企业，其目标要关联到解决方案的全面性（销售多种捆绑在一起的产品和服务）、额外服务（售前和售后）和客户关系质量上。

提供全面客户解决方案的优势在于，企业需要长周期地服务于客户，不再是短期交易，可以获得长期的价值；长期的信任确保了自身的不可替代性和更高的安全性；定制化的产品和服务拥有更高的溢价。

全面客户解决方案的战略地图如图 8-7 所示。

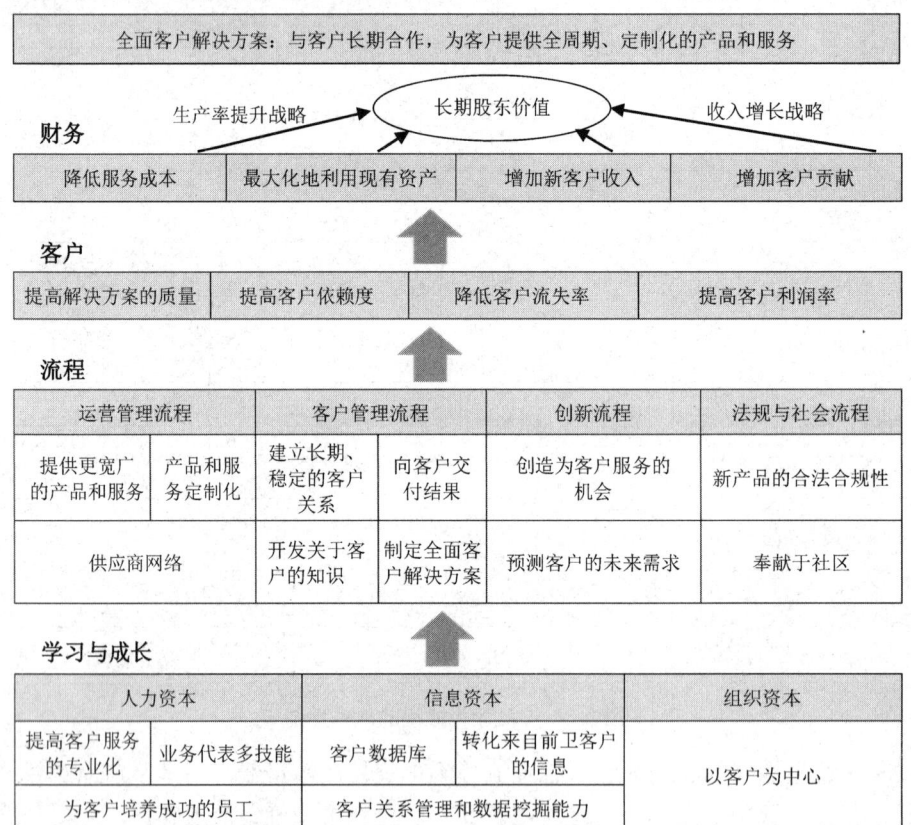

图 8-7　全面客户解决方案的战略地图

运营管理流程通过为客户提供更宽广的产品和服务，支持了客户管理流程。这个过程包括捆绑供应商的产品和服务，捆绑企业自己的产品和服务，以及通过无缝的分销渠道把供应商及自己的产品和服务传递给客户。企业创新流程的重点是找到为客户创造价值的新方法。

4. 系统锁定战略

代表企业：苹果。苹果手机拥有大批的粉丝，离不开它的生态系统。这个生态系统包括苹果的 Mac 电脑、iPhone、iPad、Apple Watch、Apple TV 等硬件设备，以及 iOS、macOS、watchOS、tvOS 等操作系统，iCloud 云服务、iTunes Store、App Store 等应用商店和应用程序。习惯于它的生态系统的用户不会轻易转换成安卓手机，这就构造了较高的转换壁垒，其产品和服务也可以获得更高的溢价。

系统锁定战略一般只适用于某一行业的特定时间和特定细分客户。但成功的系统锁定战略可以让企业获得丰厚的回报，如苹果和微软在资本市场上都因此获得较高的估值。

系统锁定战略要求竞争者不能模仿企业的核心产品，因为其核心产品拥有合法保护的专利和技术，或者复杂的结构。通过专有标准，系统锁定战略创造了价值，并且随着客户的增长，这些价值也非线性地提高。

系统锁定战略的战略地图如图 8-8 所示。

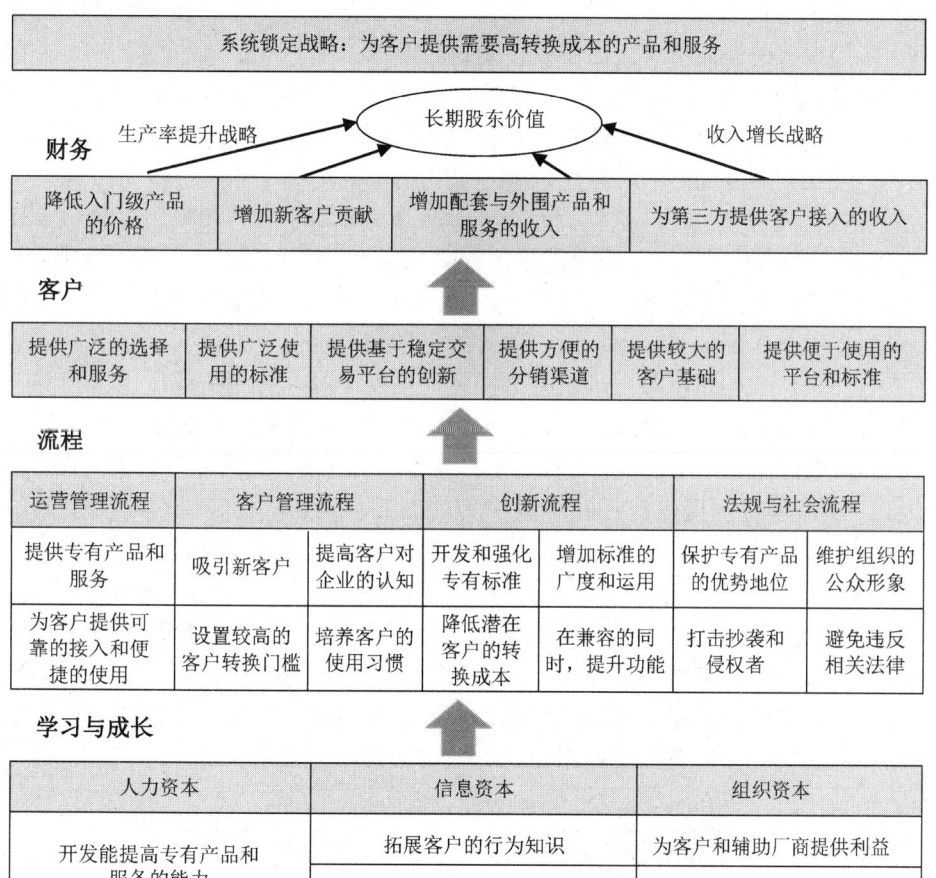

图 8-8　系统锁定战略的战略地图

在财务方面，系统锁定战略强调收入增长，认为高附加值带来的利润远超降低成本带来的利润。为了快速抢占市场份额，企业降低入门级产品的价格以吸引新客户，之后向客户出售配套与外围的产品和服务，如昂贵的配件，以获得高利润。

在客户方面，要加强对客户的锁定，保持和扩大企业在现有客户中的业务范围。例如，

2023年9月，蔚来汽车推出蔚来手机NIO Phone，它基于蔚来全景互联技术，与智能电动汽车融合。系统锁定战略注重保持和提高客户的忠诚度，防止客户流失。如果客户流失率提高，则表明客户的转换成本还不够高。

企业应确定通过专有标准吸引和保持客户的价值主张。标准对客户来说必须是容易使用的，而且客户相信这个标准会被其他人广泛使用。只有这样，客户之间才能产生交流，有群体归属感。例如，苹果手机和华为手机的粉丝群都有明确的阵营。对于专有标准，客户希望企业通过持续创新来保持其便利性和优势，同时希望和以往的版本兼容，这样其在专有标准上的投资就不会被浪费。例如，微软操作系统每次升级换代后，仍然可以使用以往的Office软件和其他软件。

在流程方面，系统锁定战略要求有强有力的创新流程。企业必须开发专有产品和保护标准，同时为产品和服务提供交易平台。一旦企业确定将某种产品和服务作为专有标准或主流交易平台，那么其创新流程就应该持续加强核心产品的功能——保持传递价值和提高客户的转换成本。企业也应该努力拓宽对核心产品的运用，从而吸引更多的客户。并且企业应该找到办法阻止未经授权的产品使用，而不仅仅是通过法律，如Office软件的防盗版功能。

在客户管理流程中，企业应该通过低门槛吸引新客户。例如，WPS办公产品可以兼容Office办公软件中绝大多数的文件格式。同时，为既有客户设置高转换成本，如设置免费使用期让潜在客户接触到企业的产品，并注意客户使用习惯的培养。

在法规与社会流程中，要注意保护专有产品免遭竞争对手模仿和使用，免遭未授权客户使用。同时，也要注意反垄断。采用系统锁定战略的企业，容易抢占较高的市场份额，企业要防止对客户进行产品和服务的强迫捆绑销售。2009年，英特尔因滥用其在芯片市场的主导地位排挤竞争对手AMD而被罚款10亿欧元。欧洲理事会批准自2024年起各类在欧盟范围内销售的手机、平板、数码相机等电子设备必须统一使用Type-C充电接口，以减少电子垃圾。此举让苹果在2023年推出的iPhone 15手机放弃了使用11年的Lightning接口。

在学习与成长方面，企业必须拥有在专有技术方面优秀的科研人才，也需要拥有熟悉客户需求的员工，从而为客户提供广泛和有吸引力的服务。企业文化应以客户为中心，保持为既有客户设置高转换成本，同时降低潜在客户转换成本的理念，并且这一文化要被所有员工理解。

需要特别注意的是，这四种战略只是典型模式，并不代表企业必须选择其中一种。实际上，对中小型企业而言，其实力根本无法匹配总成本最低战略，也匹配不了产品领先战略、全面客户解决方案或系统锁定战略。这四种战略对企业的要求很高，主要适用于大型企业或在细分赛道中领先的企业。企业要根据自己的能力选择适合自身的战略。

第四节　平衡计分卡的战略实践

一、获取评估指标的简要步骤

第三节讲到了平衡计分卡的结构，绘制战略地图可以得到四个维度的关键因素。为这些因素寻找对应的评估指标，并采用前面所述鱼骨图的方法细分指标，最终会得到组织级绩效指标。平衡计分卡指标举例如表8-3所示。

表 8-3 平衡计分卡指标举例

维度		指标
财务	利润类	税后利润、经济增加值、投资回报率、息税前利润、税后净营业利润
	现金类	经营性现金流量、自由现金流、现金流投资回报
	市价类	股票价格、市值、托宾Q
	运营类	资产周转率、存货周转率、应收账款周转率
	偿债类	流动比率、速动比率、资产负债率
客户		市场占有率、客户满意度、客户忠诚度、新客户人数或销售额所占比例、老客户人数或销售额增减比例、客户投诉次数、服务水平和服务态度
流程	产品研发	新产品占总销售额的比例、新产品推出速度、研发费用
	生产过程	生产订单完成率、原材料损耗率、成品率、次品率、单位成本
	售后服务	客户满意度、故障的反应速度
学习与成长	员工	员工满意度、员工敬业度、员工忠诚度、离职倾向、培训次数、员工能力、员工有效建议数
	信息资本	信息系统使用率、信息系统带来的效率提升

组织级绩效指标还应该分解到各单元、部门，再分解到岗位，形成计分卡，只有这样才能引导员工的工作方向。个人计分卡样式如表 8-4 所示。

表 8-4 个人计分卡样式

维度	指标	目标	行动方案
财务			
客户			
流程			
学习与成长			

平衡计分卡的实施比较复杂，这里给出一种借助平衡计分卡获取评估指标的简要步骤。

第一，明确组织的使命、核心价值观、愿景和战略，重点是战略。

第二，绘制战略地图。从四个维度确定关键因素（战略主题）。

第三，根据（或分解）关键因素，得到组织级绩效指标。

第四，将组织级绩效指标分解（或落实）为部门级绩效指标，再分解为岗位级绩效指标。

第五，在以上绩效指标的基础上补充仪表盘指标，形成绩效评估指标表，编制计分卡。

根据战略地图得到的绩效指标（也叫计分卡指标），通常是战略性的、结果性的指标，多为聚焦于跨业务和跨职能的滞后指标。仪表盘指标主要涉及内部业务流程，通常是运营性的、过程性的、员工日常行为可以影响的指标，多为局部的、与职能和流程有关的前置指标。上述实施步骤只是简化的步骤，省略了很多工作。

二、平衡计分卡战略实践体系

下面介绍系统性的平衡计分卡战略实践体系，它由卡普兰和诺顿两位专家在 2008 年提出，如图 8-9 所示。

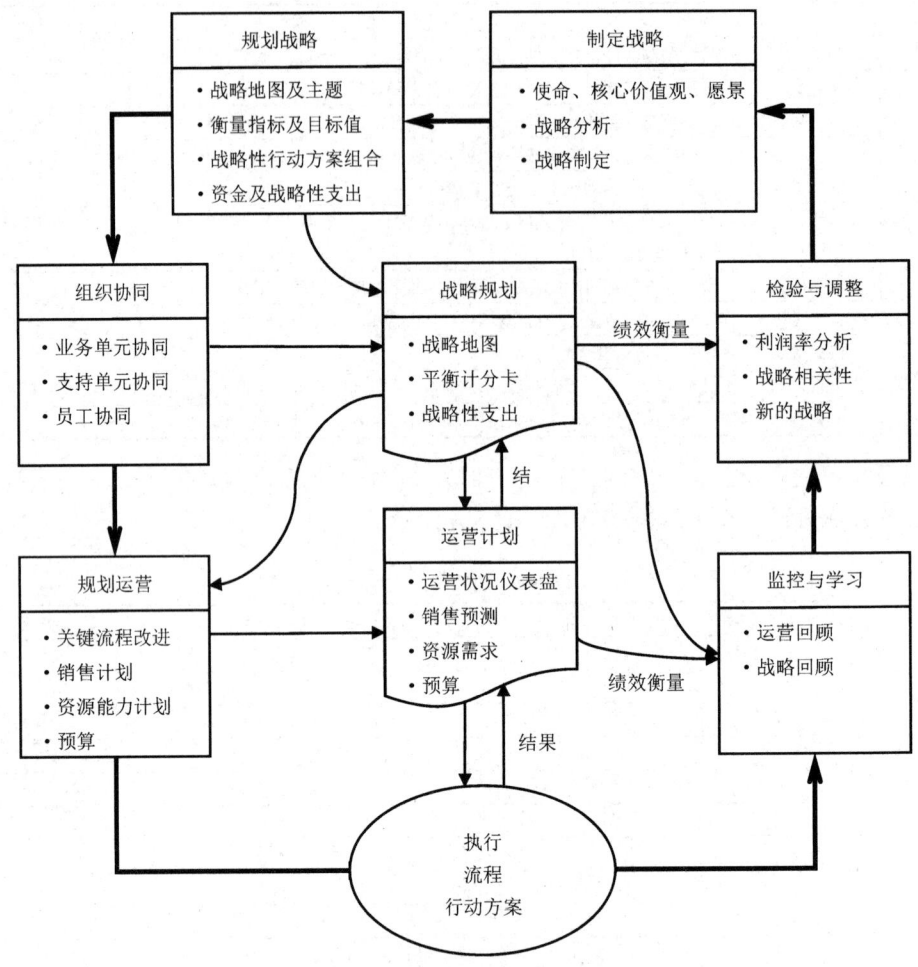

图 8-9　平衡计分卡战略实践体系

1. 制定战略

首先要明确组织的使命、核心价值观和愿景，之后要对内外部环境进行分析。

外部环境分析常采用 PEST 分析（政治、经济、社会、技术）或 PESTEL 分析（政治、经济、社会、技术、环境、法规）。外部环境分析还包括对行业的观察和评估，可以采用迈克尔·波特的五力模型进行分析，包括买方议价能力、供应商议价能力、替代品的可获得性、新进入者的威胁和行业竞争。外部环境分析也包括对竞争对手的评估。

内部环境分析主要检查组织自身的绩效表现和能力，常采用价值链分析。

分析了内外部环境之后，就可以进行 SWOT 分析（优势、劣势、机会、威胁）了。

战略制定的方法有很多，如资源基础理论、核心竞争力、蓝海、共创经验、开放创新等，还有很多运营提高的方法，如全面质量管理和六西格玛、精益生产等，如图 8-10 所示。很多企业综合运用以上方法制定了战略。

2. 规划战略

制定战略步骤是战略执行的起点，但这一步骤最终产生的文字描述通常比较模糊，难以实施。规划战略步骤将战略方向的描述转化为具体的目标、指标、目标值和行动方案，从而指导行动并使组织协同有效地执行战略。这一步骤需要将战略转化为基于战略主题的战略地图，并为战略地图中的每个战略目标设定相应的计分卡。

对企业而言，战略性行动方案是促使企业改变状态的外力，它将化解惯性和改革的阻力，促进企业积极行动。区别于一般的日常运营活动，战略性行动方案旨在帮助企业实现战略绩效。

例如，某大学的战略地图中有一项关键主题是"激发学生的潜能"，由此确定了为实现该主题的目标、指标、目标值和行动方案，如表 8-5 所示。

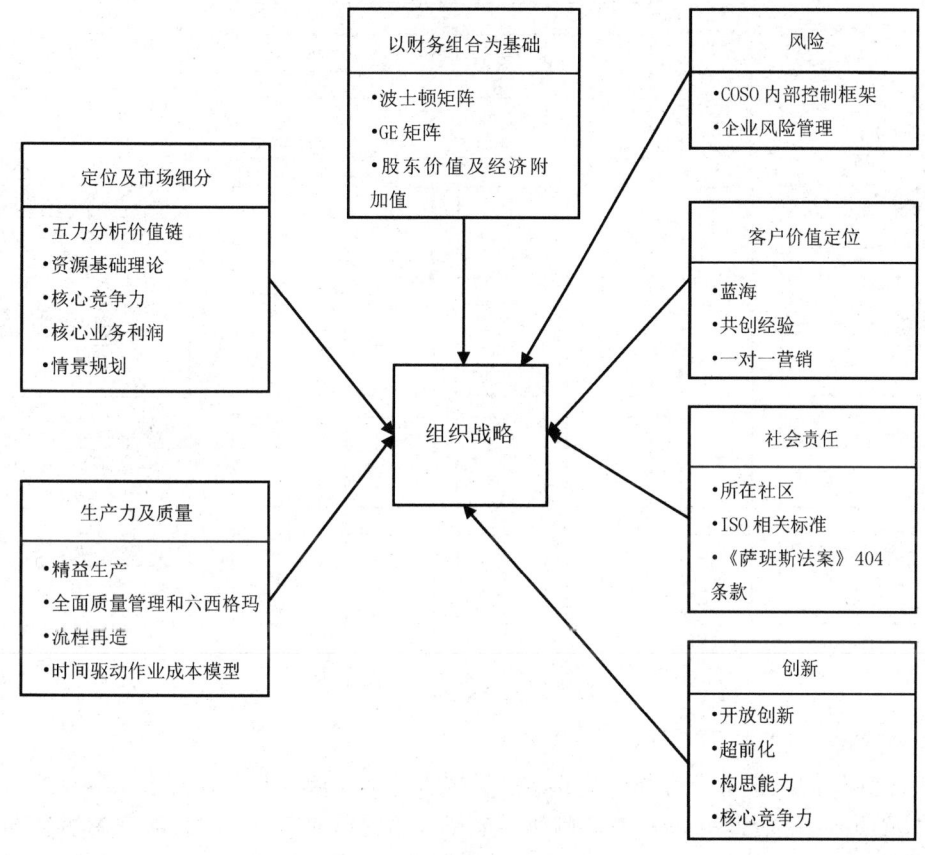

图 8-10　战略制定的方法

表 8-5　主题和行动方案

主题：激发学生的潜能			
目　　标	指　　标	目　标　值	行动方案
• 开展启发式教学 • 将科研成果转化为学生的学习机会 • 提供独特的学习体验 • 提高生源质量	• 学生满意度 • 师生比例 • 本科生参与科研的比例 • 课程需求水平 • 本科生招生分数	• 处于全国同类院校的 10% • 降低到 1∶15 • 本科生参与科研的比例达到 20% • 每门课申请名额增加到 8 个 • 本科生招生排名上升 5 位	• 学生满意度调研 • 改善教学流程 • 激励教师科研团队接纳更多的本科生 • 学生合作协议 • 加大招生宣传力度

3．组织协同

大多数组织都由多个业务单元和支持单元组成，管理体系必须整合这些分散单元的战略，同时必须协同员工，否则战略的执行将很难成功。

业务单元协同的重点是，如何确保组织的所有业务单元都能理解战略并达成一致意见。

支持单元协同的重点是，如何使支持单元和业务单元与组织的战略保持协同。

员工协同的重点是，如何激励员工帮助组织实施战略。

下面重点介绍业务单元协同和支持单元协同。

（1）业务单元协同。

平衡计分卡从四个角度进行业务单元的协同，如图 8-11 所示。

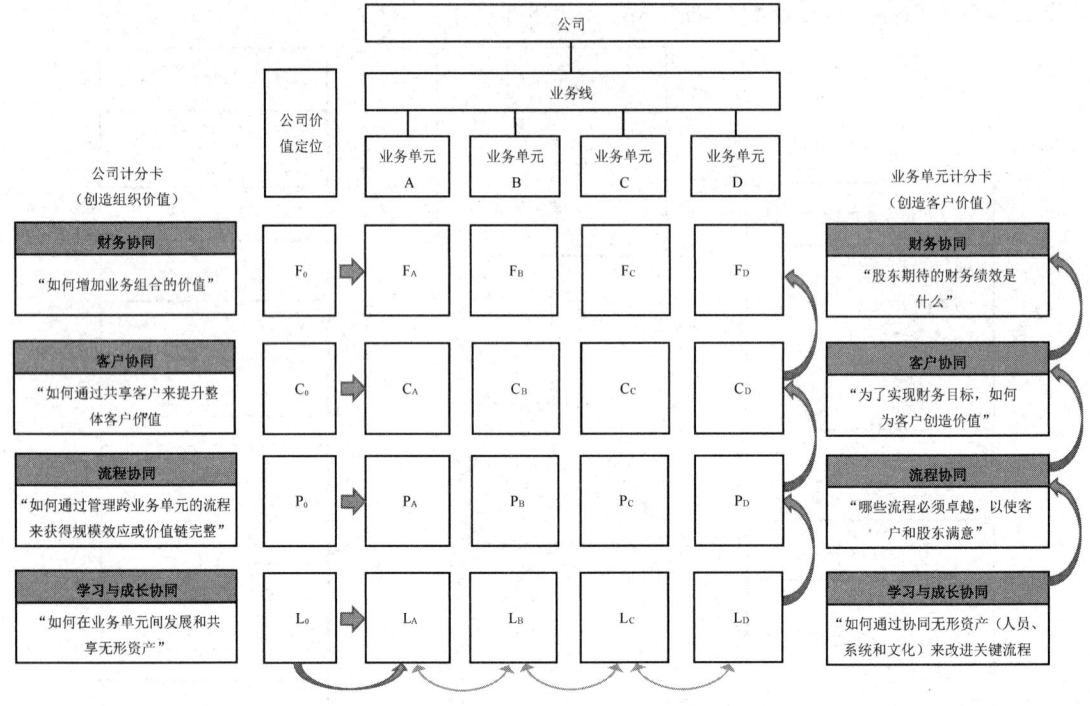

图 8-11　开发公司计分卡

（2）支持单元协同。

支持单元协同是指人力资源、财务、信息技术等单元通过开发各自的战略地图和平衡计分卡来加强所支持的运营单元战略。例如，公司战略的达成需要人力资源部为所有部门完成招聘、培训、保留关键人才的工作；如果公司的战略强调风险管理，那么财务部和信息技术部就要配合，制定相应的行动方案来管理和降低风险。

4．规划运营

规划运营包括关键流程改进、销售计划、资源能力计划和预算。关键流程改进是指借助全面质量管理、业务流程改进、关键成功因素、KPI 等工具来改进那些对战略执行起重要作用的业务流程。

必须明确要改进的关键流程。比如，某公司想要将原来的低成本战略转化为差异化、客户至上的战略，就需要建立一套全新的流程，同目标客户保持密切联系并预测他们的需求。以往该公司没有这样的流程，都是等着客户提出需求再给予回应。

需要补充的是，至关重要的流程和关键流程是两回事。比如，计算薪酬、核对账单、运行计算机网络等属于不可或缺的重要流程，但不是关键流程。它们既不能创造新产品，也不能为客户提供差异化的体验或取得突破性的财务绩效。

5. 运营计划

运营计划包括运营状况仪表盘、销售预测、资源需求和预算。

企业可以通过一套流程把战略意图转化为具体的运营计划，该流程从季度销售预测开始。为了弥补年度销售预测很快过时的缺点，很多企业会采取滚动预测，即至少每个季度重新做一次销售预测，并且预测周期会超过当前财年（一般是预测未来 5~6 个季度），通过将销售和运营数据输入时间驱动作业成本模型，来预测资源需求。资源包括销售、生产和客户服务过程中所涉及的人力资源，以及生产、销售、信息处理中所需要的有形资源。

通过这种方法，企业能够对未来资源是否有缺口进行前瞻性的判断，从而决定是否提前招聘或培训，是否提前募集资金，以确保场地、生产设备等到位。

确定了资源需求量后，企业就可以对未来的财务支出进行预测，并制定整体预期损益表了。某公司月资源成本预测如表 8-6 所示。

表 8-6　某公司月资源成本预测

资　源	数　量	月成本/元	月总成本/元
经纪人	230 人	6800	1,564,000
客户经理	7 人	9000	63,000
财务策划师	12 人	8400	100,800
主管	25 人	12,200	305,000
客服	50 人	5000	250,000
服务器	60 台	5000	300,000

6. 监控与学习

战略规划和运营计划确定后，就着手执行战略，在执行的过程中需要持续监控和调整。企业核心的监控和指导机制是结构化会议，会议内容包括企业运营回顾和战略回顾，并根据需要调整和改变战略。

7. 检验与调整

企业应该每年（或每季度）召开一次战略绩效的评估会议，考虑近期外部环境变化的影响。这场会议为形成战略规划、执行和控制的闭环画上了句号。

战略绩效的评估会议的结果可能是对现有战略的肯定。这种情况下企业只需要对目标值进行调整，重新制定战略性行动方案的优先等级，并将新的期望传达到各个业务单元和支持单元即可。结果也可能是需要对现有战略做微调，改变一个或几个战略目标，用一些新的指标代替原来的指标，修正战略的目标值和行动方案。还有一种结果是，企业发现战略有重大失误，或者随着环境、竞争对手、技术等的变化而不适用。这种情况下企业就要回到制定战略步骤来确定新的转型战略。

章末案例——某零售连锁企业的平衡计分卡

一、公司基本情况

1. 基本情况

A 公司是扎根某省的零售连锁企业，公司的主营业务主要分为两部分，即批发和零售。A

公司旗下店铺的业态形式包括直营店铺、商场专柜、乐购店、综合店铺四种，其中综合店铺是包含多个品牌的集合店，而乐购店是折扣店。公司的发展经历了三个阶段：第一个阶段（1994—2002年），稳步发展阶段，以批发为主；第二个阶段（2002—2010年），快速扩张阶段，此时批发和零售各占一半，店铺逐渐下沉，公司在很多市县开起了自己的自营店，店铺数量成倍增长；第三个阶段（2010—2019年），转型阶段，这个阶段零售收入已占主要地位。受到消费者购物模式转变及国际零售巨头进入的影响，公司为顺应时代的发展，开始走线上、线下双渠道路线，也对店铺进行了调整，对效益好的店铺投入更多的资源，对效益差的店铺予以关闭。截至2019年年底，A公司已有200多家店铺，销售收入从1994年的1400万元增长到6亿元。然而，公司的管理跟不上快速发展的脚步，以往各职能部门围绕几十家门店，沟通方便，管理简单，团队相对稳定。现在有上百家门店，分布在12个不同的城市，公司采取职能部门集中、门店按城市管理的模式。门店的增加加大了管理难度和门店销售压力，造成竞争更加激烈，员工流失率不断提升。

2. 组织结构

A公司的组织结构如图8-12所示。

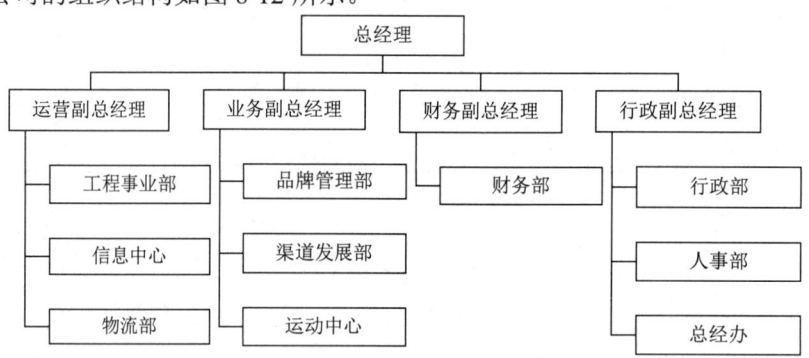

图8-12　A公司的组织结构

3. 经营模式

A公司的经营模式分为分销和自营两种。公司在该省有活跃分销商200多家，与分销商签有《经销合同书》，根据分销商的级别给予一定的销售折扣，销售采取现款现货的方式，基本上不予赊销。自营包括三种类型，分别是：直营，即公司开专卖店和公司大型卖场，如乐购店、运动体验店等综合运动城；联营，即与主流百货商场及繁华商圈商场进行联营，以专柜形式进驻商场，与商场进行结算；电商，主要在京东和天猫上销售。

二、面临的困境

A公司早期以分销的模式为主，但由于近年来其他竞争对手的加入，分销范围逐渐变小，公司改变了经营模式，采取自营与分销相结合的模式。采取自营模式之后，公司的影响力明显提升，但自营比分销更专业，公司需要花费更多的人力、物力和财力。采取自营模式之后，公司的销售利润虽然有所提升，但由于其他成本的增加，净利润反而降低了。净利润下降的原因有四点。一是房租成本居高不下，并逐年提升。二是受电商的冲击，实体店的销量大幅下降，目前只能靠打价格战来挽回部分客户，没有核心竞争力。三是员工的工作积极性不高，员工离职率不断攀升，这与公司的绩效考核体系有一定的关系。员工不知道自己在绩效指标上哪些是做得好，需要保持的，哪些是做得不足，需要努力改进的，并且和管理人员缺乏上下沟通，从而消极对待绩效考核。四是公司主要致力于实体店的销售，缺乏网店销售经验和人才，无法提升网络渠道的销量，销售渠道单一。

三、向平衡计分卡转型

A 公司的绩效考核体系经历了两个阶段，从综合能力评价阶段过渡到关键财务指标评价阶段。关键财务指标评价模式对公司经营水平的提升是有帮助的，但也使公司只关注短期利益，人员能力没有跟上，管理水平没有显著提升，公司可持续的竞争优势似乎没有体现出来，最近两三年公司发展放缓的情况正是这一问题的写照。该公司在进行 KPI 考核时，以部门为单位，没有对公司战略进行分解，部门对公司战略的支撑力度也是有问题的。

四、战略目标分解及战略地图绘制

经过管理层的讨论，将 A 公司的长期愿景设定为"成为市场上最受欢迎的体育用品零售渠道品牌"。为此，公司制定了短期发展目标（2019—2022 年），确定了四个维度的目标，分别是：在财务维度上，增加公司的销售收入，突破年收入 7.5 亿元，实现公司的利润率增长至 6%；在客户维度上，提升客户的满意度和忠诚度，实现每年会员数量增长率达 20%，建立出众的品牌形象；在流程维度上，创新公司的内部流程管理，提高公司的信息化程度；在学习与成长维度上，打造企业文化，提升公司的整体素质。A 公司的战略地图如图 8-13 所示。

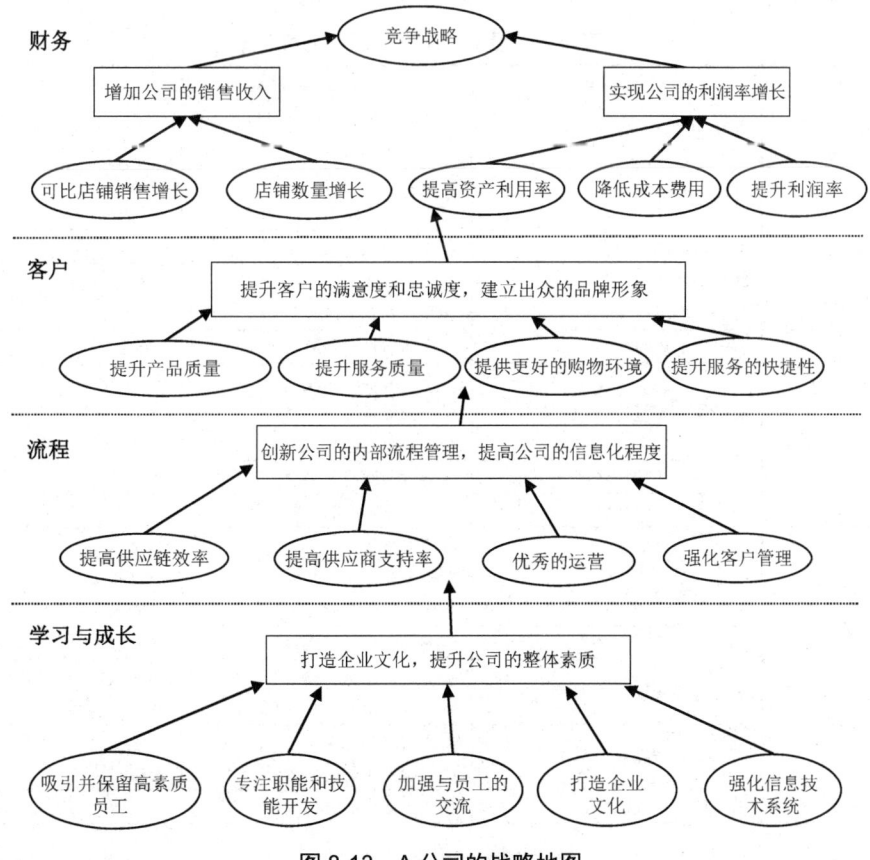

图 8-13　A 公司的战略地图

五、战略绩效指标体系的构建

A 公司在四个层面的战略绩效指标体系的构建如下。

在财务层面:其中,"可比店铺销售增长"是指通过提供优质的产品、发挥关联销售的作用、改变促销方式等来增强客户的购买欲望,让客户尽可能地走进店内成为买家。设置"店铺数量增长"的原因是虽然新店的开发需要成本,但公司可以关闭效益差的店铺,将资金用于开设新店。

在流程层面:内部流程是战略执行层面,描述了公司实现其战略的操作路径。其中,设置"提高供应商支持率"的原因是公司与供应商的关系已经从最初的供货关系演变为如今的战略合作联盟。供应商不仅为公司提供商品,还从新店开张、宣传单制作、货架展示等方面为公司提供成本支持。如果没有供应商的信贷额度和费用支持,公司就不会发展得这么快。

在客户层面和学习与成长层面不再逐项介绍。

六、关键指标和目标值的设定

A 公司根据战略地图中的因素,通过鱼骨图法和头脑风暴法,确定了组织级关键指标,进一步设定了各项指标的目标值。设定目标值有三个原则:一是设定有挑战性的目标值,二是目标值需要与公司当前的战略保持一致,三是目标值需要有所侧重,考虑到现有的资源,具有可行性。

根据上述三个原则,A 公司设定了各项指标的目标值,如表 8-7 所示。

表 8-7 组织级关键指标设定表

维 度	目 标	组织级关键指标	目 标 值
财务 A1	可比店铺销售增长	可比店铺销售增长率 A11	+25%
		客单价 A12	+16%
	店铺数量增长	开店数量达成情况 A13	80%
		新店收入成本占比 A14	+25%
	提高资产利用率	存货周转天数 A15	<20 天
	降低成本费用	成本收入比 A16	−8%
	提升利润率	销售净利率 A17	6%
客户 A2	提升产品质量	因产品质量问题退货率 A21	−40%
	提升服务质量	客户满意程度 A22	>95%
		客户投诉解决率 A23	>95%
		会员数量的增长 A24	+25%
	提供更好的购物环境	店铺改造比例 A25	40%
	提升服务的快捷性	平均每位客户的等候时间 A26	<5min
流程 A3	提高供应链效率	缺货率 A31	<5%
	提高供应商支持率	费用支持比例 A32	15%
		信用期限天数 A33	>100 天
	优秀的运营	店铺的内审得分 A34	>90 分
	强化客户管理	会员购买比重 A35	45%
		满意客户所占比例 A36	>85%
学习与成长 A4	吸引并保留高素质员工	人才需求满足率 A41	85%
		高素质人才流失率 A42	<1%
	专注职能和技能开发	技能培训次数 A43	>10 次

续表

维　　度	目　　标	组织级关键指标	目　标　值
学习与成长 A4	加强与员工的交流	员工工作满意度得分 A44 员工意见反馈解决率 A45	85 分 85%
	打造企业文化	企业文化认同程度 A46	>80%
	强化信息技术系统	信息技术系统开发投入率 A47	10%

　　A 公司实施绩效优化一年后，2020 年各项指标与 2019 年相比有明显提升，说明绩效优化方案起到了作用。

[思考题]

　　1. 案例中提到该公司转型平衡计分卡的理由有哪些？逐一分析，通过平衡计分卡的实施能否解决所有问题？

　　2. 对于案例中战略地图设计和组织级关键指标设定的过程，你认为有哪些是可以完善的？

　　3. 下一个阶段还应该做哪些工作，以便有效地完成平衡计分卡的实施工作？

第九章

OKR

第一节 OKR 概述

一、OKR 的发展历程

OKR（Objectives and Key Results）的中文含义是目标与关键结果，是在目标管理理论基础上形成的目标管理工具和沟通工具。风险投资家约翰·杜尔是 OKR 的杰出推动者（2018 年出版了经典著作 *Measure What Matters*，中译本《这就是 OKR》），他在 1975 年加入英特尔公司，成为一名实习生。时任英特尔 CEO 的安迪·格鲁夫安排了一堂教学课，其中讲到了英特尔于 1971 年启动的 OKR 系统。安迪·格鲁夫援引彼得·德鲁克的目标管理，将这个系统称为 iMBOs，即"英特尔公司的目标管理系统"。约翰·杜尔参加了这堂教学课，被 OKR 深深吸引，随后写下了他的第一个 OKR，如表 9-1 所示。

表 9-1 约翰·杜尔的第一个 OKR

目标
展示 8080 处理器的卓越性能
关键结果
1. 编写 5 个基准程序。
2. 开发 1 个样本。
3. 为现场人员编制销售培训材料。
4. 与 3 位客户联系，证明材料可以使用

1999 年，已经是风险投资机构 KPCB 合伙人的约翰·杜尔拿出 1180 万美元，投给了从斯坦福大学辍学的两名学生创办的公司，占其 12%的股份，这家公司就是谷歌公司。约翰·杜尔随后加入了谷歌公司的董事会。作为 OKR 的支持者，约翰·杜尔说服了谷歌公司的两位创始人拉里·佩奇和谢尔盖·布林，开始在谷歌公司实行 OKR。最终，OKR 在谷歌公司取得了空前的成功。其他公司纷纷效仿，美国在线、多宝箱、领英、甲骨文、推特等都开始实行 OKR。之后，硅谷之外的公司包括宝马、迪士尼、埃克森、三星等也开始使用 OKR。

OKR 大约在 2013 年年底传入我国，受到 IT、互联网、高科技公司的青睐，并逐渐扩散。字节跳动、华为、新浪、知乎、理想汽车等知名企业都开始使用 OKR。

二、OKR 的含义

OKR 中的 O 即目标。所谓目标，就是对驱动组织朝期望方向前进的定性追求的一种简洁描述。它回答的问题是："我们想要什么？"目标应该是重要的、具体的、具有行动导向并能鼓舞人心的。

> **案例** 　　　　　　　　　　　　**达不到的海岸**

1952 年 7 月 4 日清晨，加利福尼亚海岸起了浓雾，在海岸以西 21 英里（1 英里=1.609,344 千米）的岛上，弗罗伦斯·查德威克准备从太平洋游向加利福尼亚海岸。

那天早晨雾很大，她被海水冻得身体发麻，几乎看不到护送的船。时间一小时一小时地过去，甚至有几次鲨鱼靠近她，又被人开枪吓走，她仍在坚持。

15 小时过去了，她又累又冷，她知道自己无法再游了，于是对陪伴她的艇上的人说："我放弃了，快拉我上去。"艇上的人喊道："只有一英里就到了，坚持！"她朝加利福尼亚海岸望去，摇着头，说："我不信！如果只有一英里，我怎么看不到海岸线？"最终，艇上的人把她拉上了小艇。事实证明，这个地点真的距离海岸线只有一英里。

后来她说，令她放弃的不是疲劳，也不是寒冷，而是她在浓雾中看不到目标。这次退出成为她一生的遗憾。

这个案例告诉我们，只有具体的、看得见够得着的目标才是好目标，才会成为动力。OKR 鼓励人们突破自己，不代表目标可以太过遥远。

KR 即关键结果，是实现目标的关键策略或结果。关键结果应该是具体的、有时限的、有挑战性的、能够实现的，尤为重要的是，它必须是可衡量的、可验证的。关键结果能够衡量目标是否实现。正常情况下，关键结果全部完成，目标也就实现了。如果目标没有实现，就说明 OKR 的设计有问题。

在约翰·杜尔的第一个 OKR 中（见表 9-1），其目标是"展示 8080 处理器的卓越性能"，关键结果有"编写 5 个基准程序"等 4 项。在这 4 项结果中，第 1、2、4 项"编写 5 个基准程序""开发 1 个样本""与 3 位客户联系，证明材料可以使用"是量化的，第 3 项"为现场人员编制销售培训材料"是一项任务，或者说是里程碑式的工作。这个例子展示了 OKR 的基本样式。当然，如果在关键结果中加上预计的完成时间就更好了，如"在 10 月底前编写 5 个基准程序"。

OKR 强调工作者需要自己设计目标和关键结果。OKR 中有相当的比例（如 40%～50%）是由工作者自己提出的，是自己的创造和独特贡献，这就是所谓的"自下而上"。它能很好地激发工作者的参与感和积极性。当然，OKR 也不能完全由工作者随心所欲地设计，工作者需要参考团队的 OKR，让自己的 OKR 能对团队的 OKR 有所支撑，这是"自上而下"，这部分也会占到其 OKR 相当的比例，如 50%～60%。

OKR 要求目标有挑战性，有野心。有挑战性的目标会呈现两个特征：一是让人不舒服，因为有难度；二是有完成的可能性。完成有挑战性的目标会让人充满成就感。

用 0～1 分来为每一个关键结果打分。在谷歌公司，最佳的 OKR 分数为 0.6～0.7 分，高分并不一定受到表扬，也可能表明是本期目标的野心不够，下期 OKR 设计则需要调整。在谷歌公司，如果总是制定一个不够有挑战性的 OKR，然后得分总是接近 1 分，会被周围的人认为没有追求。低分不会受到指责，但工作者需要通过分析工作数据，找到下期改进 OKR 的方法。

OKR 不是绩效评估工具，不与薪酬直接挂钩。因为一旦与薪酬挂钩，人们就会倾向设置难度较小的 OKR。

OKR 在个人、团队、组织层面均有，且公开透明。这意味着员工不仅能看到同事们的 OKR，还可以看到主管的 OKR 和其他部门的 OKR。在谷歌公司，CEO 的 OKR 是公开的，所有人都可以看到。德勤公司的一项研究表明，"明确定义的、被记录下来且能够自由分享的目标"对员工的敬业度有着十分重要的影响。目标可以确保员工保持一致性、清晰性，并提升员工的工作满意度。

三、OKR 的特征

（1）目标要在组织内公开透明。公开透明是 OKR 的核心特征。所有人都能看到别人的目标及完成目标的进展，借助 OKR 平台工具，还可以对别人的 OKR 进行点赞和评论，类似微信的朋友圈，形成互动。公开透明会产生以下几种效果。

第一种效果，群体监督。以往员工的目标往往来自职责要求或上级命令，只是在员工和直接上级之间共享。但 OKR 要求把目标和结果都晒出来，让其他人可以看到。群体监督的力量会促使每个人都想变得更好。当然，企业可以根据自身的情况设置透明度，实现在一定范围内透明。上级可以看到所有下级的 OKR，下级可以看到所在部门、直接上级的 OKR，团队成员可以看到彼此的 OKR，这种透明度是最起码的要求。OKR 中一些需要保密的信息，可以用特殊字符代表。

第二种效果，让员工感受到工作的价值和意义。组织中所有的成员都应该清晰地理解组织的最高目标。在一项针对 1.1 万名高层管理人员的调查中，大多数人都无法明确地指出自己企业的首要目标。OKR 的出现要求组织先确定组织的目标，再确定部门和员工的目标。目标的公开透明，让员工理解了自己目标和组织目标的关联度，感受到自己工作的价值，增强了主人翁意识。

第三种效果，加强协同。目标公开透明促进了组织上下的纵向协同、部门之间的横向协同，提高了工作效率。

案例   **OKR 公开透明的方式**

（1）贴在白板上。公司准备一块白板，把公司、部门和个人的 OKR 写出来，贴在白板上。也可以鼓励员工把自己的 OKR 贴在自己的办公桌上，让别人走过时都可以看见。

（2）讲出来。在公司会议上鼓励每个人讲出自己的 OKR。

（3）发邮件。把所有员工的 OKR 汇总，通过邮件发给所有员工。

（4）通过通信工具。在钉钉、微信群里公布 OKR。

（5）发到企业内网。将 OKR 发到内网的公共文件夹中。

（6）使用 OKR 平台工具。通过飞书或其他 OKR 平台工具，可以更便捷地实现 OKR 的分享、互相评价、对齐、自动发送周报和关注提醒等功能。

如果组织想实行面向全体员工的 OKR，则建议使用 OKR 平台工具。因为它有很多功能是其他方式不能实现的。比如，目标和关键结果总不能修改一次就群发一次邮件，或者频频发到微信群或内网上，而通过平台工具修改就可以实时共享。另外，平台工具上的一些社交功能如评价、关注，还有对齐功能都是独有的。

（2）OKR 绝不能与薪酬挂钩。传统基于 KPI 的考核与薪酬挂钩，其结果就是大家都会选择更低的目标，甚至为了迎合 KPI 弄虚作假。因此，OKR 坚决不与薪酬挂钩。唯有不与薪酬挂钩，员工才敢提出有挑战性的目标。

实施 OKR 的公司，如何发放绩效工资和奖金？一般采取 360 度评价的方式进行。在谷歌公司，首先由员工进行自评，然后由协作者对参与项目、亮点、不足、改进等方面进行反馈。上级参考上述两类评价信息，根据任务难度（Challenge）、领导力（Leadership）、任务的影响力（Impact）三个维度撰写评价，进行评级。之后，召开绩效校准会议，确定最终的绩效结果，并分别进行绩效反馈和加薪晋升两场谈话。

（3）目标要有挑战性。英特尔前 CEO 安迪·格鲁夫说过："目标应当被设立得非常有挑战性，这样即使使员工竭尽全力，也只能有一半的成功机会。当每个人都努力地超越自己的现有水平时，结果一定会不同凡响，哪怕这意味着有一半的概率会失败。如果你想要你和你的下属都达到巅峰绩效，这种目标设定机制就尤其重要。"

（4）高频追踪。这也是 OKR 与 KPI 的区别之一。KPI 基本是滞后追踪，也就是在考核的时候才会考察指标的完成情况。而 OKR 强调的是高频追踪。《驱动力》一书的作者丹尼尔·平克认为："对个体来说，最大的激励因素是'在工作中取得进步'。人们取得进步的时候是他们感到最积极、最投入的时候。"

如果不设置检查点对计划进行检查，就无从知道哪些业务是组织真正需要的，哪些事项仅仅是分散精力的干扰项。美国加利福尼亚州的一项研究表明，记录自己的目标并向朋友每周发送进度报告的人，和那些只设定目标不分享进程的人相比，达成目标的可能性要高出 43%。

OKR 需要定期检查，最好一周一次。可采取的方式是：在每周的部门会议上，团队成员介绍本周 OKR 的进度，讨论遇到的困难和解决方案，并确定下周的计划。召开此会议的目的不是追责，而是聚焦于 OKR，营造良好的沟通氛围。

四、OKR 的价值

（1）推动组织的创新和突破。OKR 要求目标有挑战性，这对组织有重要的意义。组织只有走出舒适区，不断挑战和突破，才能具有长久的竞争力。任正非提出"熵减"理论，认为企业发展的自然法则是熵由低到高，逐渐走向混乱和失去发展动力。要想实现熵减，即熵由高到低，就必须走出舒适区，创新和突破是走出去的不二法门。

经典管理学著作《从优秀到卓越》的作者吉姆·柯林斯认为，要敢于设定"胆大包天的目标"（Big Hairy Audacious Goals）。OKR 激励每个人不断超越之前设定的各种可能，甚至超出一般的想象力。通过挑战极限，OKR 促使员工释放出创造力和潜能，推动组织的创新和突破。

（2）有助于组织协同。OKR 的公开透明促进了组织协同。组织在实施 OKR 时会对组织上下的目标进行关联，同时随着时间的推移，目标也会趋向一致。

| 案例 | 协同的价值 |

麻省理工学院媒体实验室和人类动力学实验室主任,被称为"可穿戴之父"的知名专家阿莱克斯·彭特兰教授的研究表明,鼓励协作带来的价值收益通常是激励个体带来的价值收益的4倍,并且高绩效团队的协同性优于少量协作关系的团队。图9-1所示为两种协作关系,团队A是非全连接协作关系,团队B是全连接协作关系。研究发现,团队B的绩效大幅优于团队A。

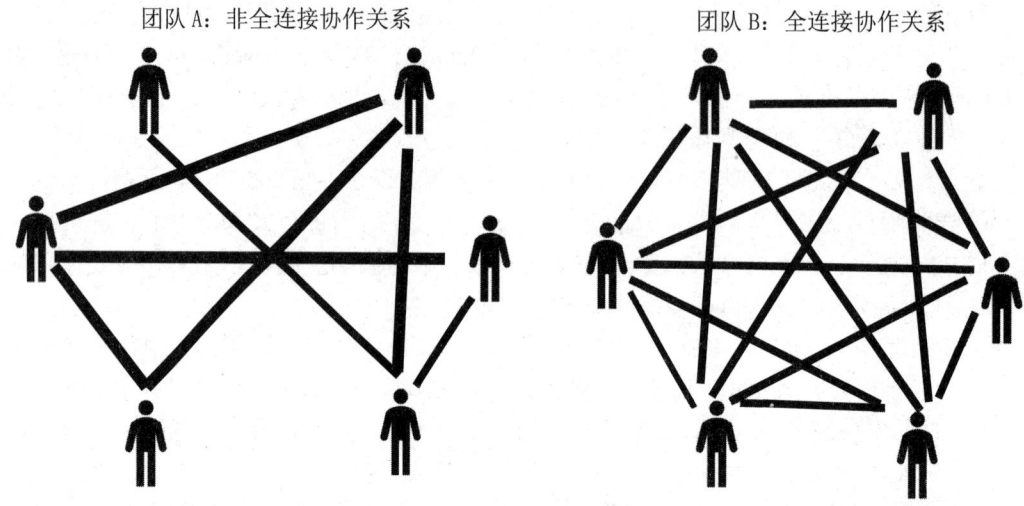

图9-1 两种协作关系

OKR的公开透明使所有员工都能看到组织的顶层OKR,也能看到所在部门、上级、同事,以及业务关联部门和业务联系人的OKR。这对部门内协同,以及跨部门、跨职能的协同有很大的帮助。比如,某个员工可以通过OKR专业平台工具看到和自己有业务往来的人的目标及工作进度,并就此和他们沟通,使彼此的工作安排更为合理。人力资源的培训专员根据各个部门的OKR进度,能更好地安排培训。公开透明的OKR促进了自由合作。如果目标对所有人都是公开的,一个人的问题就会有很多人帮忙解决。

OKR实现的是上下左右对齐,不仅强调纵向分解,还强调横向协同。每个员工都将个人目标与组织计划紧密地联系起来,进而明确两者之间的依赖关系,并与其他团队展开通力协作。这种纵向协同,将个人贡献与组织成功联系起来,为工作赋予了特定的意义。为了获得竞争优势,管理者和员工需要进行横向联系并突破障碍。

| 案例 | 减肥宝的协同 |

减肥宝是美国一家借助手机App帮助人们设计减肥计划的公司。它成立于2012年,从2013年开始推行OKR,在2015年以4.75亿美元的价格被安德玛(Under Armour)公司收购。

在被安德玛收购几周之后,减肥宝与安德玛召开了高层会议。随着会议的进行,减肥宝的两位创始人迈克和阿尔伯特惊讶地发现:安德玛的电子商务团队正指望从减肥宝的应用程序中获得大量流量,数据团队则认为减肥宝会提供大量数据,媒体销售团队给减肥宝新的广告收入设定了金额。这些团队对减肥宝都有较高的预期。但实际上，减肥宝根本不可能达到这些要求。

减肥宝花了 18 个月的时间才厘清了与其他部门之间的关系，以便与公司其他部门实现协同。如果没有 OKR，是不可能完成这一任务的。首先，要让安德玛的相应部门了解到，在开发新软件方面，减肥宝的能力是有限的；然后，要阐述自己的核心优势。通过向健康联盟分享减肥宝高层级的 OKR，来解释为什么某些项目需要分配这么多时间，应该在哪些方面加倍努力以实现公司的最高目标。迈克和阿尔伯特说："我们向你们展示我们的 OKR，如果你们看到有什么遗漏，或者认为我们正在做的事情是错误的，请一定要让我们知道。"这种单向的公开透明奏效了。其他部门也认识到减肥宝的局限所在，并相应地调整了期望。减肥宝则通过寻找符合跨部门目标的项目来与它们保持协同。聚焦和协同同等重要。在被安德玛收购 3 个月之后，减肥宝推出了升级后的增强订阅版本。

（3）有助于组织快速反应，加快决策的速度。一线的员工更能提前感知变化。任正非在华为的会议上说过："让听得见炮声的人来决策。"安迪·格鲁夫说过："在一线作战的人通常会提前感知即将发生的变化。销售人员往往比管理者更先理解顾客需求的变化，金融分析师通常是最早知道商业变化的人。"对变化的感知经常发生在组织的边缘。OKR 让这种来自核心管理者之外的观察力得到充分的释放。

过去，管理者将任务下达给员工，是命令和控制，没有关注员工内心的想法。这与彼得·德鲁克提出的目标管理背道而驰。彼得·德鲁克提出的目标管理，强调自我设定目标、自我控制。责任者自己提出的承诺，自己会发自内心地想去兑现。

另外，OKR 的周期一般为季度，这种快速确定工作重点的方法更能适应加剧的外部竞争和更快的业务节奏。如果以年度为周期设定目标，要做到这一点就很困难。快速确立目标对企业业绩有着积极的影响。德勤报告指出，以季度为周期设定目标的企业，其业绩表现位列 TOP 序列的可能性是没有这样做的企业的近 4 倍。

（4）有助于组织聚焦。注意力是一种稀缺的资源。想象一下，在每天的工作时间里，员工会面对各种会议、各种电话沟通、各种临时安排的任务，以及关于组织发展、个人目标、职业生涯的思考……大量的事情在争夺着员工的注意力。管理者会面对大量持续不断的选择：我们应该增加一家工厂吗？我们需要聘用那些名声糟糕但能力超强的工程师吗？我们需要为新的业务增加支持吗……

OKR 能帮助人们识别优先的事项，把优先的精力聚焦在上面。弄清楚什么是重要的，即使同时有很多诱人的想法，只要和目标不一致，也有足够的理由去拒绝。对部门、团队和个人来说，OKR 是一种精准聚焦和沟通的工具。不管是日常的例会还是临时会议，只要聚焦到 OKR 上，就能把重心拉回到轨道上。

（5）提升员工的敬业度和组织认同感。OKR 让员工的目标和结果呈现在所有人面前，让员工更客观地认识到自己的付出和贡献，从而提高员工的公平感。OKR 不与绩效奖励挂钩，如何激励员工的积极性就成了问题。OKR 的公开透明让所有人的 OKR 彼此可见，自尊心和进取心会激励员工。表现不佳的员工会惭愧，表现不错的员工会得到大家的赞赏。每个人都渴望得到别人的认可，如果每一次进步都能得到别人的认可，那其内心的满足感会大大增强。在谷歌和很多公司，每周五是 OKR 的庆祝环节，员工们对彼此的工作进展表示祝贺。

提升员工敬业度的重要因素之一是内在动机。在传统的激励方式中，薪酬激励占主导，这有可能在未来被内在动机取代。员工自行设置目标和结果，会激发其工作的主动性；员工高质量地完成目标，会激发其内心的成就感；员工的目标清晰，并且和组织、团队目标保持一致，会激发其工作的价值感。

> **案例** 　　　　　　　　　　　　**小李的一天**

　　今天是季度末，到了某公司 OKR 评价的日子。小李心想："得亏我前面用了点小心机，将我的目标定得简单了些，这样今天我就能交差了。虽然 OKR 不要求一定要得高分，但得低分总不太好吧。" OKR 是透明的，小李平时在平台上也能看到同事们的 OKR，他知道大家定的目标都比自己的要高，但小李不认为他们能实现："目标定得那么高，大家水平差不多，你们怎么能全部完成？到时候得个 0.3 分、0.4 分多尴尬。还是我聪明，得个 0.7 分多好看。"然而，评估的结果却是小李被打脸，大多数同事都得到了 0.6～0.7 分，还有两位超常发挥得到了 0.9 分以上。小李觉得脸有点发烫。大家都是 0.7 分，可自己的目标难度显然小了一截。

　　小李以前没把 OKR 当回事，但现在有点后悔。虽然没有人指责他，但结果都在平台上晒着，谁干得好、谁干得差一目了然。

　　小李心想："这也太伤自尊了！"他打算回去偷偷研究一下同事们的 OKR，看看他们的目标和实现结果的路径，学习学习，下次自己的 OKR 可不能再定得这么丢人了。

　　OKR 的公开透明会促使员工改变行为。当员工意识到自己被周围的人关注时，这种围观效应会促使他改变行为。OKR 注重正反馈，对于员工有野心的目标，以及每一步取得的成就，周围的人会通过平台点赞和评价、周末庆祝、会议上表扬等方式，给予正反馈，正反馈会推动员工做出积极的行为。同时，OKR 不注重负反馈，即不会因为员工没有完成有挑战性的目标就批评和处罚他，而是通过群体建议的方式支持他。对于低绩效的员工，如果大家都来围观和指责他的 OKR，可能会让这个员工士气低落；好比班级里有学习成绩不好的同学，如果老师总是当众批评他，他很可能会"破罐子破摔"，而不是发愤图强。

　　OKR 所倡导的公开透明，体现了员工被关注和员工行为之间的关系，这一点可以用霍桑实验来解释。

> **案例** 　　　　　　　　　　　　**霍桑实验**

　　1924 年，为了提高生产效率，美国西部电气公司邀请哈佛大学的专家组到公司的霍桑工厂做实验。他们选择了继电器车间的 6 名女工作为观察对象。第一个阶段进行了照明实验。研究小组通过改变两组工人所在房间的照明强度，发现照明强度和产量之间没有相关性。

　　1927 年，开始了霍桑工厂第二个阶段的继电器实验。实验仍然选择了 6 名女工，工作内容是组装电话机的继电器。研究小组对工作条件做了各种改动，观察产量变化。比如，调整了报酬方式、工间休息时间和次数、下班时间、午餐时间、每周工作时间等，发现外在因素的改变和工作效率之间没有明显的相关性。不管怎么调整，工人的产量都在提升。研究的结论是，真正影响产量的因素有两个。一是参加实验的光荣感。实验开始时，6 名参加实验的女工被叫进部长办公室谈话，她们意识到自己是特殊的群体，是专家一直关注的对象，这种受关注的感觉让她们加倍努力工作。二是成员间良好的相互关系。

研究小组在工厂中还进行了访谈计划。此计划的最初想法是让工人就管理当局的规划和政策、工头的态度和工作条件等进行回答，但这种规定好的访谈计划在访谈的过程中得到了意想不到的效果。工人想就工作提纲以外的事情进行交谈，因为他们认为重要的事情并不是公司或研究小组认为意义重大的那些事。研究小组了解到这一点，及时把访谈计划改为事先不规定内容，每次访谈的时间从 30 分钟延长到 1～1.5 小时，多听少说，详细记录工人的不满和意见。访谈计划持续了两年多，使工人的产量大幅提升。工人长期以来对工厂的各项管理制度和方法存在许多不满，无处发泄，访谈计划的实行恰恰为他们提供了发泄的机会。他们感受到自己被重视，士气振奋，产量就得到了提升。

霍桑实验给人的启示是，人不仅是经济人，还是社会人。著名的霍桑效应由此产生：当人们意识到自己正在被关注的时候，会刻意去改变行为或语言的表达方式。

OKR 的公开透明，加上平台工具的一些社交功能，如浏览、点赞、评价，以及关注后可以推送对方的变化等，大大激发了员工的工作积极性。和微信、微博等社交工具一样，道理就是关注产生动力。

导入 OKR 后，全体员工共享组织的愿景。这个愿景不是组织单方面强加给员工的，而是以员工为主体，由全体员工共同创造的。员工自然而然建立起和组织一体化的意识。如果组织中的所有员工都具有"组织的环境由我们共同打造"的意识，他们就不会产生"在这种组织里只能让我感受到痛苦"之类的负面情绪。他们能理解"能否改善组织环境，全看我自己怎么做"，从而感受到工作的价值和意义，对组织充满热爱感、自豪感和归属感。他们会积极地宣传自己的组织，推荐优秀的朋友来组织工作。

（6）帮助员工自我学习和开阔视野。OKR 的公开透明，会引发别人的关注。最初的关注或许来自好奇，但长期的关注肯定有其他原因。业绩好的员工不见得关注业绩差的员工，但业绩差的员工会关注业绩好的员工，尤其是业务相似的同事，以便从别人的 OKR 中学习目标和关键结果的设置，其中关键结果能反映出他们的工作思路。这种免费的、随时随地还不输面子的学习方式无疑是很好的观摩方法。如果员工业绩很差又不思进取，那这样的员工也就在淘汰名单里了。有一份数据表明，从传统的绩效管理方式向 OKR 转型后，经过大概两个周期，员工开始广泛关注同事的 OKR，平均会查阅 15～20 位同事的 OKR。

案例	自我学习

老张也算公司的老员工了，本身入职的时候基础就差，这些年下来绩效只能说勉勉强强。老张的工作思路不够清晰，他也知道自己的问题，但平时大家都很忙，他也张不开嘴去问别人，索性就这么混日子。公司从去年开始实行 OKR 后，发现老张的绩效有明显改善。后来了解到，老张觉得 OKR 透明之后自己必须进行改变了，否则自己的老脸没地方搁。他通过仔细琢磨别人的 OKR，从别人的工作思路中获得启发，从而改变了自己的工作方式。

这个案例反映的就是自我学习。从高手的 OKR 中"打打小抄"到主动创新，就好比在体育运动中找了高水平的教练当陪练。

| 案例 | 拓宽视野 |

小李是公司的高绩效员工，能力强，敬业度高。他已经是部门里的佼佼者，从同事那里学不到新的知识和技能了。但他并不满足，总觉得精力充沛，还想更进一步。

实行 OKR 以后，小李的视野一下子打开了。他不仅能看到部门主管的 OKR，还能看到更高一级，甚至 CEO 的 OKR 也能看到。小李从高级别的 OKR 中看到，公司计划强化在人工智能领域的发展。虽然这项战略思路还没有传递到小李的工作中，但小李非常认同人工智能的前景及其与公司业务的结合。小李开始利用闲暇时间阅读人工智能的资料，甚至自费参加行业内人工智能的高端会议。经过半年的学习，小李颇有心得。随后，部门开始落实公司战略，推动人工智能工作，小李提出了很多重要的建议，并成为新项目的骨干。

这个案例反映了 OKR 有助于员工拓宽视野。员工可以从其他部门和更高层次的 OKR 中看到组织的发展脉络，建立大局观，并启发思考，促进自身职业生涯的发展。

五、OKR 适用的组织类型

OKR 专家约翰·杜尔认为，OKR 适用于任何环境。

对规模比较小的初创企业来说，OKR 是一种生存工具。尤其是在科技行业，年轻的企业必须迅速成长。只有这样，才能在资金枯竭之前获得足够的后续发展资金。显然，OKR 结构化的目标可以给投资人提供一个衡量成功的标准。

在中等规模和快速扩张的企业中，OKR 则是通用的执行语言。OKR 明确了预期：需要做什么，以及具体由谁来执行。OKR 让员工的纵向目标和横向目标都能够保持一致。

在大型企业中，OKR 就像闪烁的路标，能够在不同部门的员工之间建立联系，赋予一线员工特定的自主权，让他们能够提出新的解决方案。而且，OKR 也能帮助企业建立更为远大的目标。谷歌公司的成功就是典型例子。

OKR 也适用于事业单位、非营利性组织。事业单位中常见的现象是，员工工作稳定，被降薪甚至被辞退的风险小，同时绩效与薪酬挂钩的程度不高，高绩效的员工拿到的薪酬并不比低绩效的员工拿到的多多少，这就导致很多员工的工作积极性不高，安于现状。实行 OKR 会改善整体局面。OKR 的透明性会让懒惰的员工羞愧，而事业单位的员工尤其看重"体面"。另外，OKR 高频的过程跟踪，会让员工不得不动起来。此外，OKR 的目标也会带动组织的创新。

| 案例 | 盖茨基金会和 OKR |

2000 年，比尔·盖茨和梅琳达向盖茨基金会投入了 200 亿美元，促使盖茨基金会成为世界上资金规模最大的基金会。

盖茨基金会引入 OKR 后，发现很有效。在用 OKR 对款项进行复审评估时，目标和关键结果的表现能快速清晰地反映出工作的进展情况。盖茨基金会曾拒绝过两笔捐款，就是因为那两个项目的目标不够明确。

2016 年，盖茨基金会与英国政府合作，开展了一项为期 5 年、投资 43 亿美元的消灭疟疾的合作项目。而后，盖茨基金会提出了更宏大的 OKR，如表 9-2 所示。

表 9-2 盖茨基金会的一个 OKR

目标
2040 年在全球范围内彻底消灭疟疾
关键结果
1. 向世界证明，以治愈为目的的根除疗法能够消灭区域性疟疾。
2. 研制必要的工具——SERCAP（单次暴露治愈和预防）诊断，为扩大规模做准备。
3. 保持目前的全球性项目进程，确保全球大环境有利于消灭疟疾项目的有力推进

从适用的程度来看，OKR 非常适合人才密度高的互联网企业和其他科技创新型企业。原因主要是，这类企业快速变化的环境不适用 KPI。KPI 考核中至关重要的一点是，需要有长期稳定的（至少一年）、最好能量化的组织目标。但很多科技创新型企业并不具备这一点。很多时候完全没有先例可循，企业只能大致辨别出方向，甚至方向都很模糊，只能走一步看一步。OKR 的目标就很适应这一点，不要求提出清晰的、量化的目标，如"提高销售收入"这类目标完全可以适用，取代"提高 20%的销售收入"这类量化目标。此外，OKR 虽然可以设置年度目标，但也只是一个参考，并且只要在过程跟踪中发现不适应就会立即调整。快速应变的能力让 OKR 非常适应环境的快速变化。同时，创新、敢于挑战是这类企业成功的关键。OKR 诞生于英特尔，辉煌于谷歌，创新、挑战是它永远的标签。

OKR 还适合知识型组织。我们把主要员工是知识型员工的组织称为知识型组织。知识型组织的员工，更看重内在动机。可以借助马斯洛需求层次理论分析：知识型组织的员工薪酬水平较高，物质类生理需求已基本满足，高层次的尊重需求和自我实现需求会更为凸显。OKR 允许员工自主设置目标和关键结果，让员工感受到尊重和认可；透明的 OKR 确保公平性；实现目标带来成就感；个人目标与组织目标一致带来价值感，以上几点较好地满足了知识型员工高层次的需求。另外，OKR 的实施对员工的能力有一定的要求。要求员工起码能自主设计 OKR，能熟练运用 OKR 工具和软件，因此知识型员工上手 OKR 比较容易。

OKR 并非适用于所有岗位，一些工业化、流程化的岗位就不适用。比如，制造车间的生产工人要求的是标准化工作，完全遵守流程是其核心要求，挑战和突破可能没那么重要。另外，当前阶段国内的体力劳动者的收入水平相对较低，工作的主要需求是物质需求，经典的计件工资计划或 KPI 考核制度，更适合生产制造岗位和体力劳动者的绩效管理。

第二节 OKR 的制定

一、OKR 的样式

先来看一个 OKR 的样式，如表 9-3 所示。

表 9-3 OKR 的样式（1）

序号	目标（O）	关键结果（KR）	权重	完成情况	得分
1	（目标的描述）	（KR1 的描述）	50%		
		（KR2 的描述）	22%		
		（KR3 的描述）	28%		

每个目标下各项关键结果的权重和是 100%，评分在每个周期末（一般为季度）进行，由工作者自主开展。

以上样式也可以根据需求增加列，如目标权重、关联、优先级、信心指数等，如表 9-4 所示。

表 9-4 OKR 的样式（2）

序号	目标（O）	目标权重	关联	优先级	关键结果（KR）	权重	信心指数	完成情况	得分
1									

表 9-4 中的"关联"，表示该目标与上级目标的支撑关系，如支撑上级的 O3、支撑公司级 O1 的 KR2 等。"信心指数"是一种对完成该目标的信心程度，范围可设为 1~10。比如，设为 5，就表示有 50%的信心完成，结果有一定的难度；如果最后 OKR 得分为 6 分，则证明完成得不错，值得鼓励。如果信心指数为 9，则说明结果的难度很小，那么 OKR 得分最好是 10 分，如果得分为 8 分或 9 分，则说明这项结果完成得不够完美。"优先级"可以帮助员工进行资源和精力的调配及关注度的调整。优先级 P0 表示"必须完成"，P1 表示"应该完成"，P2 表示"期待完成"。

下面再给出一个样式的例子，如表 9-5 所示。

表 9-5 OKR 样例

序号	目标（O）	目标权重	关键结果（KR）	权重	完成情况	KR 得分/分	O 得分/分
1	提高净利润	20%	合同金额 1000 万元	30%	略	95	16
			回款率 50%	30%		85	
			核心员工保留 90%	20%		72	
			增加员工 20%	20%		60	
2	完成销售产品培训	30%	完成课件内容编写	40%		88	27
			完成对正式员工的培训	20%		90	
			完成对领导的培训	20%		95	
			培训后考核	20%		88	
3	大客户开拓有积极进展	50%	确定至少 20 家潜在大客户清单	20%		96	47
			与潜在大客户进行多次沟通	20%		99	
			至少 5 家潜在大客户有明确签约意向	30%		96	
			将现有的客户清单排查一次	30%		89	

二、目标和关键结果的设计

1. 目标的设计

目标的撰写格式以动词+名词为主，如"提高销售额"。可以在此基础上添加修饰词，如"大幅提高销售额"。不要使用"协助""帮助""参与""支持"等责任不明确的词语。

目标不是指标，对量化描述没有要求，如"提高 20%的销售额"这种说法虽然也是可以的，但不要求必须设置。数字有时候会影响关键结果的设置，让人们纠结于数字的分解，而忽视了如何行动。"提高 20%的销售额"这种描述用来作为关键结果更合适。对应地，"拿下某个区域的销售市场"是一种很好的目标描述。

设计目标要遵照几个条件。第一，目标要有挑战性，不仅能让人有"不舒服的兴奋感"，还能鼓舞人心。第二，目标要可达到。有挑战性并不意味着目标是无边界的幻想，要有个度。如果目标定得太出格，那对组织而言可能是一场灾难。有研究表明，目标过于难达成会产生一定的副作用，包括对文化的侵蚀、使员工动机衰退、诱使员工铤而走险或做出不道德行为。第三，目标的责任范围是可控的。对使用者来说，他的努力应该对目标能否实现有很大的影响。例如，销售部门的目标设置为"实现利润率达到15%"可能就不太合适，因为这不是单独一个销售部门就能控制的，销售部门可以影响售价，但生产成本非它所控。第四，目标要精简，最好不要超过20个字。

2. 关键结果的设计

关键结果一定要描述结果，而不是行为。例如，关键结果应该是"在3月8日前收集到5家渠道的消费者对产品的反馈表，每家不少于100份"，而不是"收集消费者反馈表"。

如何设计关键结果，有以下三种策略。

第一种，根据影响目标实现的因素设计。例如，房产经纪公司中一位二手房售房代表的目标是"提高成交额"，根据经验判断，二手房成交额的影响因素有广告、带看量、后续沟通、房产市值等，如表9-6所示。

表9-6 OKR示例（1）

目标（O）	关键结果（KR）
提高成交额	KR1：在门店周边5个小区的广告栏上张贴广告
	KR2：通过增加电话宣传、老客户介绍等方式，使带看量提高到30人/月
	KR3：对于现场看过房产的意向客户，做到100%覆盖，至少进行两次电话深入沟通
	KR4：通过主推大面积的房产，实现高市值（大于1000万元）的房产月成交至少一套

在关键结果的描述上，最好标明使用什么方式来达到，如例子中的"通过……"。

第二种，根据目标的维度设计。例如，某电动汽车厂商的目标是"打造一款电动汽车的旗舰车型"，何为旗舰？如果理解为电池续航里程、充电速度、百公里加速、智能装备，那么其OKR示例如表9-7所示。

表9-7 OKR示例（2）

目标（O）	关键结果（KR）
打造一款电动汽车的旗舰车型	KR1：电池续航里程达到800公里
	KR2：电池充满只需要30分钟
	KR3：百公里加速在4秒以内
	KR4：比主要竞争对手的智能装备在数量和水平上只高不低

第三种，根据任务设计。如果完成目标的步骤、任务很清晰，则可以根据任务（里程碑）来设计关键结果，如表9-8所示。

表9-8 OKR示例（3）

目标（O）	关键结果（KR）
提高招聘工作的效率	KR1：1月底前，确定招聘渠道
	KR2：2月底前，得到1000封初筛后的简历
	KR3：4月底前，通过多轮笔试、面试，确定3位候选人

3. 关键结果的类型

常用的关键结果可以分为数量型、里程碑型。

数量型可以用比率、范围和其他数字来表示。例如，"员工流失率低于10%""维持设备的利用率为70%~80%""销售额增加到1000万元""将准备时间从1周减少到2天""关注的粉丝达到10万人"等。

有些关键结果不好设计成数量型，常表现为结果是完成一项工作，如"完成一份报告""发布一款新产品"，这种情况下适用于里程碑型。里程碑型是指用完成里程碑（关键的事件或活动）的方式来度量关键结果，如"1月底前，确定招聘渠道"。

4. 目标和关键结果的数量

目标的数量以不超过5个为宜，每个目标对应的关键结果以2~5个为宜。目标太多，会淡化焦点，对预期的发展形成障碍。只写关键项目，而非全部罗列。关键结果不是列出下个季度要开展的所有任务，以表示自己有多辛苦。相反，关键结果要足够聚焦，侧重于对业务而言关键的价值驱动因素。比如，上个季度成功招聘了10名员工，并打算下个季度再招聘10名员工，那么"招聘10名员工"就不应该成为关键结果，因为它只是和往常一样的工作。

安迪·格鲁夫强调"少就是多"，他认为："OKR系统应该为企业提供卓越的东西，即'聚焦'。只有当我们将目标的数量保持在很少时，才会真正聚焦于此。每次做出承诺时，都会丧失投身其他事项的机会……我们必须意识到关注所有事项和一件都不关注的结果是一样的。"在OKR系统中，自上而下的、要做更多的任务的思路已经过时了。只有最重要的，才是必须关注的焦点。史蒂夫·乔布斯说过："创新意味着对1000件事说'不'。"通常，OKR的目标数量为2~5个。设立很多目标很诱人，但通常也是错误的。OKR不是什么都要完成的任务清单，也不是团队日常工作的总和。它们是一系列精心设计的目标。安迪·格鲁夫说过："这是管理的艺术——管理的艺术在于能够从看似同样重要的选择中选择一个、两个或三个能充分发挥杠杆作用并能让你专注于此的活动"。

5. 目标和关键结果的逻辑性

有时候可能发现，所有的关键结果都实现了，但目标仍然没有达成，这说明两者没有匹配。正常情况下，所有的关键结果都实现了，目标必然会达成。不匹配是要避免的情况，不匹配可能是因为遗漏了重要的关键结果。

三、承诺型OKR和愿景型OKR

谷歌的OKR分为两种类型：承诺型OKR和愿景型OKR。承诺型OKR与日常考核指标密切相关，属于必须百分百完成的指标。对于承诺型OKR，工作者会通过调整工作时间和资源配置以确保其得以实现。承诺型OKR的得分应该是1.0分。如果低于1.0分，则需要解释未完成的原因，这种情况表明在OKR的设计或执行中存在失误。

愿景型OKR则反映了更长远的蓝图和更大的风险，完成难度很大（平均失败率为40%）。当然，随着时间的推移，愿景型OKR也可能变成承诺型OKR。Gmail在谷歌最初仅仅是一个员工的愿景型OKR，公司重视之后，就成了公司级的承诺型OKR。

四、OKR 的评分

在复盘 OKR 时需要对完成情况进行评分。评分过程很简单，由工作者自主评分并且占用时间应该在 3 分钟以内。评分的目的不是考核，而是了解进度，发现问题并且为下个周期的 OKR 制定做准备。

谷歌采用的评分方法如表 9-9 所示。

表 9-9 谷歌采用的评分方法

得分/分	定　　义
1.0	达到有挑战性的目标
0.7	达到期望的目标
0.3	没达到期望的目标
0	不可接受的结果；未完成

评分算例如表 9-10 所示。

表 9-10 评分算例

目标（O）	关键结果（KR）	完成情况	得分/分
O1：招聘满足岗位需求	KR1：编写招聘效果评估方案	招聘效果评估方案出台	1.0
	KR2：收到的有效简历超过 200 封	收到 150 封有效简历	0.7
	KR3：招聘到岗 5 名销售人员	到岗销售人员 2 名	0.3

将各项结果得分取平均分，得到目标 O1 的得分约为 0.7 分。如果需要测算总分，则应在表中增加目标和关键结果的"权重"，评分时加权计算。

OKR 的评分要简单，只有这样对结果的判定才能一目了然。OKR 采取自我评分，一般经验认为，自我评分的时间超过 3 分钟就不适当了，这可能是因为对关键结果的设计是模糊的。

五、各职能的 OKR

下面给出一些职能的 OKR 范例作为参考，如表 9-11～表 9-15 所示。

表 9-11 生产 OKR

目标（O）	关键结果（KR）
O1：提高交货准时率	KR1：通过实施全面的设备管理，实现周设备停机不超过 3 小时
	KR2：通过对瓶颈岗位的人才培养，实现每个瓶颈岗位至少有 2 名可替代人员
	KR3：完善车间调度方案，确保关键订单准时率达 100%
O2：降低制造成本	KR1：将废品率降低到 1% 以下
	KR2：通过视频回放、流程检查的方式，实现返工率同比降低 30%
	KR3：通过实施非生产性物料定额管理，实现单位非生产性物料成本同比降低 20%

表 9-12 销售 OKR

目标（O）	关键结果（KR）
O1：加强销售团队建设，提升销售团队效率	KR1：2 月底前，制定销售技能认证机制，规范技能组合的培训内容，形成标准化讲义
	KR2：通过网络招聘渠道和猎头公司，3 月底前招聘 3 名高级销售 KR2 经理
	KR3：实施销售回款激励新流程，缩短正常流程时间至一周以内
O2：销售数据分析更为专业化；提供销售决策建议	KR1：3 月底前，搭建完销售数据分析平台 2.0 版本，要求缩短业务数据分析时间 20%
	KR2：完成商机库一期建设，匹配存量客户，关联和打通客户信息
	KR3：根据活动指标、渠道指标和结果指标自动生成摘要报告，并发送给销售人员，节省销售人员人工填写报告的时间 1 小时

续表

目标（O）	关键结果（KR）
O3：继续深耕华东市场，季度销售额达到1000万元	KR1：第一季度参加3次华东区的行业活动，收获有效线索20条，保证线索转化率不低于20%
	KR2：保证至少70%的销售团队完成配额
	KR3：加大组合销售的推广力度，确保40%以上的营业额来自预订销售和套餐销售

表 9-13　财务 OKR

目标（O）	关键结果（KR）
O1：建立预算管理体系，提升预算监控能力	KR1：完成公司整体预算项目的梳理，明确预算项目和核算项目之间的映射关系，搭建一套完整、清晰的预算对比和分析体系
	KR2：上线新版财务日报，将数据更新周期缩短至 $T+4$ 小时
	KR3：上线预算监控功能，实现各部门覆盖率达100%，月均预警次数不少于6次
O2：优化费用管控，提升业务部门差旅满意度	KR1：完成同行业标杆企业调研和公司内部调研报告，首月末前提出针对费用管控优化方案的建议
	KR2：基于优化方案建议，设计一套费用管控优化方案并推广实施，获得不同业务部门的认可
	KR3：上线商旅系统，优化报销体验，缩短报销流程时间至少50%
O3：建设财务共享服务方案，实现财务团队的降本增效	KR1：引入第三方财务咨询公司，设计财务共享服务方案，方案中需明确节省的人员成本和运转效率的提升程度
	KR2：落地财务共享服务方案，完成财务人员的集中管理，覆盖集团下属50%以上的分支机构
	KR3：完成SSC人员的职能专业化分工，效率提升比例不低于40%（总工时统计）；完成本地财务人员的释放和业务转型，释放和业务转型比例不低于30%

表 9-14　人力资源 OKR

目标（O）	关键结果（KR）
O1：确保招聘任务满足用人需求	KR1：2月底前，完成3条新招聘渠道的扩展，各渠道每月推送简历不少于1000封
	KR2：完成公司紧缺人才的招募，本月招聘完成率不低于90%
	KR3：试用期离职率低于20%
O2：优化高管层薪酬和股权激励方案	KR1：完成对高管层的薪酬满意度调研，覆盖率需达到90%，基于调研结果制定薪酬方案优化建议书
	KR2：对标同行业最佳实践，完成股权激励方案设计
O3：完善培训平台，有条不紊地进行团队建设	KR1：线上培训平台增加胜任力模型等三个模块
	KR2：3月底前，完成学习型组织构建的第一阶段工作
	KR3：对所有员工摸底年度培训满意度，争取满意度突破97%

表 9-15　研发 OKR

目标（O）	关键结果（KR）
O1：为××业务提供高效稳定的系统支持	KR1：优化算法，缩短系统对客户需求的响应时间至0.1秒
	KR2：实现方案平稳落地，将漏洞率控制在3%之内
	KR3：新建××评估方案与××模型，实现系统稳定性的可量化统计分析
O2：打造完善的企业数据中台，实现所有数据的可积累、可溯源	KR1：完成数据中台框架设计与方案设计，并获得公司决策层的支持
	KR2：完成数据中台初代版本的模型搭建，使稳定性保持在99.9%以上，无重大事故
	KR3：初代版本完成后实现主营业务各环节数据100%可溯源、可统计
O3：做好与客户需求的对接	KR1：与销售部门一起拜访3个大客户，以了解客户对产品性能的需求
	KR2：对客户提出的改进需求，回复率要达到100%

第三节　OKR 的实施

一、OKR 的实施原则

（1）战略性原则：OKR 应关联企业的使命和愿景，支撑企业的战略。

(2)聚焦精简原则:抓住主要矛盾,每个周期最多制定 5 个目标(2~5 个),每个目标最多有 5 个关键结果(2~5 个),以集中优势资源解决问题。

(3)挑战性原则:在制定目标时要有野心和挑战性,又不至于让人绝望,有约 50%的信心能完成。

(4)透明原则:所有人都可以看到每个人的目标与工作进展,激发员工的责任承诺,提升员工的敬业度。

(5)自我驱动原则:要有 60%以上的目标是自己制定的,而不是自上而下命令要求的,最好双方协商一致,相互支持,上下对齐,左右一致。

二、OKR 的实施步骤

OKR 的实施步骤分为 OKR 制定、OKR 过程跟踪、OKR 复盘三个主要环节。

(一)OKR 制定

OKR 制定可以分为以下四个步骤。

1. 明确组织的使命、愿景和战略

OKR 不是凭空创建的,它必须反映组织的意图和长远目标。换言之,它应该把使命、愿景和战略转化为行动。

2. 制定组织的年度 OKR

可以采用头脑风暴、特定的小组会议等方法来制定组织的年度 OKR,样式如表 9-16 所示。

表 9-16　组织的年度 OKR 样式

序号	目标(O)	关键结果(KR)	完成情况	责任部门
1		KR1:		
		KR2:		
		KR3:		

年度 OKR 反映的是组织的战略,一般适合组织或团队使用,不适合员工个人使用。年度 OKR 是指导性的,不是约束性的,并非固定不变,可以定期审查和修正。

3. 制定团队的季度 OKR

可以由团队负责人拟定初步的季度 OKR,然后召集团队成员商讨,或者采用头脑风暴、特定的小组会议等方法共同讨论得出。团队的季度 OKR 一经确定,一般不能改变,样式如表 9-17 所示。

表 9-17　团队的季度 OKR 样式

序号	目标(O)	关联	关键结果(KR)	完成情况
1			KR1:	
			KR2:	
			KR3:	

续表

序号	目标（O）	关联	关键结果（KR）	完成情况

（1）纵向对齐。团队的 OKR 要纵向对齐组织的 OKR。换言之，组织的年度 OKR 要由团队的季度 OKR 承接。组织的 OKR 中的目标或关键结果，要在团队的 OKR 中落地，可以由一个团队承接，也可以由多个团队共同承接。例如，组织的 OKR 要求销售额达到 1 亿元，那 A 团队的 OKR 要求销售额达到 5000 万元，另外两个团队则承接了另外的 5000 万元。除直接承接外，团队的 OKR 也可以支撑组织的 OKR。例如，组织 OKR 的一个目标是"提升客户满意度"，某团队的目标"提高客户反馈效率"则对应"提升客户满意度"的一个方面，对其有支撑作用。

当然，也有一些团队的 OKR 不一定对应组织的 OKR，但对组织发展仍有贡献。例如，团队中关于管理能力提升的 OKR，关于员工学习成长的 OKR。

纵向对齐虽然是自上向下创建 OKR，但并非上层给下层强加目标。应该是下层查阅上层的 OKR，并回答一个问题："我该如何支撑这些 OKR？我应该做什么来促进我和上层团队的共同成功？"这个过程应该是松耦合的。

举个例子来形象地解释纵向对齐。喷泉的水从高点喷流而下，但水并非停止在底部，而是会继续回流到高点。组织的目标确实是自上而下来贯彻的，但下方的思考和想法又回流到顶部，形成了永不休止的循环。

（2）横向对齐。现代组织里需要各个团队通力协作。如果仅仅是纵向对齐，则容易产生各个团队各自为战，损害整体利益的行为。横向对齐要求各个团队进行沟通，找出彼此之间的依赖关系，并在创建 OKR 的时候反映出这些依赖关系。虽然多数情况下，各个团队都有独立的 OKR，但如果需要各个团队紧密协作以完成同一个目标，它们也可以共享 OKR 的内容，这通过 OKR 平台工具就可以实现。比如，A 团队有 3 个目标，B 团队有 4 个目标，A 和 B 的目标中有一个是共享的。

对齐的过程其实也是发现和解决问题的过程，仅仅是这项工作就很有意义。某家公司的一位部门主管说过："我和其他部门的高管们共事十多年，但只有在听到他们向我介绍他们的 OKR 时，我才第一次真正明白对他们而言，什么才是最重要的。"

案例　　对齐后协作"留住客户"

某公司决定把"留住客户"作为重要的战略。以前，"留住客户"是客户保障团队的职责，各个团队认为完成这个目标只需要给客户保障团队加加担子就行了。

实施 OKR 并对齐以后，各个团队的想法发生了变化。以前，产品团队只关注新客户需要的内容，或者产品怎样做才能和竞品有差异；现在，产品团队在接到一个新需求后，会优先考虑"这种产品改进策略能不能留住客户"。市场团队也发生了变化，从以前只依靠渠道伙伴开展营销，变为增加一次年度客户大会，并在大会上调研大量的客户，因为这对留住客户有帮助。销售团队的变化是，花更多的时间去拜访客户，并围绕如何增值和开展客户交流。通过这些改变，各个团队通力协作，目标一致：留住客户。

下面介绍一种设计团队 OKR 的方法，能很好地做到纵向和横向对齐，称为众筹法。

众筹法需要一次性把所有团队聚集在一起设计 OKR，如果人数众多，则可以每个团队选择 2~4 个人作为代表参加会议。

第一步，高管介绍 OKR。由一位高管讲述为什么要实施 OKR，到目前为止组织已经做了哪些工作，以及对会议的期待等。

第二步，OKR 知识讲解。实际上前面组织已经安排过 OKR 的培训，这里只需简要回顾一下即可。

第三步，演示组织的 OKR。同样，这可能不是第一次分享，可以利用这个机会强化大家对组织 OKR 的认识。

第四步，起草 OKR。给每个团队预留 90 分钟的时间，以设计团队的 OKR。需要安排一位或多位协调员，最好是 OKR 专家，在现场观摩各个团队的设计过程，来回走动进行答疑和指导。

第五步，公布 OKR 初稿。给每个团队 10 分钟的时间分享其 OKR，回答其他团队的疑问。

第六步，横向交流。各个团队要和其他有依赖关系的团队一起交流、讨论 OKR，完成对齐工作。

第七步，修订 OKR。各个团队基于第五步和第六步得到的反馈，对 OKR 初稿进行完善。

第八步，再次公布 OKR。

众筹法把各个团队聚集到一起，可以大幅缩短对齐的时间。如果不采取众筹法，由各个团队分隔开独立设计 OKR，则组织可能需要安排高层人士逐一和各个团队一起设计 OKR，以确保团队的 OKR 与组织的 OKR 保持一致，这样做花费的时间较长。这样做还有一个不足是，虽然做到了纵向对齐，但做不好横向对齐。

4．制定员工的季度 OKR

采用类似的方法得到员工的季度 OKR，样式与团队相同，如表 9-18 所示。

表 9-18　员工的季度 OKR 样式

序号	目标（O）	关联	关键结果（KR）	完成情况
1			KR1:	
			KR2:	
			KR3:	

对齐工作也是要做的。在制定员工的 OKR 时，虽然由自己设计，但员工的 OKR 必须对齐团队的 OKR，不是想怎么做就怎么做，在目标和关键结果上也要承载团队的 OKR。另外，对于有协作的人员，也要去对齐，如参考别人的 OKR 修订自己的 OKR。举个例子，某岗位的输入里有一项是其他部门的同事传过来的内容，就需要知道这项内容传过来的时间，这影响到该岗位 OKR 的进度安排。如果你的 OKR 和其他团队有依赖关系，就需要把你的 OKR 初稿提交给这些团队评审，并且和这些团队的同事一起讨论。

（二）OKR 过程跟踪

OKR 的过程跟踪频率要加速到周甚至日。如果只按照月或季度来检查团队目标的完成情况，则最后可能会发现有些人在做一些无关紧要的工作，有些人在某个难题上滞留了很久，甚至有些人根本不知道自己在做什么。保持高频、实时的跟踪,可以帮助团队聚焦于目标,实现每个人的自我驱动。

OKR 应采取每周(甚至每日)的高频方式来跟踪进展。周会上,团队成员逐一介绍当周的进展,如果遇到困难就提出来与部门负责人和其他成员一起解决,并提出下周的工作计划。不要把周会当成对结果的正式检查。相反,应该将周会的重点放到如何分享信息和促成更有价值的讨论上。表 9-19 所示为 OKR 的周报样式。

表 9-19　OKR 的周报样式

OKR 进度 关键结果完成了哪些?	障碍 遇到了哪些困难?
方案 要做什么来改善关键结果?	下周计划 计划完成哪些工作?

注意,OKR 本身的出发点之一是给予员工更大的自主权,挖掘员工的潜能。因此,即便团队成员的完成情况不好,团队负责人也不能在周会上采取批评的方式。要将会议聚焦于工作本身,找到并解决进度上的障碍,营造积极的团队沟通气氛,开展工作互助,坚定团队成员的信心,这是周会关注的内容。

在过程跟踪中如果发现关键结果或目标不切实际,则需要当机立断地结束,没有必要坚持过时的预测。谷歌有句名言:目标不是写在石头上的。如果固执地坚持不相关或不可能实现的目标,则结果只能适得其反。比如,原本关键结果与目标是紧密联系在一起的,但随着现实状况的改变,出现了关键结果与目标脱钩的情况,即使实现了关键结果,对实现目标也没有多大帮助,这时就需要修正关键结果。但并不等于说,可以轻易修正关键结果。比如,"看起来当前的关键结果很难实现,那我们换一个简单点的吧",这就成了偷懒和逃避。关键结果必须让团队成员保持适当的压力感。

周五的会议可以做成庆祝环节。每个团队都会分享本周的成果,工程部展示项目代码,设计部展示原型,销售部分享最近签的订单,客服部讲讲如何帮助客户解决问题。每个人都是成功团队中的一员,每个人都渴望被别人认可。有了庆祝环节,人们开始相互理解彼此每天都在做什么事情。

(三)OKR 复盘

季度末,团队成员对自己的 OKR 进行评分,团队负责人对团队的 OKR 进行评分。之后,组织召开复盘会议。由各个团队负责人对所在团队的 OKR 进行评述,总结经验和不足,由其他同事和上级进行点评,给出建议。

复盘工作可以总结为 16 个字:审视目标,回顾过程,分析得失,总结规律。复盘是通过实践、总结,不断发现、挖掘团队潜力的过程,不要把这个过程当作汇报、考核结果,更不能搞得分、排序之类的工作。

案例　　　　我在这里,让我来帮助你吧

Lumeris 公司的总部位于美国密苏里州圣路易斯,主要负责为医疗健康机构提供软件和相关服务,客户包括大学的医院系统和保险公司。

在公司每月的工作评估会上,当把公司最高级别的 OKR 展示出来时,所有人都可以清楚地看到每位领导者的目标完成情况。评估会一般持续3小时，在此期间，12位高管轮流发言。他们主要讨论处于风险中的目标，这些目标已经远远落后于计划。高管们投票决定哪些目标对公司最为重要，然后进行头脑风暴，讨论如何让这些目标回到正轨上来。在跨部门协作精神的鼓舞下，每位高管都需要主动帮助同事完成目标。高级副总裁史密斯说："在过去，你经常听到这样的声音——我是负责交付的，你是负责销售的，我们各自做好自己的工作就行了。而现在不同了，我们召集更多的人来完成同一个目标。我们常常听到'我在这里，让我来帮助你吧'。我从来没想到OKR会有这么好的效果。"

三、OKR的周期

组织根据所处行业的特点、业务节奏等自行定义OKR的周期。周期可以是月、双月、季度，最好不要超过季度。团队和员工的OKR周期设为季度，组织的OKR周期设为年，最为常见。

四、第一次实践OKR

第一次尝试使用OKR，很容易因为各种原因失败。不断尝试是一种思路，但也要小心一种风险，即大家失败一次就对OKR丧失信心。可以采取以下三种方式来规避这种风险。

（1）先只制定组织的OKR，运转下来，大家发现各个团队的效率、管理层的水平都有所提高，热情就有了，再上线团队的OKR。

（2）先用一个团队去试水。选择一个相对独立的团队，它完成目标不太需要其他团队的支持，这样能保证它的OKR可以正常实施。如果这个团队的OKR成功了，就可以让其他团队陆续尝试，直到所有团队都开始使用OKR。

（3）可以尝试在某个项目中使用OKR，增加员工对OKR的理解。养成习惯后，再有重要的项目发展，员工就会主动咨询这个项目的目标是什么，怎样衡量关键结果。

五、OKR的奖励

OKR不与薪酬挂钩是铁律，但可以根据OKR的执行和完成情况设置一些精神与物质上的奖励。

1. OKR标兵奖

奖励给符合以下条件的员工：OKR制定得非常标准，无论是目标的设计还是关键结果的设计，词语都十分规范，关键结果符合SMART原则；OKR的目标具有挑战性；在OKR推进过程中能定期更新OKR的进度，主动分享OKR的实践经验。

2. OKR优秀团队奖

奖励给符合以下条件的团队：团队的OKR完成优秀；团队成员的OKR制定规范，在OKR推进过程中能定期跟踪，及时复盘。

3. OKR创新突破奖

团队或个人如果能在OKR推进过程中有重大的创新和突破，则给予其OKR创新突破奖，如谷歌员工提出的Gmail项目。

案例	最具野心奖

某手机品牌公司引入了OKR对研发人员进行管理，目标是"完善人脸识别系统"，设置了"高效人脸识别算法""视频和照片采集""数据库应用"三个关键结果。季度评估时，某研发团队因为在人脸识别系统的研究中表现良好，获得了"最具野心奖"。

4. 全员认可奖

设置"勋章"，每个员工每个月有10枚勋章。这些勋章不能送给自己，只能送给同事，送给哪些同事完全由自己决定。一般会送给工作优秀、敢于提出富有挑战性的目标、乐于帮助他人的同事。勋章月末必须送完，没送完的会被清零。

根据月、季、年的勋章数量，评出"月度之星""季度之星""年度之星"。员工到年底可以用所获得的勋章换取福利。

案例	勋章和表扬信

某企业的员工每个月有6枚勋章，可通过企业微信将这些勋章奖励给帮助过自己的同事。一个季度后，勋章可以用来兑奖。某品牌的App上有一个全员认可功能，员工可以给其他同事发表扬信，所有人都能看到，表扬信也可以拿来兑奖。

六、目标没有达成的原因

（1）没有为目标设置优先级。工作中经常有多个目标，员工认为可以多个目标齐头并进。但现实是，员工既要完成日常的常规性工作，如拜访客户、统计销售报表、接受培训等，又要照顾到OKR中的多个目标，往往顾此失彼。因此，不妨为目标设置优先级，即便优先级是在心中而不是在表格中，把多个目标按照重要程度排序，聚焦到重要的事情上。

（2）沟通不够充分，没有真正理解目标。如果管理者希望团队能聚焦到重要的事情上，就需要不断和团队沟通目标，每周都要沟通。目标的完成进度必须在每周的会议上交流，关键结果必须能支撑目标。如果设定了目标，后续不持续跟进，则结果注定是失败的。

（3）没有做好日常的反馈。很多人认为，目标确定了，只要去做，坚持下去就能得到好的结果。比如减肥，豪言壮语在一条巧克力、一块蛋糕面前什么也不是。找一个私人教练或下载一款减肥App记录一下每天的体重，比所谓的意志力管用得多。一套目标管理系统，可以帮助人们坚持下去。每一个关键结果达成后的庆祝，每一次盘点，都会让人们忘却疲惫，坚持在正确的路上。

（4）轻易放弃。有的组织害怕失败，把目标定得很低，大家都轻松完成，可是没什么用；有的组织期望过高，把目标定得太高，没有人能完成。最常见的失败是没有坚持跟进目标。设定好OKR之后就不闻不问，直到季度的最后一周，才发现各项目标和关键结果都没有进展。

所有成功实施OKR的企业都有一个共同的特点，就是失败后不断尝试。

| 案例 | **NuMA 医疗科技公司——请不要气馁,继续坚持下去** |

　　NuMA 医疗科技公司是一家提供医疗保健服务的公司。公司于 2014 年迅速发展,运用科技和从医疗补助工作中学习到的经验,帮助大型公司提升了医疗计划的效率和质量。所有这些工作都是由 OKR 来支撑的。

　　公司的创始人吉妮曾在谷歌工作,由此接触到 OKR。公司在 2015 年第一次尝试使用 OKR,但低估了引入 OKR 的难度。公司有些人从来不设定自己的 OKR,有些人虽然设定了 OKR,但之后就置之不理。吉妮总结教训,她认为不应该一上来就全面铺开,而应从领导团队的几个人入手推行 OKR,用一两个季度来克服来自管理层的阻力,让他们习惯 OKR。在管理层全部参与之后,仍然不能指望员工直接跟进,因为员工已经习惯了由老板制定目标,自己跟着目标走。

　　2016 年年中,公司尝试采取新版的 OKR。公司管理层发邮件提醒员工创建 OKR。如果员工没有创建,则管理层会通过通信软件与之沟通;如果员工没有回复,管理层就会发短信;如果员工还没有行动,则公司创始人会直接找他面谈。一遍一遍地行动让员工认识到 OKR 的重要性。同时,管理层必须身先士卒做好示范,设立自己的 OKR 让员工观摩、学习甚至批评。

　　公司联合创始人戴维说:"你不会在第一次推行 OKR 时就把这件事做好,第二次、第三次也不会做到十分完美。但是,请不要气馁,继续坚持下去,不断改变、适应,直到找到适合自己的方式。"

第四节　OKR 与 KPI 的比较

一、OKR 与 KPI 的差异

　　KPI 是基于目标管理理论的绩效考核工具,OKR 是基于目标管理理论的目标管理工具,不是绩效考核工具,两者的差异很大。在将 OKR 引入国内后,国内企业中有的倾向于用 OKR 代替 KPI 作为绩效考核工具。下面对 OKR 与 KPI 的差异进行比较,如表 9-20 所示。

表 9-20　OKR 与 KPI 的差异

差异	OKR	KPI
本质	目标管理工具	绩效考核工具
设计过程	上下结合	自上而下
驱动	以内在动机为主	以加薪、晋升等外在动机为主
管理理念	"我要做",重突破,鼓励有野心和创新	"要我做",重执行,完成既定目标
目标呈现	目标和关键结果在组织内完全公开	不强调公开,多数会选择绩效指标和评分保密
目标清晰度	目标不要求量化,有时候只是方向,不一定很清晰	目标要求很清晰,能量化
过程管理	持续高频关注	考核时关注
应用	不与薪酬挂钩	与薪酬挂钩

　　(1)本质。OKR 和 KPI 都是基于目标管理理论的管理工具。但 OKR 自诞生起就不是绩效考核工具,而是目标管理工具。借助 OKR,可以清晰地看到组织、团队、员工的目标。目标对齐也是实施 OKR 的一项工作,员工目标对齐团队目标,团队目标对齐组织目标。

　　KPI 是绩效考核工具,KPI 可以作为抓手,将组织的战略目标落地为部门和员工的绩效指标。

（2）设计过程。OKR 的设计是上下结合的，40%～50%的目标和关键结果是由员工自己制定的，其他是自上而下制定的。目标的管理如果都是自上而下的，则会限制团队的创新。自下而上，让每个人都能自由发挥，这样有助于发挥创新和挑战精神。上下结合的方式，既能确保一切工作都是为了组织的战略和整体目标这个逻辑不变，也能发挥自下而上的优势。

KPI 的设计是自上而下的。大部分 KPI 都来自上级 KPI 的分解，在逻辑上非常看重顶层意识和理念的执行，强调整体目标，牺牲个体的部分自由空间。

（3）驱动。OKR 的驱动以内在动机为主。让员工自行设计 OKR，释放了他们的自主性，使他们感受到被尊重。员工 OKR 与团队 OKR、组织 OKR 对齐，能够让员工感受到自己的工作对于组织的价值；在高频的过程跟踪中，同事们的认同和赞扬让员工获得每周都在进步的成就感，实现有挑战性的目标则为员工带来了更大的成就感。

相比而言，KPI 的驱动则以加薪、晋升等外在动机为主。

（4）管理理念。OKR 关注突破，鼓励提出有野心的目标，即使完成不了目标也不会受到谴责。OKR 重视激发每个人的潜能，让他们理解工作的意义，从"要我做"变为"我要做"，强调个人的工作应该如何变得更好。

KPI 强调执行，强调应该做什么，要求完全遵守自上而下的指令。KPI 考核下的企业，类似一台精密耦合的庞大机器，有了订单的输入，机器启动后就能生产出符合预期的产品。每个员工就好比机器上的一个零件，需要做的是执行。

（5）目标呈现。OKR 是透明的，目标和关键结果在组织内完全公开，以方便沟通。目标的上下对齐、横向协同需要这种透明性。

KPI 在公开上并没有严格规定。一般来说，员工的绩效指标只限于本人及其上级看到，其他人看到也没有意义。考核周期结束时，考核者对被考核者进行评分，评分过程是保密的；考核结果会反馈给被考核者，但不要求在组织内公开。有些组织会将考核结果公开，如销售部门为了激励员工，会将考核结果排序并公开，但多数组织选择不公开。

（6）目标清晰度。有些工作只是知道应该去做、值得去做，但做到什么程度没有人知道，用什么量化指标来衡量更是无从下手，OKR 就适合做这类环境变化快或从来没有人做过的工作。这类工作很难提前制定未来一年清晰的目标，即使制定了量化目标也是不切实际的，只能摸着石头过河。而 KPI 无法适应这类工作，KPI 适合长期稳定的（至少一年）、能清晰量化的目标。

（7）过程管理。OKR 强调过程中的高频关注，以周（甚至日）的频率去跟踪目标和关键结果的进展。只有持续跟踪，OKR 才有价值，才能成为工作指南。除高频关注进展外，辅导也无时无刻不在。在周会上，不仅是主管辅导，同事们也可以畅所欲言、互提建议，因为 OKR 不与考核挂钩，所以交流起来没有什么顾虑。

在 KPI 考核体系里，在绩效管理中有绩效执行的环节，有定期检查绩效指标完成情况的工作，但在实践中容易遗漏；平时的周会和月会都在讨论工作进展，很少会对照岗位的绩效指标去分析，往往拖到考核时才会真正关注 KPI 的完成情况；日常的工作辅导也在进行，但比起 OKR，没有那么聚焦；自由交流的气氛没有建立，基本都是主管辅导下属的方式。

（8）应用。OKR 不与薪酬挂钩，不挂钩有利有弊。一旦挂钩，员工就不敢再提出有挑战性的目标和关键结果。但不挂钩如何能让员工重视 OKR 是一个问题，最终还是希望员工看到 OKR 的好处，主动拥抱 OKR。

KPI 与薪酬挂钩。KPI 本身仍然是考核手段，在过去的应用中也证明了它具有普遍性的激励和约束效果。但考核的问题也很多，有些员工为了利益，会采取一些明知对组织和客户不利，但能迎合 KPI 甚至欺诈的手段。例如，有些程序员为了完成"编写代码数量"这个 KPI，故意将代码编写得拖拖拉拉、冗长低效。

二、OKR 与 KPI 的共同点

案例 OKR 本质上就是 KPI？

一家公司从创业以来一直坚持不用 KPI 来管理公司。张小龙说过，要警惕 KPI。雷军也说过，小米没有 KPI。这家公司也因此坚持不用。

随着公司从几名员工发展到几百名员工，管理难度越来越大。公司想到了 OKR，它要学习正宗的 OKR，而谷歌是著名的实行 OKR 的公司。

于是，这家公司请来了一位谷歌的高管，来教员工什么是 OKR，怎样使用 OKR。高管在台上分享着，但员工越听越觉得不对劲。于是，员工忍不住问道："OKR 到底与 KPI 有什么区别？"高管回答："OKR 本质上就是 KPI！"全体无语……

资料来源：根据刘润《别做炮灰了，OKR 本质上就是 KPI》一文整理。

1. OKR 与 KPI 都以目标管理为基础

OKR 与 KPI 都强调从组织的战略出发，为了实现组织的目标而努力。KPI 是自上而下分解的，OKR 也有相当的比例是自上而下制定的。组织级的目标由团队来承接，团队级的目标由员工来承接。KPI 讲求的是目标的分解，OKR 讲求的是目标和关键结果的对齐，二者都以目标管理为基础。

2. OKR 与 KPI 的核心目标都是提升组织绩效

KPI 作为绩效考核工具，出发点自然是提升组织绩效。OKR 虽然不是绩效考核工具，但它的实施显然也有助于组织绩效的提升。员工的 OKR 完成得出色，意味着挑战有野心的目标成功；团队的 OKR 完成得出色，意味着组织绩效提升。

OKR 关注的目标和关键结果，和 KPI 表在内容上有很强的一致性，毕竟二者都是源于工作。不过 OKR 关注的是近期最值得做的工作，比起 KPI 的范围更为短期和聚焦。

3. OKR 与 KPI 都非常强调沟通

在基于 KPI 的绩效管理体系中，绩效计划环节、实施环节和反馈环节都强调沟通，主要是考核者和被考核者的沟通。双方要共同商量绩效指标，在考核过程中考核者要及时纠偏，给予指导，考核结果出来后考核者要与被考核者面谈并反馈。

OKR 中没有考核环节，也没有名义上的反馈阶段（但 OKR 有复盘）。但沟通无处不在，OKR 的实施过程中沟通的频率更高、强度更大。部门主管会对 OKR 的进程进行持续高频跟踪，并进行纵向和横向的协同，因此 OKR 总体上更强调沟通。

第五节　关于 OKR 的进一步思考

OKR 作为一种比较新的目标管理工具，还有很多内容需要思考。

一、与原有的 KPI 考核体系能否并行

我们认为，两者可以并行。从本质上看，一种是绩效考核工具，一种是目标管理工具；一种与薪酬挂钩，一种不与薪酬挂钩。两类工具没有根本性的冲突，可以并行。

但并行势必会产生一些问题。比如，工作量的增加。两者不能相通，意味着两套体系并行，工作量会叠加，这可能引发员工的困惑。比如，按照 KPI 的流程，在季度末部门对本季度的绩效完成情况进行工作总结，确定下个季度的绩效指标表；按照 OKR 的流程，在季度末要对本季度的 OKR 进行复盘，确定下个季度的 OKR。季度的工作重心是基本一致的，员工可能发现相似的事情做了两遍。

两套体系的并行会产生以上问题。这种问题有中国特色，因为谷歌等海外公司运行 OKR 都是放弃了 KPI 考核体系，取而代之的是 360 度评价。国内的企业往往运行着复杂的 KPI 考核体系，引入 OKR 后有一些企业仍没有放弃原有的考核体系。

两套体系并行理论上是可行的，但操作上如何简化是值得探讨的问题。比如，将两套体系并行时相似的工作环节打通，放到一起做，尽量减少重复的操作。两套体系的内容发生矛盾时如何处理，也是一个问题。比如，当季的 KPI 考核指标中权重最大的是顾客满意度指标，而 OKR 的目标中优先级最高的是销售额，这种偏差可能使员工不知所措。

二、360 度评价是不是标配

海外公司实行 OKR 后，考核基本都采用 360 度评价方法。

案例　　推特的 360 度环评

推特以半年度为周期，采用基于"实际工作产出+360 度环评"的事后评估方式对员工进行绩效评估，并且绩效评估与 OKR 解耦。推特的评估流程如下。①自评：写清楚每条 OKR 的产出及个人的反思；②环评：收集协作方的反馈，主要从工作态度、工作行为、人物性格等方面进行评价；③上级评价：上级在浏览完所有的绩效评估结果后进行打分。绩效评估结果是 1~5 分制：5 分为最高级别，4 分为超出预期，3 分为符合预期，得到低于 3 分的绩效评估结果则可能很难留任。绩效评估流程结束后，上级会和个人进行一对一沟通，讨论个人的学习成长、后续的提升建议。

360 度评价方法相比基于 KPI 的考核方法而言，绩效指标表更简单，打分时对量化的要求更低，通过多个评分对象来确保评价的公平性和合理性。360 度评价一年做一次，根据得分情况分配年度奖金和调整薪酬，工作量并不大，简单有效，这也是海外公司实行 360 度评价的原因之一。另一个原因是，它们认为 KPI 不太适合互联网等科技公司，KPI "要我做"的理念和 OKR "我要做"的理念有冲突，所以放弃了 KPI 考核。

三、KPI 与 OKR 能否融合

让国内的多数企业放弃 KPI 考核是行不通的，因为其薪酬水平相对还是偏低的，考核与薪酬挂钩对于员工的激励和约束作用非常大，企业仍然依赖考核。放弃 KPI 考核，采用简化的 360 度评价也不见得适合，因为 360 度评价过于简单，对工作的产出评价不够精细。当员工的工作需要借助考核体系进行引导时，还是 KPI 更有效果。

总体而言，在相当长的时间内，KPI 考核还会是国内企业绩效管理的主流。无论是常规的 KPI 考核，还是平衡计分卡工具，都以 KPI 为基础建立考核体系。

KPI 与 OKR 能否融合是一个值得探讨的话题。比如，将绩效指标分为两类：要求必须完成的、不需要突破的指标是一类，这类指标正常考核；另一类是有挑战性的指标，按照 OKR 的思路设置目标和关键结果，允许员工自主设置，鼓励员工突破，并将这类指标也纳入考核。如此合二为一，两套体系合并为一套绩效考核体系运行，降低了管理的复杂度。有企业在尝试该融合思路，效果还不错。

四、OKR 作为一种目标管理工具，完全可以运用到个人的工作和生活中

每个人都可以将 OKR 运用到个人的工作和生活中，此时的 OKR 就成为一种计划工具。学生可以用它来设计本学期的学习计划，教师可以用它来设计教学和科研计划，家长可以用它来设计孩子的培养计划，家人可以用它来设计生活计划，员工可以用它来设计综合性的工作和生活计划等。

自用 OKR 表举例如表 9-21 所示。

表 9-21 自用 OKR 表举例

项　目	目标（O）	关键结果（KR）	承诺/突破	完成情况
工作	O1：职业生涯有显著提升；工作业绩得到认可	KR1：年度业绩考核拿到 A	承诺	
		KR2：年底前成为部门经理的候选人	突破	
		KR3：负责的两个大项目圆满完成	承诺	
生活	O2：打造幸福的小家	KR1：本年至少一次全家国内旅游和一次出国旅游	承诺	
		KR2：和家人不能发生大的争吵	承诺	
		KR3：给父母做一次深度体检	承诺	
		KR4：每月至少两次全家活动（饭店聚餐、看电影、科普考察等）	突破	
投资理财	O3：低风险下投资理财收益能支撑生活开销	KR1：部分资金用于投资股票、基金等，每年收益不能少于 10 万元	突破	
		KR2：部分资金用于低风险的理财，每年收益不能低于 5 万元	承诺	

周期可以设为季度、双月、月。因为是自用，所以格式上简单实用即可，优先级、权重甚至评分都可以省略，主要起到计划、过程跟踪、提醒的作用。

五、OKR 需要开放、包容的文化

OKR 的推动离不开开放的文化氛围。试想在一个组织里，管理者每天都在想着如何监控员工，防止他们做这个、防止他们做那个，这样的组织不可能欢迎 OKR。强调管控、强调事无巨细的领导风格与 OKR 相冲突。OKR 需要充分的授权，只有这样员工才能比较自由地设计 OKR。

OKR 的透明度是对传统组织文化的极大挑战。CEO 能接受任何员工来围观和点评他的

OKR 吗？上级能接受下级天天看到他的工作进展吗？每个人都会犯错，OKR 会把每个人的努力包括错误都一览无余地展示给所有人，这是对传统文化中的权威思维、阶层地位的挑战。

在 OKR 的环境中，每个人都敢于提出有挑战性的目标。周五回顾时同事们会彼此赞赏取得的成果，甚至是小小的庆祝。即使完成不佳，也不担心受到嘲讽。要想让员工敢于挑战，组织就要建立起容忍失败的文化氛围。任何创新和突破都必然面临很大的风险。如果失败要承担责任，要面临处罚，就不会有人愿意提出有挑战性的目标。只有在包容的文化氛围下，OKR 才容易落地生根。

章末案例——Mercari 的 OKR

Mercari 是日本知名的电商平台，日文为"メルカリ"，国内称它为"日本煤炉"，类似国内的闲鱼平台，是一个日本 C2C 二手交易平台。Mercari 于 2013 年开始提供二手商品交易服务（创立之初叫株式会社 KOUZOU，后来更名为株式会社 Mercari），创立之初便人气爆棚，当年即入选 Google Play（谷歌商店）"2013 年最佳 App"的"最佳购物类 App"。后来，Mercari 作为日本首家独角兽企业（未上市时，估值已超 10 亿美元），于 2018 年 6 月在东京证券交易所上市，它的极速成长受到世人瞩目。

截至 2020 年年底，Mercari 拥有 1755 万个日本国内用户，平均每位用户每年在其上购买 114 件产品。根据数据调查，Mercari 平台活跃用户中家庭主妇偏多，用户使用 Mercari 交换最多的是闲置衣物。除此之外，大到奢侈品、3C 数码，小到牙膏和手办，Mercari 充分发挥了 C2C 模式下货品单元丰富的天然优势，基本上什么东西都能在上面找到。

Mercari 作为一家高速成长的公司，OKR 功不可没。也可以说，正是因为 Mercari 公司导入了 OKR，才让 OKR 在日本的知名度空前提高。"谷歌公司在采用 OKR，Mercari 也采用了 OKR"，很多日本人知道 OKR，就是因为听说 Mercari 公司导入了 OKR。

Mercari 公司的 CPO（首席产品官）滨田优贵先生在讲述公司导入 OKR 的契机时说："当时 OKR 在日本鲜为人知，一开始我们也只是想了解一下 OKR 到底是什么。而且 Mercari 公司想适当地调整一下人事制度，所以导入 OKR 时没有遇到什么障碍。最初大家都不太了解 OKR，公司首先要向所有员工解释 OKR 到底是什么。员工的理解可能千差万别，但公司要告诉大家，OKR 并不是绝对的，不是一定要怎样，我们可以根据自己的情况来选择适合的方式。吃了这颗定心丸之后，基本上就没有人反对 OKR 的导入了。"

Mercari 公司的愿景是"创造一种能够产生新价值的世界性市场价格"，公司的 OKR 基本上是根据这一愿景设定的。各部门的 OKR、各团队的 OKR、个人的 OKR 都是与此紧密联系在一起的。

另外，Mercari 公司同时采用了一套独特的价值评价体系，包括三个方面的内容："Go Bold——勇往直前""All for One——一切为了成功""Be Professional——专业精进"。这三个价值在 Mercari 公司已经深入人心，而且大家在讨论问题的时候，随时都会搬出这三个价值来，如："在这个问题上，你有没有 Go Bold？"

每个季度公司都会按照各个价值的标准为工作出色的员工颁发"Value（价值）奖"，而对于在三个价值方面都做出突出贡献的员工，则会颁发"MVP 奖"。前面有 OKR 进行定量评价，与此相对，再根据价值评价进行定性评价，由此，Mercari 公司同时采用了定量和定性两套评价体系。它一直强调："我们非常重视愿景和价值。"其实这也是 OKR 与价值两套评价体系并用的原因。

一、关键结果尽量简单明了

如前所述，Mercari 公司导入 OKR 的目的是让全体员工共享公司的大方向，统一思想，具体管理则交由各部门的经理负责。各部门经理的裁决权比较大，他们可以根据自己的判断做出决定，这反映了公司重视"自下而上"的管理理念。

Mercari 公司的 OKR 呈金字塔状结构，先有公司级 OKR，再层层向下。在内容上，各组织之间、各层级之间并没有要求做到"严丝合缝"的磨合。归根结底，这是由该公司导入 OKR 的目的决定的。不过，各部门、各团队的 OKR 会公布在公司开发的管理系统软件上，大家可以进行查阅和确认。

另外，Mercari 公司还有一些显著的特点，如"目标与关键结果可以没有明确的关联""关键结果尽量简单明了"。我们都知道 OKR 的基本原则是"目标提示一个远大的理想，关键结果则是为实现这个远大理想而设定的具体小目标"，但是这样一来，在设定关键结果的时候容易走向极端，就是关键结果过于细微、过于具体，严重束缚了一线员工的手脚。另外，如果像"这项工作应该怎样做，那项工作必须怎样做"这样规定得过于具体，团队成员的视线就不容易统一。太过关注细节会影响员工对目标的关注，这是非常危险的。所以，关键结果可以设定得粗放一点，这样的思维方式更有利于一线员工大胆地发挥自己的能力。

Mercari 公司刚开始导入 OKR 的时候，以季度为周期。当时公司内部也有一些顾虑，如"每三个月就要进行一次评价，无论是对评价的一方还是对被评价的一方来说，都是很大的负担""关于面谈，考虑到时间成本的话，太频繁了，成本太高"等。Mercari 公司所处的商业领域是时刻瞬息万变的互联网世界，如果设定目标的周期比较长，那么几个月过后公司的商业状况可能发生很大的改变，届时原定目标的价值也可能随之发生改变。因此，公司的管理层认为，设定目标的周期太长，可能导致公司无法适应环境的变化。最终，管理层决定每季度设定一次 OKR。

为了让各团队之间分享自己的 OKR，公司还会定期组织员工外出参加集体培训或外出开会。为了防止上级和下级之间发生认识偏离，也为了确认关键结果的完成进度，公司会定期实施一对一面谈。对处于高速成长期、员工人数不断增加的 Mercari 公司来说，上述举措是统一思想不可或缺的步骤。

随着 OKR 的导入，Mercari 公司的员工可以逐渐做到将自己的工作与公司愿景结合起来进行思考了。现在，每个员工都能明确自己"现在应该做的事情"，并把握工作的价值。这正是 Mercari 公司导入 OKR 的真正意义。

二、对 Mercari 的工作状况进行"现场直播"的 mercan

Mercari 公司内部运营着一个内容平台——mercan，员工可以把自己的工作状况发布到这个平台上。这样的公司内部平台可能算是比较独特的。Mercari 公司里各部门的员工都积极地在该平台上发布内容，包括日常的工作状况、最近发生的趣事等。另外，公司想让大家知道的信息，如市场新动态、公司新目标等也会以公告的形式在这个平台上发布。总而言之，这个平台就像一个充满乐趣的"博客"。

内容平台 mercan 就像一本公司内部刊物，但令人感兴趣的是，mercan 也对公司外部开放。实际上，运营 mercan 首先是为了促进公司内部的相互理解，但同时也给公司招聘带来了极大的好处。因为外部的人可以通过 mercan 看到 Mercari 公司的工作状况，这吸引了很多对该公司感兴趣的人才。

OKR 也多次出现在 mercan 平台上。前面提到，各部门对于自己 OKR 的管理基本都是由各部门经理自行决策的。从这个意义上说，mercan 平台上发布的描写工作状况的文章，很多都是展示 OKR 是如何开展，以及如何对一线员工产生作用的。

举个例子，2018 年 3 月 27 日在 mercan 上发布了公司各管理部门（人事、公关、市场调查、劳务、总务、税务、财务、金融、法务、总经理办公室、程序开发等）半年一度外出培训的情况，公司总经理也参加了这次培训，这次培训直接关系到公司整体方针的制定。举办这种活动的目的是让各部门、各团队分享自己未来半年的 OKR 和行动计划。通过讨论，管理部门的各团队深入理解了自己的定位和发挥的作用，从而进一步提升了实力。

另外，2019 年 1 月 11 日在 mercan 上还发布了一篇文章，写的是 Mercari 公司旗下一家子公司的人才与文化团队外出培训的情况。这次外出培训共包括三项内容：第一项内容是全体成员参加个人胜任力调查，第二项内容是发表 OKR，第三项内容是开展新年书画会。发表 OKR 是这次培训的重要内容。部长和团队领导分别发表了自己三个月内的 OKR，并对 OKR 的含义和自己对员工的期待做了详细说明，随后还讨论了行动计划。也可以说，这样的活动正是 OKR 在 Mercari 公司已经扎根的证明。

资料来源：彼得·费利克斯·格日瓦奇.《高效 OKR 工作术》[M]. 郭勇，译. 长沙：湖南文艺出版社，2021.

[思考题]

1. OKR 给 Mercari 带来了什么？

2. Mercari 的 OKR 有一些特点，如"目标与关键结果可以没有明确的关联""关键结果尽量简单明了"，你怎样看待这些特点？

3. Mercari 公司同时采用了 OKR 与价值两套评价体系，你怎样看待这种共存现象？

第十章

绩效管理的发展模式

第一节 绩效管理发展回顾

第一章中已经叙述过绩效管理的发展历程,这里做一个简要回顾,并对其未来发展做一些探索式的展望。

1. 关注工作标准化对个人业绩的影响——泰勒科学管理

1911年,弗雷德里克·泰勒出版《科学管理原理》。他指出,科学管理本质上是任务管理,通过分析如何提升每一个步骤的效率,组合起来提升整体的效率。对高产出的员工给予高薪酬,对低产出的员工给予低薪酬,对应的绩效薪酬形式是计件工资计划。泰勒式的计件工资计划如下:

当产量低于标准产量时,$Y=P\times WP_1$;当产量高于标准产量时,$Y=P\times WP_2$。其中,Y表示工资,P表示产量,WP_1表示较低的计件工资率,WP_2表示较高的计件工资率。

总结科学管理:优点是把工人的产出和客观标准相比,用薪酬与产出挂钩来激励工人,在分工的基础上大幅提高了生产效率;缺点是主要适合蓝领工人,并且不重视人性。

2. 关注人的态度对个人行为的影响——霍桑实验

霍桑实验发现,个人的行为不仅受到薪酬的刺激,个人的态度也起到了重要作用。霍桑实验对古典管理理论进行了突破,把管理研究的重点从工作和物的因素上转到人的因素上。

3. 关注组织目标和个人工作的统一——目标管理与KPI

科学管理难以应用于员工类型不是蓝领工人的组织中,因为知识型员工的工作业绩难以用简单客观的标准来测量。随着社会的发展,组织规模越来越大,知识型员工的比例越来越高,组织需要更适合的绩效管理方式,目标管理应运而生。彼得·德鲁克在1954年出版了《管理的实践》,认为所有人的工作都应该为实现组织的整体目标而服务。从组织的战略目标出发,向下层层分解,可以得到部门、员工的工作目标。KPI的出现,让目标管理与绩效管理结合在一起。每个人只要抓住KPI,就抓住了工作重心;每个岗位只要完成KPI,所在部门的KPI就能完成;所有部门、业务单元的KPI完成,组织的KPI也就能完成,组织也就实现了战略目标。

目标管理在逻辑上非常清晰地阐述了组织目标与个人工作的关系,并且通过KPI进行了拆解,形成的绩效指标表务实可行。

平衡计分卡将 KPI 的发展推进了一大步,它不仅是绩效管理工具,也是战略管理工具。如果说 KPI 是纯工具,平衡计分卡则在 KPI 的基础上更加生动,它赋予了组织战略落地的方向。

目标管理适用于各种规模的组织和各种类型的员工。个体为整体服务,先有整体目标再有个体目标的理念至今仍是绩效管理的主流理念。

4. 关注全周期系统性——基于 KPI 的主流绩效管理模式

当前主流绩效管理模式简要描述如下:将绩效周期分为计划、执行、考核、反馈四个环节,根据组织的使命、愿景、核心价值观、战略(重点是战略)确定组织的战略目标,自上而下分解目标,形成以 KPI 为基础的各级绩效指标表,考核与薪酬、职位挂钩,以此作为激励员工的核心手段。

该模式的优点是适用于大多数组织,并且有系统的理论体系和实施方案,体系成熟,执行简易。

主流绩效管理模式对经济的贡献无疑是巨大的,从上市公司到小型企业,从政府部门到事业单位,基本上都在践行这一模式。

随着时间的推移和社会的发展,该模式的不足也逐渐暴露出来,体现在以下三个方面。

第一,刚性有余,柔性不足。该模式高度强调执行的副作用,不能很好地适应快速变化的环境。KPI 设定之后,层层相扣,不到周期结束很难改变。在稳定的环境下,如稳定的订单、稳定的生产和销售,主流绩效管理模式的效果很好;但在复杂多变的环境下,就显得难以适从。在考核周期内,环境可能已经发生了很多变化,需要组织的决策和运营也随之变化,但刚性的 KPI 考核体系导致工作仍然按照既定计划开展。

第二,过于强调整体,对个体重视不足。比起泰勒的科学管理把人视为工具人来看待,主流绩效管理模式开始重视员工的态度和行为,但程度还不够。在一切为了组织目标的理念下,所有员工都被绑定在组织这艘大船上,每个人的目标和任务已经被安排好。组织最需要的是,每个员工按部就班地完成既定的目标。从某种程度上讲,员工还是"拧螺丝"的员工,只不过干的是更有知识含量的工作。个体的想法和创新或许在一定范围内被允许,但肯定不是主流。员工的工作主动性、积极性和创造力受到压制,缺乏自我价值感。在一些国企、事业单位,很多员工不求有功但求无过,加上组织的叠加激励不足、考核走形式,存在员工得过且过混日子的现象。

第三,激励以外在动机为主,忽视员工内在动机。考核与薪酬、职位挂钩,加薪、晋升是典型的外在动机。提倡和引导外在动机,很可能削弱内在动机。现在社会上有一种现象是,员工对工作没有兴趣,对组织缺乏敬业度和忠诚度,工作的动力只有赚钱,这显然是有问题的。外在动机的激励性不可否认,但随着整体平均收入水平的提高,物质激励的效果在下降;同时,新一代员工更追求自我,对他们而言,薪酬不是工作的全部。在这种趋势下,主流绩效管理模式已经表现出种种不适应。

5. 关注内在动机的 OKR

OKR 产生于 20 世纪 70 年代的英特尔,1999 年被谷歌引入后取得巨大成功,为世人打开了一扇窗。时至今日,OKR 在全世界已经普及开来。

相比主流绩效管理模式的不足,可以发现 OKR 在以下三个方面有明显改善。

(1) OKR 要求的持续高频关注,解决了"柔性不足"的问题。每周一次的关注频率足以确保及时发现问题。当组织发现进度和计划不一致或 OKR 设置不合理时,立即通过共同商讨、员工辅导或修改 OKR 等方式来解决。这套机制确保 OKR 具备较强的快速应变能力。

（2）更尊重和关注个体，增强个体在全局中的作用。OKR 不再要求员工按部就班地严格按照上级部署来工作，而是认可和鼓励员工主动思考、主动计划。OKR 的目标和关键结果以员工自己提出为主，部门 OKR 的设置也会参考员工的建议，甚至由员工一起开会讨论出部门的 OKR，员工参与决策的程度比较高。

（3）OKR 激励以内在动机为主。内在动机理论认为，满足员工自主、胜任和关系三种需求的动机是内在动机。OKR 在这三种需求的满足上有很好的表现。自主需求前面已经提到了，下面分析一下胜任需求。胜任需求理论认为，当一个人接受挑战，并且在他自己看来确实遇到了最理想的挑战时，这种对胜任感的需求就产生了。能够胜任微不足道的简单事情，并不能产生胜任感。OKR 强调设置目标要有挑战性、有野心，当员工实现有挑战性的目标时，能力的提升及艰难任务的完成让他们的内心充满了胜任感。反之，在主流绩效管理模式下，刻意压低绩效目标，完成后缺乏胜任感。再看关系需求，关系需求指的是人们渴望拥有相互尊重、彼此信赖的感觉。员工自主设计 OKR，和被迫完成任务相比，更能感受到被尊重。员工在 OKR 的设计和开展中，更注重协同，和上级、部门内同事及有业务联系的其他同事的关系更紧密。每周的进程交流，同事们对彼此工作的赞扬，都会增强员工被尊重、被信赖的感觉。

OKR 在很大程度上弥补了主流绩效管理模式的短板。从模式的发展来看，目前从主流绩效管理模式的整体至上、以外在动机为主，走向整体和个体平衡、外在动机和内在动机平衡的一种状态。

第二节　内在动机理论

内在动机是指推动一个人从事某项活动的内在驱动力。与内在动机相对应的是外在动机。外在动机是指以获取金钱、奖品、食物等物质激励为行动目标的动机。

案例　　　　　爱因斯坦——关于探索的动机

1918 年 4 月 23 日，在德国著名物理学家马斯克·普朗克 60 岁的生日纪念会上，爱因斯坦做了关于探索的动机的著名演讲。部分演讲内容如下：

"在科学的庙堂里有许多房舍，住在里面的人真是各式各样，而引导他们到那里去的动机也实在各不相同。有很多人之所以爱好科学，是因为科学给他们带来了超乎常人的智力上的快感，科学是他们自己的特殊娱乐，他们在这种娱乐中寻求生命活动的经验和雄心壮志的满足。在这座庙堂里，还有许多人之所以把他们的脑力产物奉献在祭坛上，是出于纯粹功利的目的。如果有天使跑出来把所有属于这两类的人都赶出庙堂，那么聚集在那里的人就会大大减少……

"如果庙堂里只有我们刚才驱逐了的那两类人，那么这座庙堂就绝不会存在，正如只有蔓草就不能成为森林一样。因为对于这两类人来说，只要有机会，人类活动的任何领域他们都会进入；他们究竟是成为工程师、官吏、商人，还是成为科学家，完全取决于环境。现在让我们再来看看那些被天使宠爱的人吧！他们大多数是相当怪僻、沉默寡言和孤独的人。尽管有这些共同特点，但实际上他们彼此之间很不一样，不像被赶走的许多人那样彼此相似。究竟是什么把他们引到这座庙堂里来的呢？首先我同意叔本华所说的，把人们引向艺术和科学的最强烈动机之一，是要逃避日常生活中令人厌恶的粗俗和使人绝望的沉闷，是要摆脱人们自己反复无常的欲望的桎梏。一个修养有素的人总是渴望逃避个人生活而进入客观知觉和思维的世界，这种愿望好比城市里的人渴望逃避喧嚣拥挤的环境，而到高山上去享受幽静的生活……

"除了这种消极的动机，还有一种积极的动机。人们总想以最适当的方式来画出一幅简化的、易领悟的世界图像，于是试图用他们的这种世界体系来代替经验的世界，并征服它。这就是画家、诗人、思辨哲学家和自然科学家所做的，他们按自己的方式去做。个人把世界体系及其构成作为他感情生活的支点，以便由此找到他在个人经验的狭小范围里所不能找到的宁静和安定。"

关于哪些动机属于内在动机，有多种观点，如好奇、兴趣等。著名心理学家爱德华·德西和理查德·弗拉斯特提出的内在动机理论认为，内在动机要满足三种需求，分别如下。

（1）自主（Autonomy），希望对自己所做的事有选择自由，而非被迫。
（2）胜任（Competence），希望自己能掌控环境，胜任工作。
（3）关系（Relatedness），即爱与被爱、关心与被关心的需求。

一、三种需求

（1）自主。自主即行为是自主选择的，并非受到外部力量的控制。人们愿意做一件事，可能是因为好奇、兴趣和乐趣。如果用外部力量来削弱自主，就会呈现不同的结果。

德西经常用拼图游戏来做实验。他把研究对象分为两个小组：一组可以自主选择拼哪些拼图，并且选择花多长时间来拼；另一组则规定了要拼哪些拼图，并且明确时间限制。实验结果表明，有选择权的小组成员花更多时间拼拼图，并表示更喜欢拼图。

在生活和工作中，自主常常会被剥夺。父母会告诫孩子："如果你不学习，就别想看电视。"老板会警告员工："如果你不按时完成任务，奖金就没有了。"为什么很多人喜欢在社交平台上聊得热火朝天？因为可以自由、无边界地交流；网游更是满足了自主和胜任等多种需求的综合体，玩家可以自主选择角色，自主选择游戏方式，并且在完成任务时获得现实中无法体验到的成就感。

（2）胜任。胜任对外在动机和内在动机都很重要。无论行为是有助于获得外部结果（奖金、晋升等），还是有助于获得内部结果（对任务的享受、成就感等），人们都必须感受到自己有能力完成这些行为。

现代学校教育中强调要表扬孩子而不是批评孩子，因为表扬可以提升孩子的胜任感。在早些年的传统教育中，批评更多一些，但批评会让孩子失去胜任感，对学习失去兴趣。学生的学习成绩差，可能源于某一位老师的严厉批评甚至嘲讽，孩子的自尊心受到伤害，认为自己不是这块料，进而自暴自弃。

德西说："当一个人接受挑战，并且在他自己看来确实遇到了最理想的挑战时，这种对胜任感的需求就产生了。'最理想的挑战'是这里的一个关键概念。能够胜任微不足道的简单事情，并不能产生胜任感。只有当一个人朝着成就努力时，才会自然而然地产生胜任感。"

研究表明，仅仅具备能力是不够的，高效出色地完成工作，但没有感受到真正的意愿和自我决定，并不能提升内在动机和总体幸福感。所以，有胜任感的同时也要感知到自主。

举个例子，领导喜欢安排能力强的员工超负荷工作，或者充当救火队员，虽然员工能胜任，但这种工作和自己选择的相差甚远，就不能产生内在动机。

（3）关系。Relatedness（关系）也有人译为"联结"，即爱与被爱、关心与被关心的需求，表示人们希望得到相互尊重、相互信赖的感觉。人不仅是"经济人"，还是"社会人"，每个人都希望获得组织的认同。员工既希望和上级关系融洽，也希望和同事关系融洽。

本书把组织中的联结关系归为三类：一是组织与员工的关系，二是员工与上级的关系，三是员工与员工的关系。

① 组织与员工的关系。组织与员工有基本的雇佣关系。此外，组织的社会形象、对待员工的态度、给予员工的薪酬福利和个人发展的支持、组织文化等，都影响着组织与员工的关系，进而影响员工的组织认同度、敬业度、忠诚度等。

"组织认同"描述了员工对组织的认同关系，是指组织成员在行为与观念诸多方面与其所加入的组织具有一致性，觉得自己在组织中既有理性的契约和责任感，也有非理性的归属和依赖感，以及在这种心理基础上表现出的对组织活动尽心尽力的行为结果。

② 员工与上级的关系。领导—成员交换理论，也称 LMX（Leader Member Exchange）理论，认为领导与不同成员的亲疏程度是影响领导绩效的重要变量。领导由于成员贡献、时间压力、个人喜好等因素对成员区别对待，并形成质量不同的领导—成员交换关系。在高质量的领导—成员交换关系中，领导将成员看作"圈内成员"；在低质量的领导—成员交换关系中，领导将成员看作"圈外成员"。圈内成员与领导之间有更多的情感联系，更受领导信任和关照，他们在服从领导安排时更为积极、主动，并能发挥最大的才智完成工作任务；而圈外成员与领导的关系是在权力系统基础上形成的，是一种纯粹的工作关系，他们与领导接触少，也很少能得到领导额外的奖励和机遇。一份对几千名管理人员的调查结果表明，影响员工是否离职的关键因素是，他们是否认为领导关心他们。

③ 员工与员工的关系。同事之间有工作中的关系和非工作中的关系。工作中是沟通和协作关系，非工作中是朋友关系。有些人因为性格孤僻、不善交际等，受到同事的疏远乃至排挤；有些人和同事配合默契，在工作之余还能和同事聚会，加深友谊。

二、内在动机的价值

1. 身心投入的体验乐趣

为什么孩子们在拼图时乐此不疲？为什么有些人喜欢看似乏味的马拉松运动？为什么有些人埋头于科研进入忘我状态？这种体验过程中的投入状态占据主导地位并让人产生极大的兴奋感，使体验者不想结束。这种体验与外部控制带来的苦差事完全不同。有一种说法是：如果没有这种体验，人生就不算完整。我们在做某些工作时起初并不愿意投入，但随着工作的深入就会沉浸其中。比如，大多数人会认为写论文很枯燥，迟迟不愿动笔，但一旦进入状态就乐在其中，沉浸于创作之中。

2. 更深层次理解事情的本质

教育是心理学实验的成熟领域。心理学家要求两组孩子分别阅读课本上的两篇短文，并告诉一组孩子他将根据阅读内容进行测试，而对另一组孩子没有提测试的事。结果是，后一组孩子比知道要测试的孩子，更好地理解了短文。知道要测试的孩子，展现出更强的死记硬背能力，但没有充分理解。过了一周后，两组孩子对学习的内容都有所遗忘，这是正常现象，但知道要测试的孩子遗忘了更多。这也是教育上考试被诟病的一个原因：理解深度不够，考完就忘。

3. 在需要智慧、高度专注或创造力的活动上，表现更好

心理学家特蕾莎·阿马比尔提出了一种方法，由6位评委对孩子们的绘画质量进行打分。他们发现，自主画画的孩子，也就是内在动机更强的孩子，比有约束条件的孩子，作品使用的颜色更多，设计更新颖，图案更多样。

在简单的任务中，奖励和控制可以提升人们的表现，但不会使接受者对工作全身心地投入。举个例子，科研院所依靠丰厚的薪资奖励可以吸引到优秀的海内外学者，但很难吸引到大师级的学者；获得诺贝尔奖一定不是靠钱砸出来的，必然源于对科研的热爱。

4. 更有恒心和毅力

基于内在动机工作的员工，会在工作岗位上坚持得更久；依靠外在动机工作的员工，一旦物质激励不够满意，其对工作的兴趣就会减弱，离职倾向也会加重。

三、外在动机对内在动机的挤出效应

外在动机会对内在动机产生挤出效应，即外在动机增加后，内在动机就会减少。

案例　　　　　　　　　　　　**老人和孩子**

一对老夫妻的家门前有一棵大树和一片草坪，他们很喜欢这份安静。有一天，一群孩子来到树下玩耍，他们喜欢在树下的草坪上踢球和打牌。之后，他们每天放学后都来玩。孩子们的声音很嘈杂，老夫妻受不了就想请他们离开，于是想出一个办法。老人出来给了每个孩子25美分，对他们说："你们让这儿变得很热闹，让我觉得自己年轻了不少。这点零花钱给你们，谢谢。"孩子们当然很高兴，第二天又来了，一如既往地嬉闹。老人再次出来，这次只给了每个孩子15美分。老人解释说，自己没有收入，只能少给一些。这一回，孩子们有些失落。第三天，老人只给了每个孩子5美分。到第四天，孩子们来嬉闹时，老人不再出来给他们钱了。孩子们非常生气，觉得老人太吝啬了，纷纷离开。从此，他们再也没有来过。

案例中，孩子们原本玩耍是出于内在动机，但在收到零花钱后，外在动机开始挤出内在动机。当老人不再给钱时，孩子们没有了外在动机，而内在动机也消失了。

父母在教育孩子时，常说"弹出这首钢琴曲奖励你10元钱""期末考试全拿优带你去环球影城玩，拿不了就不允许假期出去玩"，这样的话偶尔作为激励和惩罚的手段影响不大，但如果作为常规手段，受挤出效应的影响，孩子可能失去学习的兴趣。

类似的情况在企业中也是一样的。在索尼的案例中（见章末案例），在实施绩效考核前，公司中存在不知疲倦、全身心投入开发的"激情集团"，员工认为工作最好的回报就是工作。此时，内在动机发挥作用。在实施绩效考核后，加薪的外在动机抑制了内在动机。

外在动机是否一定会挤出内在动机？布鲁诺·弗雷认为有几种情形，这里列举两种。第一种情形，当外在动机的激励强度较小时，会强化内在动机；当外在动机的激励超过一定量

时，会弱化内在动机，直至完全挤出内在动机，使人成为纯粹的"经济人"。举个例子，某员工有一份养家糊口的工作，他对工作本身也有兴趣（一定程度上满足他的自主、胜任、关系需求）。当企业给他加薪时，他很高兴，认为这是一份既能多赚点钱自己又还算喜欢的工作，于是对工作的兴趣更浓烈了。随着加薪幅度大到一定程度，该员工觉得赚钱才是这份工作最大的意义，工作本身的乐趣并不重要了。

第二种情形，有一些内在动机不能与外在动机共存，一旦外在动机进入，内在动机就会立即被挤出。

四、布鲁纳的内在动机理论

爱德华·德西和理查德·弗拉斯特的内在动机理论认为，内在动机满足的是三种基本需求：自主、胜任、关系。补充说明的是，这只是三种基本需求，还有其他需求，有些需求也很重要，工作的意义就是其一。如果员工认为他们所做的工作很有意义，为社会乃至人类创造了价值，或者为组织带来了重要的贡献，那么这种工作的意义会带来很强的工作动力。举个例子，无数信徒的冈仁波齐峰朝圣之旅在外人看来无比艰辛，但信仰的力量让他们乐在其中，勇往直前。

美国心理学家、教育学家杰罗姆·布鲁纳认为，内在动机包括好奇心、互易性、自居作用、胜任力等。

（1）好奇心。布鲁纳认为，好奇心是人类行为的原始动机之一。好奇心是人天生就具有的，是人类的特性之一。在教育中，如果需要学生对某些学习内容保持较长时间的注意力，那么教育者应对学生的好奇心加以有意识地利用和引导，如增强学习内容的趣味性等。联系到工作中，工作设计理论中的工作丰富化和工作扩大化增加了工作的乐趣。工作丰富化是指工作在纵向上的深化，是工作内容和责任层次上的改变。企业通过让员工更加完整、更加有责任心地工作，使员工得到工作本身的激励和成就感。工作扩大化是指工作范围的扩大或工作多样化，增加工作种类，加大工作强度。可见，工作丰富化和工作扩大化除了让工作不再单调乏味，也有成就感、责任心上的内在动机的改变。

（2）互易性。布鲁纳认为，互易性是一种内在动机。学生具有强烈的学习集体所具有的行为方式、思想方式、价值观念的需要。因此，求得文化方式的一致性是学生学习的诱因之一。具体地说，互易性是指人先天所具有的与他人交往并为实现共同目标而结合在一起的心理倾向。互易性涉及人类的一种迫切的需要，即人们对他人做出反应并且与他人一起为实现共同目标而奋斗的需要。

（3）自居作用。布鲁纳的研究表明，憧憬模范人物，向模范人物看齐属于一种自居作用。这种自居作用是学生学习的强有力的动力。自居作用，又称认同作用，是指自我认同并模仿模范人物的一种强烈倾向。当人们感觉自己已成功地变得"很像"某个模范人物时，就会从这种成功中收获快乐；反之，当人们感觉自己让这个模范人物失望时，便觉得痛苦。自居作用不仅涉及个人，还涉及这个人所处的社会和团体。布鲁纳指出，使人产生自居作用的对象，一般是支配人们向往的、珍贵的心理资源（如爱情）的人，如父母、教师、伟人、科学家等。在组织中提倡明星员工、榜样力量等，有助于激发员工的自居作用，使员工将这种力量转化为工作动力。

（4）胜任力。布鲁纳认为，人们一般只对自己擅长的东西感兴趣。如果人们在某种活动中不能获得一定程度的胜任力，那么人们很难对一种活动保持长久的兴趣。这点和德西等人提出的胜任需求类似。

第三节　对未来绩效管理模式的探讨

本节尝试结合动机理论探讨绩效管理模式的发展趋势。前面谈到了主流绩效管理模式（基于目标管理的 KPI 模式）的优缺点，并专门用一章介绍比较新的 OKR 模式。

结合动机理论不难发现，绩效管理正在从注重刚性、整体、外在动机的风格向注重柔性、整体和个体平衡、外在动机和内在动机平衡的风格转换。

转换的原因有以下三点。

（1）外部——环境更加复杂多变。经济的全球化带动了更多的分工和协作，客户需求更追求个性化，市场更加细分，竞争更加激烈，人工智能、大数据等新技术的应用提高了运营效率，促使产品和服务的升级换代频率加快。

在基于目标管理的 KPI 模式中，KPI 一旦设定，在实施过程中就难以更改，再加上对过程的跟踪和调整能力不够，整体表现出系统刚性强和应变能力弱的不足。

（2）内部——员工更追求自我。老一代员工的奉献精神、忘我精神和新一代员工追求自我的精神有很大的不同。老一代员工的舍小家、顾大局的奉献精神在绩效管理上有着充分的体现。不畏困难、不求回报、服从安排，在绩效管理上的感知就是整体至上，一切为了整体目标。新一代员工的价值观则有了很大的不同，他们在注重组织利益的同时，兼顾自我感受。他们不畏权威，不喜欢被强权控制，喜欢工作可以自由发挥。薪酬虽然也很重要，但如果工作不舒心，他们可以立即辞职换新的工作。他们可以接受不高的薪酬和绩效考核不佳的事实，但非常关注公平，需要组织给出明确合理的理由。

新一代员工更追求自我，当个体利益与组织利益发生冲突时，可能不会完全放弃自我诉求，而是寻找一种平衡。传统讲究威权、管控的绩效管理在他们这里遇到了较大的阻力。

（3）动机——外在动机的缺陷开始被放大。外在动机与内在动机相比，天然有一些缺陷，如在创造力、对工作本质的理解、工作乐趣、工作持久性等方面，外在动机的表现不如内在动机。

德西认为，外在动机过度的风险有挤出效应。在挤出效应下，外在动机充当工作的驱动力，内在动机弱化乃至消失。

外在动机还容易导致作假行为。某些员工为了拿到更高的薪酬奖励，刻意采取迎合绩效指标的行为，即便他们明明知道这种行为对组织不利。举个例子，某房地产开发商为了鼓励销售人员带新客户来看沙盘，规定每带一人就发给销售人员 50 元的奖励，有些销售人员就从网上找了很多没有购买能力的人来充数。

外在动机还有一个可能的缺陷：在员工收入达到一种较高的水平后，继续加薪并不能刺激员工工作动力的同步增长。换言之，外在动机的满足在达到一定边界后，再加就没有效果了。激励强度和努力程度并不成正比，不能说薪酬提高一倍，努力程度就会提高一倍。任正非说过："猪养得太肥了，连哼哼声都没了。公司过早上市，就会有一批人变成百万富翁、千万富翁，他们的工作激情就会衰退。"此外，当整体经济步入较为发达的阶段，员工的收入水平普遍较高时，物质的激励效果也会下降，员工转而追求自由等其他方面的激励。

当生活比较贫穷时，拼命工作养家糊口是所有人的想法。当生活比较富足时，工作赚钱变成一种生活态度,工作为了赚钱是应该的,但这只是工作的意义之一。人们对物质的需求没有那么迫切,会在工作中追求满足更多的内在动机需求,在工作外则追求更好的生活质量。当然,这和社会文化也有很大关系。东亚文化一直鼓励奋斗拼搏和集体主义,和欧美推崇自我的文化有较大差异。

全新发展的 OKR 工具带来了全新的理念。高频跟踪、及时调整,让系统提高柔性;允许员工自主制定 OKR,提高了员工的自我感知能力;OKR 不与薪酬挂钩,自主设计工作、突破有挑战性目标的成就感、组织中他人的关注等成为工作的动力。OKR 在内在动机上表现突出,如表 10-1 所示。除了 OKR,组织还会将 360 度评价作为薪酬和奖金发放的参考,保留了外在动机的基本作用,使外在动机和内在动机在组织中共存。

表 10-1　OKR 在内在动机上的表现

需　求	表　现
自主	OKR 大部分由自己制定
	OKR 制定后无须主管审核
	完全公开,可查阅他人的 OKR,完成自主学习
胜任	OKR 工具上的点评具有社交功能,别人的关注和点赞使自身产生了成就感
	OKR 上的点评和建议是工作进步的动力之一
	学习他人的 OKR 是工作进步的动力之一
关系	工具可实时将被关注者的 OKR 和关联的 OKR 的变动情况发送给关注者,加快业务的联络节奏
	每周定时发送 OKR 进展周报给主管
	OKR 的公开可视化,增进了成员之间的交流
	高频的跟踪会议,坦诚的建议和祝贺,促进了员工关系的融洽
	OKR 的对齐,加强了部门和同事间的沟通

诚然,OKR 不会是绩效管理模式的终点。它也存在一些不足,如将自主设计工作等作为工作动力不够强,还需要通过"晒 OKR"等外部关注力量来督促员工努力;现阶段不与薪酬挂钩的方式,激励强度可能不够;实施 OKR 后,员工对工作的兴趣和工作带来的乐趣能增加多少有待商榷;OKR 满足的内在动机还不能算高级形态,在自主、胜任和关系需求上只满足了一部分,还谈不上高度自主、高度胜任和高度关系。

我们预判,未来的绩效管理模式可能朝着刚性—柔性、整体—个体、外在动机—内在动机的平衡方向发展。具体来说,第一,刚性已经在基于目标管理的 KPI 模式下达到了较高的程度,后面会增加柔性(敏捷性),即绩效管理更适应灵活多变的环境,组织的所有单元能够快速反应。第二,会从以往的单一重视组织整体的利益向关注个体转变。员工的价值观、工作需求、创造力、个人空间等会更多地被认可和接受,个人的潜在动机会被认可和挖掘。第三,工作的动机中会注入更多内在动机的元素。薪酬只是不可缺少的动机之一,自主、胜任、关系、认同、兴趣、乐趣等内在动机会被更多地激发并转化为工作动力。

之所以是平衡,而不是个体和内在动机占绝对地位,是因为组织存在的首要目的必然是实现组织的战略目标,组织为大,只有组织存在和发展,个体才能依附,两者的完全一致可能是做不到的。整体和个体的关系是,当两者可以共振时,如个体创新带动组织创新,则组织会鼓励个体创新,当两者发生不能协调的矛盾时,则选择整体优先,个体让步。从动机的角度来看,内在动机的作用会逐渐加大,但员工工作赚钱的基本要求会长期存在,即外在动机会长期存在,当然有可能薪酬的性质会从激励因素向保健因素逐渐转移。未来,人们工作可能主要是因为兴趣和乐趣、社会价值,赚钱不过是顺带而已。

完美的绩效管理模式所达到的状态是这样的：员工非常喜欢自己的工作，对工作有浓厚的兴趣，工作不是为了赚钱，薪酬不过是基本保障，他们觉得工作让他们开心，让他们充分感受到自我存在的意义；甚至不需要监督，员工就能主动高效地完成工作，工作的收获让他们满意并且感觉到公正，他们的努力对组织卓有成效，组织的发展和个体的发展高度统一，员工工作和组织发展完美融合。

这只是一种期待，现实中也许永远都达不到完美，但每一次进步都是对完美的接近！

章末案例——绩效主义毁了索尼

索尼连续亏损多年，有一年更是亏损 63 亿美元。为什么？原因是绩效主义毁了索尼！

2006 年，索尼迎来了创业的第 60 年。过去它像钻石一样晶莹璀璨，而今却变得满身污垢、黯淡无光。因笔记本电脑锂电池着火事故，世界上使用索尼所产锂电池的约 960 万台笔记本电脑被召回，估计更换电池的费用达 510 亿日元。

PS3 游戏机曾被视为索尼的"救星"，上市当天就销售一空。但因为关键部件批量生产的速度跟不上，索尼被迫控制整机的生产数量。PS3 是尖端产品，生产成本也很高，据说卖一台索尼就亏 3.5 万日元。索尼的销售部门统计，2007 年 3 月进行年度结算时，游戏机部门的经营亏损达 2000 亿日元。

多数人觉察到索尼的不正常恐怕是在 2003 年春天。当时索尼公布，一个季度就出现约 1000 亿日元的亏损，市场上甚至出现了"索尼冲击"的说法，索尼的股票连续两天跌停。坦率地说，作为索尼的旧员工，我当时也感到震惊。但回过头来仔细想想，从发生"索尼冲击"的两年前开始，公司内的气氛就已经不正常了。身心疲惫的员工急剧增加。回想起来，索尼是在长期内不知不觉慢慢退化的。

一、"激情集团"消失了

我是 1964 年以设计人员的身份进入索尼的。因半导体收音机和录音机的普及，索尼那时实现了奇迹般的发展。当时索尼的规模还不是很大，但是"索尼神话"受到了社会的普遍关注。从进入公司到 2006 年离开公司，我在索尼愉快地度过了 40 多年。

我 46 岁就当上了索尼公司的董事，后来成为常务董事。因此，对索尼近年来发生的事情，我感到自己也有很大责任。伟大的创业者井深大的影响为什么如今在索尼荡然无存了呢？索尼的辉煌时代与今天有什么区别呢？

首先，"激情集团"不存在了。所谓"激情集团"，是指在参与开发 CD 技术时期，公司内不知疲倦、全身心投入开发的集体。在创业初期，这样的"激情集团"接连开发出了具有独创性的产品。索尼当初之所以能做到这一点，是因为有井深大的领导。

井深大最让人佩服的一点是，他能点燃技术开发人员的心中之火，让他们变成为技术献身的"狂人"。在刚刚进入公司时，我曾和井深大进行过激烈争论。井深大对新人并不是采取高压态度，他尊重我的意见。

为了不辜负他对我的信任，我当年同样潜心于研发工作。比我更早进公司，也受到井深大影响的那些人，在井深大退出一线后的很长一段时间内，仍以井深大的作风影响着全公司。这些人不在了，索尼也就开始逐渐衰败了。

从事技术开发的团体在进入开发的忘我状态时，就成了"激情集团"。要想进入这种状态，其中最重要的条件就是"基于自发的动机"。比如，"想通过自己的努力开发机器人"，就是一种发自内心的冲动。

与此相反的是"外部的动机"，如想赚钱、升职或出名，即想得到来自外部回报的心理状态。如果没有发自内心的热情，而是出于"想赚钱或升职"的外部动机，那是无法成为开发"狂人"的。

二、挑战精神消失了

如今的索尼员工好像没有了自发的动机，为什么呢？我认为是因为实行了绩效主义。绩效主义就是："业务成果和金钱报酬直接挂钩，员工是为了拿到更多的报酬而努力工作。"如果外在的动机增强，那么自发的动机就会受到抑制。

如果总是说"你努力干我就给你加工资"，那么以工作为乐趣的这种内在的意识就会受到抑制。从1995年左右开始，索尼逐渐实行绩效主义，成立了专门的机构，制定非常详细的评价标准，并根据对每个人的评价确定报酬。

但是井深大的想法与绩效主义恰恰相反，他有一句口头禅："工作的报酬是工作。"他认为，如果你做了一项受到好评的工作，那下次你还可以再做更好的工作。在"井深大时代"，许多人为追求工作的乐趣而埋头苦干。

但是，因为实行绩效主义，员工逐渐失去工作热情，在这种情况下是无法产生"激情集团"的。为了衡量业绩，首先必须将各种工作要素量化，但工作是无法简单量化的。公司为了统计业绩，花费了大量的精力和时间，而在真正的工作上却敷衍了事，出现了本末倒置的倾向。

因为要考核业绩，所以几乎所有人都提出容易实现的小目标，可以说索尼精神的核心（也就是挑战精神）消失了。因为实行绩效主义，索尼内追求眼前利益的风气蔓延。这样一来，短期内难见效益的工作，如产品质量检验及"老化处理"工序受到轻视。

"老化处理"是保证电池质量的工序之一。电池被制造出来之后不能立刻出厂，需要放置一段时间，再通过检查剔除不合格产品，这就是"老化处理"。至于"老化处理"程序上的问题是不是上面提到的锂电池着火事故的直接原因，仍无法下结论。但我想指出的是，不管是什么样的公司，只要实行绩效主义，一些扎实细致的工作就容易被忽视。

索尼不仅对每个人进行考核，还对每个业务部门进行经济考核，由此决定整个业务部门的报酬。最后导致的结果是，各个业务部门相互拆台，想方设法从公司的整体利益中为本部门多捞取好处。

三、团队精神消失了

2004年2月底，我在美国见到了"涌流理论"的代表人物奇凯岑特米哈伊教授，并聆听了他的演讲。演讲一开始，大屏幕上放映了一段话，这是我自进入索尼以来多次读过的，只不过被译成了英文。

"建立公司的目的：建设理想的工厂，在这个工厂里，应该有自由、豁达、愉快的气氛，让每个认真工作的技术开发人员最大限度地发挥技能。"这正是索尼创立的宗旨。索尼失去活力，就是因为实行了绩效主义。

没有想到，我是在绩效主义的发源地美国，聆听用索尼的创立宗旨来否定绩效主义的"涌流理论"的，这使我深受触动。绩效主义企图把人的能力量化，以此做出客观、公正的评价，但我认为事实上做不到。它最大的弊端是搞坏了公司内的气氛。上司不把部下当成有感情的人看待，而是一切都看指标，用"评价的目光"审视部下。

不久前我在整理藏书时翻出一封信。那是我为开发天线到日本东北大学进修时，给上司写信打的草稿。有一次我逃学跑去滑雪，刚好赶上索尼的部长来学校视察。我写那封信是为了向部长道歉。

实际上，在我身上不止一次发生过这类事情，但我从来没有受到过上司的斥责。上司相信，我虽然贪玩，但对研究工作非常认真。当时我的上司并没有用"评价的眼光"看我，而是把我当成自己的孩子。对员工来说，需要的就是这种温情和信任。

过去在一些日本公司中，即便部下做得有点出格，上司也没有那么苛求，即使部下工作出现失误也敢于为部下承担责任。尽管部下有时候会说上司的坏话，但在实际工作中仍非常支持上司。后来公司强化了管理，实行了看上去合理的评价制度，于是大家都极力逃避责任，这样一来就不可能有团队精神。

四、创新先锋沦为落伍者

不单索尼，现在许多公司都花费大量的人力和物力引进评价体制，但这些公司的业绩似乎都在下滑。

索尼是最早引进美国式合理主义经营理论的公司之一。而公司创始人井深大的经营理念谈不上所谓"合理"。1968年10月上市的单枪三束彩色显像管电视机，就是最有代表性的例子。

当时索尼在电视机的市场竞争中处于劣势，几乎到了破产的边缘。即便如此，井深大仍坚持独自开发单枪三束彩色显像管电视机。这种彩色电视机的画质好，一上市就大受好评。其后30年，这种电视机的销售一直是索尼的主要收入来源。

但是，"干别人不干的事情"这种追求独自开发的精神，恐怕不符合今天只看收益的企业管理理论。当时索尼如果采用和其他公司一样的技术，立刻就可以在市场上销售自己的产品，也许就不会有破产的担心了。

投入巨额费用和很多时间进行的技术开发取得成功后，为了大规模制造产品，还需要有更大规模的设备投资，也需要招募新员工。但是，从长远的角度来看，索尼积累了技术，培养了技术开发人员。此外，人们都认为"索尼是追求独特技术的公司"，大大提升了索尼的品牌形象。

更重要的是，这种独自开发能给索尼员工带来荣誉感，他们都为自己是"尖端企业的一员"而感到骄傲。单枪三束彩色显像管电视机之所以能长期成为索尼的主要收入来源，是因为技术开发人员怀着荣誉感和极高的热情，不断对技术进行改良。

具有讽刺意味的是，因单枪三束彩色显像管电视机获得成功而沾沾自喜的索尼，却在液晶和等离子薄型电视机的开发方面落后了。实际上，井深大曾说过："我们必须自己开发出让单枪三束彩色显像管成为落伍产品的新技术。"但包括我自己在内的索尼公司高管没有铭记井深大的话。

如今，索尼采取了极为"合理"的经营方针，不是自己开发新技术，而是与三星公司合作，建立了液晶显示屏制造公司。由这家合资公司提供零部件生产的液晶电视机"BRAVIA"畅销，使索尼暂时摆脱了困境。但对于我这个熟悉索尼成长史的人来说，总不免有一种怀旧感，因为索尼现在在基础开发能力方面，与"井深大时代"相比存在很大差距。今天的索尼为避免危机采取了临时抱佛脚的做法。

五、高层主管是关键

今天的索尼与"井深大时代"的最大区别是什么呢？那就是在"自豪感"方面存在差别。当年索尼创始人井深大和公司员工都有一种自信心：努力争先，创造历史。

当时索尼并不在意其他公司在开发什么产品。某大家电公司的产品曾被嘲讽为"照猫画虎"，今天索尼也开始"照猫画虎"了，一味地左顾右盼，无法走在时代的前沿。

在我开发"爱宝"机器狗的时候，索尼的实力已经开始衰落了，公司不得不采取冒险一搏的做法。但是出现亏损后，这种做法又遭到公司内部的批评，结果不得不后退。

今天的索尼已经没有了向新目标挑战的"体力"，同时失去了把新技术拿出来让社会检验的胆识。在导致索尼受挫的几个因素中，领导者的态度是根本原因。

在索尼充满活力、蓬勃发展的时期，公司内流行这样的说法："如果你真的有了新点子，来。"也就是说，背着上司把它搞出来，与其口头上说说，不如拿出真东西来更直接。但如果上司总是以冷漠、评价的眼光来看自己，恐怕没有人愿意背着上司做事，那是自找麻烦。如果人们没有感受到信任，也就不会向新的更高的目标发起挑战了。在过去，有些索尼员工根本不畏惧上司的权威，上司也欣赏和信任这样的部下。

所以，能否让员工热情焕发，关键要看领导者的态度。索尼当年之所以取得被视为"神话"的业绩，也正是因为有井深大。但是，井深大的经营理念没有被系统化，也没有被继承下来。也许是因为井深大当时并没有意识到自己的经营理念的重要性。

我尝试着把井深大等前辈的经营理念系统化、文字化，出版了《经营革命》一书。在这本书中，我把井深大等人的经营称为"长老型经营"。所谓"长老"，是指德高望重的人。德高望重者是公司的领导者，在他的带领下，整个公司会拧成一股绳，充满斗志地向目标迈进。

在今天的日本公司中，患抑郁症等疾病的人越来越多。这是因为公司内有不称职的上司，推行的是不负责任的合理主义经营方式，给员工带来了苦恼。

无论在什么时代，无论在哪个国家，公司都应该注重员工的主观能动性。这也正是索尼在创立宗旨中强调的"自由、豁达、愉快"。

过去人们把索尼称为"21世纪型企业"。具有讽刺意味的是，进入21世纪后，索尼反而退化成了"20世纪型企业"。我殷切地希望索尼能重现往日的辉煌。

资料来源：日本《文艺春秋》在2007年刊载的《绩效主义毁了索尼》，作者为索尼公司前常务董事天外伺朗。

[思考题]
1. 比较索尼采取不同绩效管理模式前后的差异。
2. 你是否认同天外伺朗"绩效主义毁了索尼"的观点？
3. 绩效主义是不是会必然产生短视，压制创新，导致出现本位主义等缺点？
4. 用动机理论分析索尼变革前后的变化。

参考文献

[1] 方振邦，唐健. 战略性绩效管理[M]. 5版. 北京：中国人民大学出版社，2018.

[2] 刘昕. 薪酬管理[M]. 6版. 北京：中国人民大学出版社，2021.

[3] 付亚和，徐玉林. 绩效管理[M]. 4版. 上海：复旦大学出版社，2021.

[4] 方振邦，冉景亮. 绩效管理[M]. 2版. 北京：科学出版社，2016.

[5] 陈镭. 目标与关键成果法：盛行于硅谷创新公司的目标管理方法[M]. 北京：机械工业出版社，2017.

[6] 任康磊. 绩效管理与量化考核从入门到精通[M]. 北京：人民邮电出版社，2021.

[7] 戴维·帕门特. 关键绩效指标：KPI 的开发、实施和应用[M]. 张丹，等译. 北京：机械工业出版社，2017.

[8] 林新奇，蒋瑞. 绩效管理[M]. 北京：中国人民大学出版社，2020.

[9] 赫尔曼·阿吉斯. 绩效管理[M]. 刘昕，等译. 北京：中国人民大学出版社，2021.

[10] 董克用，李超平. 人力资源管理概论[M]. 北京：中国人民大学出版社，2019.

[11] 郜军. 目标管理：写给中层经理人的工作目标管理宝典[M]. 北京：电子工业出版社，2019.

[12] 彼得·德鲁克. 管理的实践[M]. 齐若兰，译. 北京：机械工业出版社，2018.

[13] 刘彤. 绩效管理实战：让 HR 轻松学会绩效管理[M]. 北京：化学工业出版社，2020.

[14] 白睿. 绩效管理全流程实战方案[M]. 北京：中国法制出版社，2019.

[15] 约翰·杜尔. 这就是 OKR：让谷歌、亚马逊实现爆炸性增长的工作法[M]. 曹仰锋，王永贵，译. 北京：中信出版社，2018.

[16] 姚琼. 每个人的 OKR[M]. 北京：中信出版社，2020.

[17] 姚琼. OKR 使用手册[M]. 北京：中信出版社，2019.

[18] 克里斯蒂娜·沃特克. OKR 工作法：谷歌、领英等顶级公司的高绩效秘籍[M]. 明道团队，译. 北京：中信出版社，2017.

[19] 王明，洪千武. OKR 管理法则：阿里巴巴、华为绩效管理实战技巧[M]. 北京：中信出版社，2020.

[20] 况阳. 绩效使能：超越 OKR[M]. 北京：机械工业出版社，2019.

[21] 保罗·尼文，本·拉莫尔特. OKR：源于英特尔和谷歌的目标管理利器[M]. 况阳，译. 北京：机械工业出版社，2017.

[22] 爱德华·L.德西，理查德·弗拉斯特. 内在动机：自主掌控人生的力量[M]. 王正林，译. 北京：机械工业出版社，2020.

[23] 彼得·费利克斯·格日瓦奇. 高效 OKR 工作术[M]. 郭勇，译. 长沙：湖南文艺出版社，2021.

[24] 孙晓平，季阳. 薪酬激励新实战：突破人效困境[M]. 北京：机械工业出版社，2021.

[25] 杨春. 当薪酬不再与薪酬挂钩——京瓷、海底捞的经营机制[M]. 北京：电子工业出版社，2019.

[26] 孙波. 绩效管理：本源与趋势[M]. 上海：复旦大学出版社，2018.

[27] 李宝元. 薪酬管理：原理·方法·实践[M]. 北京：清华大学出版社，2009.

[28] 罗伯特·卡普兰，戴维·诺顿. 平衡计分卡战略实践[M]. 上海博意门咨询有限公司，译. 杭州：浙江教育出版社，2022.

[29] 罗伯特·卡普兰，戴维·诺顿. 战略地图：化无形资产为有形成果[M]. 刘俊勇，孙薇，译. 广州：广东经济出版社，2014.

[30] 罗伯特·卡普兰，戴维·诺顿. 战略中心型组织[M]. 上海博意门咨询有限公司，译. 北京：北京联合出版公司，2017.

[31] 蔡聪. 创业公司的动态股权分配机制[M]. 北京：机械工业出版社，2018.

[32] 王瀛，赵洱崟. 数字人力资源管理[M]. 北京：清华大学出版社，2023.

[33] 稻盛和夫. 阿米巴经营[M]. 曹岫云，译. 北京：中国大百科全书出版社，2016.

[34] 稻盛和夫，京瓷通信系统株式会社. 稻盛和夫阿米巴经营实践：全员参与经营，主动创造收益[M]. 曹寓刚，译. 北京：中国大百科全书出版社，2018.

[35] 胡八一. 阿米巴团队激励[M]. 北京：中国经济出版社，2018.

[36] 杨敏杰. 绩效管理[M]. 上海：上海交通大学出版社，2021.

[37] 胡华成. 绩效管理与考核全案[M]. 北京：清华大学出版社，2019.

反侵权盗版声明

电子工业出版社依法对本作品享有专有出版权。任何未经权利人书面许可，复制、销售或通过信息网络传播本作品的行为；歪曲、篡改、剽窃本作品的行为，均违反《中华人民共和国著作权法》，其行为人应承担相应的民事责任和行政责任，构成犯罪的，将被依法追究刑事责任。

为了维护市场秩序，保护权利人的合法权益，我社将依法查处和打击侵权盗版的单位和个人。欢迎社会各界人士积极举报侵权盗版行为，本社将奖励举报有功人员，并保证举报人的信息不被泄露。

举报电话：（010）88254396；（010）88258888
传　　真：（010）88254397
E-mail：dbqq@phei.com.cn
通信地址：北京市万寿路173信箱
　　　　　电子工业出版社总编办公室
邮　　编：100036